科技部国家重点研发计划专项："多元矛盾纠纷成因分析及疏导技术研究与应用示范项目"（编号：2021YFC3300500）成果

人工智能与人文书系

数字智能
助推多元社会矛盾化解的新策略

张明军　付建军　等◎著

光明日报出版社

图书在版编目（CIP）数据

数字智能助推多元社会矛盾化解的新策略 / 张明军

等著 . -- 北京：光明日报出版社，2024.9. -- ISBN

978 - 7 - 5194 - 8283 - 1

Ⅰ . D66.39

中国国家版本馆 CIP 数据核字第 2024BK7372 号

数字智能助推多元社会矛盾化解的新策略

SHUZI ZHINENG ZHUTUI DUOYUAN SHEHUI MAODUN HUAJIE DE XINCELUE

著　者：张明军　付建军　等

责任编辑：李　倩　　　　　　　责任校对：李壬杰　贾　丹

封面设计：中联华文　　　　　　责任印制：曹　净

出版发行：光明日报出版社

地　　址：北京市西城区永安路 106 号，100050

电　　话：010-63169890（咨询），010-63131930（邮购）

传　　真：010-63131930

网　　址：http://book.gmw.cn

E - mail：gmrbcbs@ gmw.cn

法律顾问：北京市兰台律师事务所龚柳方律师

印　　刷：三河市华东印刷有限公司

装　　订：三河市华东印刷有限公司

本书如有破损、缺页、装订错误，请与本社联系调换，电话：010-63131930

开　　本：170mm×240mm

字　　数：368 千字　　　　　　印　　张：20.5

版　　次：2025 年 4 月第 1 版　　印　　次：2025 年 4 月第 1 次印刷

书　　号：ISBN 978 - 7 - 5194 - 8283 - 1

定　　价：98.00 元

目　录
CONTENTS

第一章

社会矛盾范畴及其演进轨迹分析

社会矛盾伴随着人类社会的产生而出现，与人类社会是一种相生相伴的关系。在人类社会的发展过程中，社会矛盾无处不在、无时不有，构成了社会发展的根本动力。社会的变化主要是由社会矛盾的发展，即生产力与生产关系的矛盾、阶级之间的矛盾、新旧之间的矛盾所导致的，"由于这些矛盾的发展，推动了社会的前进，推动了新旧社会的代谢"①。因此，厘清社会矛盾的概念是探析社会发展内在动力、掌握社会发展一般规律、推动社会不断进步和繁荣的逻辑起点。

第一节　社会矛盾概念界定

矛盾就是对立统一的，是指"事物之间或事物内部各要素之间对立和统一及其关系的基本范畴"②。在一切事物中，无论是自然界还是人类社会的一切现象和过程，都包含着相互排斥、相互对立和相互统一的趋向。矛盾决定一切事物的生命，推动一切事物的发展。没有生命的事物是不包含矛盾的，没有矛盾就没有世界。

一、何谓社会矛盾

矛盾存在两大领域：一是自然界，二是人类社会。在不同的领域中，矛盾发挥作用的形式具有显著的差异性。在自然界中，如果没有人类的干预，矛盾则以自发的方式对自然界的演进发挥作用。在人类社会中，矛盾发挥作用的方

---

① 毛泽东选集：第一卷 [M]. 北京：人民出版社，1991：302.

② 李秀林，王于，李淮春. 辩证唯物主义和历史唯物主义原理（自学高考版）[M]. 北京：中国人民大学出版社，1991：107.

向、强度、方式等会受到人类自觉干涉，人类以制度、政策、道德和技术等为工具，力避矛盾作用的负面影响，释放和扩大矛盾作用的正面效应。

从静态空间维度分析，自然界与人类社会的差异，决定了社会矛盾与自然界的矛盾在作用的方式、范围、环境以及受外部制约的因素等方面具有自身明显的特征。社会矛盾是指在特定社会共同体中，社会群体、阶层、个体等之间因利益或其他因素而引发的既相互排斥、对立和冲突，又共生互补、相互依存的对立统一关系。社会矛盾与自然界的矛盾相比，具有五个特征。

第一，社会矛盾渗透着主观因素。自然界的矛盾主要是物质之间和物质内部的矛盾，无人为的干预和作用。社会是由人组成的共同体，社会矛盾无时无刻不在体现着人的主观因素。社会理论、政策、治理模式等均是人在对客观社会认识的基础上，按照自身认识的社会发展规律，在一定的理论指导下和经验辅助下予以建构的。

第二，社会矛盾呈现动态的发展性。自然界的矛盾虽然也在不断产生着量的变动，但其形态具有相对的稳定性。在人类社会中，由于人类改造社会的活动是不断进行的，新旧社会环境的交替和治理方式的变革所产生的内在冲突在不断变化，由此决定了社会矛盾在形态上不断发生变化，并呈现为动态的易变性。

第三，社会矛盾具有可调适性。自然界的矛盾因其物质的自然属性，一般按照固有的方向和路径发展，可调适的空间十分有限。社会矛盾大多是由人的因素造成的，无论是社会结构的设计，还是社会政策的制定以及社会治理方法的确立，都是在人的主观因素作用下诞生的，由此产生的社会矛盾具有显著的主观色彩。这些主观因素衍生的社会矛盾，比较容易通过主观思维的再造，对其进行符合社会发展规律的适度调适，来推动人类社会更好地发展进步。

第四，社会矛盾具有利益性。利益是"基于一定生产基础上获得了社会内容和特性的需要"①。自然界中人类社会的缺失，决定了利益的非存在性。在人类社会中，"一切人类生存的第一个前提，也就是一切历史的第一个前提，这个前提就是：人们为了能够'创造历史'，必须能够生活。但是为了生活，首先就需要衣、食、住及其他一些东西"②。因此，需求是人类社会自身存在的必然。

---

① 王浦劬. 政治学基础［M］. 北京：北京大学出版社，2006：47.

② 中共中央马克思恩格斯列宁斯大林著作编译局. 马克思恩格斯选集：第1卷［M］. 北京：人民出版社，2012：158.

人类的需求是无限的，"人以其需要的无限性和广泛性区别于其他一切动物"①。在需求永无止境、需求的对象和资源有限的情况下，社会必然引发出人类个体之间、人类组织之间、人类个体与组织之间的利益纷争现象，产生因利益配置问题导致的多种矛盾，使社会矛盾呈现出鲜明的利益关联性。

第五，社会矛盾具有突发性。社会矛盾由因果关系、相关关系等因素交织作用而成。在诸多引发社会矛盾的因素中，任何一种关系因素的出现，均会引起矛盾的产生。社会发展进程中经济、政治、文化、社会和生态等领域中的变化生生不息、层出不穷，必然产生新质因素与旧质关系结构的张力。特别是在信息化时代，信息传播的便利性、广泛性、快捷性进一步加剧了引发矛盾张力的不确定性，这种张力不仅会随着新质与旧质力量对比的不断变化而变动，还会因新事物的骤然产生而引发社会矛盾的突然出现，并在矛盾形态上由隐蔽状态转变为突发的显性模式。

人类社会的广泛性、复杂性和动态性决定了社会矛盾在质和形态上的多样性。就其呈现的形态、对社会的影响和作用而言，社会矛盾主要有社会基本矛盾、一般矛盾、主要矛盾和具体矛盾，在这些层级不同、功能各异、形式多元的多种矛盾发展和化解进程中，所产生的社会内生动力及衍生的辅助力量，共同推进社会的不断进步和繁荣。

从动态时间维度检视，如同任何事物一样，社会矛盾产生的因素、范围、形态和演进轨迹会随着时代的发展而呈现新的变革。特别是在社会转型期，各种思想观念相互碰撞，利益因素的冲突急剧增加，加上信息化时代新技术革命的催化，以互联网为工具的信息传播、利益交换和治理模式发生转型，各种社会诉求海量涌现，而现有制度、体制机制难以及时回应和满足，在这种情况下，社会矛盾呈现出了四大显著特点。

其一，矛盾源头复杂，冲突主体多元。在我国社会急剧转型的过程中，社会结构的快速分化与整合也使"社会矛盾的生成和促发缘由更加多样化和交织化，呈现出多因素合力作用的现象"②。引发这些重大社会冲突的矛盾源主要有两类。第一类是社会遗留的矛盾。例如，农村的"五老"人员（老民办教师、老拖拉机手、老电影放映员、老农技员、老卫生员）要求待遇补偿与地方财力

---

① 中共中央马克思恩格斯列宁斯大林著作编译局. 马克思恩格斯全集：第49卷［M］. 北京：人民出版社，1982：130.
② 朱力，纪军令. 当前我国重大社会矛盾冲突的新型特征［J］. 中共中央党校学报，2015，19（5）：92-100.

不足的矛盾，农村土地林地等流转处置等矛盾。第二类是经济快速发展中新产生的矛盾。比较典型的有国企转制矛盾、征地拆迁矛盾、物业矛盾，还有由部分人的非理性利益诉求产生的矛盾，例如，为索取巨额补偿而形成的"谋利型上访"现象等。

每一个矛盾源都会形成矛盾的双方，产生冲突的获益者与利益受损者，由此导致矛盾主体趋于多元化。从矛盾参与主体的形式来看，矛盾主体已由过去较为单纯的个体与个体之间的冲突，逐步发展为群体与群体之间的纠纷，也有特定群体或个体与企事业单位、特定群体或个体与党政机关、企事业单位与党政机关之间的矛盾纠纷等；从矛盾主体的构成来看，矛盾主体已由过去以社会草根为主向多阶层共同参与转变，由农民、失业者等群体，向教师、医生、企业管理人员、中小企业主以及离退休干部等群体扩展，多阶层共同参与的现象更加明显。

其二，冲突的外溢效应明显，非制度化的矛盾化解机制形成。社会冲突的外溢效应是指"冲突方的诉求目标、行为手段和带来的外部效应，已逾越了既有国家制度、政策、规则、标准的规定及地方政府权限可承受的最大限度"①，致使冲突的化解必须突破现有制度框架，通过多元渠道和手段来实现，主要呈现为三种形式。第一，冲突的诉求目标超过既有规章、政策及地方政府财力可承受的上线，若要满足诉求，地方政府必须通过非制度化的程序操作才能实现。第二，冲突的行为手段突破法规许可的合法性框架，双方博弈于体制边缘。为实现矛盾双方各自的目的，对抗双方将绕开现有制度化渠道，直接使用非制度化手段，体制外的非制度化空间成为冲突博弈的主战场。第三，冲突带来的社会影响突破了地方政府的控制能力，迅速成为社会舆论的热点问题，在对政府决策和形象产生较大影响的同时，严重损害政府信誉和权威性，造成严重的消极影响。当前，外溢效应的日益扩大化已把冲突博弈引入了体制之外，正式制度难以发挥出应有的引导、规制作用。冲突中的激进主义倾向越发明显，用激进手段与集体行动来解决矛盾纠纷频繁发生，形成了"闹事"亚文化，推进了非制度化矛盾化解机制的形成。

其三，冲突的对抗强度增加，刚性诉求对抗引发暴力行为。冲突的激烈性与冲突方投入的感情、冲突目标的可实现程度以及非现实性目标因素有紧密的关联。冲突方投入的感情越多，冲突目标可实现的期望值越小，以及目标中非

---

① 朱力，纪军令. 当前我国重大社会矛盾冲突的新型特征 [J]. 中共中央党校学报，2015，19（5）：92-100.

现实性的成分越大，则冲突的激烈性越强。绝大多数矛盾在产生之初一般都会先被引向制度化渠道去解决，一旦制度化渠道受阻，矛盾则面临被引至非制度化渠道的风险，进入无序博弈状态。随着利益受损方大量情感的付出，挫折感愈加强烈，更易被激发出强大的对抗心理，进一步挤压其诉求目标可协商的"弹性"空间。在无正式规则约束的情况下，人多力量大的理念习惯被进一步放大，导致诉求的手段更为极端，双方不惜使用暴力化手段去触碰对方底线，甚至出现了个体对抗中的"以身抗争""以命抗争"等极端反社会现象。此外，一些非现实性因素亦可能渗入对抗方的诉求中，诉求目标开始重建，致使常规型集体行动一步步转变成破坏型的集体行动。此阶段，诉求目标已具有较强的刚性特征，目标期望值以下的利益"供给"几乎难以改变对抗方的强硬立场。

其四，冲突的衍生性显著，"次生性冲突"增加。社会矛盾具有连锁影响的效应，一种矛盾的产生、发展和演进会导致其他矛盾的萌生与发展。冲突的衍生性是指某一矛盾的爆发或解决，会引起相同冲突主体的其他矛盾或不同冲突主体的类似矛盾连续暴露、叠加爆发的现象。该类冲突既可能在短期内接踵暴露，也可能隐匿一段时间后再爆发。目前，其主要表现为两种形式：一种是自衍型冲突，指相同冲突主体，由当前的冲突直接引发其他新冲突；另一种是示范型冲突，指不同社会群体，在已有冲突示范效应作用下，引发的类似新冲突。当前，新旧政策出台的"时间差"会形成现实的"利益差"，使部分社会群体产生强烈的利益"倒寻"心理，即民间常说的"翻烧饼"现象。倒寻利益的结果是，在对同一群体补"新账"的同时牵出"旧债"，形成倒寻利益的连锁反应；对不同群体而言，基于"利益均等"的利己意识，则会形成利益补偿中的攀比现象，当某一群体的利益诉求得以实现，其他相似群体也会提出类似诉求，如果缺少相应的政策依据和对策，则会衍生新的社会矛盾。

二、社会基本矛盾

社会基本矛盾是指在人类社会演进过程中，贯穿于社会发展进程的始终，并规定社会及其过程的本质矛盾，主要体现为生产力与生产关系、经济基础与上层建筑之间的矛盾。社会基本矛盾是人类社会发展的根本动力，当生产力发展到一定阶段，原有的生产关系难以适应新的生产力发展要求时，二者之间必然产生矛盾，在矛盾张力紧张的情势下，通过革命或改革等方式改变制约生产力发展中的旧生产关系因素，以新的生产关系开辟生产力发展的道路，推进经济的不断发展与繁荣。经济基础与上层建筑的矛盾是生产力与生产关系矛盾的衍生品，经济基础是在一定生产发展阶段占统治地位的生产关系的总和。在生产关系发生变革的情况下，这必然引起经济基础的新陈代谢，导致原有的上层建筑难以适应新的经济基础，客观上需要通过革命或改革等手段，破除束缚经济基础发展的上层建筑桎梏，以新的制度、政策等上层建筑为经济基础的进步奠定基础和条件，进而推动社会制度不断向前发展。在社会主义社会中，"基本的矛盾仍然是生产关系与生产力之间的矛盾，上层建筑与经济基础之间的矛盾"①。社会主义的生产关系与生产力的发展要求是相适应的，但生产关系的非完善性决定了这种生产关系与生产力的发展又是相矛盾的。同样，社会主义的上层建筑与经济基础是相适应的，但上层建筑中的消极因素，例如，封建主义余毒、国家机构中的官僚主义作风、国家制度中某些环节的缺陷，与经济基础的发展又是相矛盾的，客观上要求国家必须以勇毅前行的改革精神，破除生产关系与上层建筑中阻碍生产力和经济基础发展的弊端，推进生产力和上层建筑的渐进发展，为中国式现代化的实现奠定基础。

三、社会主要矛盾

社会主要矛盾是指在人类社会复杂的矛盾体系中居支配地位、起主导作用的矛盾。"它的存在和发展规定或影响着其他矛盾的存在和发展"②，对社会发展具有决定性的作用。社会主要矛盾是相对非主要矛盾而言的，非主要矛盾是指在社会复杂的矛盾体系中处于从属地位的矛盾。社会主要矛盾与非主要矛盾是相互依赖、相互制约、相互作用的。社会主要矛盾的解决为非主要矛盾的解决创造必要的前提，非主要矛盾的解决也为主要矛盾的解决创造有利的条件。

社会主要矛盾由社会性质决定，并体现为所要完成的主要任务，在人类不同的社会发展阶段，主要矛盾会随着社会面临的挑战与任务的变化而改变。1840年鸦片战争之后，中国逐渐沦为半殖民地半封建社会，帝国主义与中华民族的矛盾、封建主义与人民大众的矛盾是近代中国社会的主要矛盾。1949年新中国成立后，随着社会主义制度的确立，我国社会的主要矛盾转变为"人民对于经济文化迅速发展的需要同当前经济文化不能满足人民需要的状况之间的矛盾"③。进入新时代后，随着社会主义建设的深入推进和小康社会的基本建成，我国社会的主要矛盾再次发生转化，转变为"人民日益增长的美好生活需要和

---

① 中共中央文献研究室. 毛泽东文集：第七卷 [M]. 北京：人民出版社，1999：214.
② 毛泽东选集：第一卷 [M]. 北京：人民出版社，1991：320.
③ 中共中央文献研究室. 建国以来重要文献选编：第九册 [M]. 北京：中央文献出版社，1994：341.

不平衡不充分的发展之间的矛盾"①。社会主要矛盾的变化昭示了人民不仅对物质文化生活提出了更高的要求，而且在民主、法治、公平、正义、安全、环境等方面的要求日益增长。因此，着力解决民主、法治、公平、正义、安全和环境问题，营造规范有序、和谐共生、友善互助的社会与自然生态环境，将是我国社会主义建设的重要任务。

四、社会具体矛盾

社会具体矛盾是人类社会发展到一定阶段由利益所引发的个体之间、个体与组织之间、组织与组织之间的冲突与排斥现象，是社会主要矛盾在人类社会发展中的必然表现和社会基本矛盾在社会生活中外化衍生的对立与统一的具体客观事实。社会具体矛盾相较于社会基本矛盾与主要矛盾而言具有直观性、可测性和短暂性。社会具体矛盾的直观性主要体现为，能够通过人的感官直接观测到矛盾的存在、发展变化及其存续或消亡的过程，反映了矛盾的客观实在性，例如，某一家庭内部之间的矛盾、社区内居民之间的矛盾、公司内管理者与员工之间的矛盾、员工与员工之间的矛盾、雇主与被雇用者之间的矛盾等。此类矛盾均可通过客观的呈现进入人们的视野，并在人的大脑和思维中留下或深或浅的直接感受，影响并制约人们对矛盾处置的情感、态度和手段、工具的选择。社会具体矛盾的可测性主要展示为对特定矛盾发生原因、过程和趋势的测定性。社会具体矛盾是一个个鲜活的现实矛盾，在褪去矛盾抽象的外衣后，呈现的是由矛盾双方主体、何种利益冲突、双方诉求、激烈程度、发展趋势、化解路径、方法方式等多种要素构成的统一体。人们可以根据社会矛盾性质、演进规律、化解模式、手段工具等，对具体矛盾的发生缘由、焦点核心、演进方向和化解策略等，运用恰适的理论和技术进行科学的测试与评估，实现对具体矛盾及时掌控、有效化解的目的。社会具体矛盾具有短暂性。社会具体矛盾是在特定时空之中发生的单一个体矛盾，每一个体矛盾均处于不断运动之中，这种不断变化的运动决定了具体矛盾均有其发生、发展和消亡的过程。因此，社会具体矛盾无论如何特殊，都是一个短暂的过程，相对于社会基本矛盾是人类社会永恒的根本发展动力，具有变动不居性。社会主要矛盾一般需要经过几十年发展而发生转变，社会具体矛盾会随着矛盾双方思维的更新、利益的变化、焦点的转移、社会生态环境的变迁和化解策略的科学与完善而及时缓解乃至消亡。同时，随着人们社会观念的变迁、环境的更新等，国家又会产生新的社会具体矛盾。

---

① 中国共产党第十九次全国代表大会文件汇编［M］. 北京：人民出版社，2017：9.

因此，社会具体矛盾不断产生和发展，又不断化解和消亡，呈现出具体矛盾存在的短暂性。

第二节 社会矛盾结构

社会矛盾结构是指矛盾系统各组成要素之间的构成形态、相互关系和相互作用的方式。社会矛盾体系是诸多因素依照内在属性构成的有机统一体，从不同的维度观测和分析，具有不同的结构形态，概括起来，主要有以下形式。

一、社会矛盾的属性

社会矛盾属性是社会矛盾的性质及社会矛盾之间关系的统称，是社会矛盾与其他矛盾相比较所表现出来的特性。社会矛盾属性有基本属性与非基本属性两种。基本属性是指不同类型的社会矛盾具有的一般共同属性，非基本属性是指不同类型社会矛盾自身特有的性质及其关系。社会矛盾的基本属性主要有两方面。一方面是社会矛盾的同一性，即社会矛盾双方相互依存、相互依赖，共处于一个社会单元或组织之中，例如，社会劳资矛盾，无论是掌握生产资料的资方雇主，还是以劳动力换取薪酬的被雇者，均处于同一个企业之中。另一方面是社会矛盾的斗争性，即社会矛盾双方的相互对立、相互排斥。社会矛盾的性质不同，矛盾双方对立、排斥的程度与形态具有显著的差异性。敌我性质的矛盾，双方的斗争性往往呈现为关乎生存与死亡的斗争，其形态主要展示为双方之间的暴力行动。非敌我矛盾的双方或人民内部性质矛盾的双方的斗争性一般体现为思想观念、利益配置的冲突，其形态主要表现为思想观念的争论、利益分割的对立行为，这种行为以个体与个体、个体与组织之间非暴力或暴力行动来展开。鉴于社会矛盾的性质随着时空的转换与生态环境的变迁发生转变，敌我性质的社会矛盾会转化为非敌我性质的人民内部矛盾，非敌我性质的人民内部矛盾亦会转化为敌我性质的社会矛盾，社会矛盾的斗争性也会随着矛盾性质的变化而改变原有的对立与冲突形态。社会矛盾的性质与属性密不可分，性质是社会矛盾的内在规定性，属性是社会矛盾的外在表现，社会矛盾的性质通过属性表现出来，属性展示社会矛盾的性质。社会矛盾的性质改变，必然引发社会矛盾属性的变革。当敌我矛盾转化成人民内部矛盾或人民内部矛盾转化成敌我矛盾时，矛盾的属性会呈现不同的形态。

二、社会矛盾的时空

社会矛盾在不同的时间节点和空间范围中发生的频率、发展的速度、形成的烈度、造成的影响、产生的后果具有显著的特征。从空间维度研判，在人类社会进入数智时代后，社会有现实社会的在场空间和网络社会的缺场空间。构成两种空间的多种因素同样会因利益冲突、思想观念的差异等产生相应的对立统一关系，即矛盾。

就现实社会的在场空间而言，随着社会的不断发展，城市的空间在不断拓展中进行结构的重构，乡村的空间在逐渐压缩中衍生人员的流动，由此而产生的征地拆迁、房地产开发、城市化发展、农民工进城、生态失衡与环境污染、城乡收入差距拉大等问题，必然引发相应的社会矛盾。

网络社会作为缺场空间，是一个超越了具体条件制约或局部环境限制的信息流动空间。网民在网络空间接受的各种信息，必然影响着网民的思想意识、价值观念和行为方式，进而影响其在场域中的活动与表现，场域由此而具有了网络的痕迹。网络沟通、网络互动的便捷性和广泛性导致网络空间不断形成大量的把线上与线下连接起来的传递经验。网络中形成的社会共识、观念互动和情绪共振在形成网络舆情矛盾的同时，也对线下实际行动发挥引导和助燃作用。当网络行为把人们在局部空间中形成的心理体验连接起来、传播开来时，将会对网络社会矛盾起瞬间放大的作用。

矛盾的发生具有时间性特征，在不同的发展阶段和时间节点，会产生不同类型的社会矛盾。从宏观视角分析，在小康社会之前人类未解决温饱问题的情势下，社会矛盾主要以物质利益冲突为主。在人类解决了温饱问题并进入小康社会阶段后，在民生利益冲突的基础上，社会会衍生涉及社会保障、民主、自由、公平、正义等方面的矛盾。从微观视角探究，政治活动和重大历史事件往往会在人们记忆深处留下难以磨灭的痕迹，这些重大活动和事件的时间节点与自然时间重叠，在勾起对既往事件的再现时，经过与现实的比较，在产生情绪波动的过程中，引发一定范围和烈度的社会矛盾。

三、社会矛盾的条件

社会矛盾的条件是指矛盾发生、发展及其存续的影响因素。社会矛盾的条件具有必要条件和充分条件之分，必要条件是指对社会矛盾产生、发展、激化发挥主导作用，具有因果关系的因素。例如，直接利益冲突性社会矛盾，导致直接利益分配非公正性的政策、标准和流程等因素，是社会矛盾产生、变化和演进的主要因素，无上述因素的存在，就不会产生直接利益冲突性社会矛盾。所以，社会矛盾的必要条件同时也是社会矛盾产生的因子，对社会矛盾的发生、发展和演进起决定性的作用，与社会矛盾构成了因果关系。充分条件是指对社会矛盾的产生、发展和演进发挥非决定性作用，具有辅佐和催化作用的因素。我们如果说非公正的分配政策、标准和流程构成了社会矛盾产生、发展和演进的充分条件，那么分配政策、标准和流程所指涉对象的价值取向、包容程度、文化程度与规则意识等则构成了社会矛盾的充分条件。充分条件虽然对社会矛盾的产生、发展和演进发挥非主导性的作用，但对社会矛盾的发生、发展和演进依然具有重要的影响。只有矛盾的必要条件而缺失矛盾的充分条件时，虽然我们可以观测矛盾发生、发展和演进的必然性，但无法测评矛盾何时发生、何时激化以及何时演进和质变，只有在掌握矛盾充分条件的基础上，才能准确预判矛盾的发生、发展和演进的时间节点，为研制社会矛盾化解预案，消解矛盾的发生奠定坚实的基础。

四、社会矛盾的强度与烈度

社会矛盾由于冲突的程度、范围、使用的手段不同，可以分为社会矛盾的强度与烈度。社会矛盾强度是指"冲突各方面的能量消耗以及卷入冲突的程度"[①]。社会矛盾的强度可以从多种维度予以考量，主要体现为人们投入冲突的心理关注度、身体行动度以及冲突的范围、规模大小等。决定社会矛盾的强度因素主要有三方面。一是社团的重叠程度。社团的重叠是指人们在多种强制性联合体中具有相同的角色地位。社会矛盾演进的实践表明，社团的重叠程度越高，冲突的强度越大，社会矛盾的强度就愈加显著。因为，社团重叠会将矛盾各方内含的、不同领域中产生的多种利益冲突能量汇聚于一体，加大了各方冲突之间的张力，这种张力会放大冲突的规模，延续冲突的时间，消耗更多的人力资源，在民族关系、劳资关系中常常产生此类现象。二是权威关系与其他报酬分配的关联度。如果上层精英特别是统治群体成员凭借手中的权力，谋取超越公平原则的物质利益，那么精英群体与一般民众在报酬的量与获取的渠道上则会扩大差距和不平等，进而加强阶层结构之间的矛盾，增加冲突的强度。反之，"权威地位同其他方面的社会经济地位相关程度越低，阶级斗争的激烈程度越低"[②]。三是社会流动性程度。社会上下流动是改变统治群体与被统治群体刚

---

① 侯钧生. 西方社会学理论教程［M］. 天津：南开大学出版社，2010：203.

② 波洛玛. 当代社会学理论［M］. 孙立平，译. 北京：华夏出版社，1989：218.

性结构，缓解对立与冲突的重要路径。良好的社会阶层流动，能够为下层阶层群体向上层阶层流动提供通道，给了下层群体进入上层群体的机会。反之，如果社会缺失上下阶层流动的机遇，下层群体与上层群体的成员构成处于刚性状态，杜绝了下层向上层流动的任何机会，将会增强下层群体对上层群体的仇视心理，导致两大群体矛盾冲突的强度增加。

社会矛盾的烈度是指"矛盾双方用以追求各自利益的手段"①，主要体现为协商、谈判和暴力等行为。一般而言，社会矛盾的烈度具有低、中、高三种情景，通过协商手段解决社会矛盾对应的是低烈度，通过谈判手段解决社会矛盾对应的是中烈度，通过暴力手段解决社会矛盾对应的是高烈度。影响社会矛盾的烈度虽然有多种因素，但是概括而言，主要体现为两方面。其一，社会经济的剥夺状况。社会矛盾的烈度取决于社会经济剥夺是"绝对剥夺"还是"相对剥夺"。绝对剥夺是指下层群体不仅在社会中的地位最低，而且社会的经济地位也最低；相对剥夺是指下层群体的社会地位虽低，但生活水平却高于最低生活水平而低于富裕群体的生活水平。社会发展的历史经验表明，下层群体的社会经济剥夺如果是相对的，尽管社会矛盾的强度较高，但一般较少发生暴力行为。其二，社会矛盾的调节。冲突的调节主要体现为矛盾的控制方式，是影响冲突烈度的重要因素之一。冲突的调节与冲突性利益群体的政治条件有关。上层群体往往会借助公共权力的强制性来阻止下层群体的利益诉求，此种对社会矛盾的控制虽然在一定程度上可以实现上层群体的预设目标，但矛盾的冲突被隐藏在了社会现象的表层之下，当冲突持续发酵、酝酿、积累到一定程度时，往往会产生暴力行为。上层群体如果面对社会矛盾能够承认下层群体具有利益诉求的权利，并提供表达、协商的机会和渠道，那么暴力行为发生的概率将会显著降低。调节冲突一般需要三项条件：首先，冲突双方均承认对方具有合法的但又相互对立的利益；其次，利益群体具有自身的组织和处理争端的公共机构；最后，冲突双方均愿意遵守特定的正式冲突的规则，对立双方知晓如何依据规则进行谈判，如何在妥协的基础上达成协议，违规如何处罚以及如何变更规则本身等。

---

① 侯钧生．西方社会学理论教程［M］．天津：南开大学出版社，2010：203．

第三节 社会矛盾范畴的起源和发展

任何一个概念都要经历对社会现实实践的观测、分析、总结、提炼、发展与不断丰富的过程。与其他范畴一样，社会矛盾概念的提出、发展与完善也同样经历了一个漫长的过程，深入探究社会矛盾的起源、发展和变化的演进轨迹，有助于深化对新时代社会矛盾的理解并为有效化解新型社会矛盾奠定基础。

一、社会矛盾的起源

"矛盾"一词最早出现在《韩非子·难一》"自相矛盾"的寓言中，"楚人有鬻盾与矛者，誉之曰：'吾盾之坚，莫能陷也。'又誉其矛曰：'吾矛之利，于物无不陷也。'或曰：'以子之矛陷子之盾，何如？'其人弗能应也"①。在这里，"矛盾"的意思是指两件事不能同时成立，两者是对立的，这是形式逻辑的理解。

在西方哲学史上，黑格尔突破了矛盾概念的形式逻辑阐释，将矛盾概念由形式的矛盾发展为辩证的矛盾，即"对立统一"。在他看来，"矛盾是一切事物本身所固有的、客观存在的对立与统一的关系，它贯穿于事物发展的全过程，是事物发展的动力与源泉"②。

马克思在黑格尔的基础上将矛盾提升为社会分析方法。马克思虽然没有专论矛盾的著作和论文，但在马克思的著作中，矛盾却隐藏在他对社会发展的分析之中。在马克思看来，人类社会的历史演进表现为矛盾运动过程，"一切历史冲突都根源于生产力和交往形式之间的矛盾"③"我们判断这样一个变革时代也不能以它的意识为根据；相反，这个意识必须从物质生活的矛盾中，从社会生产力和生产关系之间的现实冲突中去解释"④。马克思将矛盾作为社会分析的方法，通过对"商品"内部矛盾的分析，揭示了资本主义的本质、运行机制和社会主义必将取代资本主义的社会发展规律。

---

① 《辞海》编辑委员会. 辞海 [M]. 上海：上海辞书出版社，1989：2041.
② 黑格尔. 逻辑学：下卷 [M]. 杨一之，译. 北京：商务印书馆，1976：66.
③ 中共中央马克思恩格斯列宁斯大林著作编译局. 马克思恩格斯选集：第1卷 [M]. 北京：人民出版社，2012：196.
④ 中共中央马克思恩格斯列宁斯大林著作编译局. 马克思恩格斯选集：第2卷 [M]. 北京：人民出版社，2012：3.

毛泽东是将矛盾概念中国化的重要创造者，在《矛盾论》中，他对矛盾的地位、精髓、逻辑体系、作用进行了全面的阐释，指出了矛盾的同一性与斗争性、相对性与绝对性、普遍性与特殊性、主要矛盾与次要矛盾、矛盾的主要方面与次要方面、矛盾转化等问题。他认为一切矛盾着的事物或人们心中矛盾着的概念，任何一方都不是独立存在的，矛盾是对立双方的"相反相成""这些，就是我们研究矛盾法则的一些简单的结论"①。

第一次由矛盾概念转化到社会矛盾概念的是美国哲学家乔恩·埃尔斯特（Jon Elster），他在研究马克思的基础上，进一步将"现实矛盾"区分为"个体矛盾"和"社会矛盾"，"个体矛盾"也可以被看作一个主体同时接受了相互矛盾的信念或期望，它们不可能同时是真的或者成为真的。社会矛盾则是一种多主体矛盾，是多主体同时面临着都有其理由或原则支持的矛盾选择而产生的行动困境，或者是多个主体同时接受了一些都认为应该如此的信念或期望并据此进行客观行动时，因为多主体博弈互动的参与而产生非意向结果的行动困境，该信念或期望及其所致的行动选择对其中任何一个主体来说都是理性的，但不可能同时对所有主体来说皆为理性。因此，社会矛盾与模态合成谬误相关，诸如多主体行动的非意图后果或个体最优化却导致集体非最优化的社会现象，就是典型的社会矛盾。由此，社会矛盾作为一种"现实矛盾"被提出。从埃尔斯特阐释的社会矛盾概念内容不难看出，此种社会矛盾主要是哲学意义上的矛盾，而不是其他维度或领域中的社会矛盾概念。那么，对作为生产关系总和的社会而言，社会矛盾亦可从不同角度来理解。从广义、静态的角度，它可以表示"社会"自身固有的一切对立与统一的关系；从狭义、动态的角度，它也可以指构成"社会"的各种人、群体或组织之间的对立互动过程。

二、社会矛盾范畴的发展

国外关于社会矛盾概念的探讨经过了一个漫长的时期，欧洲虽然对社会矛盾概念的探索取得了一定的成就，但就贡献而言，美国显然更加明显，它对社会矛盾的探索经过了如下四个阶段。

第一阶段：史前阶段（1897—1921 年）。1897 年，古斯塔夫·勒庞（Gustave Le Bon）出版《乌合之众：大众心理研究》一书，在对社会矛盾进行研究的基础上，提出了聚众理论。古斯塔夫·勒庞虽然没有运用社会矛盾这一中国概念，但其所表达的思想依然是社会矛盾在人们心理上的演进。古斯塔夫·勒庞认为，

---

① 毛泽东选集：第一卷［M］. 北京：人民出版社，1991：337.

"群体中的人有两个共同特点：首先是每一个人个性的消失；其次是他们的感情与思想都在关注同一件事"①　"在群体之中，绝对不存在理性的人"②，在集体无意识的盲从心理驱动下，人们采取一致的群体行为。

第二阶段：创发阶段（1921—1965年）。1921年，帕克（Robert Ezra Park）与伯吉斯（Emest Watson Burgess）主编的《社会学导论》出版，标志着关于社会矛盾的研究进入新阶段。受勒庞聚众理论的影响，帕克首次提出了"集体行为"概念，认为集体行为是"个体在某种具有共同性和集体性的冲动（亦即该冲动是社会互动的结果）影响下做出的行为"③。集体行为是一种非理性的、混沌的、无序的社会行为。集体行为概念与社会矛盾概念虽然有一定的差距，但作为社会矛盾概念的一种外延，它的提出开创了研究社会矛盾的新领域，拓展了社会矛盾概念的研究内容。

第三阶段：变革阶段（1965—1977年）。1965年，曼瑟尔·奥尔森（Mancur Olson）出版《集体行动的逻辑》一书，标志着关于社会矛盾及其相关范畴的研究进入新的开创时期。不同于帕克提出的"集体行为"概念，奥尔森在《集体行动的逻辑》中提出了"集体行动"概念，集体行动概念几乎是对集体行为概念的颠覆，奥尔森认为，在因利益问题而产生的社会矛盾中，人都是理性的，都具有以最小成本和代价，获取利益最大化的本性。因此，"有理性的、寻求自我利益最大化的个人不会采取行动来实现他们共同的或集团的利益"④，每个人都企图通过"搭便车"的方式，坐享他人的劳动成果。奥尔森虽然没有直接对社会矛盾概念进行新的阐释，但针对社会矛盾的衍生品集体行动问题，将经济学的理性人假设引入社会矛盾和社会运动研究之中，赋予了社会矛盾解释的新视角。

第四阶段：确立与成熟阶段（1977年至今）。1977年，麦卡锡（McCarthy）、左尔德（Zald）共同发表《资源动员与社会运动：一个不完全理论》，标志着西方关于社会矛盾和社会运动的资源动员理论形成。该理论认为，社会矛盾及其导致的社会运动是"一种需要消耗资源的行为""它所需要的资源主要来自外部，而不是内部，因为运动所代表的人群往往是资源有限的弱势群体"，

① 勒庞.乌合之众：大众心理研究 [M].戴光年，译.北京：新世界出版社，2010：3.
② 勒庞.乌合之众：大众心理研究 [M].戴光年，译.北京：新世界出版社，2010：17.
③ 冯仕政.西方社会运动理论研究 [M].北京：中国人民大学出版社，2013：13.
④ 奥尔森.集体行动的逻辑 [M].陈郁，郭宇峰，李崇新，译.上海：格致出版社，2011：2.

社会矛盾和运动是一个"包含运动、权威和旁观者的三方游戏"。① 1982 年，麦克亚当（Doug Mc Adam）出版《美国黑人运动的政治过程和发展（1930—1970）》一书，标志着政治过程论的诞生。政治过程论认为，社会矛盾运动是"一个政治现象而不是一个心理现象"，社会矛盾运动是"一个连续的过程，而不是一个个离散的阶段或事件"。② 1986 年，诺斯（Douglass C. North）等人发表《框架规整过程、微观动员与运动参与》，标志框架建构论的形成。框架建构论认为，在社会矛盾运动中，"人们对外部世界的认知方式在很大程度上决定着人们在行为上的反应方式""社会矛盾运动的组织者和活动家总会主动运用某种框架去塑造人们对现实世界的感知"，③ 以此主导社会矛盾运动的方向。资源动员论、政治过程论和框架建构论均继承了奥尔森集体行动理论中关于参与者的理性因素，是从不同的维度探讨社会矛盾、阐释社会矛盾的典型代表，三大理论的产生推动了美国关于社会矛盾运动理论的完整确立。

新中国成立后，随着中国经济、政治、文化、社会和生态的不断发展和改进，人们对社会矛盾概念的认识有了新的发展，主要体现在 1957 年 2 月毛泽东发表的《关于正确处理人民内部矛盾的问题》之中。在这篇讲话中，毛泽东将哲学意义上的社会矛盾推进到社会现实中，概括了社会基本矛盾，即生产力与生产关系的矛盾，经济基础与上层建筑之间的矛盾。敌我矛盾，即在建设社会主义的时期，一切赞成、拥护和参加社会主义建设事业的阶级、阶层和社会集团与一切反抗社会主义革命和敌视、破坏社会主义建设的社会敌对势力和社会集团之间的矛盾，这种矛盾是对抗性的矛盾，需要用专政的方法予以解决。人民内部矛盾，即主要是工农两个阶级之间的矛盾，工人、农民同知识分子之间的矛盾，工人阶级和其他劳动人民同民族资产阶级之间的矛盾，还有政府"它同人民群众之间也有一定的矛盾"④。人民内部矛盾是非对抗性的矛盾，需要用民主的方法予以解决。不同领域的社会矛盾，即在农业合作化问题、工商业者问题、知识分子问题、少数民族问题、"统筹兼顾、适当安排""百花齐放、百家争鸣""长期共存、互相监督"、少数人闹事问题、中国工业化道路等方面的矛盾，都属于人民内部矛盾。毛泽东关于人民内部矛盾问题的讲话，对社会矛盾的阐释有了新的内涵和指向，体现了社会矛盾概念由抽象向具体的转变。

---

① 冯仕政. 西方社会运动理论研究 [M]. 北京：中国人民大学出版社，2013：103.
② 冯仕政. 西方社会运动理论研究 [M]. 北京：中国人民大学出版社，2013：161.
③ 冯仕政. 西方社会运动理论研究 [M]. 北京：中国人民大学出版社，2013：210.
④ 中共中央文献研究室. 建国以来重要文献选编：第十册 [M]. 北京：中央文献出版社，1994：63.

近年来，过分强调理性带来了诸多问题，人们在反思资源动员论、政治过程论和框架建构论的基础上，开始转向研究文化与社会矛盾运动关系，形成了一股"文化主义"思潮。该思潮强调文化因素对社会矛盾运动发生和发展过程中的意义，把资源动员论、政治过程论、框架建构论所抛弃的情感概念融入社会矛盾的研究中，认为文化是社会矛盾运动概念界定和阐释的重要变量，进而推动了关于社会矛盾运动范畴的研究。

三、社会矛盾范畴的丰富

进入 21 世纪后，随着经济、政治、文化、社会和生态环境的不断发展变化，特别是新技术革命的推动，现实中社会矛盾的产生、发展、形态、场域均发生了深刻的变革，由此引发了学界对社会矛盾范畴研究的深化，产生了对社会矛盾认识的新观点。

（一）宏观层面的社会矛盾

宏观层面的社会矛盾主要指在历史演化和社会发展的基本动力、时代中心主题、宏观历史背景和社会发展基本趋势中存在的对立统一现象。宏观社会矛盾涵盖了整个社会的经济、政治、文化、社会和生态等诸多领域的重大问题，并非具体影响社会的，利益相关群体之间的社会矛盾，例如，社会的基本矛盾——生产力与生产关系、经济基础与上层建筑之间的矛盾；社会的主要矛盾——人民日益增长的美好生活需要和不平衡不充分的发展之间的矛盾。[1] 宏观层面的社会矛盾概念对理解社会发展的基本动力以及时代的中心主题、社会发展的主要症结等具有重要的意义，是社会哲学和社会发展理论中有效的概念工具。认识宏观层面的社会矛盾为研究矛盾提供了必不可少的背景性解释，是分析认识社会矛盾的前提。

（二）中观层面的社会矛盾

中观层面的社会矛盾主要是指同一社会共同体之中，不同社会群体或社会阶层之间的矛盾。在利益和其他重要方面，社会共同体之中的群体或阶层之间"共生互补、相互合作、相互促进、共同发展，同时又相互排斥、对立、争斗以及冲突的情形"[2]，比如，工农矛盾、社区矛盾、劳资矛盾、贫富矛盾等皆属中观层面的社会矛盾。

---

① 中国共产党第十九次全国代表大会文件汇编［M］. 北京：人民出版社，2017：9.

② 吴忠民. 社会矛盾新论［M］. 济南：山东人民出版社，2015：4.

中观层面的社会矛盾，一般需要同时具备三个条件。一是矛盾源自社会结构层面的问题；二是在利益和其他重要方面存在互动与交往的主体；三是矛盾相关方互动过程中呈现出一致和不一致的双重性。中观层面的社会矛盾对社会具有影响和持续关联的功能，因此中观层面的社会矛盾是矛盾体系中最重要的主体，对国家和社会的稳定、发展具有举足轻重的作用，研究社会矛盾理应聚焦于中观层面的社会矛盾。

（三）微观层面的社会矛盾

微观层面的社会矛盾主要是指"具体的社会单元内部或具体的社会单元相互间的矛盾"①，例如，家庭内部之间的矛盾、街坊邻居之间的矛盾、公司内部管理人员与一般员工之间的矛盾、社区中居民之间的矛盾、学校中教师与学生之间的矛盾、商家与顾客之间的矛盾、机关中上级与下级之间的矛盾等。此类矛盾缺失对社会阶层结构的深刻影响，在社会发展进程和整体社会生活中难以产生深刻的冲击和留下显著的印痕，矛盾之间缺少稳定的互动关系，其发展变化的轨迹具有较大的不确定性。因此，微观层面的社会矛盾相对于中观层面的社会矛盾而言，在整个社会矛盾体系中居于较为次要的地位。

（四）网络社会矛盾

作为一种虚拟场域的矛盾，网络社会矛盾目前尚未形成共识性的定义，对矛盾产生的诱因、演进轨迹、发展结果等核心问题的研究亦缺乏权威性的阐释，但是网络社会矛盾实质上也是基于利益冲突或信仰、价值观念的差异而形成的对立统一现象，只是矛盾出现的场域、形态不同。因此，网络社会矛盾是部分网民因利益冲突、信仰、价值观念不同，围绕某一议题在网络社会中形成的既对立又统一的双方互动行为。网络社会矛盾深入演进的结果是网络矛盾事件，网络矛盾事件是网络社会矛盾发展的必然结果，是矛盾发展到一定程度的具体呈现。网络矛盾事件是"网中人群体为了共同的利益，利用网络进行串联和组织，公开干扰网中、网外秩序，造成不良的社会影响乃至可能危及社会稳定的事件"②。网络社会矛盾事件按照"是否有组织，是否有直接利益诉求"可分为"有组织—有直接利益诉求""有组织—无直接利益诉求""无组织—有直接利益诉求"和"无组织—无直接利益诉求"四种类型。网络社会矛盾衍生的矛盾事件与普通意义上的矛盾事件相比较，具有暴发突然、传播迅速、影响范围广、

---

① 吴忠民. 社会矛盾新论 [M]. 济南：山东人民出版社，2015：4.

② 揭萍，熊美保. 网络群体性事件及其防范 [J]. 江西社会科学，2007 (9)：238-242.

时间持久、参与成本低、参与群体规模大等特点。

（五）新业态社会矛盾

在对社会矛盾进行深化研究的过程中，学者们发现，随着社会生产力的发展和生产方式的变化，在新科技革命推动下，传统行业在人类社会发展进程中逐渐淘汰，新的行业及从事工作的场域、手段、渠道不断涌现，由此在新的就业空间和时间中产生了对立与冲突，形成了以虚拟社会为主要场域的矛盾，例如，新业态矛盾、网络舆情矛盾等，其中新业态矛盾发生频率高。新业态矛盾是在不同产业间的组合、企业内部价值链和外部产业链环节的分化、融合、行业跨界整合以及嫁接信息和互联网技术所形成的新企业、商业乃至产业组织中的矛盾，其中最为集中的是新业态中的劳务纠纷、网络犯罪处置失当导致的后续矛盾。

（六）多元社会矛盾

多元社会矛盾是在对社会矛盾概念总结、提炼和升华过程中提出的新范畴，指进入信息化时代后，由于利益冲突、信仰不同、文化差异等引发的主观思想和客观行为的排斥与对立。矛盾双方共处于社会统一体之中，对立双方的张力既影响和制约社会的正常运行，也通过对双方张力的调适，形成规范社会意识和行为的法律、政策，推动社会不断进步和繁荣。多元主要体现为从不同的维度观测，社会矛盾具有不同的表现形态。第一，从空间维度观测有宏观矛盾、中观矛盾、微观矛盾。第二，从时间维度观测有历史矛盾、现实矛盾、未来矛盾。第三，从领域维度观测有经济矛盾、政治矛盾、文化矛盾、生态矛盾。第四，从业态维度观测有传统业态矛盾、新业态矛盾。第五，从显示维度观测有显性矛盾、潜在矛盾。第六，从烈度维度观测有高烈度矛盾、中烈度矛盾、低烈度矛盾。第七，从主体维度观测有个人之间矛盾、个人与组织之间矛盾、组织与组织之间矛盾。第八，从诱因维度观测有观念性矛盾、利益性矛盾、政策性矛盾、体制性矛盾、资源性矛盾等。第九，从场域维度观测有线下矛盾、线上矛盾。第十，从发展维度观测有传统矛盾、新型矛盾。第十一，从性质维度观测有敌我矛盾、人民内部矛盾。

第四节　社会矛盾与相关范畴的区别和联系

一、社会矛盾与社会冲突

社会矛盾泛指人与事物及相互间一种互相依存与对立的状态，是矛盾双方之间的一种对立统一关系。社会冲突则特指在社会行动中方向、目标不同的人在互动中的反对行为及过程。社会矛盾与社会冲突是一种既相互联系又相互区别的关系。

首先，二者相互联系，是一种包含与被包含的关系。社会矛盾包含社会冲突，社会冲突内含于社会矛盾之中，社会矛盾具有不同的强度和烈度之分，低强度、低烈度的社会矛盾一般不称为社会冲突。高强度、高烈度的社会矛盾称为社会冲突，是在对抗强度方面对社会矛盾的具体反应，是比较重大的社会矛盾的表现形式。在目前部分学术文献表述及基层政府治理实践中，有"社会矛盾冲突"等将"矛盾"与"冲突"连在一起的表达，其含义是指已经达到明显冲突程度的社会矛盾现象。

其次，二者相互区别，社会矛盾不能统称为社会冲突。其一，表述社会矛盾与社会冲突的维度不同。社会矛盾侧重从事物对立的根源维度上讲，而社会冲突更多的是从矛盾的过程、强度、烈度等维度上讲，是指社会矛盾的对抗、争斗关系达到比较激烈程度时的状态，或者是指强度高、烈度大的社会矛盾。其二，社会矛盾与社会冲突的关系主体存在差别。社会矛盾关系不仅限于人与人之间，还包括人与制度、政策等事物之间，而社会冲突关系则仅限于人与人之间，包括个体与个体、群体与群体或者个体与群体之间。其三，社会矛盾与社会冲突的外延不同。社会冲突的外延小于社会矛盾的外延，社会矛盾包括差异和冲突，"社会冲突只是社会矛盾斗争的一种形式，社会冲突更强调动态过程"①。

二、社会矛盾与集体行动

集体行动又称社会集体行动，是指由于人们对社会的共同理解遭到破坏或尚未形成，以致人与人之间不能形成有序、可预期的社会互动，于是"在多人卷入或参与时所发生的相对无序和混乱的、走向和结果充满不确定性的社会现象"②。集体行动是社会矛盾发展的结果，社会矛盾包含集体行动，集体行动是社会矛盾发展到一定程度的一种形式。就其外延而言，社会矛盾的外延大于集体行动，社会矛盾可以指个体与个体之间、个体与组织之间、组织与组织之间的对立统一关系，集体行动不涵盖个体与个体之间的对立与冲突。在集体行动

---

① 尹雪萍. 毛泽东两类矛盾学说与西方社会冲突理论比较研究 [J]. 毛泽东邓小平理论研究，1994（1）：64-68.

② 冯仕政. 西方社会运动理论研究 [M]. 北京：中国人民大学出版社，2013：15.

中，一般有聚众行动、群众行动和公众行动，三种类型的共同之处有以下三点。

首先是共同的关注与兴趣。对某一议题的共同关注与对特定事件的兴趣，使社会个体成员能够产生意识相近、理念互通、主张类同、思想一致的结果或者产生相异的结论，无论是相近一致或相异对立，均能够使社会个体成员走向特定的场域，由单个个体汇聚成特定群体即集体，这是集体行动产生的思想基础。例如，21世纪初期中国发生的多起PX项目事件，社会个体成员基于环境与自身健康的考虑，对此类化工项目给予了共同的关注，部分与此类化工项目具有关联的社会个体成员，在共同关注并力图保障自身合法权益的思想驱动下，由个体行为汇聚成了集体行动。

其次是群体性行为。与社会矛盾可以是个体与个体之间的行为，也可以是个体与组织之间的行为不同，集体行动一定是群体行为，是特定群体成员围绕某一议题展开的外部集体行动或内部互动行为。聚众行动、群众行动、公众行动虽然在内部互动上呈现不同的形式，但以群体的而非个体的行为出现，则是集体行动的共同特点。

最后是较强的自发性。在个体向集体转化的过程中，既有的社会规范在较大程度上被抛弃或打破，社会个体成员依照自身对特定事物的兴趣和理解展开思考与行动，呈现出组织性、结构性和稳定性较弱的特征。在聚众行动中，参与集体行动者在地理上是接近的；在群众行动与公众行动中，参与集体行动者在地理上是分散的。在集体行动的内部互动中，聚众行动一般展示为面对面的互动；群众行动几乎没有直接的互动，也缺少间接的互动，"彼此间未明确意识到对方的存在"[1]，群众行动虽然具有较强的相似性，但并非意识到对方的存在而做出的针对性反应结果，而是单个社会成员根据自身的需要和研判而采取的行动，此种自发的行为不期而遇地汇集成了"集体"。公众行动中一般没有面对面的直接互动，但具有间接的互动行为，是彼此明确意识到对方的存在并做出的有针对性的反应行为。

三、社会矛盾与社会运动

社会运动是社会矛盾发展到一定程度的具体体现，是指"一个人群为了追求或抵制特定社会变革而以某种集体认同和团结为基础，并主要采取非制度性方式进行的，具有一定连续性和组织性的冲突性集体行动"[2]。其类型主要有价

---

[1]　冯仕政．西方社会运动理论研究［M］．北京：中国人民大学出版社，2013：15.
[2]　冯仕政．西方社会运动理论研究［M］．北京：中国人民大学出版社，2013：37.

值导向型运动和规范导向型运动。同其他社会矛盾范畴一样，社会运动的外延小于社会矛盾的外延，社会运动内含于社会矛盾之中，二者既相互联系，又具有一定的区别。概括而言，社会运动具有如下五个特征。

第一，社会运动具有明确的目的性。社会运动是追求或抵制某种社会变革的群体行动，与集体行动和革命具有显著的差异。首先，社会运动从启动至结束，始终具有明确的目的导向，是为实现特定目标而进行的群体行为。与集体行动中的聚众行动、群众行动、公众行动等受偶然因素影响较大、缺乏明确目的的行动相比，社会运动有明确的目的。其次，社会运动不同于革命，社会运动追求的是局部变革，并非实现整个社会制度颠覆性的转型。在诉求上，社会运动虽然具有明确的目的性，但缺乏系统严格的意识形态论证。革命追求的是彻底的社会制度变革，一般以某种严密论证和阐释的意识形态为纲领，来指导革命的实践活动。

第二，社会运动主要采取非制度性的行为方式。社会运动倾向通过非制度性的行为方式实现某种目的，但不是由于制度失灵导致的社会个体成员无法形成一致的、稳定的社会预期而采取的行为，而是既定的制度对特定群体不利，使之无法或不愿意采取当前制度所期待的方式，从而采取非制度性的行为方式实现目标。社会运动采取非制度性的行为方式表达自身的诉求，构成了社会运动与国家改革的一个重要区别。

第三，社会运动依靠集体认同和团结感来维持。社会运动的发起者、领导者或核心力量与参与者之间没有固定的、程序化的支配和服从机制，只能依靠某种集体认同和团结感来维持其存续。集体认同和团结感虽然表现为一种情感和信念，但与物质利益并非完全脱离，事实上，利益互惠也是集体认同和团结感的重要支撑因素。

第四，社会运动具有组织性和连续性。社会运动具有比较明确的目标，又以集体认同和团结感为基础，运动的发起者和领导者极易使行动具有组织性，以便通过有组织的整合增进和赋能力量，更好地实现目标。社会运动不是单个的、离散的事件，而是由一系列连续性的斗争行为构成。单个事件只是社会运动的一个环节或部分，本身称不上社会运动。与单次性的集体行动事件相比，组织性和连续性是社会运动与集体行动相区别的重要标志之一。

第五，社会运动具有冲突性。作为一种社会变革行动，社会运动不可避免地会冲击、损害运动对象的利益或打破既有的生活模式，在特定情况下甚至会波及运动对象之外的其他社会群体。因此，社会冲突是社会运动的必然结果。在现实中，一些社会运动尽管在手段上呈现为和平的、调侃的、娱乐的行为现象，但其中蕴含的挑战意蕴是不言自明的。

四、社会矛盾与社会不稳定

社会不稳定是社会矛盾发展到一定阶段的产物，是指社会成员个体因不满组织和政府的某些特定具体制度、政策所引发的矛盾得不到及时有效的回应，从而以群体方式迫使组织和政府改变现有具体制度和政策的行为。社会不稳定会导致社会出现较为严重的"异常"或"失序"现象，从严重等级分析，属于"中度"社会矛盾冲突现象。

社会不稳定是社会矛盾的特殊表现形式。就其外延而言，社会矛盾包含社会不稳定，社会不稳定内含于社会矛盾之中，二者具有不可分割的紧密联系。没有社会矛盾的进一步发展，就不会出现社会不稳定；同样，没有社会不稳定的出现，也就很难判断社会矛盾发展的严重程度。社会不稳定不同于其他社会矛盾范畴，具有鲜明的四个特点。

其一，显著的失序性。脱离制度、规则、程序，以非理性的行为方式实现自身的诉求是社会不稳定的重要特征。这种非制度化的行为会导致在某个时段，在一定区域内甚至较大区域内，社会与经济领域出现较为严重的失序混乱状况，例如，政府在某一时间节点出台的公共政策具有部分非公平正义的含义，必然导致利益受损社会成员的不满。在利益受损社会成员的诉求不能及时得到回应和关切的情势下，针对政府的成规模的集群行动极易造成社会不稳定。由于社会不稳定的非制度化行为，参与骚乱的成员在泄愤情绪的驱动下，会冲击现有社会秩序，造成局部地域社会生活失序。

其二，对制度的非颠覆性。部分社会成员一般以街头集体抗议、示威甚至暴力的方式来表达自己的利益诉求，以此为压力迫使政府调整不利于自己利益实现的政策。也有部分社会成员并无明确的目标，参与者只是借机发泄自己的愤懑情绪，没有推翻和颠覆现有社会和国家制度的企图。2023 年 6 月，法国发生的社会不稳定，因一名警员枪杀一名 17 岁少年引发，虽然规模较大波及多个城市，烧毁 5900 余辆汽车，导致 1100 余栋建筑物不同程度受损，手段相对极端，但参与者并未有废止法国基本制度和推翻现政府之意，参与者的目的是发泄对国家公权力行使者的愤懑。因此，随着社会不稳定的平息，社会秩序恢复比较容易。①

---

① 连续三天爆发骚乱，"警察射杀 17 岁少年"事件何以引爆法国社会？［EB/OL］. 新浪网，2023-06-30.

其三，不具有激烈的对抗性。在手段上，由于社会不稳定与政府之间的矛盾是非对抗性的矛盾，参与骚乱的民众仍然希望通过政府来解决，即使出现非制度化行为，骚乱的目的仍是为了引起政府的注意并得到有效的回应。尽管在特定场域下，个别社会不稳定会有较为激烈、失控的行为出现，但总体而言，参与骚乱的人员较少采取暴力流血的抗争方式。2011 年，英国社会不稳定的参与规模虽然声势浩大，但社会不稳定的参与者依然希望在现有的制度框架下解决问题，因而其行为手段相对温和，以非流血、非暴力的方式进行。骚乱的参与者以游行示威或抢劫财物的方式，发泄对政府的不满，在对抗中即便有遇难者，大多为误伤所致。①

其四，非大范围的毁坏性。社会不稳定的目标不是颠覆现有国家制度，推翻现有政府，因此，社会不稳定的方式绝大多数不是对抗性的。有部分骚乱参与者在行动过程中出现过激行为，但大多数骚乱参与者往往会顾及其行为后果，在行动中相对温和，不会出现大范围毁坏性现象。与社会动荡具有大范围的毁坏性不同，社会不稳定过后是一个"恢复"秩序的过程，而社会动荡过后面临的则是一个艰难的"重建"社会、"重建"秩序的问题。

本章小结

矛盾存在两大领域，一是自然界，二是人类社会。在不同的领域中，矛盾发挥作用的形式具有显著的差异性。社会矛盾是指在特定社会共同体中，社会群体、阶层、个体之间因利益或其他因素而引发的既相互排斥、对立和冲突，又共生互补、相互依存的对立统一关系。从理论和实践双重维度分析，社会矛盾具有负向功能和正向功能。一方面，社会矛盾的产生、发展和演进具有促进社会发展和进步的价值。事物发展的根本原因在于事物内部的矛盾性，矛盾决定一切事物的存在，推动事物的发展。同化与异化、遗传与变异的矛盾，推动生物界由低级向高级的发展；生产力与生产关系、上层建筑与经济基础的矛盾，推动人类社会由低级到高级的发展。另一方面，社会矛盾的产生、发展和演进具有冲击社会秩序和影响社会进步的消极作用。社会矛盾内在的对立与排斥属性决定了矛盾双方之间的张力，如果不能及时得到有效的缓解，则会成为阻碍社会安全运行的消极力量，如果长期得不到化解，任由其负面消极的社会能力

---

① 吴忠民．社会矛盾新论 [M]．济南：山东人民出版社，2015：15.

长期蓄积挤压，扩张到严重的地步，就会对社会产生十分不利的破坏性作用。

从结构上分析，社会矛盾由矛盾的属性、社会矛盾的时空、社会矛盾的条件、社会矛盾的强度和烈度等构成，不同的维度结构在展示矛盾发展、变化和演进轨迹的同时，呈现出多元的形态与内容。社会矛盾是一个整体概念，与社会矛盾相关的范畴是社会冲突、集体行动、社会运动、社会不稳定等。这些相关范畴均为社会矛盾的衍生物，与社会矛盾有直接的密切关系，但又具有自身的特点，社会矛盾与相关的范畴共同构成了社会矛盾理论体系。

第二章

社会矛盾的功能

作为社会中的对立统一现象，社会矛盾在人类社会的发展中发挥根本的作用。从宏观视角分析，生产力和生产关系的矛盾运动是推动社会发展的根本动力。从中观、微观视角分析，每一具体矛盾的产生、发展、演变和处置方式等既具有推进社会进步和繁荣的正向促进功能，又具有阻碍、滞缓社会发展的负向功能，在正向和负向功能的对冲中促进社会的不断前行。

第一节　社会矛盾的社会属性

社会矛盾的社会属性使社会矛盾区别于个体性矛盾，社会矛盾包含两方面的特征。第一，具有一定的社会影响。纠纷与矛盾比比皆是，但并非社会上所有的矛盾现象都具有社会影响力。具有社会影响力的矛盾一般源自社会阶层结构层面，社会矛盾相关方在社会分工、职业分工方面相互依赖，同时在利益方面相互关联。社会矛盾会对群体团结、阶层分布、社会结构产生一定影响。第二，有持续的相互联系。社会矛盾生发于社会结构之中，具有普遍性和关联性，例如，在中国现阶段，围绕流动人口问题，既出现了政府提供公共服务产品相对不足同流动人口尤其是农民工有较为迫切的公共服务需求之间的矛盾，出现了城乡居民之间的矛盾，也出现了当地人与外来人口之间的矛盾。对社会矛盾的准确定位有助于理解矛盾衍生和发展的规律，对化解矛盾与引导矛盾发挥着积极的正向功能。

一、社会矛盾属性定位的不同视角

对社会矛盾属性的研究可追溯到对冲突的研究，其中存在马克思主义和结构功能主义两大研究分支。马克思主义视角认为社会矛盾的本质属性是一种常态，本身源于社会不平等结构的存在，社会矛盾可以推动社会不平等结构变革。

而对社会不平等结构的理解，马克思将之归于基于生产力和生产关系所导致的经济利益不平等。冲突理论则拓展到权力、文化、伦理、价值、情绪等非物质资源层面。结构功能主义把静态、秩序良好的社会当成无须反思的前提，故在帕森斯（Talcott Parsons）那里，冲突是破坏社会秩序的存在，其后科塞（Lewis Coser）在功能主义框架下提出冲突的正功能，与之互补完善。两种研究视角对理解矛盾的属性、矛盾与社会秩序的关系、矛盾的功能有不同的启发。

（一）马克思主义视角

马克思主义认为社会矛盾的社会属性呈现为一种常态，对社会矛盾的研究本质是对"不平等"的研究。经济关系导致的社会不平等会产生阶层不平等，阶层斗争转化为阶级行动，所以社会矛盾在社会中也常态化存在。马克思对矛盾的研究聚焦于宏观层面阶级斗争与社会变迁动力，对理解不同利益群体之间的矛盾，马克思将之全部归纳为经济结构。所以在马克思主义研究路径下，社会主义或共产主义的社会形式一旦成功建立起来了，就会有"历史的终结"和阶级斗争的终结，矛盾将不复存在。冲突理论多受马克思主义影响，试图去弥补理论缺陷。本迪克斯（Reinhard Bandix）在1952年发表的《社会分层与政治权力》一文中表达了自己的观点，他认为马克思主义在根本上是一个"有趣的"社会变迁理论，但并不认同马克思主义将所有的矛盾都归于阶级矛盾，马克思没有洞察到阶级情景与阶级行动之间关系的不确定性。[1] 也就是说，群体利益不同并不必然导致群体间产生矛盾。20世纪五六十年代，英国学者洛克伍德（David Lockwood）和雷克斯（John Rex）进一步发展了冲突理论。洛克伍德同样认为社会矛盾不能简化成经济情况，认为马克思忽略了其他所有类型的资源，就算废除了拥有生产工具的权利，就算经济资源被平均分配了，其他纷争（如性别之间的、管理者与被管理者之间的）也绝不会因此消失。[2] 雷克斯以对伦理冲突的分析而闻名，其沿袭马克思主义开辟的路径，认为稳定秩序和规范模式本身也是权力情景的表现，对某些私有财产秩序的正当性的信仰可以回溯到权力冲突长期制度化的过程。其与洛克伍德类似，拒绝将冲突简化为经济问题，而是将其拓展到权力问题、终极价值问题、宗教问题等方面。[3]

在马克思主义视角下，社会矛盾的属性一方面反映社会不平等结构，这一

---

①　BENDIX R. Social Stratification and Political Power [J]. The American Political Science Review, 1952, 46 (2): 357-375.

②　LOCKWOOD D. Solidarity and Schism: 'The Problem of Disorder' in Durkheimian and Marxist Sociology [M]. Oxford: Clarendon Press, 1992: 139-140.

③　REX J. Key Problems of Sociological Theory [M]. London: Routledge Ltd, 2006: 222.

不平等结构存在于经济关系、文化符号、意识形态、宗教信仰、伦理价值、生活习性等多方面，优势阶层通过诸多社会机制在生产自身结构中与劣势阶层的"差异"，导致矛盾的存在。社会成员在教育、求职过程中，不仅是由出身不同导致的经济禀赋差异，而且教育过程本身也是不平等的，社会和市场所依据的判断标准处处体现着上等阶层和城市叙事偏好。教育在此过程中并没有缩小经济差异带来的不平等，其筛选具有相似品位的社会成员，淘汰不符合偏好的社会成员，在这一过程中，尽管有少数的胜者，但依旧有部分社会成员被淘汰出局，部分青年人陷入求职困境，现阶段劳资矛盾多发等问题与教育求职过程中经受的不平等经历密切相关。另一方面，在马克思主义者看来，社会矛盾也是变革社会不平等结构的起点，通过矛盾运动可以使社会进步。群体利益多元化并不必然导致剥削，而这离不开社会分工的相互依赖与社会矛盾运动，例如，西方长期存在的劳资矛盾，工人阶层通过社会运动可以维护利益，提高福利水平，促进社会政策变迁。

因此，马克思主义理论及其所影响的冲突理论对社会矛盾属性的研究出发点不是社会秩序问题，而是如何对人与人，或群体与群体之间的社会不平等进行解释，其时时刻刻都是在不平等的核心议题下讨论社会矛盾的。

（二）结构功能主义视角

结构功能主义视角下，矛盾被视为反常的存在，是对稳定的社会秩序的破坏。对社会冲突的研究起于帕森斯，帕森斯主要将矛盾视为心理决定的现象，一种个人的错误行为，甚至有时候还将其诠释成"病态的"。之所以会这样，是因为在这个理论传统中，社会现状被诠释成一种正常状态，偏离正常状态，都被认为是"个人没能适应社会现状而造成的干扰"[①]。帕森斯的研究旨在寻求社会结构—功能的协调一致性，在他看来，无论社会系统多么复杂，也无论社会结构关系中存在何种冲突，都必须存在最低限度的一致性。所以当群体之间交往存在基本共识时，矛盾不会产生，反之，意味着社会秩序不稳定。

其后，科塞在功能主义理论的框架内，通过强调矛盾的正功能来完善功能主义理论。科塞对社会矛盾起因的分析并非基于个人的"内驱动或冲动"等个体层面，而是处于社会结构这一"以一种社会事实解释另一种社会事实"的社会学层面。[②]科塞认为社会矛盾是人们在地位、权力与资源的分配和价值信仰上

---

① 约阿斯，克诺伯. 社会理论二十讲 [M]. 郑作彧，译. 上海：上海人民出版社，2021：163.

② 迪尔凯姆. 社会学方法的规则 [M]. 狄玉明，译. 北京：商务印书馆，1995：125.

企图中和、伤害或消除对方的斗争。相较于帕森斯，他强调正面功能，如界定群体边界，增强群体凝聚力；重新评估社会力量变化，实现社会的动态稳定与平衡；创造新的组织、制度与价值；作为"社会安全阀"释放敌对情绪等。科塞对其中社会冲突的概念或范围做出三点限定：冲突既不涉及双方关系基础也不冲击核心价值观，冲突发生在社会系统内不同要素之间而非指向社会系统本身，"冲突已经被社会系统制度化了"①。科塞在 1967 年出版的著作 "*Continuities in the Study of School Conflict*" 中进一步声称，"冲突对整个社会来说也有正面效果，因为冲突对社会来说也是一种学习过程，可以带来新的规则和制度"。② 如果社会不允许冲突，就没法拥有学习能力，长久而言也不具有持存能力。从中不难看出，其仍是在社会规范允许的范围内产生的矛盾，才会具有这样的功能。

综上所述，两种理论脉络为我们认识社会矛盾属性提供了不同的视角，马克思主义者认为社会矛盾是社会不平等的产物，结构功能主义者认为社会矛盾是社会秩序运行不良或者更新换代的产物。二者讨论的核心区别在于社会秩序作为"规范秩序"和"实然秩序"的双重性。社会秩序本身是一套统治秩序，国家和法律是确保权力的手段，规范秩序指统治结构是公意的结果，实然秩序指统治关系是暂时的妥协，它们在实际运行中充满斗争。在结构功能主义者看来，这套统治秩序具有观念和文化模式的稳定性，是公意的"最大公约数"，所有的社会结构旨在保障这套观念和文化模式稳定运行，而在马克思主义者以及后来的冲突理论家看来，他们与新功利主义或理性选择理论具有某种共生性，对价值和规范保持怀疑态度，认为价值和规范掩饰了"利益"这件事，利益结构不断变化，社会矛盾不断变化。两种研究视角截然不同，但对理解宏观层面的结构性矛盾与中观层面的群体矛盾各有裨益。

二、社会矛盾与社会秩序

社会矛盾与社会秩序的关系并不是线性的因果关系，而是双向建构式关系。在帕森斯看来，社会秩序基于价值之上，而冲突理论认为社会秩序只不过是冲突各方之间短暂的妥协，这种秩序任何时候都可以被中止。对帕森斯来说，价值是"最终目的"，只要行动者真心相信它，就不会操控它，更不会质疑它，但冲突理论更多的是用嘲讽的眼光来看价值，认为社会所建构的价值实质是用来维护意识形态的，从而营造社会平等的表象。对帕森斯来说，政治权力表达了

---

① 刘少杰. 国外社会学理论 [M]. 北京：高等教育出版社，2006：193.

② COSER L A. Continuities in the Study of Social Conflict [M]. New York：Free Press，1967.

国家市民的价值允诺，某些人民代表是基于此种价值而受托执政；但从冲突理论的角度来看，政治权力不过就是在尽可能维持社会不平等，国家则是巩固阶级结构的手段。至于叛乱、革命、暴力起义，在帕森斯眼里，这些是有威胁性的例外事件，但在冲突理论家眼里却是理所当然的事件，这种事件并不是不理性地爆发出来的，而是为了"改变社会不平等结构而理性地进行干预"①。在两种研究脉络中，我们能清晰看到，在帕森斯眼中，社会矛盾是破坏性的存在，社会秩序符合大多数人的利益。而在马克思主义者眼中，社会秩序是不平等结构的制度化存在，社会矛盾可以建构新的社会秩序。

所以，社会矛盾的功能判断实质是对其所冲击的维持社会秩序规则的合理判断，而且规则合理性具有时代性。一方面，传统社会合理的规则随着社会变迁可能变得不再适应时代，由此激化的矛盾可在一定程度上推动社会变迁。在传统社会中，并不是所有人都有接受教育的资格，就是并非所有人都能参加科举考试。从阶层来看，士农工商中商人的后代不能参加科举；从性别来看，女性被排除在外。如今，随着社会生产力的提高、生产关系的变化、社会观念的变革，并非所有人都能接受公平且优质的教育，但国家使所有人享有受教育的资格。在功能主义框架下，此时某些行为，例如，抵制女性接受教育，其遵循传统规则将女性排除在受教育群体之外，所引发的社会矛盾便是推动社会变迁的力量。在马克思主义视野下，教育不仅是传统和现代的较量，亦是当下社会阶层不平等的再生产机制。此时的教育提供的是精英阶层的文化，从"语汇和腔调、穿着风格、美学品位、价值与举止"② 等方面对社会成员进行筛选，最后要么训练精英文化，要么维护精英文化，所以此时爆发的社会矛盾是处于社会下等的阶层反抗上等阶层拟定的社会规则的体现。

另一方面，社会矛盾的表现形式本身也有需要遵守的规则。在马克思主义者看来，矛盾以武力和斗争形式爆发也被视为合理的，因为凡是抑制矛盾的力量都是社会不平等的力量，是阶层差距的体现。结合当下中国社会形式，维护社会秩序、推动社会平等并不意味着社会矛盾肆无忌惮地衍生与激化。在马克思主义者看来，法律是上等阶层统治下等阶层的工具，但其亦是公意的产物。例如，原始社会合理的血亲复仇置于当下已然是不遵从法治的体现，此时社会矛盾即使是维持正义之举，亦在破坏社会法治规则，所以就社会影响力而言，

---

① 约阿斯，克诺伯. 社会理论二十讲［M］. 郑作彧，译. 上海：上海人民出版社，2021：173-174.

② COLLINS R. Functional and Conflict Theories of Educational Stratification ［J］. American Sociological Review, 1971, 36（6）：1002-1019.

此时的社会矛盾因自身表现形式不符合社会规则，会在一定程度上产生负功能。

总而言之，分析社会矛盾与社会秩序的关系，我们既需要帕森斯的"规范秩序"视角，又需要冲突理论家的"实然秩序"视角，既要重视经济结构产生的不平等，又不能低估观念和文化模式的自身动力。稳定的社会秩序存在一套规范性观念和价值，此时的社会矛盾是对规范性的冲击，而这套规范性亦是不平等结构的产物，此时的社会矛盾是社会不平等力量配置的"晴雨表"，而社会矛盾的表现形式亦在规范性秩序内被框定。以符合规则的形式存在，例如，信访，其会发挥"社会安全阀"功能，疏解社会不良情绪；以不符合规则的形式存在，例如，矛盾事件，其破坏现有稳定社会共识，导向新的秩序还是陷入混乱境地，尚未可知。因此，我们遇到社会矛盾需要具体问题具体分析，不可轻视矛盾，亦无须忌惮矛盾，通过有效的社会治理，可以使矛盾呈现的社会不平等结构被关注，发挥矛盾的正功能。

第二节 社会矛盾的正功能

社会矛盾是人类社会普遍存在的现象，是社会行为主体间的基本互动形式。20世纪五六十年代，美国社会矛盾不断凸显，社会问题日益突出，以达伦多夫（Ralf Dahrendorf）、西美尔（George Simmel）、科塞等为代表的社会学家将研究聚焦于社会冲突，并对这些现象进行理论上的解释。在达伦多夫看来，社会并不是结构功能主义所强调的均衡和共识，而是充满冲突的，社会现象具有二重性，现象本身就能呈现出辩证关系，即整合与冲突、正功能与负功能、稳定与变迁等，在基础理论上达伦多夫创立了辩证冲突论，并认为在现代社会中对社会矛盾不应该压制或消灭，而应该通过制度化来调解矛盾和冲突。西美尔认为，社会生活中人们的矛盾与冲突是先于社会的统一的，且无时无刻不在世界各地发生着，具有普遍性，其认为适量的冲突就如同合作一样，可以产生正向的功能和能量。科塞从西美尔"冲突是一种社会结合形式"的社会有机体论出发，强调和重视分析冲突的功能，他认为社会矛盾并非只存在破坏社会稳定、造成社会病态的负功能，同时具有正功能的一面。他指出，"冲突在社会生活中有破坏社会整合，甚至导致社会解体的功能，但同时它也可以在群体生活和其他人际关系中具有某种决定性的功能"[1]。

---

[1] 科塞. 社会冲突的功能 [M]. 孙立平，等译. 北京：华夏出版社，1989：16.

一、社会矛盾对当事方的正功能

人类在发展的历史进程中并不存在没有冲突的社会，实际上一个健全的社会到处充满了冲突，社会矛盾与冲突是不可避免的，以利益和情感为出发点来看，人们都有冲突的本能，这决定了人们愿意而且渴望发生冲突，尽管都是一些鸡毛蒜皮的小事。社会冲突既然普遍存在且无法避免，那就需要我们用辩证的眼光去重新审视社会矛盾，即社会矛盾与冲突具有二重性，其积极效应和正功能是客观存在的，不能也不应被忽视。结合现实生活，社会矛盾具有以下三种正功能。

其一，社会矛盾能够暂时消解当事方的敌对情绪。随着我国社会转型的深入发展，社会变迁巨大，社会矛盾发生的频率、强度、烈度、暴力度、情感激发都不断加剧，引发社会矛盾的原因也各式各样。改革开放后，各类社会思潮和话语激荡相撞，共识性的意识和思想价值观一时间难以构建，因而社会生活中个人与个人、个人与群体、群体与群体之间时常发生各种冲突。俗话说"怒从心头起，恶向胆边生"，由于问题和矛盾得不到解决，且矛盾双方尤其是处于弱势的当事方常常怀有强烈的敌对情绪，这种情绪不仅会指向对方，还会波及与敌对方所处的群体、组织和阶层等，乃至整个社会，产生"越轨"行为。西美尔认为"社会冲突会以目的的形式呈现，这种形式的社会矛盾则更多涉及情感因素，替代手段无法解决，应该让行为主体充分发泄和表达情绪"[1]。科塞也提出了相似的观点，认为"引发将敌对情绪向冲突对象发泄的非现实性冲突的问题的主导因素越情感化和情绪化，其激烈程度越高"[2]。

其二，社会矛盾能够使当事方了解彼此。现实生活中的社会矛盾的产生主要有三种原因。一是矛盾当事方对引发矛盾的社会事件不了解；二是社会事件在发展过程中发生偏差，导致意外结果的出现；三是社会事件的结果与预期不符。如果社会矛盾当事方能有效沟通，冲突就会由大到小，由小到无，但实际情况往往并非如此，通常情况下，人们处理社会矛盾的时候往往只停留在表面，没有深度挖掘冲突背后的真实原因，无法透过现象看本质，从而导致类似的社会矛盾不断涌现，矛盾化解成效弱化。以邻避问题为例，居民因担心建在家附近的项目建设影响身体健康、环境质量以及降低房地估值等负面影响而产生排

① 西美尔. 社会学：关于社会化形式的研究［M］. 林荣远，译. 北京：华夏出版社，2002：179.

② 科塞. 社会冲突的功能［M］. 孙立平，等译. 北京：华夏出版社，1989：48.

斥情绪，这种"不要建在我家后院"的心理引发许多抗争行为和社会矛盾。从邻避问题的发生到解决的整个过程，这刚好为公众和政府之间提供了一个有效的沟通渠道，通过征集民意、召开论证会听证会等方式提高公众的参与度，建立社会与政府的互动机制，了解公众和社会的真实想法，进而做出政策性的调整。

西美尔和科塞都认为社会矛盾常常以手段的形式呈现，这类社会矛盾试图通过冲突达到某种目标或目的，并且这种为了达到某种目标而指向冲突对象的现实性冲突因素越具现实性，其冲突的激烈性越弱，此类型的社会矛盾不一定要通过斗争来解决问题，可"通过找寻其他替代手段或者通过满足当事方需求来化解冲突"①。无论哪一种化解冲突的方式，它们都需要建立在对社会矛盾当事方了解的基础上，充分了解矛盾点以及冲突双方的想法和诉求，才能找到恰当的解决方式。从社会矛盾的过程结构来看，矛盾爆发前期，当事方就已经有了一定心理预期或想达到的结果，在矛盾爆发中，双方通过激烈的言语争吵等反抗行为途径表达诉求，冲突双方也在此过程中主动或被动地了解彼此。

其三，社会矛盾能够使当事方产生规则意识，为未来秩序的正常化奠定基础。这一功能的发挥主要是依赖社会矛盾的化解手段，即规则化摄入。化解社会矛盾的机制应该是"承认矛盾存在的既成事实，明晰当事方的权利，矛盾当事方建立调停、仲裁机构，并通过协调建立新的游戏规则"②。这是一种通过规范化、可预测、在规定范围内进行处理的协调过程，目的是避免社会矛盾中无组织无纪律的散兵游勇和乌合之众所带来的非正式的、不可预测以及难以控制的社会危机。在社会矛盾过程中，参与冲突的当事方，无论是个体、群体还是一个民族都会经受各种考验和锻炼，迸发出比平时更高的规则意识。这种情况在触及法律的社会矛盾中表现得尤为明显，劳资冲突推动了劳资关系法律的制定，监狱叛乱事件促使刑法刑罚改革，虚拟网络的冲突促进了《中华人民共和国网络安全法》的形成，这些案例不仅给矛盾当事方树立了规则意识，还通过媒体传播使公众产生相应的规则意识和法律知识，推动法律体系不断完善。社会规范作为协调人与人关系和行为的准则在社会矛盾中不断变化，让矛盾当事方对原来的规范予以审视，重新建立新的行为准则和规范。在此过程中，矛盾当事方不断更新规则，自然而然地强化了规则意识和法律意识，随着新规范不

---

① 西美尔. 社会学：关于社会化形式的研究［M］. 林荣远，译. 北京：华夏出版社，2002：179.

② 焦娅敏. 社会冲突理论对正确处理我国社会矛盾的启示［J］. 湖南大学学报（社会科学版），2012，26（1）：133-136.

断创设，矛盾当事方的自主更新行为最终使矛盾各方共同接受支配他们的新行为规范。这也是冲突论强调的矛盾当事方的规则意识，但并不意味着要求当事方接受缺乏自主性的奴性服从规则，而是需要当事方自主地参与规则的制定，从而产生游戏规则认同感。总之，就是将无边界线的社会矛盾转化到特定的场域中，在这个场域中，矛盾当事方通过协商、调解等方式共同建立相应的规则。

二、社会矛盾对社会的正功能

社会矛盾是发生在社会中的对立统一行为，矛盾在对当事方产生正功能的同时，对整个社会系统也具有促进社会发展、矫正社会结构、加强社会整合、构建和谐社会的作用，充当"社会安全阀"和缓冲器等正功能。

（一）促进社会发展，矫正社会结构

社会的发展是在社会矛盾中实现的，社会矛盾和冲突是社会变迁和发展的重要动力。社会矛盾会产生新的社会制度，任何一种社会制度的诞生都与社会矛盾有密不可分的关系，当社会生产关系不再适应生产力发展的时候，社会变革就会发生，并以社会矛盾的形式呈现。在这些社会变革和社会矛盾中，生产关系重新适应生产力的发展，也正是在这周而复始的变革和矛盾中，人类社会得到阶梯式发展。社会矛盾与社会发展之间主要存在两种情况，一种是当社会矛盾并不十分剧烈，尚未影响到整个社会结构稳定时，社会呈现渐进式发展。例如，社会内部群体之间的矛盾，社会以一种温和的、局部的方式进行变迁，一般而言，这种社会矛盾只会引起群体内部的利益结构调整。当社会矛盾发生在群体间时，其势必会引起群体之间和社会系统内子系统的结构变化，打破原有的系统和群体的边界关系，从而推动社会发展。另一种是社会矛盾十分剧烈，社会发展以社会变革的形式表现出来。社会各群体、阶层之间的矛盾冲突激烈，以至于动摇了社会的整体结构，超出了社会自身所能承受的限度，导致社会发展中断，因而只能在原有的社会基础上重新建立新的社会结构。这在阶级冲突论中表现得尤为明显，马克思曾说过"革命是历史的火车头"，纵观社会历史的长河，在西方，法国大革命、德国革命、美国的独立战争等使欧美确立了资本主义制度，而在东方，新民主主义革命、社会主义革命等使中国建立了社会主义制度，这些革命式的、激烈的社会矛盾推动了社会基本制度的建立。

社会的发展和稳定运行与社会结构密切相关，社会矛盾能够推动社会的发展，反过来社会发展又会带来新的社会矛盾，循环往复，这也意味着社会结构的变迁。社会矛盾不仅能够打破原有的社会结构及其功能平衡，还具有产生新

社会结构和新平衡的建设作用，即矫正原有的社会结构。这里的社会结构有两层含义，第一层含义是指社会系统中政治、经济、文化等各子系统所处的位置和关系及形成的社会整体构造。这类社会结构的变动通常需要国家以时代发展的中心问题为主题，以历史社会发展的动力为线索，以未来社会发展的趋势为路线展开政策的顶层设计，从而保持各子系统之间的和谐关系与社会稳定。第二层含义是占有一定社会资源的社会成员的组成方式及其关系格局。贫富分化、相对剥夺感等因素造成的社会矛盾使培育和扩大中产阶层成了十六大以来党和国家坚定不移的政策，推动着我国从"金字塔型"结构逐步向"橄榄型"的稳定结构转型。新时代的社会矛盾更多着眼于其建设意义而非破坏意义，可以说社会的结构均衡与功能就是在社会矛盾中进行的，社会矛盾成为一种矫正、平衡社会结构的措施。

（二）加强社会整合，构建和谐社会

社会矛盾有助于群体的团结和社会整合，西美尔认为战争是群体性社会矛盾的常见形式，群体内聚力正是由战争的集权和专制带来的正向功能，但科塞却给出另外的解释，他认为群际间的矛盾和冲突能够加强群体内的团结是因为其与外群体的冲突，群体内成员的认同感和归属感得以强化，各群体的边界得以明确。现代社会中群体性的社会矛盾会使群际界限更加分明，群内成员为了一致对外而紧密结合，群体内积累的矛盾也可以得到暂时或永久性的化解。以群体目标为动机的社会矛盾能够增强群体内个体的自我意识和自觉意识，当群体目标与其个人利益相冲突时，群内成员会放弃个人利益，将全部的注意力集中在实现群体目标上，并且社会矛盾还有利于激发群体内成员的参与热情，有利于群体吸收各方面的智慧，增强内聚力。社会矛盾的整合功能还表现为能产生结合和联盟，在一个多群体、多组织、多团体的社会里，当他们面对共同的外部敌人或利益时，原来毫无关联甚至充满敌意的群体和集团就会形成结合和联盟。科塞指出，即使在解除外部危机和利益达成后，这种联盟会自动解体，但仍可以将社会上松散的个体和群体整合起来，使社会系统结构化。

社会矛盾具有创建规则功能。构建和谐社会是一个不断化解社会矛盾的过程，社会矛盾的产生到化解是一个从无序到有序的过程，也就是说社会矛盾始于边界、规则、制度等模糊的状态，但其往往是以明确的规则和新的秩序收尾的。从社会冲突动力学角度来看，一方面，秩序与社会矛盾之间的关系呈现"双螺旋"动态结构，正如"真理越辩越明"一般，规则和秩序是在不断化解社会矛盾的过程中形成的；另一方面，新的规则和秩序又会带来新的社会矛盾。

社会矛盾往往发生于两种情况。一是规则和制度尚未确立或不明晰。近代中国，经历了"数千年未有之变局"，在西欧现代国家的挑战和国家内部分散化的双重冲击下，作为传统社会稳定基础的乡绅之治被打破，社会矛盾和冲突加剧，国家和社会处于"一盘散沙"的混乱状态。二是原有的规则和制度不再适用。改革开放后，党和国家决定把工作重心放在经济建设上来，市场机制在不断做大"蛋糕"，促进经济发展的同时，也改变了"蛋糕"分配的方式，产生了权力寻租、腐败等行政问题，引发大量社会矛盾。因规则、制度的不明确或不适用而导致的社会矛盾带来了巨大的社会问题，但同时也重新建立了新的社会秩序和社会治理形式。上述例子中，乡绅之治失效后，国家政权建设以单位制和公社制为新的社会治理形式。后者则是以政企分离，制定相应的规章制度和法律条文推动社会经济发展的。

（三）充当"社会安全阀"和缓冲器

社会矛盾缓解社会压力，具有"安全阀"的功能。科塞认为非现实性的社会矛盾中的敌对情绪对社会稳定的破坏力巨大，因而需要"安全阀"，即有合理的途径发泄，就如同锅炉里产生过量蒸汽，如果通过安全阀门及时排出，锅炉内部就不会爆炸。在维持现行社会稳定的情况下，我们使社会敌对情绪以合理合法的渠道释放，能够使原有的社会关系得以保存，维持社会系统稳定，并且应该将这些渠道和途径制度化，形成"社会安全阀"。这样的安全阀制度并不会破坏现有的社会结构，实施的主要目的是释放社会中的敌对情绪，让紧张的情绪得以宣泄，使社会空气变得清新。在充满不满情绪的情况下，社会矛盾有助于认同观点和宣泄敌对情绪，使持有这类观点和情绪的人在心理上获得安慰，从而采取较为温和的敌对行为。相反在僵化的社会中，人们不满的情绪被压制，那么这种情绪的积累最终会转化为激烈的暴力行为，造成社会解体，因而安全阀制度是任何社会都必要的。事实上，"社会安全阀"机制为社会中不同的群体、组织、团体提供了合法的方式、场合和机会去表达自己的情绪和诉求，这种通过制度化的渠道来协调不同群体利益的方式，有利于实现最大公约数的效果。此外，突变型的社会矛盾是我国新时代社会矛盾的特点，许多时候，中介事件的连锁反应影响面广但持续时间不长，因此提供制度化的渠道释放群众压力和情绪能够转移焦点，可以有效解决突发事件，最大限度地维护社会稳定。

我国当前处于社会转型和社会分化的过程中，多元化的社会诉求不断涌现，这种诉求往往是传统公共事务部门鞭长莫及，私人部门又不愿介入、刻意回避的，而这种多元化的诉求长期得不到回应，势必会引发群体性的情绪积累，带来社会危害。为避免人民内部矛盾以对抗的形式出现，国家需要完善利益表达渠道，拓宽民众参与渠道，提高民众参与度，在不同社会领域建立规范化的、公平合理的、可操控的安全阀机制，回应社会群体的利益诉求，协调各方利益，缓解社会紧张，消除社会矛盾。除此之外，国家还需建立不同类型的"社会安全阀"机制，非政府组织是现代社会发展中不可或缺的力量，可以弥补公共权力和公共部门的不足，尤其是在公众对政府不信任或公众与政府发生矛盾冲突时，社会组织可以很好地充当调解者化解矛盾，增强社会结构的弹性。如今，网络也是大众表达观点、意见和解决问题的主要阵地之一，网络舆情事件发生时，自媒体平台为公众提供了发泄的渠道，这些虚拟环境承载了公众的不满，有效降低了中介事件对现实社会的负面影响。

第三节　社会矛盾的负功能

社会矛盾作为社会的一种互动方式，具有双重功能。作为社会中不可避免的现象之一，其带来的负面影响既涉及个人或群体的利益和资源，又牵扯整个社会的稳定和发展。当社会矛盾发生时，双方往往会固执于自己的利益、价值观和目标，导致矛盾激化和升级，甚至导致暴力、歧视、压迫和剥削等不良现象的出现。这些负面影响会给当事方和社会带来诸多麻烦，例如，个人或组织的权利受损，阶级矛盾和暴力矛盾的加剧，甚至对群体整合造成威胁。同时，社会矛盾也会对整个社会造成不良的影响，例如，社会不稳定和不良事件频发等。因此，了解社会矛盾的负功能，对预防和解决社会矛盾具有重要意义。

一、社会矛盾对当事方的负功能

社会矛盾是人类社会中普遍存在的一种现象，是由于社会中的利益、观念、信仰等因素的不同，产生意见分歧和矛盾。在人类社会的发展过程中，社会矛盾是人类社会不断发展进步的一个重要因素。作为社会矛盾理论的先驱者之一，科塞在其经典著作《社会冲突的功能》中提出，社会矛盾是"有关价值、对稀有地位的要求、权力和资源的斗争，在这种斗争中，对立双方的目的是要破坏以致伤害对方"[①]。矛盾的产生源于对资源的争夺，他虽然强调重视社会矛盾的正功能，认为社会矛盾可以带来积极的作用，例如，推动社会变革和进步，激

---

　　① 科塞. 社会冲突的功能 [M]. 孙立平，等译. 北京：华夏出版社，1989：2.

发人们的创造力和活力等，但同时不否认某些矛盾可能导致剥削、压迫和暴力等现象，不仅会侵害个人的利益，引发暴力事件，还会导致特定社会结构的解体。

社会矛盾是关于价值、稀有地位的要求和权利以及资源的争夺，那么双方产生社会矛盾的结果除了和平解决，就势必会产生胜负方。失败者会在矛盾中损失某些利益以及资源。① 由于社会矛盾的主体涉及个人、群体和组织等，因此，其负功能也有不同的表现。

其一，社会矛盾损害个人的利益和权利。

首先，社会矛盾会侵犯某些个体的利益。社会矛盾多是围绕利益竞争而展开的，矛盾的结果会促使利益分配原则、格局和方式的改变。或是赢者通吃，处于弱势方个体的利益被侵犯；或是两败俱伤，冲突双方中个体的利益都受损。

其次，社会矛盾会直接导致某些个人权利丧失。社会矛盾会侵犯个人的经济和政治权利，例如，工作权、收入权和产权等，以及会使个人失去工作、被迫离开家园、丧失收入来源和财产等，这些影响会使个人陷入经济困境，影响其生活质量和未来的发展。

最后，社会矛盾还影响个人享有诸如健康权、教育权和社会服务等社会权利的机会。社会矛盾的发生或可能破坏医疗设施、学校和社会服务设施，使这些资源不再可用，或阻断个人接触这些设施的机会。

其二，社会矛盾影响群体凝聚力。

帕森斯认为社会矛盾是病态的，主要后果是破坏性的和负面的。科塞师承默顿（Robert King Merton），又受西美尔很大的影响，他将结构功能论与矛盾论相结合，通过研究群体内的矛盾、群体间的矛盾以及矛盾与社会整合的联系等方面，强调对矛盾功能的分析。科塞提出社会矛盾的负功能，即它的分裂性功能。社会矛盾会破坏和分裂群体的团结，这意味着矛盾双方之间的利益对立和价值观差异导致了群体内部的分化和敌对。这种分化和敌对削弱了群体的凝聚力和向心力，甚至威胁到群体的生存和发展。

社会矛盾会破坏群体内部的凝聚力和向心力，导致群体的分化。科塞假设，在矛盾中如果涉及群体的核心价值，就很难再创造新的和谐。一个群体的凝聚力和向心力通常基于共同的利益、目标和价值观。当一个群体内部发生矛盾时，群体内部的成员往往会对矛盾的各方产生不同的立场和看法，甚至发展出不同

---

① 卜长莉. 马克思的社会冲突理论及其影响 [J]. 长春理工大学学报（社会科学版），2005（2）：113-115.

的派别或势力，造成群体内部利益、目标和价值观的分化，这种分化会削弱群体的凝聚力和向心力，导致群体内部的信任丧失，使群体难以团结起来，群体内部难以有效开展工作和实现共同目标，难以共同应对外部的挑战或困难。由于群体向心力和凝聚力的减弱，群体分裂为不同的派别和阵营，削弱了群体的力量和影响力。譬如，政治党派的矛盾会导致党内分裂和派系形成，使政治党派的影响力减弱。英国保守党在 20 世纪 90 年代初期，党内因为对欧盟的立场分歧而产生了分裂。一方面，一些党员认为英国应该加入欧元区，他们被称为"亲欧派"；另一方面，另一些党员则坚决反对英国进入欧元区，他们被称为"疑欧派"。这导致了"亲欧派"和"疑欧派"的内部分裂。这种分裂最终成为保守党 1997 年大选失败的原因之一。科塞同时提出，社会群体内部的僵化结构导致群体对矛盾采取容忍的态度，而不是解决矛盾，这也会造成矛盾的负面影响。那种造成分裂的威胁并冲击社会系统的一致性基础的矛盾强度，与结构的僵化相关联。就此点而论，威胁这种结构均衡的东西，并不是矛盾，而是自身结构的僵化，"这种僵化使敌意积累起来，这种敌意一旦在矛盾中爆发，就会沿着一条主要的断裂点而形成有力的冲击"①。

其三，社会矛盾破坏组织的运行。

组织是一个有明确结构和目标的实体，由一群人员共同合作来实现特定的任务或目标，并且通常有明确定义的角色和职责分工，以及规范化的工作程序和层级关系。组织运作依赖规章制度和管理机制。社会矛盾的存在不仅对个体和群体产生负面影响，还对组织的运行造成破坏性后果。譬如，在一个组织或机构内部，严重的权力斗争、利益纠纷等问题可能导致组织运行失效。

社会矛盾还会打破组织内部的层级分布和稳定结构，扰乱组织内部的秩序。社会矛盾理论发端于马克思，他的矛盾理论包含三个基本假设：首先，经济组织是社会组织中最根本的组织形式，是其他社会组织的基础和决定性因素；其次，每种经济组织内部都会存在阶级矛盾和阶级斗争的成分；最后，无产阶级在资本主义生产方式下受到剥削和压迫，在此过程中逐渐产生了共同的阶级意识，并通过反抗和革命来实现自身解放。在此过程中，组织运行的稳定生态会被打破，从而导致内部关系的破裂和对立。达伦多夫和马克思一样，他所描述的理论模型揭示了产生冲突与社会结构组织化的因果链，在系统中对立的统治者和被统治方会产生利益对抗，在此过程中"被统治方会觉醒并加入对统治者

---

① 尹新瑞，王美华. 科塞社会冲突理论的缘起、内容与逻辑：基于《社会冲突的功能》的分析 [J]. 理论界，2018（Z1）：73-83.

的矛盾中，矛盾的结果是带来新的组织和新的统治——被统治关系"①。从长远看，矛盾是不断循环的，有利于社会血液的更新，但组织不断地更替，意味着单个组织中的矛盾始终存在，负面影响也无法被消除。

例如，在现代社会中，劳资纠纷是组织内部最常见的社会矛盾之一。工人与雇主之间的利益冲突可能导致罢工、示威和抗议活动，从而对企业的正常运营造成严重干扰。罢工会导致生产停滞、订单延迟、产品供应中断，进而影响企业的销售和利润。此外，劳资纠纷还会破坏工作场所的和谐氛围，降低员工的工作积极性和工作效率，进而影响组织整体的生产力和竞争力。

简言之，社会矛盾是一个不可避免的常态，但如果我们不在矛盾最初产生负面影响时加以控制，则会越演越烈。此外，在心理层面，"社会矛盾还会导致个体内心的焦虑、痛苦和不安"②。当人们被卷入社会矛盾中，在感受到恐惧、愤怒和失望等负面情绪后，这些情绪会对他们的心理健康产生负面影响，甚至导致抑郁和其他心理问题。对长期处于矛盾环境中的个体或群体来说，这种伤害会逐渐累积，导致成员产生心理和生理健康问题。同时，社会矛盾也会破坏原本和睦的人际关系，对个体的社会支持系统产生消极影响，使个体更难以应对矛盾和生活中的挑战。

二、社会矛盾对社会的负功能

社会矛盾是社会中普遍存在的一种现象，当人们将自己的主观意愿付诸行动，却遭遇他人阻拦之时，社会矛盾便会产生，它随着社会的发展和变迁而不断出现和演化，正如塞缪尔·亨廷顿（Samuel P. Huntington）所说："现代性孕育着稳定，而现代化过程却滋生着动乱。"③ 社会矛盾客观存在于每一个社会之中，辩证地认识社会矛盾的功能具有重要的理论和现实意义。社会矛盾具有双重功能，一方面，科塞在《社会冲突的功能》一书中论及社会矛盾和冲突的功能时曾指出："通过它，社会能在面对新环境时进行调整。一个灵活的社会通过冲突行为而受益，因为这种冲突行为通过规范的改进和创造，保证它们在变化了的条件下延续。"④ 另一方面，社会矛盾对社会发展具有负功能，结构功能主义学派认为，社会冲突是一种"社会病"，帕森斯认为社会冲突具有破坏性、分

① 特纳. 社会学理论的结构 [M]. 邱泽奇，等译. 北京：华夏出版社，2001：174.
② 毕天云. 社会冲突的双重功能 [J]. 思想战线，2001（2）：110-113.
③ 亨廷顿. 变化社会中的政治秩序 [M]. 王冠华，等译.北京：生活·读书·新知三联书店，1989：38.
④ 科塞. 社会冲突的功能 [M]. 孙立平，等译. 北京：华夏出版社，1989：114.

裂性和负功能。社会矛盾对社会的负功能主要体现在如下四方面。

（一）社会矛盾加剧阶层隔阂

社会矛盾的本质是由于社会结构中的利益、权力和资源分配不均衡而产生的对立和冲突。这种不平等和不公正的情况导致了阶层之间的利益分歧和矛盾，不同阶层之间的经济、社会和政治地位的差异加剧了阶层关系的分化。根据马克思的理论，社会矛盾是由于生产力与生产关系之间的不协调而产生的。生产力的发展和社会生产关系之间的矛盾不可避免地导致了阶级分裂。社会矛盾的核心是财富和权力的分配不平等，这导致了不同社会阶级之间的利益冲突和对立。[1]

马克思指出，在资本主义社会中，资产阶级和无产阶级之间的矛盾是最为明显和尖锐的。资产阶级拥有生产资料和财富，而无产阶级则被迫出卖自己的劳动力来维持生计。这种生产关系的不平等导致了阶级分裂和阶级斗争的产生。当社会资源分配不再公平时，一些弱势群体往往难以获得自己应得的资源，例如，财富、权力和机会等。相反，一些强势群体却能够占据更多的资源。这样一来，社会中的不公平现象就会更加严重。这种不公平现象会导致社会中出现更严重的贫富差距，造成资源的极度不均衡。富者越富，穷者越穷，社会不公平现象日益严重，弱势群体的处境更加艰难。由此，社会矛盾加剧了阶层之间的对立和对抗。在社会矛盾的影响下，不同阶层的利益和需求可能相互冲突，导致阶层之间的关系紧张和对立。这种对立可能表现为经济上的竞争和斗争、社会地位的争夺以及政治上的对立和抗衡。[2]

当社会存在深刻的矛盾和不平等时，富裕阶层和贫困阶层之间的鸿沟将进一步加大。富裕阶层可能通过掌握经济资源和权力来巩固其优势地位，而贫困阶层则可能被边缘化和排斥，缺乏平等的机会和权益。这种社会矛盾对阶层关系产生了深远的影响，它加剧了阶层之间的分裂，使社会的阶层结构更加固化和不稳定。阶层之间的不信任和对立进一步削弱了社会的凝聚力和稳定性，导致社会动荡和不和谐。

（二）社会矛盾破坏社会共识

科塞指出，冲突的目的是破坏和伤害对方，这里的"伤害"不仅包括行为上的伤害，还包括心理上的伤害。社会矛盾的存在导致社会共识产生不稳定和

---

① 张盾．马克思的政治理论及其路径 [J]．中国社会科学，2006（5）：33-45.

② 仇立平．回到马克思：对中国社会分层研究的反思 [J]．社会，2006（4）：23-42.

紧张的状态。这些矛盾可能涉及社会阶级、文化、价值观等方面的冲突,进而对个体和群体的心理健康产生负面影响。

首先,社会矛盾增加了个体和群体的压力和紧张感。社会的不公平、不平等以及社会变革等问题会引发焦虑、恐惧和不安情绪,这些情绪反映了个体和群体对社会矛盾的认知和担忧。他们关注社会的公正性及社会变革的后果。这些情绪也可能激发个体和群体参与社会行动,争取改变社会现状,追求更公正、和平的社会秩序。社会变革也会带来恐惧和不安情绪,当社会发生重大变革时,个体和群体可能感到迷茫和不确定,他们可能担心变革会对自身生活和社会秩序带来负面影响,从而产生恐惧和紧张感。

其次,社会矛盾可能导致人们的社会认同感受到冲击。当社会存在分裂和冲突时,个体的社会认同感可能受到损害,个体产生孤立感和无力感,感到难以融入社会整体,失去了与社会群体的紧密联系,从而对自身的社会地位和身份感到困惑和不安。亚里士多德曾经说过,"人是社会性的动物,而当社会矛盾消解社会联结机制的中间组织时,使社会整合度下降,趋于社会原子化"①。正如马克斯·韦伯(Max Weber)所说,现代社会组织体系本身包含着使个体进一步原子化的危险,而社会矛盾的存在无疑是这一过程的有效催化剂。另外,社会矛盾还可能加剧社会冷漠和互信缺失,破坏人际关系和社会互动的健康性。当社会中存在许多不同的矛盾时,"人们往往会因为彼此的利益和观点而相互猜忌和不信任,使合作和协调变得困难,影响社会的正常运行"②。这种情况下,人们难以相互合作,甚至可能会敌对和对抗。

(三)社会矛盾破坏社会秩序

社会矛盾的存在会导致社会秩序不稳定,从而引起各种社会问题。"中国的问题,压倒一切的是需要稳定。没有稳定的环境,什么都搞不成,已经取得的成果也会失掉。"③ 对中国这样一个拥有约 14 亿人口的大国来说,其稳定的重要性是不言而喻的。

首先,社会矛盾会破坏社会行为秩序。社会行为秩序作为社会互动的基石,确保了人们在社会中行为的有序性。社会矛盾引发的越轨行为对社会行为秩序的破坏是不可忽视的。另外,社会矛盾还会削弱人们之间相对稳定的社会关系。

---

① 田毅鹏,吕方. 社会原子化:理论谱系及其问题表达 [J]. 天津社会科学,2010 (5):68-73.

② 程昆. 转型时期中国基层社会矛盾正反功能探析 [J]. 江西社会科学,2017,37 (11):211-215.

③ 邓小平. 邓小平文选 [M]. 北京:人民出版社,1994:284.

在社会冲突的过程中，人们会违反和破坏这一秩序，不遵从社会规范，从而导致社会关系的疏离和不稳定性。这种破坏进一步导致社会行为秩序的崩溃，使社会运行的无序增加。

其次，社会矛盾会破坏社会结构秩序。正常的社会结构秩序有助于维持社会成员之间的互动和相互依存的关系，促进社会的有序运行。然而，当社会冲突发生时，这种结构秩序遭受破坏，导致社会内部关系紊乱。这种不协调可能引发社会失调，进而演变为社会危机，甚至导致社会的解体。例如，罢工、抗议、暴力事件等社会矛盾导致的矛盾事件，不仅会严重影响社会的稳定和安全，还会破坏社会的和谐与秩序。当社会中存在许多不同的矛盾时，社会的稳定性会受到更大的威胁，因为这些矛盾可能相互作用、相互加剧，从而产生更多的问题和冲突。如果这些矛盾不能得到及时解决，社会就会陷入混乱。

（四）社会矛盾阻碍社会发展

根据历史唯物主义的观点，社会的发展取决于人们对生产力的发展和运用。生产力的提高意味着更高效的生产方式、更先进的技术和更充足的资源。然而，社会矛盾可能会对生产力造成巨大的破坏，不仅破坏了已有的生产力，还限制了新的生产力的发展。

首先，社会矛盾浪费社会资源。① 社会矛盾对自然资源的破坏是显而易见的。社会矛盾引发的暴力冲突和破坏性行为可能导致环境的破坏、资源的枯竭和生态系统的崩溃。这些损失不仅会影响当前的生产活动，还会对未来的社会发展带来负面影响。除了自然资源的损失，社会矛盾还会对社会资源造成重大破坏，包括基础设施、教育、医疗和其他社会服务等。这些资源的丧失会导致社会功能的衰退，限制人们发展和提高生活水平。最重要的是，社会矛盾还会导致人力资源的重大损失。暴力冲突导致的人员伤亡、流离失所和人口迁移不仅造成了人道主义危机，还削弱了社会的劳动力和人才储备。当社会中存在许多不同的矛盾时，各方往往会互相攻击，难以建立合作关系，从而将社会的宝贵资源浪费在争吵和冲突上。这些冲突会分散社会的精力和资源，导致社会的发展受到限制。

其次，社会矛盾阻碍科技文化的发展。科学技术的创新和应用可以"提高

---

① 刘世廷. 资源有限性与人类需要无限性的矛盾：人类社会基本矛盾的现代透视 [J]. 科学社会主义，2006 (6)：91-93.

生产效率、优化资源利用、提高生活质量，并带来更多的机会和可能性"①。当社会中存在不同的矛盾时，人们的注意力和精力都会被分散在解决矛盾上，无法集中精力去追求创新和发展。社会矛盾发展到一定的强度和烈度时，会破坏科研机构、学校和实验室等科学基础设施，造成人员流失、人才流失和大规模的人员伤亡，导致科技人才的缺失，进而影响科技创新和发展。社会矛盾也会阻碍知识和文化的交流，让人们难以从不同文化和经验中受益。这样一来，整个社会的文化水平和科技水平就会被限制，进而影响整个社会的竞争力和未来发展。

总之，社会矛盾对社会的负功能不容忽视。社会矛盾的负功能体现在社会秩序的破坏、社会发展的阻碍、社会心理的不稳定、社会关系的紧张和阶层关系的分裂等方面。社会矛盾是社会发展过程中必然存在的问题，理解和解决社会矛盾是推动社会稳定和进步的重要任务，也是实现社会和谐稳定发展的关键。因此，我们必须努力解决社会矛盾。

第四节　功能发挥的影响因素

通过一定方式降低矛盾的强度和烈度，引导发挥矛盾的正功能，使利益关系和社会关系相协调，社会秩序恢复正常，推进社会治理效能的优质化是基层之治的重要目标。矛盾的生成与演化是一个动态的过程，影响矛盾功能发挥的有三重要素：一是社会矛盾的类型；二是调处化解矛盾的机制；三是社会结构的韧性。准确认知矛盾的类型，有利于选择恰当的化解矛盾的手段和方式，从而减少矛盾的衍生与激化，增强社会结构的韧性。

一、社会矛盾的类型

在社会学研究中，部分学者经典作家从关于"作为手段的冲突"和"作为目标的冲突"的论述中受到启发，提出了现实性冲突和非现实性冲突，在此亦适用于对社会矛盾类型的区分。

在科塞的研究中，现实性冲突（Realistic Conflict）指"那些由于在关系中的某些要求得不到满足以及由于对其他参与者所得所做的估价而发生的冲突，

---

① 韩伟. 科学技术发展与社会基本矛盾［J］. 华东理工大学学报（文科版），1994（4）：
57-58.

或目的在于追求没有得到的目标的冲突"。非现实性冲突（Non-Realistic Conflict）则指"至少冲突中的一方为'释放紧张状态的需要'而发起的冲突"。① 在现实性冲突中，冲突仅仅是一种手段，目的是达到一个追求的目标。非现实性的冲突则更多是将冲突本身作为目的，释放紧张、不满情绪。这一紧张情绪既可能源于自身的现实性物质诉求没有得到满足，也可能是非现实性的价值诉求与社会主流观点不一致。当紧张情绪难以通过合理的社会性安排疏解时，人们便会不得已将目标指向另外一些问题，从而呈现出发泄紧张情绪的社会矛盾。

（一）现实性社会矛盾

我国现阶段的主要社会矛盾是"人民日益增长的美好生活需要和不平衡不充分的发展之间的矛盾"②，属于现实性矛盾的范畴。人与人、群体与群体、阶层与阶层之间的矛盾根本在于利益诉求多元化导致的"美好生活需要"的不协调。例如，在老旧小区安装电梯难题中，不同楼层户主对电梯的生活使用频率不一，故对分摊安装费和维修费产生争议。再如，在城乡融合发展过程中，对乡村旅游资源的开发本质上是满足城镇居民的闲暇需求，这与大部分村民谋求致富的生活需要相一致，但也与老人安土重迁的观念相违背，导致在征地拆迁过程中出现"钉子户"这一矛盾。这类社会矛盾本质是在新形势和新发展格局下产生的新利益关系如何理顺的问题，只要社会不断发展，现实性社会矛盾便会层出不穷。

现实性社会矛盾难以对社会秩序和社会稳定构成威胁，其发挥负功能的强度和烈度都局限于小范围的空间和领域内。这在于矛盾只是手段，根本目的是实现美好生活需要，而在流动社会与市场经济下，人们的实现途径多样化，故我国当前现实性矛盾尽管数量多，但罕有大规模、破坏性强的社会冲突。同时，现实性矛盾也在一定程度上发挥正功能。一方面，现实性矛盾是不同个体、群体、阶层沟通的契机，尽管以"问题"的形式出现，但经过对立、争论、协调、交换意见、沟通、对话、建立关系和调整关系这一系列的过程后，可以探索不同主体之间的底线共识，通过对话与交流实现协商民主。另一方面，现实性社会矛盾也对我国现阶段的治理水平提出考验，解决这一主要矛盾的途径是依靠政府任务的调整和职能的转变，强化公共服务，建设现代化治理体系，提升治理水平。

---

① 科塞. 社会冲突的功能 [M]. 孙立平，等译. 北京：华夏出版社，1989：35.
② 习近平著作选读：第二卷 [M]. 北京：人民出版社，2023：9.

（二）非现实性社会矛盾

现实性矛盾也存在向非现实性矛盾转化的可能。在科塞的论述中，非现实性矛盾包含的敌意、仇恨等非现实性因素在某种程度上能够干扰现实性矛盾的目标，并且这些非现实性因素能够增强现实性矛盾的破坏性。孙立平指出，这在于非现实性矛盾会形成主要的"断裂带"，引发矛盾的问题存在聚焦点（价值观上的争议）的性质。具有聚焦点性质的问题，一般会有三个明显的特点，"一是整个社会所高度关心的问题；二是矛盾的结果对社会中大部分人的切身利益会有影响；三是这种矛盾能够动员许多人的感情。凡由带有聚焦点性质的问题所引发的矛盾，实际上成为其他矛盾的替代物"①，人们借由爆发出的矛盾宣泄其他价值观上的争议。

非现实性矛盾的诉求多涉及普遍性制度的结构性改善以及社会观念的变迁，无论是正功能还是负功能的发挥，其强度和烈度都远远超过现实性矛盾。就正功能而言，非现实性矛盾引发的价值争议会促进社会观念和文化变迁，对长期存在形成惯性依赖但滞后于社会变迁而不合理的制度和文化进行纠偏；就负功能而言，情绪宣泄式的非现实性矛盾会激化社会问题，难以以宽容渐进式的社会变革而存在，故而激化极端情绪，形成乌合之众，危及社会秩序与社会稳定，引发社会分裂。

随着社会改革的进一步推进，我们可以预想我国社会在未来将出现更多的非现实性社会矛盾。一方面，传统社会仍遗留了诸多文化观念，对其精华抑或糟粕的定位会在诸多的代际冲突、家庭冲突、阶层冲突等矛盾中厘清并创造性利用，融入新时代的文化观念中；另一方面，在社会的飞速发展中，新兴阶层、新兴职业、新兴事物大量出现，对现有的资源占有或使用的规则提出挑战，必然引发新型纠纷，例如，主播猝死案反映出新业态用工与传统劳动关系的不同，针对矛盾新形态需要以恰当的协商交流、利益吸纳、风险防控机制来化解。

二、社会矛盾的调处化解机制

社会矛盾不可能被彻底消除，但可以得到调节。社会矛盾化解机制主要"包括利益诉求表达、矛盾排查预警、矛盾调处及社会保障等系列协同机制"②。

---

① 孙立平. 断裂：20 世纪 90 年代以来的中国社会 [M]. 北京：社会科学文献出版社，2003：177.

② 张文汇. 现阶段我国社会基层矛盾化解机制研究 [D]. 北京：中共中央党校（国家行政学院），2019：23.

我国现存的矛盾调处化解机制可笼统地分为诉讼方式和非诉讼方式。诉讼方式即移交国家审判机关的化解方式，包括民事诉讼、行政诉讼和刑事诉讼。非诉讼纠纷解决方式（Alternative Dispute Resolution，ADR）指各国普遍存在的，民事诉讼程序以外的各种纠纷解决程序或者制度。社会矛盾的调处化解方式会改变矛盾爆发的强度和烈度，而且会转化矛盾的类型。健全有效的矛盾调处化解机制，可以降低矛盾的强度和烈度，发挥正功能，促进治理创新，维护社会和谐稳定，引领社会转型升级，而不恰当或者不契合社会基础的矛盾调处化解机制，也有可能导致小矛盾被激化成社会冲突，现实性社会矛盾被激化为非现实性社会矛盾。

（一）良性的矛盾调处化解机制引导矛盾发挥正功能

首先，健全、良性运转的矛盾调处化解机制可降低矛盾的强度和烈度，引导矛盾发挥正功能。调解作为重要的非诉讼纠纷解决方式之一，在化解矛盾中发挥了重要作用。我国有重视调解的传统，在传统社会中，家族长老权威或者能人通过一系列说理说服方式使社会矛盾往往在家族内部被解决，使矛盾双方当事人和解。在抗日战争时期，马锡五实行审判与调解相结合的方式，不是简单地一判了事，而是根据不同的对象，有的放矢地进行深入细致的思想工作。针对当事人的特点和心理状态，他采取灵活多样的方式方法，着重扭转当事人的对立情绪，以法理人情讲明利害关系，使当事人心悦诚服。当代的"枫桥经验"发动和依靠群众化解人民内部矛盾，强调自治、法治、德治融合，做到矛盾不上交。通过非诉讼纠纷解决方式，人们可以及时迅速对社会矛盾做出反应，因调解在人民内部进行，彼此知根知底，可以抓住主要矛盾，从根本上疏解双方的怨气，避免真实问题被掩盖，同时可以降低解纷成本，避免给当事人造成过重的经济负担。

其次，与时俱进的矛盾调处化解机制可以应对社会新兴矛盾。随着中国社会的转型和利益格局的调整与多元化，近年来，社会矛盾也呈现相应的"主体多元化、成因复杂化、处理关联化与形态对抗化等新型特征"①。这对矛盾的调处化解方式提出更高的要求。近年来兴起第三方模式介入的新型调解方式，这种方式主要发挥行业性、专业性社会组织的力量，是在维稳成本（纠纷解决成本）不断攀升，国家公权力解决纠纷的能力越来越捉襟见肘时的有益补充。专业性、行业性社会组织的"第三方模式"的实践是通过政府与社会力量合作，

---

① 刘中起，风笑天．走向多元治理化解：新形势下社会矛盾化解机制的新探索 [J]．福建论坛（人文社会科学版），2010（1）：155-161.

培育各种能代表群众利益、范围广泛的社会组织，使群众能通过这些社会组织与政府建立长效的互动对话机制。

社会组织作为重要的第三方力量，其对矛盾纠纷的预防调处化解中发挥重要作用。一是发挥利益整合作用，实现有序吸纳。社会组织生长于公众，是不同群体实现自己意愿、维护自身权益的利益共同体，旨在把分散的个人组织起来，通过秩序化的组织方式向政府反馈民情、民意、民智。二是沟通协调作用，达成理性对话。社会组织成为政府和民众之间的沟通桥梁，及时有序地释放"健康信号"，使"民间声音温和化、理性化"①。三是矛盾预警作用，旨在防微杜渐。社会组织接收一线信息，可以早察觉、早预警、早处置，在各自领域实现对社会矛盾的快速反应，有效应对冗余行政力量变相延长解纷周期、激发新的矛盾纠纷的可能。四是专业服务作用，力求源头治理。通过政府购买服务，社会组织帮助弱势群体解决生活苦难，有效地从源头上预防，"减少社会矛盾的产长，增进社会稳定，推进社会发展"②。

总体而言，非诉讼纠纷解决机制在社会矛盾的调处化解中发挥重要作用，有效降低社会矛盾的强度和烈度，引导矛盾由发挥负功能转为正功能。我们也不能过度追求将非诉讼化方式挺在一切矛盾前面，过度追求非诉讼化方式在某种程度上会伤及民众对法治国家的司法信赖，进而"可能与尊重和支持民众积极主张权利的法治意识相背离"③。

（二）不良的矛盾调处化解机制会激化与衍生新矛盾

我们需辩证看待现有的矛盾调处化解方式，良性的矛盾调处化解方式可以减弱矛盾的强度和烈度，引导矛盾发挥正功能；不良的矛盾调处化解方式会激化和衍生矛盾。矛盾调处化解方式的性质转变也与时代变化、自身发展息息相关。

第一，随着时代的发展，传统的矛盾调解方式弊端暴露，难以应对新型社会矛盾。其中最为典型的是信访制度，信访是我国在法律制度不完善的情况下，"为人民群众开辟的一条便捷有效的公权力补充救济渠道"④，是我国特有的一

---

① 范铁中. 社会组织参与社会矛盾化解的作用探析［J］. 青海社会科学，2013（1）：28-31.
② 谢舜. 非政府组织与当代中国的社会转型［J］. 中国行政管理，2005（2）：43-46.
③ 杨林，赵秋雁. 矛盾纠纷多元预防调处化解综合机制研究：基于三种实践模式的分析［J］. 中国行政管理，2022（6）：137-143.
④ 朱力. 现阶段我国社会矛盾演变趋势、特征及对策［M］. 北京：中国社会科学出版社，2018：543.

种反映群众诉求、化解矛盾纠纷的制度。信访制度通过阻止其他方面可能的冲突或通过减轻其破坏性的影响而有助于维护社会系统，在一定时间内发挥了"安全阀"的作用。① 信访制度是在法治不健全背景下的特色之举，随着法治体系的健全，信访制度的弊端渐渐暴露，朱力教授在对信访制度进行分析研判后，认为其存在"风险效应、软肋效应、妥协效应和诱发效应等一系列负面效应"②。

第二，现阶段的第三方矛盾调处化解方式仍处于发展阶段，尚不成熟，不良的调解方式会损害人们对专业调解组织的信心，不利于矛盾化解。现阶段社会组织发育迟缓，依附行政性强，行政指标导向性强，追求短期的、暂时的纠纷解决效果。由于社会组织往往独立于矛盾双方存在，其重在摆平而非深入了解双方矛盾产生的深层原因，不利于化解深层的、长期的矛盾纠纷。更进一步，这会导致公众对公共服务和社会治理的信任度降低，让民众对政府和社会体系失去信心。公共服务和社会治理是国家治理的重要组成部分，如果公众对这种制度失去信任，那么维护社会和谐稳定的能力就会受到严重影响。这会导致人们在观念、价值、利益等方面的分歧进一步加深，恶化社会关系，反过来又为新矛盾的产生提供了土壤。

第三，现代社会的矛盾调处化解机制在很大程度上依赖法治手段，当法治手段不公正、缺位或者失灵时，不利于化解矛盾，为新矛盾的产生提供了土壤。一般而言，法律制度滞后于社会变革，在此期间，新型的社会矛盾对治理提出新的要求，例如，之前频发的高空坠物案，法律暂时的缺位会衍生新的矛盾，民众对国家的不在场感到不满，进一步削弱了矛盾调处化解机制的能力，使社会矛盾无法得到有效化解，甚至可能加剧矛盾的冲突程度，社会稳定受到威胁，导致更多的社会矛盾得不到妥善处理。同时，法治手段不公正会损害人们对法治作为解纷手段的信心，会产生新的矛盾。例如，随着涉外民商事纠纷申请仲裁数量的增多，我国仲裁机构的行政化倾向使其公正性和公信力受到国内外人士的质疑，这造成了更多的贸易摩擦和纠纷。进一步而言，运行不良的矛盾调处机制可能会削弱法律的权威性和有效性，使法治变得越来越形式化，失去实质意义。

综上所述，国家与社会所设置的矛盾调处化解机制对矛盾的功能发挥有重

① 张文汇. 现阶段我国社会基层矛盾化解机制研究 [D]. 北京：中共中央党校（国家行政学院），2019.
② 马怀德. 预防化解社会矛盾的治本之策：规范公权力 [J]. 中国法学，2012（2）：45-53.

要影响，健全良性的矛盾调节化解机制可以在深层化解矛盾，不仅可以加强当事人之间的沟通，也有利于社会稳定，使社会矛盾存在合理的"出气口"，疏解社会不良情绪。矛盾调处化解机制也要考虑自身发展与时代契合性问题，滞后的或者不成熟的制度安排存在加剧矛盾强度和烈度、激化与衍生矛盾的风险。我们要重视社会矛盾纠纷多元预防调处化解综合机制建设，推动矛盾化解与社会治理相结合，稳定社会秩序，促进社会发展。

三、社会结构的韧性

任何社会都有矛盾，矛盾并不可怕，可怕的是存在缔造和激化矛盾的社会结构。在科塞的研究中，社会结构包括客观的群体结构以及主观的核心价值观。就群体结构而言，科塞将其区分为紧密型和松散型。对关系紧密的群体来说，结构僵化使群体内部的矛盾更容易破坏基本意见的一致，从而对群体团结带来负面影响。对结构灵活、关系松散的群体来说，由于只有部分的情感投入，成员对群体的忠诚度有限，因此群体内部很难形成某种共同利益，矛盾不会因为成员对某种共同利益的关注而导致群体分裂。就群体核心价值观而言，矛盾冲击了群体的核心价值观，对矛盾的功能发挥有重要影响。冲击群体核心价值观的矛盾更易演化为非现实性矛盾，而并未涉及核心价值观的矛盾则不对社会系统的一致性构成威胁。因此，社会矛盾的功能发挥离不开社会结构这一"土壤"的作用。健康正常的社会结构会有效引导社会矛盾向积极方面转化，发挥其"安全阀"的正功能，进而推进社会发展，消纷止争，实现积极的社会治理，反之会激化矛盾，难以实现有效的社会治理。

（一）转型期的原子化社会与社会矛盾的"冰山结构"

中国当下的社会结构是群体结构趋于原子化和价值观多元化的结构。中国社会的个体化进程源自国家主导，"将个体从'祖荫下'解放出，摧毁旧的社会等级和家庭结构，但现实却形成了'无公德的个体'的原子化趋势"①。随着个体从传统伦理、社会制度和社会关系的束缚中脱嵌出来，现代社会产生了大量失去社会关联、疏远社会的迷失个体。在城市化进程中，迷失成为一部分都市人生存的心理状况和都市社区的特征。在密集空间下，贫富悬殊的个体充满失败感，对社会不满，对未来迷茫，他们更易对社会现实不满，也更关注网络社会的价值观争论，无论是参与网络舆情攻击还是直接制造极端个体事件，都对

---

① 阎云翔. 私人生活的变革：一个中国村庄里的爱情、家庭与亲密关系（1949—1999）[M]. 龚小夏，译. 上海：上海人民出版社，2016：262-266.

社会稳定产生威胁。这使原本不属于社会矛盾范畴的个体因素在特定条件下也会转化为社会矛盾。此时的社会矛盾源于普遍性的社会不满，而这种社会不满主要源于个体的社会挫折感和相对剥夺感。在托克维尔（Alexis Tocqueville）的研究中，这是变革社会普遍存在的社会变迁在个体心理层面的作用机制。托克维尔对法国大革命发生的过程进行观察，发现这种持续稳定增长的繁荣，远没有使人民乐其所守，反而到处"滋生着一种不安定的情绪"①。美国社会学家戴维斯（Davies）将这一现象解释为"发展型相对剥夺感"，在快速发展的社会中，社会的价值能力和人们的价值期望都在提高，但社会价值能力提高的速度赶不上人们价值期望提高的速度，导致价值期望和价值能力之间的落差逐渐扩大，从而产生"发展型相对剥夺感"②。中国社会用 40 年完成了西方用二三百年走过的道路，经历了急剧的社会变迁，这不仅造成巨大的心理落差，也不可避免地带来大量的社会矛盾。民众的生活水平尽管都得到大幅提升，但与之而来的是参照体系的变化，社会贫富差距悬殊，同时在网络社会的放大与对比下，推动着社会矛盾的生成与演化。

在管理学中，麦克利兰（David C. McClelland）提出了"冰山模型"，指出"冰山"吃水线之下的部分才是决定性因素，却常常被忽视。童星教授将此运用于对社会矛盾的结构分析中，根据社会结构与社会矛盾的关系，提出中国转型期社会矛盾是一个金字塔形的"冰山结构"，根据社会矛盾的激烈程度（纵坐标）和数量规模（横坐标）两个维度，将社会矛盾划分为暴力矛盾事件（含极端个体事件）、具体利益冲突、集体性敌视、普遍的社会挫折感四种类型。（见图 2-1）

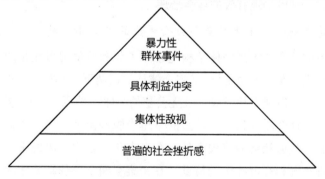

图 2-1　中国转型期社会矛盾的"冰山结构"③

①　托克维尔. 旧制度与大革命 [M]. 冯棠，译. 北京：商务印书馆，1992：201-213.
②　赵鼎新. 社会与政治运动讲义 [M]. 北京：社会科学文献出版社，2006：80.
③　童星. 中国社会治理 [M]. 北京：中国人民大学出版社，2018：188.

　　童星教授用"冰山"来形容中国转型期的社会矛盾结构十分恰当。"暴力性群体事件"和"具体利益冲突"是我们熟知的社会矛盾，也是处于"冰山"吃水线之上的部分，是外显的，容易被认知的；原子化社会与"发展型相对剥夺感"下群体阶层隔离、文化疏离制造的集体性敌视、普遍的社会挫折感则是"冰山"吃水线之下的部分，是潜在的，容易被忽视的。中国的社会矛盾是一个"连续统""冰山"吃水线之下的部分更具决定性作用，这不仅体现在数量规模上，还体现在对立性质上，即使在特定的事件中，具体利益冲突或暴力性群体事件也会外显为不同的形态。但实际上，普遍的社会挫折感、集体性敌视这两个层面的要素内在地决定了具体利益冲突或矛盾事件的基本特征，例如，"行动直接指向政府或国家、弱势群体与强势群体的对抗等"①。转型期产生的普遍的社会不安与不满构成社会矛盾与演化的深层结构因素。

　　（二）转型期利益表达渠道的结构性阻塞

　　转型期积蓄的普遍社会挫折感犹如燃料，而这一"火山"的爆发亦取决于社会的疏通结构，也就是结构性的利益表达渠道。合适的利益表达渠道可以引导矛盾被有组织、有秩序的调处化解，而利益表达渠道被阻塞则会进一步激化矛盾。

　　张静教授对比单位制转型前后的社会结构安排指出，当下中国的社会矛盾衍生与利益表达渠道的结构性阻塞紧密相关。在单位制社会中，单位制蕴含重要的利益表达、诉求吸纳和利益平衡机制。单位作为"全能型社会"，不仅为人们提供经济收入，而且更重要的是提供社会身份，其中最关键的是和公共制度发生关系，分享公共资源的分配。这意味着，一种特有的个体与公共的组织关系建立起来：人们成为单位的成员，就在公共体制中获得了位置，并得到相应的权利资格。单位对其成员负有全面"责任"，在公共制度和社会成员之间，"基层单位实际充当着连接、协调、应责、庇护和代表的组织角色"②。这一通道存在并有效工作，使单位成员的权利实现获得保障。面对他们的多样诉求，单位能够解决就解决，不能解决的会向政府提出申请，通过国家公共制度给予解决。经由单位的通道和执行角色，公共制度实际上在间接地回应公众的诉求，委托单位向他们的成员负责，并代表这些成员的利益去竞争资源分配，影响社会政策的改变。在别的社会，类似的功能以不同的制度安排承担，例如，代议制通过选举代表参与决策，发挥平衡群体利益的作用。

----

① 童星. 中国社会治理 [M]. 北京：中国人民大学出版社，2018：189.
② 张静. 社会治理：组织、观念与方法 [M]. 北京：商务印书馆，2019：3.

在转型社会中，大量的人离开体制内单位，进入自由流动的劳动力市场，变成单位多变和地区多变的流动人口。民营实体新单位虽然大量出现，但其"成员位置"和原来的结构有很大差别，其上级单位通常不是行政决策机构，因而作为利益沟通渠道的角色自然淡化，其保障政治稳定和回应成员需求的责任与国有单位不同，因而协调性和应责性角色不存在。单位成员不能再指望这样的单位"管"自己的所有事。另外，尽管基层社会存在村委会、居委会、物业委员会甚至业主委员会，但一方面，其只在相对不流动的环境下有效；另一方面，基层单位职责有限，公共事务由专业的上级部门负责，因而越来越多的诉求难以及时上达和有效应对，不再存在全能型的包揽一切事务的负责单位。这实际意味着，大量社会成员失去了在公共体系中的身份。于是，法律和公共制度给予他们的权益，难以经由组织途径实现。人们身边平衡利益的社会机制不在，很多矛盾自然找不到解决途径，不公正感在社会中逐渐积累。最终，人们对"公正"的需求，跨越单位的边界进入公共领域，他们通过上访和制造事件要求仲裁，旨在引发国家干预、解决问题。

因此，社会经济地位的差别和社会不满情绪在各个国家普遍存在，但在中国却尤其表现为对公共制度或公共机构的不满。所以，国家仅仅关注社会的贫富差距是不够的，国家政治生活中，利益表达渠道的缺失使政治张力没有合法渠道进行有效释放，这才是群体事件和个人暴力等社会矛盾不断增长的根本原因。

利益沟通渠道这一机制对调处化解社会矛盾发挥着十分重要的作用，但本书并不因此倡导回归单位社会，而是倡导在国家治理体系和治理能力现代化的建设中重构利益表达渠道，实现个体与国家的有效连接。目前，我国正探索建立矛盾纠纷预防调处化解综合机制，无论是本土性的"枫桥模式"还是中立且专业的第三方模式，其本质都试图提供利益表达、诉求吸纳的平台，通过建立有效的利益表达渠道，增强社会韧性。

本章小结

在社会矛盾的社会属性定位方面，结构功能论将均衡与稳定视为社会的常态，矛盾和冲突是社会的病态。马克思主义则与之相反，将矛盾和冲突视为社会的常态，均衡与稳定视为非常态。从我国改革开放以来的现实情况来看，首先，社会发展和变迁必然伴随着社会异质性程度不断增加，这为社会矛盾和冲突的发生提供了可能。其次，社会发展和变迁还导致社会群体的分化、阶层结构的重组，其实质是社会利益分配格局的不断调整，这也是社会矛盾发生的直接原因。最后，从我国的现代化历程来看，改革开放后我国经历着"压缩型现代化"①，这不仅是时空的高度压缩，而且前现代、现代和后现代诸因素同时并存，也是我国当前社会矛盾集中爆发的社会结构背景。

因此，我们要客观地看待社会矛盾问题。社会矛盾必然具有负功能，对当事方和社会都产生负面影响，但我们也应辩证地、客观地看到矛盾的正功能。社会矛盾一方面是社会活力的表现形式，另一方面也有助于社会规范边界的生成和解决社会矛盾能力的提升。鉴于社会矛盾功能的两面性，我们对社会矛盾的评估应考虑其净功能。

从矛盾的性质、生成和演化等动态的角度来看，社会矛盾的净功能既与其类型、已有调处化解矛盾的机制等因素有关，又受到诸如社会韧性等结构性因素的影响。因此，在不断提升社会利益分配格局的公平性和正义性的同时，促进社会建设，建构健康正常的社会结构是化解矛盾、引导社会矛盾向积极方面转化的有效途径。

---

① KYUNG-SUP C. Compressed Modernity and Its Discontents: South Korean Society in Transtion [J]. Economy and Society, 1999, 28 (1): 30-55.

第三章

社会矛盾的基本类型

　　社会矛盾关乎社会稳定，正确、全面地认识社会矛盾类型对当下社会治理的重要性不言而喻。本书将从根源、主体、阶段、领域四个不同角度进行分类讨论，有助于读者以类型学的方式理解社会矛盾的本质。不同根源的社会矛盾从宏观的视角展现了社会矛盾如何因社会结构不协调、制度与社会不适应、道德建设不充分而产生。不同主体的社会矛盾聚焦于目前阶段较为突出的社区成员关系、劳资关系以及医患关系，具体介绍其历史背景、产生原因及表现形式，突出体现社会矛盾的时代性特征。不同阶段的主要社会矛盾则因循历史的脉络，以党政文件的官方叙述为核心，以改革开放和党的十八大为时间节点，梳理不同历史阶段社会主要矛盾的转变。不同领域的主要社会矛盾着眼当下，根据新时代"五位一体"的战略布局划分为五大领域，对相应领域内的社会矛盾进行讨论研究，来服务于中国基层社会矛盾的化解策略探索。

第一节　不同根源的社会矛盾

　　从社会矛盾产生根源的角度，我们将社会矛盾分为结构性社会矛盾、制度性社会矛盾和过失性社会矛盾。结构性社会矛盾是社会转型时期由于社会结构变迁而自然发生的社会矛盾，需要外部力量的主动介入；制度性社会矛盾则是因为国家或政府制度建设与社会发展不适应而人为导致的社会矛盾，需要政府顺应社会变迁，及时跟进调整；过失性社会矛盾是在社会总体道德水平建设尚存不足的前提下，产生的具有散布性特征的小范围、局部性冲突。本节从国家与社会的层面讨论中国社会矛盾产生的普遍性原因，对目前中国基层社会矛盾根源的认识有提纲挈领的作用。

一、结构性社会矛盾

结构性社会矛盾源于社会结构的失衡。社会结构作为一个完善的系统，包含社会各类要素的组合、功能、互动、运作和结果，社会各要素基于某一价值目标，在运作过程中进行动态调整，以此实现社会秩序的稳定。在社会结构生成和动态调整的过程中，不同社会主体和要素之间也会形成相互合作和制约的制度体系，从而保持社会结构均衡。社会结构调整的动力源于社会各系统的需要，当现有的社会结构不适应社会系统的需要时，就要求发生社会的结构性变迁。由于受社会结构变迁的滞后性、广泛性、庞杂性等特点的影响，既有的社会结构不可能迅速准确地自动伴随其所处环境的发展和所产生的现实需要完成动态调整。因此，社会结构内部各要素之间、社会结构与经济结构、社会结构与制度结构、社会结构与文化观念等领域均有可能出现失衡与错位，结构性社会矛盾也由此产生。从结构视角来看，结构性社会矛盾是指在社会结构变迁的过程中，由于社会结构动态调整的滞后或错位导致社会结构与经济模式、制度结构、文化观念等领域产生不平衡和不协调的现象，当此类失衡现象在某一时间段内集中出现时，就将产生结构性社会矛盾。从结构性社会矛盾的表现来看，它是以社会权力分配中的不平等和财富分配中的不公正为基础的矛盾，是社会结构及其产生的社会不公正的表现。

社会中表现出的人与人之间的冲突不能被简化为关系、沟通的问题，它往往反映出有历史性的、藏于社会结构中的矛盾。因此，考察社会结构中的矛盾也"要听取来自社会各方的观点以了解冲突实质"①。结构性社会矛盾的根源在于社会结构本身，而不是个人行为，这种矛盾是由社会结构的不均等和不平等分配资源造成的，因而具有以下三个特点。

第一，结构性社会矛盾广泛存在于社会的各个领域。不同于某些具有局部性、偶发性的社会矛盾，结构性社会矛盾主要产生于经济结构和社会结构的不协调中。一方面，经济迅速发展而城市化进程远远落后，两者之间未实现同步发展，致使社会产业结构和就业结构存在较大偏差；另一方面，这一偏差进一步导致社会群体之间利益关系紧张。在现代社会背景下，结构性社会矛盾突出表现为劳资关系紧张、贫富差距增大等经济基础问题，广泛影响着社会的各个领域。

---

① HØJHOLT C, KOUSHOLT D. Contradictions and Conflicts: Researching School as Conflictual Social Practice [J]. Theory & Psychology, 2020, 30 (1): 36.

第二，结构性社会矛盾具有持久性。就其矛盾产生的原因来看，社会制度和经济体制等因素本身就具有较强的路径依赖性，即在人类社会中的技术演进和制度发展过程中，一旦选定某种路径就可能对该路径产生依赖，导致对原有制度的变革动力不足。社会中的既得利益群体倾向固守原有政策而持续获益，弱势群体则缺乏变革能力，导致社会结构失衡所产生的矛盾难以解决。同时，结构性社会矛盾存在自我强化的趋势，"这些复杂性和矛盾往往会在不经意间创造、再现或加深社会、文化和经济鸿沟，进一步固化和加深产生矛盾的社会结构"①。此外，结构性社会矛盾根植于最基础的经济问题，所以通过一般的再分配方式只能缓解矛盾但很难彻底解决，结构性社会矛盾相比于其他社会矛盾更为持久。

第三，结构性社会矛盾容易影响社会稳定。现代社会转型带来个体之间的贫富分化，虽然致富源于个体能力的差异，但"'先富起来'的那部分人相当程度上得益于社会结构中的不平等"②。群体分化、阶层分化以及随之而来的马太效应进一步巩固社会结构矛盾，民众的相对剥夺感较重，由此导致的政策受惠者与政策受损者之间的张力在具体的领域、事件中容易转化为矛盾事件，影响社会秩序稳定。

在当代中国的背景下，社会矛盾主要是转型社会、风险社会与网络社会三大结构性变迁所致的结构性矛盾，本质上是"矛盾双方在社会结构中的地位差异和角色对立"③。从纵向来看，转型社会产生了"一部分人先富起来"的贫富分化和阶层分化，以及由此激发的"仇富"心态，一些"逼捐"事件代表性地展现了改革开放以来随着中国社会转型产生的结构性社会矛盾。从横向来看，社会的现代化转型促进了人口水平流动，城乡差距、外来人口融入、农民工问题正成为当下社会矛盾的具体表现。在现代化转型的背景下，权力上的弱势群体往往在面临风险时承担能力弱，甚至他们更易遭受风险，现代性正给社会公众带来更多的安全焦虑，例如，职业病群体维权问题、环境风险类邻避冲突等。与此同时，科技发展催生了自媒体力量的勃兴，网络社会中民众与精英的力量

---

① SHERMAN J, SCHAFFT K A. "Turning Their Back on Kids": Inclusions, Exclusions, and the Contradictions of Schooling in Gentrifying Rural Communities [J]. RSF: The Russell Sage Foundation Journal of the Social Sciences, 2022, 8 (3): 150.

② 张海波，童星. 当前中国社会矛盾的内涵、结构与形式：一种跨学科的分析视野 [J]. 中州学刊，2012 (5): 87.

③ 张海波，童星. 当前中国社会矛盾的内涵、结构与形式：一种跨学科的分析视野 [J]. 中州学刊，2012 (5): 88.

相比，现实呈现出"结构倒置"的情况，这也将进一步放大社会结构矛盾。

二、制度性社会矛盾

制度的存在本身是为了规范社会成员的行为，进而稳定社会秩序，然而许多影响社会秩序稳定的行为或者事件却又常常源于制度之间的矛盾。我们通常在狭义的层面上使用"制度"这一词，即具有国家公权力效应的正式法律法规和规范性文件；从更广义的角度来看，这里所指的制度除正式的成文法律法规和政策文件外，还包括风俗习惯、文化传统、生活方式、价值信仰等非正式制度。目前，学界对制度性社会矛盾的认识可以大致分为两类：制度间不协调导致的社会矛盾与体制性迟钝社会矛盾。前者产生的原因在于无限多样的制度在有限的社会空间中相遇。第一，它们相互区别的社会功能就有可能相互排斥甚至支配人们的行为发生冲突。第二，科层制体系的运转日益与民众的实际需求相脱节[1]。体制性迟钝社会矛盾则来自科层制体系的自运转特性，现代科层制体系层级多、人员冗杂，组织体系较为僵化，不能及时对外部环境的变化刺激做出反馈，因此"难以紧跟外部环境的高速变迁"[2]。陈旧落后的社会管理制度和日新月异的现代社会之间逐渐产生断层，现有的社会制度不能规范管理和调节新的社会问题，导致了社会矛盾。因此，制度性社会矛盾指的是由社会制度造成的矛盾，主要表现有两方面：一是不同社会制度之间运行冲突，进而导致依照不同社会制度行动的社会群体之间产生矛盾，二是具有延迟性的社会管理制度无法及时适应社会变迁导致的社会矛盾。

深入认识制度性社会矛盾的特点不仅有利于在理论上进一步明确了解这一制度可能产生的社会影响，还能帮助我们区别其他类型的社会矛盾，并在此基础上对症下药，在实践中综合应对复杂的现实情况。

第一，制度性社会矛盾具有滞后性。我们从上文制度性社会矛盾的产生原因分析，就不难认识到这类矛盾的特征之一就是滞后性，这既是因为制定和调整制度的现代官僚体系本身行动速度有限，也是由制度本身的特征决定的。自成一套系统的官僚制组织首先要感知到社会环境的变化，这一变化往往由距离社会最近的基层组织传达，进而开展向上层报信息、制定目标任务、向下发布执行的过程，然而在基层政府意识到某一社会问题已经急需调整解决时，实际已经错过了平息矛盾的最佳时机，例如，近年来频发的群访、闹访事件，反映

---

① 刘少杰. 社会矛盾冲突的制度分析 [J]. 人民论坛，2009（16）：46.

② 唐亚林. 社会矛盾遭遇体制性迟钝的制度性原因 [J]. 探索与争鸣，2009（3）：14.

了本应在群众初次反映问题诉求时就应做出妥善处置的信访等负反馈机制的缺陷。另外，制度本身的路径依赖性质也使此类矛盾难以轻易解决，与造成结构性社会矛盾持久的原因相似，制度性社会矛盾的解决也需要一个较为漫长的过程。

第二，制度性社会矛盾有广泛的社会影响力。现实运行过程中，某一制度的出台很难惠及所有群体，总有部分群体的既得利益受损或获益不均，社会中各群体之间利益的分配会向社会正义提出挑战，这既"是物质方面的挑战，也是文化方面的挑战"①。制度性社会矛盾在现实社会中会具体表现为某一项社会管理制度的不合理，进而受影响的一部分群体基于同一目标诉求会倾向开展联合行动，在体制的框架下表现为集体诉讼、群访等，体制外则会形成矛盾事件。当群体中的某一部分人采取行动后，其会产生示范效应，其他群体成员则会根据先驱者的行动结果选择采取模仿甚至升级抗争的方式来争取自身的诉求，这种涉及群众自身利益的制度性社会矛盾会迅速激化、蔓延。

第三，制度性社会矛盾通常集中于基层府民之间。在目前我国的社会矛盾之中，有相当一部分发生在基层社会，关系到许多群众的基本利益，例如，在农民征地的过程中，出现补偿标准偏低、社会保障政策不配套、安置补偿款项分配混乱、腐败滋生等许多问题。正是因为制度性社会矛盾的这一特征，基层的社会利益矛盾涉及民生问题，我们必须高度关注，谨慎应对。

从宏观来看，对当代中国来说，经济问题仍然是制度性社会矛盾的主要集结点，我们正处于旧式现代性退出和新型现代化兴起的过渡时间段。这种新旧交替的时期集中出现制度性社会矛盾并不反常，但仍需谨慎对待。长期以来，我国的经济增长是以资源的高消耗、社会的高投入换来的，经济数量增长与社会财富损失同步进行，这直接导致了许多社会问题，例如，生产安全事故、食品安全问题、讨薪维权矛盾事件等频发。近年来，经济向高质量发展转型，但是一些突发性公共事件和复杂的国际环境仍然给我国经济带来不小的挑战，我国思考如何在"做大蛋糕"的同时"分好蛋糕"，完善我国的收入分配制度、司法制度、监察制度等当代国家制度，畅通社会与政府的沟通渠道是应对制度性社会矛盾的策略思路。

---

① MARSTON G, COWLING S, BIELEFELD S. Tensions and Contradictions in Australian Social Policy Reform: Compulsory Income Management and the National Disability Insurance Scheme [J]. Australian Journal of Social Issues, 2016, 51 (4): 412.

三、过失性社会矛盾

过失性社会矛盾是因偏离社会正常生活和规范而造成的问题，是部分个人或组织偏离社会正常生活和规范引起的失误、错误行为或不当行为导致的社会矛盾。在社会生活之中，部分社会规范没有明确的界限，允许一定程度的行为偏差，因此有的行为处于社会规范的模糊界限之上，因没有触及底线，全社会存在一定的容忍弹性。同时，偏差具有个人的相对性，在不同的时间、地点或情境中被认为是社会规范不可接受的行为，在另外的环境下，其可接受程度也许会被提高。因此，社会行为被接受没有绝对标准，往往是相对而言的。简而言之，过失性社会矛盾具体表现为道德失范，因此一般无法通过直接专门制定有针对性的政策来提升全社会的道德水准，而在全社会范围内采取柔性的社会风尚倡导、为行善者提供权利保障、联合惩戒失信人等措施是应对过失性社会矛盾的常见思路。

过失性社会矛盾是转型期中无法避免的阵痛，其相较于结构性社会矛盾和制度性社会矛盾来说相对容易解决，影响范围、时间也比较有限，总体上是一个移风易俗的过程。

第一，过失性社会矛盾的影响范围有限。它的起因是明显的，可以清晰地找出具体的人或群体，且往往是社会个别人的特定行为。一般来说，直接受过失性社会矛盾影响的仅限于相关的个人或组织，而不会对整个社会造成普遍影响。同时，该种矛盾具有自修复特性，当全社会开始集中关注某一过失性社会矛盾时，其已经步入解决进程之中，即曾经的或潜在的实施过失行为的群体会因自身社会评价降低的担忧而规范行为。

第二，社会存在关于过失性社会矛盾的自我修复倾向。社会成员几乎能够天然地判断何为道德失范行为，由于表现出过失性社会问题的仅仅是社会中的少数群体，所以当某一公德失范行为已经受到社会关注时，在全社会范围内会自发形成一个监督、杜绝该种行为产生的舆论环境，例如，多年前成为社会热点的"中国式过马路"现象近年来逐渐减少。同时，在当下网络社会发达的背景下，网络对失范行为的曝光增强和对其谴责力度增大。

第三，应对过失性社会矛盾需要柔性措施的加入。不同于结构性社会矛盾和制度性社会矛盾特别需要有针对性的政策化解，过失性社会矛盾因涉及道德问题而难以通过政策法规调整。因此，化解过失性社会矛盾的措施除对失范行为进行惩戒外，主要对全社会开展精神文明建设，通过公益广告、公益活动、教育感化等柔性措施来达成。

在现代社会中，社会成员活动日益频繁，公共生活范围逐步扩大，社会交往也更加紧密，人们对社会公德的要求也在与日俱增，但处在转型期的中国社会，新的社会公共规则尚未建立，旧的私德规则仍然残存运行。有些社会成员可能在公共交往的过程中仍旧沿用自己所熟悉的私德规范，把家庭之外成员交往的行为和公德领域私人化，引发公德与私德的矛盾冲突，"最终出现公德失范问题，消解了公共利益和公共生活，带来了人类社会的危机"①。近年来出现的例如，公共场所外放声音、高铁霸座、医闹、老赖等现象都是此类社会矛盾的具体表现，柔性规范与强制惩戒措施的双管齐下正在有效化解过失性社会矛盾。

第二节　不同主体间的主要社会矛盾

不同主体间的社会矛盾具有多样性，本节聚焦当前社会关注度较高的三组主体间的社会矛盾关系，体现社会矛盾的时代性特征。"单位制"解体后的社会问题日益社区化，激化了社区矛盾；监管缺位以及市场主体对公平市场认识的轻视导致了劳资矛盾；医患矛盾的突出折射出了当前我国医疗资源的供给不足。社区成员矛盾、劳资矛盾和医患矛盾的共同时代背景是社会转型。

一、社区成员矛盾

改革开放后，随着"单位制"解体与住房体制改革，城市社区逐渐兴起。我国城市社会结构经历了从"单位人"到"社区人"的转型，这"给我国的社会建设与治理带来了新的问题与挑战"②。以前由单位统筹管理的住房、福利、社会保障、教育等一系列问题走出了"单位"的藩篱，开始由社区承载城市基层社会的利益整合、诉求表达以及基本公共服务供给等功能。一时间，社区成为社会问题集聚场域，甚至出现了"'社会问题社区化'的现象"③。其中表现最为突出的便是围绕住房利益而引发的名目繁多的社区矛盾。目前，社区矛盾主要集中在以下三方面。

第一，业委会、业主、物业公司三方群体间的纠纷。其中最首要的是业主与物业公司之间的纠纷，主要体现为因物业服务瑕疵拒交物业费。例如，业主

---

① 冯建军. 公民品格与公共生活 [J]. 道德与文明，2020（4）：7.
② 何绍辉. 陌生人社区：整合与治理 [M]. 北京：社会科学文献出版社，2017：3.
③ 尹浩. 碎片整合：社区整体性治理之道 [M]. 北京：社会科学文献出版社，2019：63.

入住小区前与小区物业公司签订前期物业服务合同，但合同期间，物业公司未有效监管小区建筑物装饰装修，导致其所住楼栋墙体受损，业主以不交纳物业费的形式进行对抗。随后就会衍生出业主委员会（简称"业委会"）与物业公司的纠纷，在业主与物业公司沟通无果后，便由业主委员会与物业公司进行沟通协商，若无效，业主便授权业委会要求更换物业公司，个中纠纷难以化解。此外，业委会内部、业主与业委会之间也存在纠纷。例如，业委会内部成员因业委会主任专权而公开闹矛盾，导致业委会工作停摆引起业主不满。

第二，邻里纠纷。当下，经济发展带来物质文明充裕的同时，也带来了人类思想的进步，居民的权利意识越来越强，任何他人越权损害个人权益的行为都可能激发人们的反抗，与此同时，"资源的稀缺、社会的不安全感使居民在保护自己权利的过程中难免与其他主体发生冲突"①。社区里常见的邻里纠纷现象有很多，例如，高、低楼层业主因各自需求不同对加装电梯意见不合；施工装修给邻居带来噪声、采光、通行安全方面的不利影响；占用楼房里的共同通道摆放鞋柜杂物引发的邻里矛盾；"有宠"居民宠物乱叫扰民、遛宠不牵绳、宠物随地大小便等行为引发"无宠"居民的不满；占道停车、私搭乱建等损害邻居利益的行为。

第三，物业管理不善带来的问题。物业管理作为城乡社区治理的重要内容，事关党和国家大政方针贯彻落实，事关居民群众切身利益，事关城乡基层和谐稳定。随着生活水平的提高，人们需要优质的物业服务供给来满足人民日益增长的美好生活需要，但当前一些小区物业管理中"存在物业服务有效供给不足、小区管理不规范、群众意见大、矛盾纠纷突出、信访投诉居高不下的情况"②。物业管理不善的一个典型问题是停车难及乱停车，小区车库内明明有大量空置的待售停车位，但开发商却只卖不租，导致业主和租户面临停车难的问题。没有固定车位的车主只能将车停在小区路面，靠的是先到先停，进而导致路面通行困难，有些物业公司为解决停车难、乱停车现象，试行新的停车管理办法，例如，不科学地增加了限定区域的使用时间，反而使停车难、乱停车的现象更加严重。除此之外，社区中物业管理不善的问题还包括物业安保不到位致业主损失，小区里乱贴二维码，工地不覆盖，乱倾倒垃圾等卫生乱象，小区物业消防不合格并存在重大安全隐患等方面。

---

① 魏冉，包先康. 新邻里视域下社会工作介入城市社区邻里关系调适 [J]. 山西大同大学学报（社会科学版），2023，37（1）：6.

② 刘景琦. 党建引领社会治理的实践机制研究：以红色物业为例 [J]. 中共福建省委党校（福建行政学院）学报，2023（5）：45.

随着我国经济社会的快速发展，社会利益格局日益多元化，矛盾纠纷频发，类型增多，调解难度增加，从而对政府部门以及司法部门都提出了新的要求。社区作为城市的重要基础单位、社会矛盾纠纷化解机制建设的出发点，矛盾处理不恰当、不及时很可能激化生活矛盾甚至出现民转刑等严重后果。

二、劳资矛盾

劳资矛盾是劳资关系下的概念，可视作在劳资关系中劳资双方及相关各方利益博弈的表现形式，也是劳资双方及相关各方在劳动过程中围绕相关权益产生的冲突，实质是"使得劳资冲突升级的矛头很多最终指向政府"①。劳资矛盾是当下中国比较突出的一种社会矛盾，随着群众权利意识、集体行动能力的增强和劳动者对政府的高预期，"劳资矛盾很多时候会从劳资双方转向政府"②。目前，劳资矛盾主要集中于以下三方面。

第一，劳动者的劳动环境问题。这主要表现在劳动者的工资水平过于低下、超时加班、安全生产事故频发、工作环境恶劣等多方面。一方面，劳动者在部分私营企业中难以获得与其劳动付出相匹配的劳动报酬，与此同时，劳动者在工作时的环境安全也得不到保证。对普通劳动者来说，他们面临的主要是加班和低薪的问题，但部分行业的劳工则身处更加恶劣的工作环境中。以尘肺病工人为例，他们长期在粉尘环境中工作，而用人单位却不提供相应的呼吸保护用具，致使这类工人劳动能力、生活质量降低。从事危险品生产与仓储行业的工人也因用工单位疏于提供相应技能和安全教育的培训，对设备设施和工人监管不到位等常常身处危险的工作环境中。近年来，随着数字技术的发展，资本运用技术对劳动者进行劳动控制甚至压迫的现象也广受社会关注，外卖骑手在算法技术的控制下"在不知不觉中参与对自身的管理过程"③。

第二，资方拖欠劳动报酬。这里的劳动报酬不仅包括工资，还应当广义地包括社会保险费用、工伤事故赔偿金、解雇补偿金等用人单位应当支付给劳动者的一切费用。此类劳资矛盾最为突出的是农民工工资拖欠问题。讨薪事件的纠纷双方是劳动者与用人单位，但鉴于劳动者处于弱势地位，劳资双方的矛盾

---

①　杨文伟，吴忠民 . 劳资矛盾研究的进展及问题：近年来学术界劳资矛盾问题研究述评 [J]. 东岳论丛，2012，33（4）：47.

②　李亚 . 中国的公共冲突及其解决：现状、问题与方向 [J]. 中国行政管理，2012（2）：18.

③　陈龙 . "数字控制"下的劳动秩序：外卖骑手的劳动控制研究 [J]. 社会学研究，2020，35（6）：113.

最终都需要政府、法院等国家机关的介入才能化解。

第三，劳动力市场存在普遍歧视。求职者在市场上天然地处于劣势地位，就业歧视是指没有合法原因而针对求职者的民族、宗教、户籍、性别、身体健康状况、身高、年龄等因素，采取区别对待求职者的行为。目前，我国较为突出的就业歧视集中在性别问题上，用人单位基于成本的考虑，在招聘时会额外对女性求职者的婚育情况进行限制，甚至将生育状况作为劳动者的入职条件。招聘歧视、同工不同酬等问题是目前普遍存在且较难化解的劳资矛盾。

产生劳资矛盾的原因复杂，我们从主体角度可以划分为以下四类。

其一，劳资关系双方本身存在天然的利益冲突。资本本身存在与运作的目的就是追逐利益，利润最大化的实现形式无非压缩成本与提高回报两种，人力资源作为成本角色出现在资本运作过程中，两者的利益是相反的，冲突矛盾不可避免。作为调节两者关系而存在的工会受诸多因素的影响难以发挥缓和矛盾的作用。

其二，就业压力大，资方处于强势地位。长期以来，我国的劳动力充足，但由于劳动力结构与市场需求不匹配，部分行业劳动力供大于求，可供用人单位选择的求职者多，必然降低劳动者的待遇保障。另外，由于企业相较于劳动者在市场活动中能够掌握更多的行业信息、专业知识、资源渠道等有利因素，资方在与劳动者博弈时也更具优势。

其三，劳动者权利保护意识薄弱。一方面，普通劳动者的维权资源和手段有限；另一方面，他们的维权意识也不强。许多农民工和企业职工不了解用人单位应当依法给予自己何种保障，事实上形成劳动关系却不签订劳动合同，不了解工会的作用，不会通过工会组织、劳动纠纷仲裁组织、司法机关维护自身的合法权益。当然，随着我国新生代农民工加入工作行列和普法教育的开展，"非公有制企业中员工的维权意识也在逐渐增强"①。

其四，国家公权力介入迟滞。一方面，政府对企业损害劳动者权益的行为实施监管处罚不到位；另一方面，政府没有为维权职工建立有效的保护机制。政府的劳动执法监察动力与力量均不足，当企业没有依法为劳动者提供相应的劳动报酬和福利保障时，地方政府可能基于维护地方经济增长的考虑，选择偏袒资方，放纵企业行为。另外，工会作为一个由地方党政机关推动设立的、本应作为协助工人维权的组织，但目前有时功能发挥有限，主要承担了过节"发

---

① 龚维斌．我国现阶段劳资矛盾产生的原因及对策研究［J］．当代世界与社会主义，2005（3）：137.

福利"的作用。

从根本上看，劳资双方确实是一对天然的矛盾关系，不过从目前我国现阶段的劳资矛盾上看，除双方本身的立场冲突外，国家公权力为劳动者提供的权利救济途径不完善、对资方的监管措施有限等，也应为劳资矛盾转化为现实冲突承担部分责任，尤其在目前优化营商环境的背景下，如何协调资方与劳动者的利益纠纷更加值得思考。

三、医患矛盾

医患矛盾是一种客观的社会现象，从微观层面上来说，两者之间的矛盾是基于医疗行为在医疗机构和患者或者患者亲属之间产生的，因为"医疗行为、结果及因果关系和责任分配等在认识上产生分歧而引发的争议"[①]；从宏观上来看，医患矛盾是在医疗卫生体制改革的背景下，由于资源重新配置、利益再调整而产生的在医疗卫生领域当中存在的一些不合理、不正常现象，医患矛盾加剧了人们对医疗服务质量的不满意和对医疗卫生体制改革的怀疑。

医患矛盾产生的原因复杂多样。近年来，随着人民生活水平和社会经济转型，人民群众对医疗卫生服务质量的要求有所提高，维护自身权益的意识也在加强，医患纠纷的数量逐年增多，有时表现得较为突出，甚至成为社会关注的热点。常见的医患矛盾由以下四个原因引起。

第一，医疗费用引发医患矛盾。这主要是指医患双方在医疗过程中对产生的费用存在争议而引发的矛盾，这一矛盾一方面表现为医疗费用远远超出患者承受能力，患者无法支付而拖欠诊疗费；另一方面是患者质疑医疗过程中的部分项目或医生开具的药品并非必要，认为医院存在过度检查、虚开药物的违规医疗行为。这是因为我国仍有相当一部分药品依赖进口，部分药物的定价确实高；另外，随着医疗卫生体制市场化改革的深入，确实存在部分药企给同一种药"换壳""换名"提升售价、医院过度逐利、"以药养医"的现象。

第二，医疗过程及结果引发的医患矛盾。在医疗服务过程中，由于医务人员技术不娴熟，或者患者认为医护人员水平有限而导致病人受到额外痛苦，患者或患者家属对医方产生不满甚至冲突。这一矛盾最常见于护士输液扎针环节，"护士打针未扎准，当场遭孩子家长暴打""护士因输液时未及时拔针遭患者殴打"等事件屡见不鲜。针对这一医患矛盾，医院在加强医护人员技术培训的同时，患者及患者家属也应当保持宽容和克制。另外，由医疗结果引发的医患矛

---

① 夏周青. 治道变革与基层社会矛盾化解 [M]. 北京：国家行政学院出版社，2014：52.

盾烈度则更强，引发矛盾的医疗结果主要包括患者对医治效果不满意和伤残死亡结果两种。这是因为患者到医院治疗期盼的是病情被完全治愈的效果，但是医疗结果不一定总是符合医患双方的期待。一方面，患者认为自己投入时间、金钱配合医生要求进行治疗，但是最终却未取得理想效果，存在心理落差。另一方面，患者会将导致不理想医疗效果的责任归结为医生的失误或技术不佳，认为患者疾病未治愈或是伤残死亡，是医生过失导致的医疗事故，进而向医院索赔。当医院不认可患者的诉求时，患者或患者家属甚至会选择极端激烈的方式来表达不满和抗议。

第三，资源紧张引发的医患矛盾。我国目前的医疗卫生资源有限而人口众多，叠加患者倾向到高等级医院就诊的心理，三甲医院常年人满为患。对患者来说，患病本身身体不适、心情烦躁，在极端情况下，就诊却要排队等待数小时以上，好不容易排到时，医生面对面的诊断时间可能只有几分钟，强烈的时间对比，使患者就诊体验不佳。对医生来说，每天有大量的诊断任务，工作时间长、工作压力大，与患者沟通时难免有不到位或是态度不佳的情况。在医疗过程中，患者由于对自身病情不了解，往往产生焦虑和紧张的情绪，如果此时医务人员对病情解释不清楚，耐心有限，缺乏对患者足够的关心和同理心，就容易导致患者和家属的不满。目前，有学者尝试通过技术手段，通过患者的组合和匹配，由一名医生同时治疗几个有类似疾病症状的患者，这样可以增加患者对这种疾病的治疗次数和医学知识，从根本上缓解医患之间由信息不对称、医疗时间和服务态度引发的矛盾。这一学术领域的尝试还有待在实践中进一步检验。

第四，不信任感潜在促成医患矛盾。不信任感是导致医患矛盾的潜在心理因素，医疗费用纠纷、医疗结果纠纷的产生都是患者对医生的不信任心理在起作用。这是由于医生本身是一个高度需要专业知识支撑的职业，患者对疾病以及医疗行为的不了解促使患者下意识地以保护自身为出发点质疑医生的行为。另外，有学者认为，"媒体有失公正的报道加深了患者及受众对医方的不信任感，导致了医患矛盾的加剧"①。这种不信任感一旦在社会公众心中埋下种子，那么在具体的医疗过程中很容易被激发而使医患矛盾频发。

医患关系的不协调和冲突正在成为医疗行业和整个社会面临的现实困境，严重影响人们的幸福感和健康。有学者研究指出，提高信任感，降低信息不对

---

① 王卫华. 医患矛盾报道中媒体的社会责任 [J]. 医学与哲学 (A)，2012，33 (8): 22.

称程度和道德风险，将"有助于医生和患者将战略选择从冲突转向合作"①。这为我们化解医患矛盾提供了方向。

第三节 改革开放以来的主要社会矛盾

新时代以前对社会主要矛盾的界定主要根据中共八大对社会主要矛盾的定义，即"人民对于建立先进的工业国的要求同落后的农业国的现实之间的矛盾"和"人民对于经济文化迅速发展的需要同当前经济文化不能满足人民需要的状况之间的矛盾"②。步入新时代以后，我国延续党的八大的论断并做出调整，中共十九大对社会主要矛盾的界定，即"人民日益增长的美好生活需要和不平衡不充分的发展之间的矛盾"③。纵观党政文件对我国社会主要矛盾的定性，其有助于我们站在历史唯物主义的角度，认识当前中国社会矛盾的来龙去脉。

一、新时代之前的主要社会矛盾

任何一个社会的性质，都由该社会的主要矛盾决定。社会的主要矛盾发生了变化，必然要引起社会性质的改变和革命任务的转移。社会的主要矛盾决定着社会主义社会的发展方向，也是在不同的社会历史发展阶段制定和调整路线、方针、政策的基本依据。

1949 年中华人民共和国成立，这标志着推翻了帝国主义、封建主义、官僚资本主义"三座大山"，建立了人民民主专政的国家政权，但是人民大众与"三座大山"的矛盾尚未完全解决。因此，新中国成立后的三年内，党和国家仍以此为主要矛盾进行了一系列的工作，开展了"三反"运动和"五反"运动，巩固了新生的人民政权，为国民经济的迅速恢复和发展奠定了基础。在 1953 年，党提出了过渡时期总路线，其实质是解决生产资料所有制的问题，使社会主义公有制成为国民经济的唯一基础。随着总路线的贯彻执行，"一化三改造"迎来

---

① LIU J, YU C, LI C, et al. Cooperation or Conflict in Doctor – Patient Relationship? An Analysis from the Perspective of Evolutionary Game [J]. IEEE Access, 2020 (8): 42898 – 42908.

② 刘少奇. 中国共产党中央委员会向第八次全国代表大会的政治报告 [N]. 人民日报, 1956 – 09 – 17 (1).

③ 中共中央文献研究室. 十九大以来重要文献选编（上）[M]. 北京：中央文献出版社, 2019: 8.

高潮，全国实现了农业合作化，进而"促进了资本主义工商业改造高潮的到来"①。在这一时期，我国的主要矛盾是工人阶级和资产阶级之间、社会主义道路和资本主义道路之间的矛盾。

社会主义改造的基本完成标志着我国从新民主主义社会转变到社会主义社会。这意味着国家的主要矛盾再次发生转变，在社会主义社会里，剥削阶级已然被消灭，国内的主要矛盾不再是无产阶级和资产阶级的矛盾了，而是"人民日益增长的物质文化需要同落后的社会生产之间的矛盾"②，党和国家的主要任务是集中力量搞经济建设。党的八大根据当时的形势变化，明确提出了社会主要矛盾的转化："我们国内的主要矛盾，已经是人民对于建立先进的工业国的要求同落后的农业国的现实之间的矛盾，已经是人民对于经济文化迅速发展的需要同当前经济文化不能满足人民需要的状况之间的矛盾。这一矛盾的实质，在我国社会主义制度已经建立的情况下，也就是先进的社会主义制度同落后的社会生产力之间的矛盾。"③

党的八届三中全会又重提阶级矛盾是主要矛盾。到了1962年，党的八届十中全会进一步断言在整个社会主义历史阶段，资产阶级都将存在和企图复辟，强调各项工作都要以阶级斗争为纲。在1963至1965年的社会主义教育运动中，党进一步提出运动的重点是整顿党内走资本主义道路的当权派，最后导致错误地发动了十年之久的"文化大革命"。④ 1978年，党的十一届三中全会根据粉碎"四人帮"以来形势的发展，决定把党的工作重点转移到社会主义现代化建设上。

十一届三中全会拨乱反正，纠正了两个"凡是"的错误观点，恢复了实事求是的思想路线，是社会主义建设中一个具有重要意义的历史转折点，中国改革开放的序幕由此拉开。党的十一届六中全会通过的《关于建国以来党的若干历史问题的决议》明确指出："在社会主义改造基本完成以后，我国所要解决的主要矛盾，是人民日益增长的物质文化需要同落后的社会生产之间的矛盾。"⑤这是中国共产党几十年来为探索中国建设社会主义的正确道路付出了巨大代价

① 李朝成. 党的"八大"关于社会主要矛盾的分析［J］. 四川师院学报（社会科学版），1980（2）：2.

② 周鼎弟，翟祖发. 关于我国社会主义社会的主要矛盾［J］. 求实，1982（2）：15.

③ 刘少奇. 中国共产党中央委员会向第八次全国代表大会的政治报告［N］. 人民日报，1956-09-17（1）.

④ 周鼎弟，翟祖发. 关于我国社会主义社会的主要矛盾［J］. 求实，1982（2）：15-18.

⑤ 十一届三中全会以来历次党代会、中央全会 报告 公报 决议 决定（上）［M］. 北京：中国方正出版社，2008：121.

得出的科学论断。

党的十二大再次肯定了党的十一届六中全会通过的《关于建国以来党的若干历史问题的决议》中关于当时社会主要矛盾的科学表述，并将其写入党章。

党的十三大报告明确了我国社会所处的历史阶段，"我国正处在社会主义的初级阶段。"① 对此，党的十三大做出判断，社会主义初级阶段的矛盾，仍然是人民日益增长的物质文化需要同落后的社会生产之间的矛盾。因此，在 20 世纪 80 年代末期，国内外政治局势非常复杂严峻的背景下，全党上下对国家社会的主要矛盾保持不变，坚持以经济建设为中心，坚持改革开放。

党的十五大在针对我国社会所处的历史发展阶段和主要矛盾的认识的基础上，进一步坚持了过去的判断，明确指出我国正在并将长期处于社会主义初级阶段，且我国社会主要矛盾"贯穿我国社会主义初级阶段的整个过程和社会生活的各个方面"②。党的十六大结合当时总体上我国人民群众生活水平达到小康的基本社会现实以及当时社会表现出的引人关注的现象、问题，对国家的主要矛盾做出了更贴合当时社会现实的阐述，报告认为我国"人民日益增长的物质文化需要同落后的社会生产之间的矛盾仍然是我国社会的主要矛盾"③。党的十七大以来，我国仍然坚持中国仍处于并将长期处于社会主义初级阶段的论断，报告指出："经过新中国成立以来，特别是改革开放以来的不懈努力，我国取得了举世瞩目的发展成就，但我国仍处于并将长期处于社会主义以初级阶段的基本国情没有变，人民日益增长的物质文化需要同落后的社会生产之间的矛盾这一社会主要矛盾没有变。"④

总体来看，从 1949 年新中国成立到十一届三中全会，社会主要矛盾由 1956 年中共八大前的阶级斗争、无产阶级与资产阶级的矛盾和斗争，转化为人民对于建立先进的工业国的要求同落后的农业国的现实之间的矛盾、人民对于经济文化迅速发展的需要同当前经济文化不能满足人民需要的状况之间的矛盾，实质是先进的社会主义制度同落后的社会生产力之间的矛盾。纵观十一届三中全会到党的十七大这 30 年来的历史进程，有关社会主要矛盾的论述与党的八大中

① 十一届三中全会以来历次党代会中央全会报告公报决议决定：上 [M]. 北京：中国方正出版社，2008：286.
② 中共中央文献研究室. 十五大以来重要文献选编（上）[M]. 北京：人民出版社，2000：14.
③ 中共中央文献研究室. 十六大以来重要文献选编（上）[M]. 北京：中央文献出版社，2011：14.
④ 中共中央文献研究室. 十七大以来重要文献选编（上）[M]. 北京：中央文献出版社，2009：11.

关于社会主要矛盾的判断在精神上大致相同，但是表述得更为确切。以邓小平为核心的中国共产党第二代领导集体提出，中国所要解决的主要矛盾是人民日益增长的物质文化需要同落后的社会生产之间的矛盾，这一表述在之后历届的党代会报告中一再被重申。这一科学论断以及以此为基本依据制定的路线、方针和政策，为中国特色社会主义保驾护航，也为新时代的到来奠定了坚实的物质基础。

二、新时代的主要社会矛盾

党的十八大的胜利召开，正值我国进入全面建成小康社会的决定性阶段。这次大会面临着新的世情、国情、党情，承载着全党和全国人民新的期待和寄托。胡锦涛同志的报告在大会主题、指导思想、经验总结、发展目标和基本要求等方面，明确了中国特色社会主义事业的新要求和党承担的历史使命。胡锦涛同志在党的十八大报告中说，大会的主题是"高举中国特色社会主义伟大旗帜，以邓小平理论、'三个代表'重要思想、科学发展观为指导，解放思想，改革开放，凝聚力量，攻坚克难，坚定不移沿着中国特色社会主义道路前进，为全面建成小康社会而奋斗"①。这一主题明确了旗帜和道路问题，指出了新的历史阶段我国社会主义建设事业的发展目标和方向。党的十八大报告指出，"人民日益增长的物质文化需要同落后的社会生产之间的矛盾这一社会主要矛盾没有变"②。

党的十八大以来，我国的经济建设取得重大成就，全面深化改革工作、民主法治建设、思想文化建设、生态文明建设等取得重大进展。党的十九大指出："经过长期努力，中国特色社会主义进入了新时代，这是我国发展新的历史方位。"③ 中国特色社会主义进入新时代后，国家的主要矛盾发生了转变。党的十九大指出："中国特色社会主义进入新时代，我国社会主要矛盾已经转化为人民日益增长的美好生活需要和不平衡不充分的发展之间的矛盾。"④

如何在新时代背景下科学认识我国社会主要矛盾已经转化这一重要问题，

---

① 胡锦涛. 坚定不移沿着中国特色社会主义道路前进　为全面建成小康社会而奋斗：在中国共产党第十八次全国代表大会上的报告［N］. 人民日报，2012-11-18（1）.

② 胡锦涛. 坚定不移沿着中国特色社会主义道路前进　为全面建成小康社会而奋斗：在中国共产党第十八次全国代表大会上的报告［N］. 人民日报，2012-11-18（1）.

③ 中共中央文献研究室. 十九大以来重要文献选编（上）［M］. 北京：中央文献出版社，2019：7.

④ 中共中央文献研究室. 十九大以来重要文献选编（上）［M］. 北京：中央文献出版社，2019：8.

党的十九大报告强调两个"必须认识到",第一个是"我国社会主要矛盾的变化是关系全局的历史性变化,对党和国家工作提出了许多新要求"①,第二个是"我国社会主要矛盾的变化,没有改变我们对我国社会主义所处历史阶段的判断,我国仍处于并将长期处于社会主义初级阶段的基本国情没有变,我国是世界最大发展中国家的国际地位没有变"②。这两个"必须认识到"说明了中国社会主要矛盾的变化,是我国迈进中国特色社会主义新时代的主要依据,也是"确定新战略、新目标、新任务、新要求的出发点"③。新时代,中国社会主要矛盾的基本内涵主要可以从以下两方面进行阐述。

第一,人民日益增长的对美好生活的需要,是指人民群众在民主建设、法治水平、公平与正义、生活与财产安全、生态环境等方面的要求。以改革开放为关键点,我国的经济建设取得重大成就,十几亿人的温饱问题已经解决,但人民群众不只满足于对物质文化生活的要求,在其他多方面也提出了更高层次的多元化需求。例如,随着人民群众生活水平的提升,人民的法治意识、权利意识、精神文化需求也在不断增长,人民群众希望有更多政治参与的机会,有更多表达自身利益诉求的渠道。

第二,发展不平衡不充分主要是指社会供给还不能充分平衡地满足人民日益增长的美好生活需要。国家不同地区之间、城乡之间和人民群体之间生活水平的发展差距大。首先,国家不同区域间的不平衡不充分发展,既体现为东部沿海地区、中部地区和西部地区在发展速度、发展水平上的差距和不足,也体现在同一区域内的不平衡不充分发展。其次,长期以来,我国的发展策略重城市、轻农村,这导致城乡之间发展水平差距较大,尤其是偏远地区的农村,在基础设施、经济发展、公共服务等方面远远落后于城市或其他发达地区。最后,我国民众在对物质生活需要提高的同时,贫富差距大也是不可忽视的问题,社会阶层流动较为困难。提升低收入群体的收入,扩大中等收入人群,推动社会结构向橄榄型社会发展,缩小城乡二元结构间的发展差距,缩小贫富差距,推进社会基本公共服务和基础设施建设均等化,是推动平衡充分发展的重要目标。

党的二十大再次指出,我国社会主要矛盾是人民日益增长的美好生活需要和不平衡不充分的发展之间的矛盾,提出了我们党的中心任务就是"团结带领

---

① 中共中央文献研究室. 十九大以来重要文献选编(上)[M]. 北京:中央文献出版社,2019:8.

② 中共中央文献研究室. 十九大以来重要文献选编(上)[M]. 北京:中央文献出版社,2019:9.

③ 沈江平. 改革开放与中国社会主要矛盾的演变[J]. 广东社会科学,2019(4):76.

全国各族人民全面建成社会主义现代化强国、实现第二个百年奋斗目标，以中国式现代化全面推进中华民族伟大复兴"①。习近平总书记强调，党和人民事业能不能沿着正确方向前进，取决于我们能否准确认识和把握社会主要矛盾、确定中心任务。② 我国需要以对社会主要矛盾的判断为行动依据推进后续各领域、各阶段的工作，这是因为我国目前各领域发展不平衡或不充分的问题仍然突出，推动发展模式由量转质仍然存在许多需要攻坚克难的问题。城市与农村之间的发展程度与居民之间收入分配水平相差较多；人民群众在社会生活各领域仍有许多改善的期待，例如，居住、教育、医疗卫生等方面；保护与改善生态环境问题仍旧突出。我国社会主要矛盾的出现，即"人的全面发展"与社会生产存在的某些不平衡不充分，归根结底，就是由我们发展理念的迟滞而造成的，我们党的中心任务是迫切要求尽快解决社会主要矛盾，中国式现代化就是要突破发展不平衡不充分这个困难点。中国式现代化首先是要解决社会主要矛盾的主要方面，并在全面建成富强、民主、文明、和谐、美丽的社会主义现代化强国的过程中，满足人民日益增长的美好生活需要。毫无疑问，这些都是由中国式现代化的本质要求和我们党的中心任务共同决定的，并且是由中国式现代化的显著特色完美表现出来的。具体而言，党的二十大提出的构建新发展格局、实施科教兴国战略、推进全过程人民民主、完善分配制度、推动绿色发展等目标任务，将着力满足和解决新时代下的社会主要矛盾，回应人民对高质量生活的期待。

第四节　不同领域的主要社会矛盾

以"领域"为类型标准的中观研究，是分析和研判主要社会矛盾的重要路径。不同领域的划分标准源于党的十八大报告中提出的"五位一体"总体布局，即经济建设、政治建设、文化建设、社会建设、生态文明建设。讨论相应领域我国基层社会矛盾，能够为化解社会矛盾以及社会治理的对策研究打下基础。

---

① 习近平. 高举中国特色社会主义伟大旗帜 为全面建设社会主义现代化国家而团结奋斗：在中国共产党第二十次全国代表大会上的报告 [N]. 人民日报，2022-10-26 (1).

② 李学仁. 习近平在省部级主要领导干部学习贯彻党的十九届六中全会精神专题研讨班开班式上发表重要讲话强调 继续把党史总结学习教育宣传引向深入 更好把握和运用党的百年奋斗历史经验 [N]. 人民日报，2022-01-12 (1).

一、经济发展领域内的主要社会矛盾

经济发展领域中的主要矛盾是主要社会矛盾的主要组成部分，党的十八大以来，国内外经济形势错综复杂，我国经济高速发展前景受到重大挑战，产能过剩矛盾突出，金融风险隐患增多。经济发展领域内的主要社会矛盾与我国现阶段的主要社会矛盾联系紧密。从国家经济发展全局上看，经济的供求结构不平衡问题是目前国家经济的主要矛盾，具体表现在供需双方不均衡，主要原因出现在供给一方，供给无法匹配和满足需求的变化。同时，由于新冠疫情冲击、世界变局加快演变等因素影响，国内经济需求收缩、供给受到冲击、社会心理预期转弱。另外，我国经济发展的主要社会矛盾还体现在发展质量与规模非匹配的问题上，之所以目前我国经济发展表现出不平衡不充分，究其原因是质量需要进一步提升的问题。从社会民生经济上看，我国经济发展的社会矛盾表现在经济发展在区域、城乡、群体间的不平衡与"产业—就业"结构的不协调。具体来看，我国目前经济发展领域内的主要矛盾表现在以下五方面。

第一，经济发展中供给和需求结构性不平衡，存在供需矛盾。从供给侧来看，我国的部分行业产能过剩，而大量核心技术、高端装备却依赖进口，相当一部分庞大的国内市场供给能力不足。另外，我国相当一部分购买力流向国外，消费者出境购物，"海淘""代购"兴起，这说明国内供给从珠宝首饰、箱包服装、化妆品等高端商品到智能马桶、电饭煲、保温杯等普通日用品都存在短缺。近年来，中国经济受新冠疫情的持续性影响，除供应端的结构性问题外，需求侧同样受到冲击，投资与消费需求较为低迷。在优化疫情防控措施后，在坚持经济结构性改革的基础上，我国也要注重扩大国内需求。

第二，经济发展的质量仍有待提高。中国经济进入新常态后，经济已由高速增长阶段转向高质量发展阶段，不过我国经济的高质量发展存在不少挑战。我国从依靠大量资源投入的粗放式增长转为讲究效益的高质量发展，需要科技创新和技术进步带来效率提升和产品质量改善。科技发展需要良好的社会环境，人才培养体系、知识产权保护、科技成果转化、基础工业升级等多方面都需要配套改善。随着我国人口红利的不断下降和对生态环境的愈加重视，我国解决经济发展质量不高的矛盾已迫在眉睫。

第三，经济发展在地区、产业上不平衡。新时代，我国社会主要矛盾中"不平衡不充分的发展"相当一部分表现在地理空间上的横向不平衡。有学者从城市土地扩张角度进行研究，结果表明，中国经济在省和市两级都很不均衡，

"西部地区的不均衡程度远高于东部地区，省间的差距也很大"①。总体来看，国家东部沿海地区、中部地区与西部地区发展差距较大，城市与乡村之间形成的经济发展二元格局显著。我国长久以来都表现出产业结构形式失衡的局面，在三大产业中，"我国产业结构是以工业为支撑的'二三一'模式，第二产业比重较高，第三产业发展相对滞后"②。解决经济发展在地区和产业上的不平衡，我国要注重国家中西部地区、农村地区的经济建设，也要重发展服务业。

第四，群体间收入分配差距较大，贫富矛盾仍然存在。有学者特别指出我国的不平等问题主要发生在不同的群体之间而非群体之内，虽然同一群体之内也不可避免地存在不均衡问题，但中国的不平等不平衡更多的是群体间的不平等，城市与农村、沿海与内地、体制内与体制外的差别，远远比群体内差别大。③ 不可否认的是，近年来我国通过再分配手段调节、开展扶贫攻坚工作，贫困群体的经济状况的改善取得重大成效。贫困矛盾是从中国社会现代化转型以来就长期存在的矛盾，贫富矛盾不单纯是经济发展中的社会矛盾，其更加根植于社会结构层面，社会群体间话语权不对等、政治精英与经济精英结盟现象都阻碍着从经济角度缩小贫富差距的努力。在经济、政治、教育多领域综合发力，缩小群体间收入分配差距，扩大中等收入群体规模仍是解决我国经济发展领域社会矛盾的重要举措。

第五，"产业—就业"结构不协调，结构性就业矛盾突出。结构问题已经成为就业的主要矛盾：一方面，随着技术变革加速，我国正在进入新技术革命时代，产业结构变化加快，自然失业率自然提升；另一方面，由于劳动力素质的改善速度相对较慢，市场上对新技能人才的需求变化较快，二者产生矛盾，使部分人想就业，但所拥有的劳动技能不能适应，由此产生结构性就业矛盾。另外，"就业矛盾与国内高等教育入学人数持续扩大相关，而国际毕业生人数的增加则加剧了这种矛盾"。④ 稳就业是经济发展的重要一环，"产业—就业"结构不协调既不利于产业升级发展，也不利于居民消费水平的提升和社会稳定。

---

① WEI Y D, LI H, YUE W. Urban Land Expansion and Regional Inequality in Transitional China [J]. Landscape and Urban Planning, 2017 (163): 17.

② 逄锦聚. 经济发展新常态中的主要矛盾和供给侧结构性改革 [J]. 政治经济学评论, 2016, 7 (2): 49-59.

③ 王浦劬, 季程远. 我国经济发展不平衡与社会稳定之间矛盾的化解机制分析: 基于人民纵向获得感的诠释 [J]. 政治学研究, 2019 (1): 66.

④ ZHAI K, MOSKAL M, READ B. Compelled to Compete: Chinese Graduates on Employment and Social Mobility after International and Domestic Study [J]. International Journal of Educational Development, 2021, 84: 102462.

二、社会治理领域内的主要社会矛盾

在国家现代化的过程中，最具有挑战性的是在现代化进程和社会管理体系的稳定性之间做出能够维持两者稳定的决策，这意味着社会管理体系需要足够的适应性、协同性和系统性来吸纳社会的潜在挑战和需求。对新时代背景下的中国人民来说，经济与社会正在进行高速的发展转型，人生价值的实现存在多样化渠道，对优质生活前景的期盼不断增长，以及网络技术的崛起和发展不平衡和不足，导致了许多危害社会团结稳定的结果，以上问题"对社会秩序提出新的挑战和要求"[①]。

第一，传统管理方式与政府能力有限存在矛盾，这要求完善"共建"的社会治理体系。共建是指社会各界各主体共同参加社会建设，建设的主要对象是制度与规则体制，共建是治理全局的基础。长期以来，我国政府表现出一种"大包大揽"的全能型大政府的角色，以行政手段调控各类经济资源，对社会实行"家长式"的控制。随着社会的现代化转型，劳动分工逐渐精细化，社会需求也更加多元，政府已经没有"大包大揽"进行社会治理的能力。这就要求构建好政府与社会协同治理机制，政府除起主导和组织作用外，还应当充分发挥各类社会团体、企业和人民群众的公共服务、自我服务功能。

第二，传统管理理念与社会需求多元化之间存在矛盾，这要求完善"共治"的社会治理体系。共治是指社会各个多元主体共同参加社会治理，打破治理边界，形成所有民众能够一起参与的开放格局，共治是治理全局的关键。过去的治理观念总是将领导干部视为主要行动者，将人民群众视为被管理者，干部与群众处于领导与服从的关系，这"无视群众在社会管理中的主体性、主动性、能动性"[②]。然而，现代社会的社会价值逐渐多元化，社会利益复杂化，社会需求多样化，民众政治参与的能力和意愿增强，传统的社会管理理念已无法适应现代社会的需要。"一元"政府主体的社会管理模式无法及时满足社会多样的利益需求，也和民众希望受尊重、能与政府平等对话的观念不适应，所以政府需要建立起与群众、市场共同协作治理社会的观念。例如，基层政府在做出重大社会治理政策决策前，应该充分利用座谈会、听证会等形式，听取社会群众意见。另外，在常态化的社会治理活动过程中，其也要建立制度化的群众意见、

---

① 罗德希，王浩然. 新时代我国社会主要矛盾转变下社会治理的新要求与新挑战 [J]. 产业与科技论坛，2021，20（8）：5.

② 曹伟. 创新社会管理要转变观念和机制 [J]. 哈尔滨市委党校学报，2012（3）：74.

诉求表达渠道。

第三，社会治理成果不均衡与社会寻求公平普惠间存在矛盾，这要求完善"共享"的社会治理体系。除公共服务不均衡的问题外，在城市社会治理中，特别突出的是参与城市建设的部分群体却无法享受普惠的社会治理成果这一问题。我国的流动人口多，户籍与所在地不一致的情况比较常见。流动人口参与了所在地城市的社会治理建设，却由于城市公共服务与户籍挂钩而无法享受当地的公共服务、社会保障，例如，教育、医疗、养老保险等。社会治理成效应当遍及所有居民，这是共同享有社会治理成果的必然要求。

国家在注重经济发展的全面和均衡时，也应该注重社会治理的全面和均衡，"发动好群众、组织好群众和服务好群众，使全面而均衡的发展政策落实到城乡社区，落实到不同人群"①。我国要不断完善社会治理制度，并将制度优势转化为社会治理效能。

三、文化建设领域内的主要社会矛盾

实现人民对美好生活的向往，特别需要文化建设的支撑，这对我国的文化建设提出了更高的要求。目前，我国文化建设领域内的社会矛盾，一方面体现在民众审美水平的提高和文化市场产品供给质量的差距上，另一方面体现在社会群体对不同类型文化态度的差异上。

第一，民众审美水平的提高和文化市场产品供给质量之间存在矛盾。这一矛盾在文艺影视领域表现得特别突出，近年来，我国的文化市场特别繁荣，涌现出一大批高质量、有影响力、起正面导向作用的文艺作品，例如，舞剧《永不消逝的电波》、舞蹈《只此青绿》、电影《流浪地球》、电视剧《人世间》《繁花》等。不可否认的是，文化市场内仍存在不少粗制滥造、抄袭、宣扬不良导向的影视作品，于是就产生了民众对高水平文化产品的需求与低质量文化产品供给之间的矛盾。解决这一矛盾的关键在于文化产品的创作者应当转变观念，不能重数量轻质量，无底线地追求流量，只关注文化产品的商业价值，忽视其应具有的文化导向作用。文艺要以社会效益为先，兼顾经济利益，抵制低俗、庸俗、媚俗，着力推出更多思想精深、艺术精湛、制作精良的文化艺术产品。此外，我国文化产品的供给在地域上也呈现出不均衡的特点，研究表明，"文化

---

① 陈跃，余练. 社会主要矛盾转化与基层社会治理创新探析 [J]. 理论探索，2020（4）：81-90.

行业在东部地区最强，依次为中部、东北和西部地区"①，这也是文化产业发展需要重视的社会现实。

第二，社会不同群体对传统文化的扬弃问题存在矛盾。有些社会民众认为，只要是传统文化，都是老祖宗留给我们的，都是好的，应该全盘继承；有些民众认为，传统文化是落后的文化，已经不适用于现代社会生活，应当摒弃；有些人以实用主义对待传统文化，从现实需要角度出发，随意摆弄传统文化。这些都与"取其精华，去其糟粕"的态度相矛盾。女德班宣扬所谓的"男尊女卑"的传统文化，低俗婚闹也以地方风俗为借口而延续，这些正是部分民众不正确对待传统文化的体现。推动我国传统文化在现代社会的传承和发展，我们需要正确鉴别优秀传统文化与文化糟粕，在此基础上批判继承，古为今用。

第三，社会不同群体对外来文化与本土文化关系的认识存在矛盾。在经济全球化以及文化全球碰撞和交融的时代，我们应当确立文化自信，以开放包容的姿态对待文化多元化的浪潮。目前，社会不同群体对待本土文化和外来文化关系的态度存在两种极端，即文化自卑与文化自负。文化自卑的根源在于，清末以来一系列战争和政治事件使曾经中华文明的优越感一落千丈，我们认识到自身的制度、科技发展水平的落后，因而否定本土文化，例如，认为传统共餐制不如分餐制、中医不如西医。随着近年来中国综合国力显著增强和文化自信建设的发展，文化自卑的现象已是少数，但文化自负的苗头初现。过度强调"文化自信"会走向文化自负的极端，盲目排外，对正常的文化交流采取拒斥的态度同样不利于本土文化的发展。正确处理好本土文化和外来文化的关系，应当深化对自身文化的认识，以开放积极的心态面对全球多元文化，这既能推动中华文明在世界范围内传播发展，也有利于人类文明的群星闪耀。

中国特色社会主义进入了新时代，精神文明建设也要不断改革创新，使其始终保持生机活力。我国的文化产业政策已经从政府主导转向以市场化为中心的发展模式，文化的经济价值已被视为国家发展的主要增长动力，"文化和创意产业也得到了战略性培育"②。解决人民群众在精神文化生活中的社会矛盾，我们要着眼多层次、分众化的精神文化需求，着力破解建设难题，推进社会主义文化建设创新发展。

---

① YAO L, MANEEJUK P, YAMAKA W, et al. Quantifying the Competitiveness of Cultural Industry and Its Impacts on Chinese Economic Growth [J]. Sustainability, 2023, 15 (1)：79.

② PARK S D. Policy Discourse among the Chinese Public on Initiatives for Cultural and Creative Industries：Text Mining Analysis [J]. Sage Open, 2022, 12 (1)：1.

四、生态文明建设中的主要社会矛盾

进入新时代后，中国高度重视生态文明建设。针对生态文明建设的主要矛盾，我国确立了"绿水青山就是金山银山"的环保理念，出台实施排污许可、河（湖）长制禁止洋垃圾入境等环境治理制度。随着现代社会的发展，民众对良好生态环境的需求也越来越高。研究表明，中国的碳排放与经济增长之间显示出遵循库兹涅茨曲线的趋势，当经济增长达到某一拐点时，两者之间的矛盾才逐步缓解，目前中国只有少数城市达到这一拐点。就生态文明建设整体来看，其关系到民众、企业、政府各主体，牵扯较为复杂的利益冲突。

第一，对居民来说，生态环保设施建设与居民生活之间存在空间竞争矛盾。严格来说，这一矛盾属于生态环境建设下的利益纠纷，大多数"邻避冲突"并非环保导向，也就是说，"不要建在我家附近，否则我就要出来抗争"①。但是，为了治理工业、商业、居民生活产生的对环境造成不良影响的物质，我们必须建设污水处理厂、垃圾填埋场等废水、废气、废渣处理设施。我们要想化解生态环保设施建设与居民生活之间的空间竞争矛盾仍需多方努力。

第二，对企业来说，环保生产与经济效益之间存在利益矛盾。在实践中，一方面，一些在市场当中活动的主体为了获取经济利益，将"绿水青山"的环保要求置于不顾，接收"洋垃圾"或者从国外转出的高排放、高污染产业。另一方面，在日渐强调生态文明建设的背景下，企业被要求生态生产，一大批高污染企业退出市场。环境友好型生产模式给企业增添了生产成本，偷排废气、废水等现象仍有发生，这要求环保部门要加大监管力度，将经济活动限制在自然资源和生态环境能够承受的范围内，生态效益不能让位于经济利益。另外，环保生产需要科技支持，由于清洁能源生产、废物处理等新技术在研发的前期有投入高、时间长、经济效益低等特点，政府需要对此类技术研发企业予以政策上的倾斜。

第三，从环保意识上来看，公众的生态意识薄弱与迫切的生态文明建设需求间存在矛盾。民众无不希望"天更青、水更绿"，但部分民众认为建设生态文明是政府、企业的责任，自身的生态意识、自觉行动保护环境的能力不强，例如，在城市垃圾分类工作中，许多市民逐渐敷衍了事。生态环境作为公共资源，如果社会中的每个个体都只追求个人利益，无限度地使用、损耗资源，终将造成资源枯竭，酿成"公地悲剧"。化解公众生态意识薄弱与生态文明建设要求这

---

① 　熊易寒. 平衡木上的中国［M］. 北京：中信出版社，2016：144.

一矛盾，我们必须在全社会范围内，建立起全体民众的生态环保主体责任，同时辅以政策法规的强制力约束，使全社会共同参与生态文明建设。

近年来，虽然生态环境质量持续好转，但成效并不稳固，我国环境容量有限、生态系统脆弱，污染重、损失大、风险高的生态环境状况还未根本扭转，一些环境污染事件也时有发生。持续推进生态文明建设，保护好"绿水青山"的美丽家园仍然任重而道远。

本章小结

社会矛盾是普遍存在的，它是人类社会中的一种常态现象，广泛存在于政治、经济、文化、社会各个领域之中。我们并不需要为当下的中国社会存在这样或那样的矛盾而失望或慌张，一个无矛盾的社会不仅不可能存在，即使有，那也将是一个停滞、僵化的异度空间。有矛盾才有新事物的产生与旧事物的灭亡，才能为社会发展提供根本动力。矛盾产生的根源有多种形态，从矛盾的内部产生过程来看，其主要源于失衡的社会结构，与社会发展形态不协调的制度设计和个别社会个人与全体的过失行为；从矛盾的外在表现主体来看，我国目前的社区矛盾、劳资矛盾和医患矛盾较为突出。从纵向的时间维度来看，随着我国社会现代化发展转型，我国社会主要矛盾经历过数次转变，牢牢把握社会主要矛盾的内容和性质，对认识和研究中国社会，以及在实践中进一步推进中国现代化转型都至关重要。从横向的领域维度来看，我国社会矛盾在经济建设、社会治理、政治体制改革、社会建设、生态文明各领域都存在具有其特殊性的具体表现形式，但总体来看，仍符合"不平衡不充分的发展"这一总体判断。需要明确的是，众多社会矛盾之间并非相互独立，诱发社会矛盾的因素多样，矛盾的表现形式多样，许多社会矛盾互为因果、相互交错、相互渗透。中国当下的社会矛盾，是物质利益与非物质利益的交织，是历史传统与现实问题的交织。在现代化转型的中国社会中，社会阶层多元化，不同主体的利益诉求纷繁复杂，明确不同社会矛盾的成因，厘清社会矛盾间的关系，是进一步化解社会矛盾的基础。

第四章

社会矛盾的特征分析

当前，我国已进入全面建成社会主义现代化强国的新征程，社会建设正处于升级发展的新阶段。过去 40 多年的市场化改革与经济快速增长，为我国未来的社会结构调整和社会现代化变革提供了坚实的基础和强大的动力。然而，从历史来看，任何一次重大的社会变革，都会"引发社会成员对正在或即将改变的社会结构产生新的定位和诉求，以致不得不重新评估自身的安全指数和寻找新的认同"①。作为后发型国家，我国在改革和发展的过程中也出现了明显的利益分化和群体分化，由此产生了一系列社会矛盾，尤其是在我国民众权利日益增长而国家权力在社会中需要调整的领域中，例如，土地征用、房屋拆迁、企业改制等，往往"存在分配不公或贫富分化问题"②，影响社会的和谐稳定。在此背景下，涌现的新矛盾与历史遗留的固有矛盾相互交织叠加，导致我国现代化进程中的风险挑战与不确定性被显著放大。这要求我们要理性审视各类社会矛盾的特征，建立分析矛盾、解决矛盾的科学思路。研究发现，当前的社会矛盾主要具有四大特征，分别是参与主体多元化与复杂化、时空分布散点化与联动化、影响放大化与诉求多元化、应对处置长期化与艰巨化。清晰认识社会矛盾主要特征，有助于厘清目前社会治理存在的困境，从而有针对性地优化矛盾化解机制，高质量地营造安定和谐的社会环境。

第一节　参与主体多元化与复杂化

改革开放以来，我国社会主义市场经济体制越发完善，越来越多的公民和

---

① 孙素娟．当前中国社会矛盾的成因分析与政策创新 [J]．河南师范大学学报（哲学社会科学版），2011，38（5）：43-46.

② 章荣君．社会治理创新化解基层社会矛盾的模式分析：基于江苏三个典型案例的现实考察 [J]．湖湘论坛，2017，30（6）：114-119.

经济组织参与其中。在此背景下，我国社会主体发生了由一元同质向多元异质的转变。社会活力的释放激发了个人的主体意识和利益意识，面对市场经济提供的不完全公平的竞争机会，公众开始维护自身利益并参与利益的争夺。社会矛盾不再只存在于个人与个人之间，而是发展为群体与群体之间，这个群体既包括公众内部的不同阶级，也包括国家机关、企事业单位、社会团体和其他组织，矛盾主体呈现多元化与复杂化。进一步来看，这一特征又主要表现为三方面。一是从府民张力到民民冲突，早期矛盾事件发生的背后总有公权力的影子，但如今随着中央和地方对社会实践的不断反思和总结，社会矛盾的对抗双方逐渐朝着群众内部转移。二是非直接利益相关者的介入，除真正利益相关的主体外，有些发泄负面情绪和意图乘机挑事的非直接利益相关者也日渐卷入社会矛盾之中。三是基于利益博弈的选择性参与，上述两方面都是针对社会矛盾的横截面而言的，如若关注纵向的时间跨度的话，我们还可以发现，同一矛盾的不同阶段的参与者也有所不同。

一、从府民张力到民民冲突

早期阶段，大部分矛盾事件发生的背后都有公权力的影子，社会矛盾的主要形态是府民张力。中国人民大学和中国社会科学院等研究机构的全国性调查报告显示，多名受访者均将府民矛盾列为各类社会矛盾之首，究其原因，主要"在于公权力行使不规范和公权力失控"[1]。现代社会呼唤的是衷于"公民本位"和"社会本位"的服务型政府，但我国的现代化进程却"属于政府推动型，政府对社会起着较大的干预作用"[2]。一方面，政府的不合理干预行为会直接对民众的利益造成影响，例如，开展土地征用、房屋动迁和兴建等导致环境污染的项目。随着民众权利意识的逐渐觉醒，政府和社会之间自然会因此发生对抗。较为典型的案例有厦门、宁波、茂名等多地民众因反对 PX 项目选址而引起的"集体散步"事件。另一方面，很多涉及劳资纠纷、医患冲突、事故维权等方面的事件，由于政府处置不当，例如，暴力执法、信息不公开和行政不作为，使这些本不针对政府的民民冲突，最后"演变为府民张力"[3]。除此之外，民众对政府的路径依赖也是引致府民张力的一大因素。我国治理结构在传统上属于"大政府、小社会"模式，即政府对社会事务"大包大揽"。这导致公众在面对

---

① 马怀德：官民冲突的主要原因是公权力行使不规范 [EB/OL]. 财新网，2012-05-13.
② 吴忠民. 中国现阶段社会矛盾特征分析 [J]. 教学与研究，2010 (3)：5-11.
③ 张明军，刘晓亮. 2015 年中国社会群体性事件分析报告 [J]. 中国社会公共安全研究报告，2016 (1)：3-14.

危机时对政府存在惯性依赖心理，甚至该找的事情去找政府，不该找的事情也去找政府。然而，政府在法理框架内不可能有效解决民众的全部问题或满足民众的全部要求，府民之间的矛盾必然凸显。

随着社会转型期的深入推进，我国府民张力也呈现出日益减少的趋势，社会矛盾逐渐转移至社会群体内部。这主要得益于政府治理能力的强化及其对现实的深刻反思，大致包括以下三方面的转变。一是政策科学化水平显著提高，既往政策累积的矛盾已被着力化解。例如，陷入公平争议的养老金"双轨制"现已成为过去式，取而代之的是循序渐进的"并轨制"，旧制度造成的不合理差距问题正在被逐步化解。二是行政规范化程度大幅提高，"不作为、乱作为"乱象被严厉纠正。例如，公安部曾明确"要求坚持慎用警力、慎用武器警械、慎用强制措施，防止因警不当、定位不准、处置不妥而激化矛盾"①。三是建立了协商民主的利益协调机制，保证社会成员的诉求得到充分表达。例如，面对2008年的出租车罢运事件，重庆市政府积极与出租车公司和司机开展平等对话，认真回应司机提出的"份子钱""加气难"和"黑出租"等诉求，最后问题得到了妥善解决。通过这些年来的多措并举，我国政府已经有效化解了大部分社会矛盾，公众的社会治安满意度也得到切实提升。根据2016年一课题组在全国9市的调查问卷，受访居民表示较少遭遇官员贪腐矛盾（12.92%），并"对政府在预防和解决社会矛盾上所做的工作表示认可"②，这说明府民张力的发生已得到基本控制。我们需要认识到的是，民民冲突正不断凸显。最高人民法院工作报告指出，在2020年之前，"全国法院民事诉讼受案量保持10%的增长速度持续了15年"③。据统计，2021年"全国民事裁判案件的主要案由是民间借贷纠纷、买卖合同纠纷与贷款合同纠纷"④，这说明经济因素是导致民民冲突的主要原因。不难看出，伴随改革开放带来的经济高速发展，社会群体之间的交易、贷款等经济活动不断增多，在此过程中产生摩擦的可能性也在攀升。

二、非直接利益相关者的介入

即使是在群众内部，其也呈现出矛盾主体分化的趋势。此前，社会矛盾的

---

① 孟建柱：坚决防止因用警不当处置不妥而激化矛盾［EB/OL］. 中国新闻网，2008-11-03.

② 朱力，袁迎春. 当前我国居民对社会矛盾的感知与解决方式：基于全国九市的问卷调查报告［J］. 国家行政学院学报，2018（2）：115-121.

③ 周强. 最高人民法院工作报告［N］. 人民日报，2021-03-16（3）.

④ 董建军：超过20年的民间借款还能要回来吗？［EB/OL］. 金陵律师网，2022-08-08.

参与者基本都是利益受到直接影响而卷入纷争之中的人，例如，追回劳动报酬的讨薪者、交通事故中的当事人。如今有许多与事件没有直接利益关系的社会成员也参与其中，所属的社会阶层具有多样化的特征，不仅有社会上处于弱势地位的群体，例如，失地农民、失业工人、城市拆迁户等，还有在职职工、知识分子、个体工商业者，甚至是极少数党员干部。这些非直接利益相关者，一般最初只是旁观事件的发生，到了一定程度之后再直接介入，进一步推动冲突的升级。

学界对非直接利益相关者为何介入矛盾存在以下两类解释。首先，在大多数学者看来，这类社会成员之所以参与纠纷，一般是借机发泄不满情绪。① 这种不满，也许"来自身处社会边缘导致的生活不如意"②，也许源于"贫富差距的拉大、社会风气不正、官员腐败等不良现象的不断涌现"③。按照中国人民大学郭星华教授的观点，这与利益表达途径的畅通息息相关。通常情况下不满情绪直接指向损害利益的对象，如果这条路径被堵塞了，人们就会寻求替代这种正常诉求的其他方式，使其得以释放。共情是比较常见的另一种发泄方式，相似的场景可以唤醒大家心中权利和利益的被剥夺感，使长期累积的不满情绪趁机爆发释放。值得注意的是，既然是以共鸣和认同为媒介，那么单纯出于起哄、看热闹而参与进来的群体并不属于非直接利益相关者。其次，还有学者指出，"别有用心之人趁机煽动公众情绪也是原因之一"④。非直接利益相关者的介入往往会让社会矛盾加速激化，特别是当第一类发泄情绪的群众越多时，政府越难找到明确的对象，只有靠外力来化解矛盾、消除危机。⑤

三、基于利益博弈的选择性参与

从纵向的时间轴来看，社会矛盾的主体并不是一成不变的，不同群体会视利益博弈情况在中途选择参加或退出，正如谢茨施耐德（E. E. Schattschneider）所言："冲突不像现代足球比赛，只有固定数量的队员在确定的场地上比赛；更像是早期的足球比赛，是一个镇上的所有居民与另一个镇上的居民比赛，每个

① 龚维斌. 社会建设与社会体制改革 [M]. 北京：国家行政学院出版社，2010：286.
② 张国亭. 当前群体性事件的趋势特征与有效应对 [J]. 理论学刊，2018（5）：119-126.
③ 刘二伟. 社会矛盾指数研究：创新信访工作的新路径 [M]. 北京：中国民主法制出版社，2013：132.
④ 温志强，郝雅立. 快速城镇化背景下的群体性突发事件预警与阻断机制研究 [M]. 天津：天津人民出版社，2016：158.
⑤ 郑晓华. 中国公共治理实践案例：政府、社会与市场 [M]. 上海：上海交通大学出版社，2018：17.

人都能自由参赛。"① 随着转型期的推移，社会矛盾的复杂化程度空前加剧，利益波及面越来越广，一个矛盾的解决所关联的对象相当广泛，可谓"牵一发而动全身"。随着事件进入不同的发展阶段，同一矛盾所覆盖的利益群体范围也会发生相应改变。比如，在社会发展初期，温饱都成问题，矛盾自然主要围绕着经济利益展开，一般发生在社会底层群体之间。当财富累积到一定阶段，为谋求发展所牺牲的环境被大众关心，矛盾转移至生态利益的侵害上，同时主体不再仅限于农民、下岗工人、公务员、教师、企业管理人员等，其他群体也进入其中，呈现出多阶层共同参与的一种现象。还有学者指出，"中产阶级的权益之争正日益代替底层群体的利益之争成为社会矛盾的主要来源"②。相比于底层群体，中产阶级的基本生存需求已经被基本满足，追求的是更高发展权的实现，具有强烈的公共精神，因而关注的矛盾也就从征地、拆迁和就业等利益类转移到物业、环境、教育等权益类。此外，以往遗留下的生存型社会矛盾与如今新产生的发展型矛盾夹杂在一起，导致"不同主体之间利益相互碰撞，各方在利益分配上难以达成一致，以至于最后可能需要政府入场来加以解决"③。

目前，矛盾主体的增多其实是较为主流的变化趋势。类似于自然界的次生灾害，社会矛盾也存在衍生性，即某类矛盾的爆发会导致"相同冲突主体的其他矛盾或不同冲突主体的类似矛盾接踵而至"④。不过，这些"次生性矛盾"不完全在短期内连续出现，也可能潜伏一段时间再暴露。例如，1985 年，一部分农民因产出低、税收高自愿放弃土地承包权，选择外出务工或经商，但随着政策措施的改变，这类人群开始意识到土地的价值，从而产生该群体"要求归还原本所有土地的纷争"⑤。通常来看，"次生性矛盾"的主体主要分为以下两种情况。一种是已退出的矛盾主体重新卷入冲突之中。以房屋拆迁为例，受区域、时间、项目性质等因素影响，补偿标准参差不齐，被拆迁人之间常常相互比较所得利益，一些前期本已协商成功的户主可能在政策变动后心生不满，与项目组爆发冲突、重新博弈。另一种则是由已有矛盾引起新纠纷后，其他社会群体

---

① 谢茨施耐德. 半主权的人民：一个现实主义者眼中的美国民主 [M]. 任军锋，译. 天津：天津人民出版社，2000：9.
② 朱力，杜伟泉. 从底层群体利益抗争到中产阶级权益抗争：社会矛盾主体迁移及治理思路 [J]. 河海大学学报（哲学社会科学版），2018，20（3）：6-10.
③ 谢海军. 全面建成小康社会中生存型与发展型矛盾的风险叠加性研究 [J]. 中共浙江省委党校学报，2017，33（6）：36-43.
④ 朱力，纪军令. 当前我国重大社会矛盾冲突的新型特征 [J]. 中共中央党校学报，2015，19（5）：92-100.
⑤ 李琼英，朱力. 历史遗留矛盾的类型及其生成机制 [J]. 江淮论坛，2016（1）：63-67.

也成为冲突主体的一部分。例如，多地在解决革命"五老"人员生活补助问题之后，存在类似困难的其他群体看到了希望并提出利益诉求，于是当地政府又要着手化解他们带来的新矛盾。

当然，如果博弈结果满足多方需求，矛盾主体也会不断减少。贫富差距就是我国着力化解的典型矛盾之一。目前，我国已通过实行区域协调发展战略、西部大开发战略和振兴东北老工业基地战略等各项举措，于2020年打赢脱贫攻坚战，全面建成小康社会，朝着共同富裕的目标更进一步。在这个过程中，"全国832个贫困县全部摘帽，12.8万个贫困村全部出列，近1亿农村贫困人口实现脱贫"①，贫富差距矛盾的相关主体数量明显减少。同时，我国信访总量也在不断下降，这折射出矛盾化解机制的逐渐完善。据统计，通过规范信访各环节工作、加强信息化建设、配齐配强控申队伍、定期督导检查等多项措施，2019年以来，全国检察机关接收群众信访量逐年下降，2022年"全国检察机关共接收群众信访77.7万余件，较之四年前共下降17.3%；信访'倒三角'结构持续改善，'家门口检察院'受到信任，县级检察院受理信访占比提高"②。

第二节　时空分布散点化与联动化

当前，社会矛盾在分布上呈现散点化和联动化的状态。传统社会中矛盾的爆发通常具有地域特点，也不会持续较长的时间。随着现代化进程的逐步推进，社会矛盾在全国各个区域甚至是虚实之间星罗棋布，冲突可能一触即发。与此同时，矛盾及其主体也都具备紧密的联系，必要之时甚至重叠联动，构成性质更加严重、规模更加庞大的事件。进一步来看，这一特征又主要表现为三方面。一是互联网条件下超时空限制。科学技术的出现改变了人类的互动模式，千里之外的网民们不用跋山涉水，就能相聚在虚拟空间发起共同的诉求，而且网络拥有强大的信息储存容量，多年之前的无心之言也能被记录下来，若在某一天被有心之人发现，也容易引发时间滞后的对话和争论。二是多因素影响下的矛盾扩散。从外部来看，矛盾扩散主要体现在位置和领域方面。一方面，社会矛盾的议题增多，从经济利益延伸到公共卫生、社会治安、生态环境、干群关系

---

① 中华人民共和国国务院新闻办公室.中国的全面小康［N］.人民日报，2021-09-29（10）.

② 张昊.用心用情做好群众工作 做优矛盾纠纷排查化解［N］.法治日报，2023-03-07（3）.

等主题上；另一方面，社会矛盾的地理分布广泛，东中西部地区皆有出现，只是程度和类型不同。从内部来看，矛盾扩散主要体现在横向和纵向上。一方面，横向的主体彼此之间会形成三角关系，不同阵营的人员经常变更；另一方面，纵向的社会问题会经由主体的变化也发生撕裂。三是矛盾主体诉求联动性增强。受与生俱来、后天培养和情感共鸣等因素影响，社会成员在面对难以调和的纠纷时，能够自发组织周围的群体开展集体行为，依靠集体力量向其他主体或政府施压，争取诉求的实现。

一、互联网条件下超时空限制

根据第 51 次《中国互联网络发展状况统计报告》，截至 2022 年 12 月，"我国网民规模达 10.67 亿，较 2021 年 12 月增长 3549 万，互联网普及率达 75.6%"[1]。我国 5G 网络发展已进入规模建设期，现实与虚拟互动下的"万物互联"逐渐成为可能。互联网的出现极大地改变了人类互动的时空边界与生存方式，也"对社会价值理念的生成与固化带来广泛而又深刻的影响"[2]。在传统媒介时代，信息的传递要么凭借与周围人的交流，要么依靠报纸、电视等大众传媒，社会矛盾由于传播渠道的有限性通常只发生于局部。互联网时代的来临却对此带来了巨变，美国计算机科学家尼古拉·尼葛洛庞蒂（Nicholas Negroponte）将网络形象比喻为"三头六臂"，无论是法律还是炸弹都无法控制其强大的信息传递功能，即使"不是经由这条路"，也会"走另外一条路出去"。[3]社会矛盾以移动通信技术为载体，不仅能够超越参与者所处的时空限制而生，而且能指数级扩散和蔓延，最终演变为恶性事件。

层出不穷的网络暴力事件就较为清晰地展现了社会矛盾在网络上的跨时空发生机制。不同于现实中的打架斗殴事件，网络暴力事件发生于虚拟空间之中，相关人员身份通常因 ID 匿名化而难以追溯，地点则是可灵活切换的社交媒体、论坛、游戏交流区等，所带来的伤害无形且难以衡量。就网络暴力发生的空间而言，一个人可以披上"马甲"游走于不同平台，几乎不需要花费成本。网络暴力以非对抗性的方式进行，施暴行为可能只是源于来自不同国家和地区的人们浏览到某一网页时的无心之举，即使是网站管理员也难以准确定位和调查施暴者的踪迹。同时，就网络暴力发生的时间而言，网络上的交流并非同步进行，

---

① 第 51 次《中国互联网络发展状况统计报告》[EB/OL]. 中国互联网络信息中心, 2023-03-02.

② 刘建明. 当前我国社会矛盾的基本特征和发展势态 [J]. 理论探讨, 2019 (6): 57-61.

③ 尼葛洛庞蒂. 数字化生存 [M]. 胡泳, 范海燕, 译. 海口: 海南出版社, 1996: 274.

因而不具有现实对话的及时反馈作用，无法塑造和引导表达者的行为倾向，使其符合社会规范。施暴者可以发布充满攻击性的话语后随时退出，形成"情感上的肇事逃逸"①。由于网络暴力的超时空限制，其发生通常没有规律，难以预料谁会成为下一个受害者。网络暴力具有多种表现形式，"人肉搜索"是其中最为常见的一种，这不仅是对个体隐私权的极大侵犯，而且会给受害人的现实生活带来严重的困扰。栽赃陷害也是在网络暴力中出现越来越多的一种类型，相比于"人肉搜索"，造成的伤害程度更深，如常言所说的"流言有一千分贝"。恶意攻击则是近年来备受关注的网络暴力形式之一。大部分"网络攻击的背后与积压已久的现实矛盾相关联"②，特别是医疗、教育、养老等民生问题。其中，师生这两个群体之间的冲突在近年来尤为尖锐。在传统的面对面教学中，教师通常把握主要走向，在大部分情境下，矛盾都能以教育和沟通的形式得到化解。因此，尽管全国师生数量非常庞大，但长期以来，两个群体之间"发生的暴力冲突事件却屈指可数"③。然而，随着网络的快速发展，在网络教学过程中，学生能借助互联网平台获得强大的组织和动员能力，从而在师生矛盾中占据攻击的主导地位。

二、多因素影响下的矛盾扩散

社会矛盾如同化学反应，一旦出现，其"规模往往难以控制"④。受我国社会转型期所带来的多重因素影响，社会矛盾目前扩散的范围越来越大。其中，利益的分化是较为主要的原因。每一个群体都有自己的特殊利益，社会变迁必然会使不同利益群体之间发生冲突，利益受损的群体为表达诉求会"进行集体抗争，以至于形成恶性事件"⑤。

从矛盾扩散的外部表现来看，其主要包括议题增多和分布广泛等特征。第一，社会矛盾涉及的领域越发多样。原来的诉求多集中于单纯的经济利益方面，而现在已变得更加综合化，公共卫生、社会治安、生态环境、干群关系等都是

① SULER J. The Online Disinhibition Effect [J]. Gyberpsychology & Behavior, 2004, 7 (3): 321-326.
② 张佳慧，陈强. 社会燃烧理论视角下网络群体性事件发生的研究 [J]. 电子政务, 2012 (7): 63-67.
③ 师生关系频频爆出不和谐"音符"冲突如何根除？ [N]. 光明日报, 2015-05-04 (6).
④ 黄毅峰. 群体性事件中非直接利益主体之特征考察与影响分析 [J]. 上海行政学院学报, 2014, 15 (5): 84-90.
⑤ 李宏宇，李元书. 当代中国社会矛盾凸现的原因及其化解之道 [J]. 哈尔滨工业大学学报（社会科学版）, 2022, 24 (2): 50-56.

当前人们重点关注的议题。第二，社会矛盾发生的地域越发广阔。曾经，东北三省等国企改制集中的"生锈地带"受传统计划经济影响过深，较难适应转轨且动作迟缓，体制性和结构性的矛盾多发、频发。如今，这种趋势"扩散到了长三角和珠三角等经济发达的沿海地区"①。这与许多发达国家的经验相符合，当收入达到中等水平时，国家极易出现经济与社会脱节的情况，社会矛盾加剧，落入"中等收入陷阱"。因而，沿海地区在收获市场经济繁荣发展的初期红利之后，也开始"暴露出人口压力巨大、资源能源短缺、土地空间紧张、生态环境恶化等诸多潜在的问题"②。另外，不同的地区存在的社会矛盾也各有特色。

从矛盾扩散的内部运动来看，其内涵主要是指矛盾从原发地转移到其他地方，而且在这个过程中，原有的紧张关系会以冲突的形式释放出来。史密斯（Kenwyn K. Smith）于1989年提出的三角形扩散和分裂的横纵向扩散理论，有三种核心预设③。一是矛盾双方的冲突可以从一个场景传播至另一个场景，而且传导的方向可以互换。二是这一冲突也能够从多重场景中转移出来，所有压力可以如同"百川朝海"般汇聚在一起，最后于薄弱的地方集中爆发出来。三是这一冲突在转移之时，还能够发生层次或态势上的改变。基于这三个预设，矛盾各方的冲突呈现出一种三角形的扩散方式。在这种情形下，矛盾各方一般会自然形成三对同盟关系。如果第一对同盟发生冲突，其中的一位就会主动拉拢其他同盟中的个体，以此来分裂其他同盟的关系，而另一位则会去拉拢剩下同盟中的个体，分裂曾经的盟友，建立新同盟。通过遵守三角关系的平衡性规则，矛盾各方最终形成两大阵营。此外，矛盾各方关系的分裂也具有扩散过程，具体包括三种，即通过三角形扩散从横向到纵向、从纵向到横向以及横纵交叉的分裂。任何一种横向冲突都可能通过三角形扩散引起纵向冲突，反之亦然，就像我国行政管理体制中的"'条块冲突'，二者互为因果、相互转化"④。

有学者指出，"矛盾扩散的内部运动机制可以用现实中的物业矛盾来加以解释"⑤，例如，天津市某小区为更好地管理公共事项成立了业委会，但因未经过社区居委会和街道许可、备案，导致彼此在社区自治事务的处置上产生矛盾，

---

① 张振华. 社会冲突与制度回应：转型期中国政治整合机制的调适研究 [M]. 天津：天津人民出版社，2016：181.

② 鲍捷，吴殿廷. 空间、尺度与系统：中国海陆统筹发展战略的地理学研究 [M]. 南京：东南大学出版社，2016：3.

③ 许尧. 中国公共冲突的起因、升级与治理：当代群体性事件发展过程研究 [M]. 天津：南开大学出版社，2013：26.

④ 原珂. 城市社区冲突的扩散与升级过程探究 [J]. 理论探索，2017（2）：42-51.

⑤ 常健. 公共冲突管理评论（2016）[M]. 天津：南开大学出版社，2018：148-149.

继而发生冲突。社区居委会随即联合街道和社区党组织,获得一些管辖范围内社区社会组织的支持。另一些被排除在外的社区社会组织就与业委会、物业公司站在一起,推远了本就有隔阂的部分驻区单位和社区工作站。最后,在这一社区管理权力分配的矛盾中,它们遵循前面提及的三角形和横纵向扩散理论,多元矛盾主体会在冲突的过程中形成两方,即横向上的以社区居委会为首的行政力量联盟和以业委会为首的自治力量联盟。基于此,这一矛盾还会在纵向上推动社区事务按照主体的类型进行分类,社区居委会主导社区工作,业委会则主导社区服务。至此,这一关于小区管理的矛盾就完成了从横向到纵向的扩散。当然,一些学者认为,路径方向可以转变,矛盾就可以由纵向向横向扩散,通常而言是两个方向都兼具。

三、矛盾主体诉求联动性增强

放眼全国,集体行动是社会矛盾的主要表现形式。这并不令人意外,因为我国是典型的"熟人社会",讲究的是"圈子文化"。社会上很难见到完全孤立的个体,每个人都或多或少有着社会关系,只是密集程度不同。由于拥有以血缘、业缘和趣缘等为纽带的社会关系,社会成员在面对难以调和的纠纷时,能够自发组织周围的群体开展集体行为,凭借"人多力量大"向其他主体或政府施压,以强烈的语气表达自身诉求,争取利益与权利。

根据关系的不同,矛盾主体发起诉求的联动模式可以主要分为以下三类。

第一类联动是由与生俱来的关系推动的,与家庭所在的集体紧密相关。比如,当个体孤身在外时,我们经常能够看到同国籍、民族和地区的伙伴互帮互助。

第二类联动是由后天生活中逐渐培养的关系推动的,例如,朋友、同事等。其中,同事关系一般都更有机会与矛盾主体联动。比如,我国在经济发展中形成了城乡二元结构,一大批农民为谋生计进城打工。面对身为弱势群体的他们,一些老板有意拖欠工资,进行欺压。由于个体的力量渺小且在城市缺少其他社会关系,这些农民一般会联动平时最为亲密的工友一起讨薪。当然前面也有所提及,某些群体为了发泄长期压抑的不满情绪,即使与矛盾主体不存在社会关系,也会积极投身于矛盾双方的冲突之中,其中很大一部分人会借机煽动滋事来释放压力,原本正常合理的诉求可能因此被带偏方向。

第三类联动不同于前两类联动,没有一定的现实人际关系基础,是由偶然的情绪共鸣推动的。具有相似家庭背景和生活经历的陌生人,一旦有机会相互交流,很容易产生集体认同感,从而激起情绪方面的"共同化",主观感知的群体利益超越了客观存在的社会关系，于是彼此抱团结为休戚相关的"命运共同体"。① 在现实生活中，由于地理位置等多重因素限制，这些同质性很强的人们很难跨越阻碍认识和结交，更不要说通过情感共振达成同盟，因此矛盾主体通常都是经由血缘和业缘前两种途径开启联动合作。"虚拟社区"（Virtual Communities）概念的提出者霍华德·莱茵戈尔德（Howard Rheingold）认为，越来越多的集体行动由"聪明行动族"（Smart Mobs）驱动。不同于传统的正式组织，这一"族"都是原本毫无联系的陌生人，但能在网络、手机或其他设备的响应下，如同蚁群一样在无组织、无领袖的状态下临时聚集，由集体意识做一系列有意义的决定。行动结束后，"成员"各自散去，并不建立固定的社会关系网。② 一个比较典型的案例就是"快闪"类活动，在 2001 年菲律宾首都马尼拉，100 多万市民利用手机短信联合进行上街抗议，导致前总统埃斯特拉达下台。③ 在我国这一现象更为明显，由于民间组织的缺位，民众更倾向在短时间内组成临时性团体，为维护共同利益而抗争，结束后便解散。2017 年，我国一公益社群通过网络征集了 20 位素不相识的妈妈，在重庆轨道交通六号线开展了集体哺乳的"快闪"活动，来表达在公众场合设置更多母婴室的诉求。④

第三节　影响放大化与诉求多元化

我国在完成农业社会向工业社会转变的同时，还在某些领域实现了从工业社会向后工业社会转变的跳跃式发展。这一高速发展过程中巨大社会能量的聚集和释放，给社会带来空前的不确定性。社会矛盾的影响也在双重加速转型的巨变中深化。一点风吹草动都有可能引发燎原之火，熊熊燃烧且难以平息。进一步来看，这一特征又主要表现为三方面。一是个案或局部问题社会放大。受舆论和网络等因素的深层次影响，一些本来无伤大雅的不和极易在网络论坛或自媒体平台上进一步升级，最终骤变为万人激烈争论的疾风骤雨。二是引发矛

① 李琼英，朱力 . 我国历史遗留的社会矛盾及其走向 [J]. 学术界，2015（10）：161-168.

② 谢静 . 公益传播中的共意动员与联盟建构：民间组织的合作领域生产 [J]. 开放时代，2012（12）：114-128.

③ RHEINGOL H. Smart Mobs：The Next Social Revolution [M]. Cambridge：Perseus Publishing，2002：157-182.

④ 马天南，张强 . "快闪"行动：影响我国政治稳定的潜在挑战 [J]. 成都理工大学学报（社会科学版），2018，26（2）：43-48.

盾的社会燃点降低。公众的情绪沸点越来越低，以往能够心平气和进行协商的矛盾，现在却越来越不具有商量的余地。群体非理性的情况随处可见，对诉求的实现寄予了过多理想化的情感。三是矛盾表达方式趋于极端化。愤愤不平的内在情绪一旦积攒过多，很容易外显为聚众罢工、集会、游行、示威等事件。这提示治理矛盾时面对集体不满不能只堵不疏，允许负面能量的恰当释放，这有助于社会整体的平稳运行。

一、个案或局部问题社会放大

改革开放以来，越来越多的事实证明，"个案或者局部问题容易演化为整体性的社会矛盾"①，这是风险的社会放大效应的表征之一。很多风险事件本身的影响力是微乎其微的，但当其与心理、制度、社会和文化等相互作用时，便会"影响公众对风险的感知及行为，进而产生次级后果"②，由"茶杯里的风暴"骤变为"现实社会的龙卷风"③。

梳理这些年来我国经个案或局部问题放大而来的矛盾事件，我们可以看出其主要有以下两种类型。第一类是从私人纠纷演变而来的府民张力，可能是政府公权私用或处置不当造成的。第二类是从区域性问题演变而来的矛盾事件，既存在于府民之间，也存在于民民之间。较为典型的有环境问题，特别是具有污染可能性的建设项目极易被放大成为邻避冲突。"不要建在我家后院（NIMBY）"的中国式民众抗争行为此起彼伏，例如，前面提到的爆发于厦门、宁波、茂名、成都、大连等多地的 PX 项目系列事件。这是因为我国经济高速发展，以及教育水平的同步提高，使公众在满足温饱等基本生活需要后，开始重视身体健康状况和环境可持续发展。不过，由于"术业有专攻"，大部分群众只是对此有了一定程度的重视，缺乏专业的环境污染评估知识。倘若有谣言故意夸大建设项目的影响，居民普遍会感到恐慌，继而反对。相比于早期农民工等弱势群体的抗争行为，这些综合素质更高的社会群体发起的反抗行为虽不具有暴力性，但更难被敷衍和摆平，举动被放大后造成了环境影响项目"一建就闹、一闹就停"的尴尬局面，而且邻避冲突通常具有连带效应。如今，环境冲突的主体覆盖范围也在不断延伸，"不要建在我的辖区"的官员隐形抗争行为不在少数。这些官员或是力求打消上级考虑，或是消极怠工拖延建设，意在规避风险和责任，这种

---

① 吴忠民. 中国现阶段社会矛盾特征分析 [J]. 教学与研究，2010 (3)：5-11.
② 谭爽. 核电工程社会稳定风险预警机制研究：基于安全焦虑心理的视角 [M]. 北京：新华出版社，2013：45.
③ 王华. 防范化解意识形态领域重大风险 [M]. 北京：国家行政学院出版社，2020：132.

做法是在"谁的地盘谁负责"制度逻辑下的矛盾衍生效应。①

上述的这些社会矛盾之所以能被放大到社会面关注的程度,与舆论、网络等因素有深层次的关系。信息的"真空"是导致风险被社会放大的根本原因。国外的研究结果显示,公众会使用流言、假设和缺乏依据的"科学理论"主动填补缺失的信息,从而"滋生负面情绪,进一步激化冲突"②。我国从古至今都存在谣言带来暴乱这一现象。谣言之所以能在现代社会中引发威力惊人的舆论旋涡,离不开互联网这一新型助推器在其中发挥的作用。在现实生活中,出于"没能力""没机会""有隐情""厌恶话语"等种种缘由,公众通常是"沉默的大多数"③,被动接受报纸、广播和电视等权威媒体过滤和群发的信息。然而,网络创造的虚拟空间有助于打破沉默。其所具有的相对匿名性保证每个人都能发布信息,而且不必承担过多责任。借助网络的特性和功能,"反沉默螺旋"现象得以显现,现实中居于弱势地位的普通人敢于发声、打破沉默。由此,线上出现了"结构倒置"效应④,传统的精英群体话语权式微,自媒体逐渐崛起。不过,由于网络空间尚缺乏强有力的信息筛选功能,自媒体发布的信息即使真假难辨、正误不明,也能借助其时空压缩机制实现低成本的广泛传播。一旦大众对不实的谣言信以为真,社会危机就会随之出现。同时,考虑到算法的日益进步,事后的辟谣也往往困难重重。绝大多数在线应用程序为吸引流量,会刻意为用户画像并连续推送他们感兴趣的内容,导致信息茧房日渐成形,公众只愿意接收自己想听到的声音。谣言如果符合公众的需要和偏好,则很难纠正其中的错误之处,导致信息澄清的作用微乎其微。此外,一些以博眼球为生的网络"推手"更是热衷于见缝插针,在空白地带捏造不实消息来获得网民关注。于是,潜伏于现实中的矛盾在网络中随处可见,并经由人人都有的"电子麦克风"不断膨胀放大,最终掀起舆论场的巨大风暴。我国一项研究通过分析CGSS(中国综合社会调查,Chinese General Social Survey)2010 年的数据后发现,"互联网使用对居民社会冲突意识具有显著直接效应,是对互联网矛盾放大效应的有力说明"⑤。

---

① 文宏,韩运运."不要建在我的辖区":科层组织中的官员邻避冲突———一个比较性概念分析 [J]. 行政论坛,2021, 28 (1):47-52.

② 朗格林,麦克马金. 风险沟通:环境、安全和健康风险沟通指南 [M]. 黄河,蒲信竹,刘琳琳,译. 北京:中国传媒大学出版社,2016:18.

③ 王小波. 沉默的大多数 [M]. 北京:中国青年出版社,1997:17.

④ 张海波. 科学看待网络社会的"结构倒置"效应 [J]. 领导科学,2013 (13):20-21.

⑤ 薛可,余来辉,余明阳. 互联网对中国城乡居民社会冲突意识的影响 [J]. 西南民族大学学报(人文社科版),2018, 39 (4):136-144.

二、引发矛盾的社会燃点降低

牛文元院士将社会学与物理学相结合，于 1994 年提出了社会燃烧理论。他认为人类社会类似于自然界的燃烧现象，其无序和动乱的状态等同于熵。熵增的必要条件是燃烧物质、助燃剂、燃点的恰当结合，也就是说社会矛盾的爆发需要同时具备上述三个条件。资源有限、贫富差距等人与自然、人与人之间关系的不协调是燃烧物质，但在一般情况下并不会自动燃烧，只有在小道消息、敌对势力等助燃剂的作用下，升高其温度达到燃点后才会熊熊燃烧。有研究表明，"当代社会引起矛盾的燃点正在降低"[①]，一个不经意的微小火星就能瞬间引燃社会负面情绪，甚至"形成燎原之势"[②]，这是现代化进程加速的必然后果。

按照马克思的观点，传统农户拥有的是自给自足的生产方式，没有复杂的社会关系，从而可将他们看作"同名数的简单加总"[③]。在这种缓慢发展的传统社会中，成员相互隔离，利益诉求单纯围绕土地展开，因而容易保持一个较为刚性稳定的局面，社会矛盾不易爆发。同马克思用以举例的法国一样，小农经济也基本是我国传统社会生产模式，在皇权压制下，局限于维持生活的狭小土地上，社会总体而言具有固定和封闭的特点。回顾我国历史，我们可以发现一个周期性的社会动荡规律，只有当公众最为关切的土地问题突破他们容忍的最高限度时，代表紧张程度的温度才会达到燃点。此时，社会矛盾并不是一触即发的，而是有着长期的积累过程。

现代社会则与之完全相反，恩格斯曾指出："自从蒸汽机和新工具把旧的工场手工业变成大工业以后，资产阶级领导下造成的生产力，以前所未有的速度与规模发展。"[④] 一个生产力发达的现代社会形成后，其结构表现出灵活弹性的特点，而不再如过去一样刚性稳定。科塞认为，"社会结构的弹性越大、灵活性越强，越易出现社会冲突"[⑤]。市场化和工业化使社会单元日益增多，利益诉求的分化程度大幅度提升，社会矛盾随时都有可能发生。现代化还意味着各种要

---

① 邓少君. 论转型期社会矛盾形态与归因 [J]. 暨南学报（哲学社会科学版），2015，37（4）：48-55.

② 崔莹，张爱军. 微博舆论导向研究 [M]. 天津：天津人民出版社，2019：74.

③ 中共中央马克思恩格斯列宁斯大林著作编译局. 马克思恩格斯选集 [M]. 北京：人民出版社，1974：693.

④ 吴忠民. 治道之要：社会矛盾十二讲 [M]. 济南：山东人民出版社，2017：64.

⑤ 李文姣. 社会冲突视域下网络突发事件的风险化解路径研究：以河南省为例 [J]. 学习论坛，2016，32（10）：76-80.

素之间更加相互依赖，外界稍有干扰便会呈现出剧烈的反应。例如，战前俄国经济不景气的时候，死于饥饿的人口数量庞大，但这并不会影响其他国家。目前，世界各国的经济却是紧密相连的，一个市场发生的影响如同蝴蝶振翅般可以波及千千万万个市场，2008 年始于美国最终却席卷全球的金融危机就是最好的例证。德国社会学家卡尔·曼海姆（Karl Mannheim）说："大众在行动上野蛮的、冲动的和情感的爆发，对整个社会，甚至全世界都意味着大灾大难，因为现代社会有机体的相互依赖日益猛烈地传播着每一个失调的结果。"①

我国经历的是社会转型的双重加速期，在完成农业社会向工业社会和信息社会转变的同时，还在某些领域实现从工业社会向后工业社会转变的跳跃式发展。在这一高速发展过程中，巨大社会能量的聚集和释放，给社会带来空前的不确定性。同时，我国推进社会主义市场经济以来，也开始追求高效率生产的现代化目标，推动了社会专业化分工，社会构成随之变得越发复杂，多样化的利益诉求不断涌现且极易发生对立。社会学家贝克（Ulrich Beck）曾犀利评价，"与西方发展的过程相比，中国的社会发展转型是'压缩饼干'式，社会转型中所呈现出的各种问题将以历史浓缩的形式同时爆发出来"②，当代中国社会因巨大的社会变迁正步入风险社会，甚至将可能进入高风险社会。经验表明，在风险重重的现代化过程中，"矛盾的燃点与利益挫折方的情感投入、价值诉求实现的可能性及价值期许的理想性成反比关系"③。

三、矛盾表达方式趋于极端化

目前，越来越多的社会矛盾倾向以极端化的形式表达出来，最为普遍的就是利益和权利诉求相同的社会成员组成规模群体开展抗争行动。其中占多数的是未经批准聚众罢工、集会、游行、示威，以及一些看上去不太明显的变相行为，相对而言，它们是比较温和的一种抗争形式。

根据科塞的"安全阀"理论，社会需要留有余地，让负能量得以宣泄和释放，"防止累积到不可控的地步，从而出现颠覆性的社会动荡"④。我们需要注意的是，科塞所说的冲突的这种积极作用有一个前提条件，就是要处于社会控

① 曼海姆.重建时代的人与社会：现代社会结构的研究［M］.张旅平，译.北京：生活·读书·新知三联书店，2002：41.
② 薛晓源，刘国良.全球风险世界：现在与未来——德国著名社会学家、风险社会理论创始人乌尔里希·贝克教授访谈录［J］.马克思主义与现实，2005（1）：44-55.
③ 刘建明.当前我国社会矛盾的基本特征和发展势态［J］.理论探讨，2019（6）：57-61.
④ 吴忠民.治道之要：社会矛盾十二讲［M］.济南：山东人民出版社，2017：57.

制能力所允许的范围内。那些造成负面影响的抗争行动，例如，聚众阻塞交通的正常运行，不能被列为具有正面作用的冲突。当然，还有比较剧烈的抗争形式，与上述行为呈现明显的反差，较为典型的有冲击国家机关及企事业单位、聚众械斗和在公共场所滋事等。一般来说，这种激烈的矛盾事件并不是突然产生的，而是从群体上访一步步演变而来的。

社会矛盾出现这种倾向的原因，主要还是与社会快速变迁的大背景有关。现代化社会本应是"功能多元"的社会，具有"包容性、社会结构开放性、价值评价体系非单一性"的特点。① 多个利益集团之间在这样的社会中能形成相互平等的关系。然而，体制转轨会产生约束，导致社会分化扭曲，从而形成的是"利益多元"的社会。这种利益结构的失衡，带来的是社会群体长期处于对立状态。从整个社会层面来看，各种结构性社会矛盾不断出现，例如，贫富差距、发展不平衡不充分的问题。从社会个体层面来看，不同阶层的利益差距进一步扩大，低位的群体容易陷入愤愤不平的心理困境，他们往往会联合起来进行抗争、引发冲突。所以，很多矛盾事件发生的原因在于公权力运用不当或不规范使底层民众利益受损。科塞指出，产生的冲突究竟会发展到何种剧烈程度，则与冲突方投入的感情、冲突目标的可实现程度以及非现实性目标因素有关。"冲突方投入的感情越多，冲突目标可实现的期望值越小，以及目标中非现实性的成分越大，那么冲突的剧烈程度就会越高。"②

第四节　应对处置长期化与艰巨化

现有的社会矛盾不可能自动消解，只能逐渐被化解，随着社会变迁成为阻碍发展的顽固性问题。现实中很少见到能够一次性解决的矛盾，其往往都需要利益主体进行长时间的博弈。比如，征地拆迁就是近年来的一个形象案例，这既有政府主观的因素，也有矛盾本身客观的因素。进一步来看，这一特征又主要表现为三方面。一是多种诱因间的连锁性反应。现代社会矛盾具有多样化和非线性的演变趋势，容易在不同因素的交叉影响下牵一发而动全身。不过，根据自组织临界性模型，矛盾接连爆发后，社会又会重归短暂的平静。二是多元

---

① 唐亚林，李瑞昌，朱春，等. 社会多元、社会矛盾与公共治理［M］. 上海：上海人民出版社，2015：27.

② 朱力，纪军令. 当前我国重大社会矛盾冲突的新型特征［J］. 中共中央党校学报，2015，19（5）：92-100.

利益难以达成稳定共识。社会结构的分化导致不同群体利益的多元化，彼此之间容易对立冲突，导致各主体难以就现实问题达成解决方案上的共识。三是长期累积矛盾缺乏化解机制。我国部分地方政府处置矛盾的方式并不合适，反而助长了不良风气，推动矛盾扎根于社会，使其难以被彻底清理。

一、多种诱因间的连锁性反应

物理学家佩尔·巴克（Per Bak）曾提出一个自组织临界性模型，为社会迅速崩溃或改变等现象提供了一个解释视角。① 该模型的核心是沙堆行为，随机将沙粒撒在空桌上，过不了多久便形成一个个小沙堆，但只要沙堆之间的高度相差不大，桌面整体上还会保持平衡。然而，随着沙粒持续下落，桌面会达到一个临界状态，即使增加一粒沙子也会出现连锁性反应，致使不同规模的沙崩。桌面在沙堆倒塌后又归于平静，新增加的沙粒要么只留在桌面上，要么只引发局部反应，很快就被周边环境吸收。无论是改变沙粒运动的规范性还是动能，这一现象依然会出现。这说明系统基本上都具有自组织临界性，从而导致其中的矛盾难以被一次性彻底化解，和谐社会建设进入瓶颈期。

沙崩现象在传统社会较为少见。传统社会的生产力有限，传统社会相对较为封闭，社会成员的流动性不高，因而社会成员的需求并不丰富，只要能够满足基本的温饱即可。如此形成的社会结构比较简单，构成要素之间关联度低。这决定了传统社会中矛盾的发生概率处于较低水平，即使存在社会矛盾，其剧烈程度也较低，更不会扩散到其他地区。相应地，矛盾的诱因都比较单一，相互之间也不敏感。直到晚清时期，沙崩现象才越发明显。西方的经济入侵使我国缓慢发展的自然经济逐渐消解，促成我国商品经济快速发展。西方资本主义的理念在全国传播，导致传统贵义贱利的价值观被摒弃，从而引发社会经济生活中的一系列连锁性反应，例如，为了利益不顾及一切，"机械变诈之事日出而不穷"②。这些乱象严重影响了社会秩序，导致我国发展进程一度停滞。

进入现代社会后，沙崩现象频发。现代社会具有异质性特征，社会分化程度较高，这意味着"各种社会要素存在相互依赖的关系"③。而且，现代社会开

① 米勒. 复杂之美：人类必然的命运和结局［M］. 潘丽君，译. 广州：广东人民出版社，2017：174-177.

② 杨玉荣，余冬林. 晚清社会公共生活领域的矛盾与冲突：以晚清四大谴责小说和《申报》为中心的考察［J］. 河北师范大学学报（哲学社会科学版），2019，42（3）：46-53.

③ 吴忠民. 现代人何以愈益离不开社会公正［J］. 社会科学，2018（10）：59-70.

放规模较高，现代人拥有广泛的社会交往空间，每天受到来自外界不计其数的因素影响。现代化带来的这种依赖和开放造成社会矛盾的复杂诱因之间存在敏锐的传导机制，不再像传统社会一样仅具有单一和线性的特点，而是对政府的综合性处置能力提出较高要求，否则就易像多米诺骨牌一样，"一着不慎"将产生连锁反应。以学前教育为例，我国公共教育服务主要是九年义务制，在近年来生育政策逐步放开的背景下，前端的公办幼儿园通常"一位难求""存在供需失衡的矛盾"①。个别开发商看到商机，在小区内引入民办幼儿园，但这除存在违法招生、办学质量不高等教育问题外，还会进一步"引发噪声扰民、小区公共场所被占用等其他类型问题"②。

同时，历史因素与现实因素容易"交叉感染"，形成转型期特有的矛盾交叉域，从而引致冲突频发。农村一直都是社会矛盾的高发地带，"村改居"不充分等多重因素带来许多历史遗留问题。改革开放以来，国家在农村实施了"选择性退出"机制，③村民享有了依法处理利益相关事务的自治权利。每当村民委员会换届选举时，村民便会以此为节点大胆表达自身诉求，沉积的历史矛盾和新发的现实矛盾在该时期集中浮出水面。

再者，非政治性因素与政治性因素之间的界限并不分明，最终共同引发政治类冲突。在 20 世纪 90 年代之前，我国政府对自身的合法性和掌控力都较为自信，认为不破不立、转危为机，然而这一认知"最终被多次来自社会的集体抗争浪潮打破"④。大量原本由民众内部利益纠葛引发的矛盾，由于受到不恰当的强力压制，斗争矛头开始指向政府。2018 年的黑龙江雪乡事件就较具代表性，商家宰客本属于市场经济下的群众内部问题，但由于政府回应消极被动且私下和解失败，加剧了公众对政府的不信任，最后将网民的舆论焦点引至自身。⑤以上现象均印证了卡尔·曼海姆的观点："现代社会有机体的相互依赖日益猛烈

① 刘宇. 上不起的幼儿园：以青岛市"全面二孩"政策背景下幼儿园入园难的现状调查为例 [J]. 教育理论与实践，2018，38（17）：27-29.
② 北京市信访矛盾分析研究中心. 信访与社会矛盾问题研究：2019 年第 6 辑 [M]. 北京：中国民主法制出版社，2019：67.
③ 程同顺，邢西敬. "中心工作"机制：乡镇运行模式的一种解读——基于 L 市辖区乡镇的分析 [J]. 江苏行政学院学报，2018（2）：111-120.
④ 冯仕政. 社会冲突、国家治理与"群体性事件"概念的演生 [J]. 社会学研究，2015，30（5）：63-89.
⑤ 文宏. 网络群体性事件中舆情导向与政府回应的逻辑互动：基于"雪乡"事件大数据的情感分析 [J]. 政治学研究，2019（1）：77-90.

地传播着每一个失调的结果。"①

二、多元利益难以达成稳定共识

目前来看，我国社会转型的结果并非帕森斯所说的结构分化，而是鲜有结构的整合，因此"难以维持动态平衡"②。这意味着不同人群的分隔、互斥和冲击。然而，"人们奋斗所争取的一切，都同他们的利益有关"③，由此可见，社会的分化必然造成社会利益格局的重新调整。根据张海波等学者的分析可知，这种调整在社会的不同层次均有体现。④

其一，个体层面的利益分化最普遍且极易被感知到。我国前三十多年的转型主要针对的是体制，从而造就了经济高速增长的斐然成绩，但这一过程也导致了社会贫富分化，由此形成个体之间经济利益的明显对立。先获利的一部分人虽然具备一定的能力，但相当程度上得益于政策倾斜和机遇。与此同时，还有一部分人意识到初期制度的不完善之处，通过投机的方式获利。然而，为始终维护自身利益最大化，这些获利的个体会阻碍当前的转型朝好的发展方式转变，来保证其优势地位不动摇。因此，这些先获利的人和待获利的人之间有矛盾，而且社会在转型的方向上也产生了分歧。

其二，群体层面的利益分化较为突出且具有阶段性。"国有企业的发展始终是我国转型期的一个重大社会经济问题。"⑤ 20 世纪 70 年代末，我国为扭转生产低效的局面，推动庞大的国有企业进行转制，这使大量受惠于公有制的职工改变身份和失去工作。这些下岗工人构成了社会上主要的利益受损方，由于曾经的生活条件比大多数人群优渥，其中的很多人出现了严重的心理落差。即使下岗后的生活依旧好过底层群体，这些利益受损群体也只会和更好的群体比较，尤其是以一些腐败的经营者和未被清退的职工等既得利益群体为参照，⑥ 这让他们产生了强烈的相对剥夺感。

其三，阶层层面的利益分化较为明显，是当前社会矛盾出现的根本原因。

① 曼海姆. 重建时代的人与社会：现代社会结构的研究 ［M］. 张旅平，译. 北京：北京联合出版公司，2013：41.

② 张海波，童星. 当前中国社会矛盾的内涵、结构与形式：一种跨学科的分析视野 ［J］. 中州学刊，2012（5）：86-92.

③ 中共中央马克思恩格斯列宁斯大林著作编译局. 马克思恩格斯选集：第 1 卷 ［M］. 北京：人民出版社，1995：755.

④ 张海波. 网络社会的"结构倒置"效应 ［J］. 青年记者，2013（13）：4.

⑤ 求实. 转型期我国国有企业的产业定位和布局调整 ［J］. 财经研究，1996（12）：34-37.

⑥ 李强. 当前中国社会的四个利益群体 ［J］. 学术界，2000（3）：5-19.

改革开放前，我国的社会结构由工人阶级和农民阶级以及知识分子阶层组成。随着改革开放的深入推进和社会的深度转型，我国社会结构已由"两阶级和一阶层"分化为国家与社会管理者、经理人员、私营企业主、科技专业人员、办事人员、个体工商户、商业服务人员、产业工人、农业劳动者和失业半失业人员等十个阶层。① 这些新鲜血液使社会群体多元化，必然产生多样化的利益诉求，其中不免存在对立之处。

　　无论是以上哪种由社会分化导致的利益调整，我国社会结构都不会达成"全赢"的局面，② 而是类似法国社会学家阿兰·图海纳（Alain Touraine）描绘的"马拉松式"一样有得有失。那么，这意味着在宏观和微观的各个社会层面，都有相对弱势的利益群体。政治心理学理论主张，"当失去平等博弈资格的主体意识到与他人的差距，且长期未能得到改变时，矛盾就会出现"③。同理，我国转型期间产生的弱势群体在已经固化的利益格局撼动无望的情形下，极易为维护自身利益发动抗争，而且存在明显的"抱团"现象，从而造成矛盾事件，外来务工者就是典型的群体。我国现行的户籍制度限制了劳动力的流转，导致"城市化进程中出现了对外来务工者的公共服务歧视"④。有学者通过调研发现，"外来务工者普遍强烈意识到自己处于城市主流文化的边缘地位"⑤，他们拼命工作却遭受不公正对待。因此，外来务工者只好通过地缘和业缘来找寻认同，构建起组织共同体，例如，同乡会、工会和兄弟会等。在重重歧视下，这些被排斥在外的"共同体"也产生了"拒斥性认同""集体对抗本地人的利益倾轧"⑥。这在2011年广东增城和潮州的矛盾事件中都有体现，当弱势务工个体利益受损时，他们不是通过报警和起诉等正式司法渠道寻求帮助，而是依靠工友和老乡等非正式组织解决。

　　利益对立引发的社会矛盾不可避免，我们必须找到合适的处置方式尽量将其控制和减缓，来保证我国社会的和谐稳定，进而实现长治久安。现代民主政治对防范和化解社会矛盾这一难题给出了有力的答案。已有实证研究发现，利

---

① 刘建明. 当前我国社会矛盾的基本特征和发展势态 [J]. 理论探讨，2019（6）：57-61.

② 如何有效的协调国企改革与多元社会群体的利益 [EB/OL]. 人民网，2005-08-19.

③ 史献芝. 网络治理：防范与化解社会矛盾的一种新视角 [J]. 理论探讨，2017（6）：44-48.

④ 熊易寒. 移民政治：当代中国的城市化道路与群体命运 [M]. 上海：复旦大学出版社，2019：69-70.

⑤ 冯冰. 布迪厄"实践理论"的中国案例 [M]. 杭州：浙江大学出版社，2020：66.

⑥ 单光鼐. 保障合法，反对非法，制裁暴力：对近两年群体事件新变化的认识 [EB/OL]. 南方周末，2013-05-02.

益诉求表达渠道是影响基层政府社会矛盾处理能力的关键变量，"社会稳定风险评估、政府回应和舆论引导等要素只是充分条件"①。科塞认为，当群体卷入现实问题引发的冲突时，更有可能在实现利益的手段上寻求妥协，从而暴力性较弱。② 我国学者也指出，现今我国公众利益诉求明确、议题单一，主要是追求利益的补偿，"一旦得到满足抗争就会停止，刚性矛盾就会软化"③。国家如有科学畅通的利益表达机制，就能推动弱势地位的民众倾向选择正式和理性的利益争取方式，有助于政府及时回应合理的利益诉求，从而使双方在友好平等的利益协商过程中相互妥协并达成共识。

三、长期累积矛盾缺乏化解机制

与西方渐趋成熟的现代社会不同，我国将长期"处于传统与现代之间的发展阶段"④。其中，我国旧制度与新制度渐进式交替，一定时间内将存在制度化矛盾处置方式的空白地带。纵观这 70 余年的转型之路，一些历史遗留问题和劳资纠纷、征地拆迁等领域的社会矛盾已经固化下来，至今依然缺乏科学有效的解决方案，这已成为政府疲于应付而又暂时无法逾越的"心病"。⑤

在坚持社会稳定秩序的原则下，有些地方试图采取刚性手段硬压，结果适得其反。有学者认为，警察权力与公民权利在一定条件下成反比例关系，即警察权的扩大意味着公民权的缩小，警察权的过度使用往往使公民权化为乌有。⑥ 如果动辄出动警力，沟通协调的渠道将会自动堵塞，民众就容易感到过于强势的警察权侵犯了自身权益，这为更大规模冲突的爆发埋下隐患。有些地方试图采用非制度化的方式来解决问题，然而只是"治标不治本"，并非长久之计。

和上述"粗糙的摆平"相对的是目前全国各地陆续出现的"精致的治理"。⑦ 当前，一些地区已陆续进行了社会矛盾化解机制的创新实践探索，并取

---

① 陈建斌，侯丹丹. 县级政府社会矛盾化解能力的影响要素与提升路径：基于 30 个案例的定性比较分析 [J]. 安徽师范大学学报（人文社会科学版），2022，50（4）：56-65.

② 特纳. 社会学理论的结构（上）[M]. 邱泽奇，等译. 北京：华夏出版社，2001：180.

③ 朱力. 关于社会矛盾内涵、研究视角及矛盾性质的探讨 [J]. 中共中央党校学报，2018，22（3）：95-101.

④ 北京市信访矛盾分析研究中心. 信访与社会矛盾问题研究：2019 年第 6 辑 [M]. 北京：中国民主法制出版社，2019：55.

⑤ 刘建明. 当前我国社会矛盾的基本特征和发展态势 [J]. 理论探讨，2019（6）：57-61.

⑥ 陈兴良. 限权与分权：刑事法治视野中的警察权 [J]. 法律科学（西北政法学院学报），2002（1）：45.

⑦ 韩志明. 从"粗糙的摆平"到"精致的治理"：群体性事件的衰变及其治理转型 [J]. 政治学研究，2020（5）：91-100.

得了不错的进展。受 20 世纪 60 年代的"枫桥经验"影响，不同地区都在完善矛盾纠纷多元预防调处化解综合机制上发力，创造了新时代"枫桥经验"。在中国社会治理研究会指导、浙江大学社会治理研究院主办的"全国社会治理创新案例（2022）"中，重庆的"和顺茶馆"、杭州的"红茶议事会"和厦门的"书记下午茶"等"枫桥经验"的本土化衍生模式均成功入选。随着基层领导坐下来与群众和谐交流，隐形的矛盾坚冰也在友好对话中消融，实现了矛盾的就地化解。此外，其他地区也着眼具体的矛盾类型探索创新化解之道，四川成都的小区治理就是一个很好的案例。据统计，近年来反映小区问题的投诉逐年增多，物业服务更是位列"国人最不满意的十大居住现状"之首。① 面对业主与物业之间日益深化的矛盾，成都市率先引入了"信托制"物业模式，建立了公开透明、开放参与、信义为本的物业管理协调机制。② 这一创新模式在保障物业公司获得利润的同时，也确保了居民利益不受侵害，物业纠纷直线清零，物业费收缴率和居民满意率大幅提升，还吸引了北京、济南和重庆等 10 余个地区前来学习。

本章小结

1978 年以来，我国踏上了经济社会快速发展之路。这条道路不仅是对新中国成立以后社会主义建设事业的继承和发展，还与当今世界大发展、大变革、大调整相联系。③ 客观来看，变革必然涉及利益格局的调整，从而产生多元化的社会矛盾。通过对现有的社会矛盾进行观察，我们可以发现其具有四大特征。

一是参与主体多元化与复杂化。以往的社会矛盾多发生于府民之间，近年来由于政府危机意识和治理能力的提高，社会矛盾已逐渐转移到群众内部。出于发泄负面情绪和趁机挑事的动机，一些非直接利益相关者介入进来，导致社会矛盾主体显著增多，极易引发大规模且难以调和的冲突。局面更为复杂的是，基于利益博弈，这些不同类型的主体也会选择性参与，随时有可能退出，却也容易再次加入，整体形势较不确定。

---

① 刘彦华. 2022 中国现代居住发展指数 71.1 物业服务满意度最低 [J]. 小康，2022（13）：50-51.

② 老旧社区服务治理更完善！成都武侯创新信托物业模式 [EB/OL]. 央广网，2021-03-12.

③ 郑剑：正确看待处于转型期的当代中国 [J]. 求是，2010（24）：59.

二是时空分布散点化与联动化。随着科学技术的快速发展，任何的社会矛盾都能突破时空限制而发生，真正印证了"无时不在、无处不有"。与此同时，受多种因素交织影响，社会矛盾还在不断扩散，主要表现为在外蔓延到其他地区和领域，在内朝横纵交叉方向同时蔓延。不同主体之间也加强了联动，凭借"人多力量大"向其他主体或政府施压，增大诉求实现的砝码。

三是影响放大化与诉求多元化。当今社会存在的一些个案或局部问题不容小觑，在互联网的影响下时常演化为整体性的社会矛盾。与此同时，社会情绪也在逐渐沸腾，推动矛盾爆发的临界阈值不断降低。社会公众也越发倾向于选择极端的诉求表达方式，来发泄内心的不满。对此不能只堵不疏，这相当于一个"安全阀"，释放怒气有益于社会心理的平衡。

四是应对处置长期化与艰巨化。多米诺骨牌式的沙崩现象在现代社会较为普遍，这导致政府不得不慎重处理和对待社会矛盾，一次性彻底解决几乎是不可能的事情，往往是"牵一发而动全身"。归根到底，这些难处理的社会矛盾大多与利益息息相关，但在现今社会多重层次的分化趋势下，很难求得一个所有人都满意的结果，共识的形成遭遇极大阻碍。部分地方政府遇事只知强压或花钱买平安，反而助长了不良风气，不利于社会矛盾的化解。

第五章

基层社会矛盾的一般成因与演化规律

　　党的十八大以来，党和国家采取了一系列改革措施来推进社会转型，努力实现国家治理能力与治理体系的现代化，取得了许多瞩目的经济社会成就。我国目前仍然处于社会转型阶段，社会矛盾仍然存在，随着改革的深入，这些矛盾会越发凸显，特别是在基层社会。本书将基层社会矛盾定义为发生在县（市）、区、乡镇、街道办事处、村委会、居委会所辖区域内的非对抗性、非敌我性的矛盾和纠纷。① 《中共中央 国务院关于加强基层治理体系和治理能力现代化建设的意见》指出，"基层治理是国家治理的基石，统筹推进乡镇（街道）和城乡社区治理，是实现国家治理体系和治理能力现代化的基础工程"。② 党的二十大报告也提出，"国家安全是民族复兴的根基，社会稳定是国家强盛的前提"，要"完善社会治理体系"。③ 良好的社会治理有赖于及时化解社会矛盾，基层社会又在社会结构中处于最低一层，是重要的基石，因而要想实现良好的社会治理，保持社会稳定，就要及时化解"基层社会矛盾"。为此，本书建立了一个"结构—观念—利益"的理论框架，试图厘清基层社会矛盾的根源。

第一节　结构转型与社会失序

　　在"结构—观念—利益"的理论框架中，结构是决定性的，这是因为结构是社会转型的背景，也是社会转型的约束性条件。结构转型意味着社会变迁，

---

① 程昆. 论基层社会矛盾预防化解机制的完善与创新 [J]. 科学社会主义, 2015 (6): 105.

② 中共中央国务院关于加强基层治理体系和治理能力现代化建设的意见 [N]. 人民日报, 2021-07-12 (1).

③ 习近平. 高举中国特色社会主义伟大旗帜 为全面建设社会主义现代化国家而团结奋斗: 在中国共产党第二十次全国代表大会上的报告 [N]. 人民日报, 2022-10-26 (1).

基层社会矛盾最容易发生的时候恰恰是社会结构转型时期，如果不能正确地处理好基层社会矛盾，就会给社会带来不稳定因素。

一、社会结构变迁与社会阶层固化

社会结构变迁如果能够适应社会整体发展需要，就会带来积极的影响，基层社会矛盾就会被控制在一定的范围内。然而，社会结构变迁如果滞后于社会整体发展需要，就会带来社会基层固化、弱势群体边缘化、社会群体信任危机等一系列的问题，从而为基层社会矛盾的产生提供温床。

（一）阶层固化与社会流动性的降低

社会转型时期，社会结构的巨大分化带来了较高的社会流动性，为高速发展的经济注入了活力。"社会流动是指社会成员从某一种社会地位转移到另一种社会地位的现象。在一个既定的社会阶层结构里，如果转移流动的方向是较低的社会地位流动到较高的社会地位称为上升流动，反之则称为下降流动。"① 对社会流动性的区分，我们根据不同的方法可以分出不同类型，其中最重要的一对是代际流动与代内流动。"'阶层固化'是与社会流动相对的一个社会学范畴，是对社会流动的一种反动，也可叫复制式流动，它是社会流动的一种特殊状态、一种非正常状态，既包括个人一生中的职业地位没有改变的代内流动状态，也包括子女一代同父母一代同年龄段比较职业地位没有改变的代际流动状态。"② 社会学通过"代际流动"来测量社会流动性与阶层的固化。③ 根据顾辉的研究，"阶层固化"具体包含三方面的内容：一是同一社会阶层内部一致性和阶层认同增强；二是阶层之间的垂直流动特别是向上流动更加困难；三是在影响个人社会地位形成的社会机制中，以家庭为代表的先赋性因素相较于自致性因素发挥的作用越来越强。"阶层固化意味着社会阶层出现了封闭的倾向，而在代际社会流动中，阶层固化意味着一定程度上的阶层再生产。"④

相较于改革开放之初，我国当前的社会阶层结构的开放程度已经大大提高，不过，改革开放 40 年来，中国阶级阶层代与代之间的相对流动率经历了一个由

---

① 陆学艺. 当代中国社会流动 [M]. 北京：社会科学文献出版社，2004：1-2.
② 马传松，朱挢. 阶层固化、社会流动与社会稳定 [J]. 重庆社会科学，2012（1）：36.
③ 李强. 21 世纪以来中国社会分层结构变迁的特征与趋势 [J]. 河北学刊，2021，41（5）：196.
④ 顾辉. 社会流动视角下的阶层固化研究：改革开放以来我国社会阶层流动变迁分析 [J]. 广东社会科学，2015（5）：203.

低到高、又由高到低的波动过程。① 这一趋势表现在四方面：一是社会流动中上升的流动增长缓慢，而下降的流动出现了较大幅度的增长，而且下降流动出现了中层下流化和下层边缘化趋势；二是纯流动在总代际流动中的比重有所减小；三是阶层界限日益明晰；四是子女的社会阶层地位与父母的阶层地位相关度有所提高。② "阶层固化"对国家经济社会的发展影响巨大，不仅会损害社会公正，减弱社会流动，还会降低人们特别是底层群众对国家和社会的认可度，它所激发的群体性不满与愤恨正是引发基层社会矛盾的群众心理根源，导致矛盾事件的产生，诱发各类社会冲突，为社会治理带来严重的挑战。

（二）弱势群体社会地位边缘化

转型社会中剧烈的社会分化，以及风险社会中风险分配的不均衡，势必使一部分人群在社会分层结构中逐渐"下流"，由于某些障碍及缺乏经济、政治和社会机会，在社会上处于不利地位的人群，③ 被甩到社会边缘地带。"这些社会困难人群的出现是社会结构和社会关系失调的表现""弱势群体是由于社会结构急剧转型和社会关系失调或由于一部分社会成员自身的某种原因（竞争失败、失业、年老体弱、残疾等）而造成对现实社会的不适应，并且出现了生活障碍和生活困难的人群共同体"。④ 弱势群体一般包括贫困者、失业者、残疾人、老年人以及儿童，我们可将其大致划分成生理性弱势群体和社会性弱势群体（或制度性弱势群体）两类。前者主要指由于生理原因导致的弱势群体，后者则是指由于各种社会性因素导致的弱势群体。弱势群体具有经济上的低收入性、生活上的贫困性、政治上的低影响力和心理上的高度敏感性四个基本特征。⑤ 弱势群体在社会结构中属于利益被相对剥夺的边缘群体，他们一旦认为既得利益群体的利益是由剥削他们而得来的，就会形成不满愤恨的情感，降低对社会的认同感，这种仇恨在生活中极易被触发，使他们采取诸如报复社会等消极举措，形成一系列社会矛盾。弱势群体的向心力与同质性加强，他们抱团取暖，强化了他们在社会结构中遭遇的社会排斥，反而不利于其获得更多的社会资源来改善其处境，也会因不了解其他群体而加深隔阂，进而增强社会冲突的危险性。

---

① 李路路. 改革开放 40 年中国社会阶层结构的变迁 [J]. 武汉大学学报（哲学社会科学版），2019，72（1）：168.

② 顾辉. 社会流动视角下的阶层固化研究：改革开放以来我国社会阶层流动变迁分析 [J]. 广东社会科学，2015（5）：212-213.

③ 王思斌. 社会转型中的弱势群体 [J]. 中国党政干部论坛，2002（3）：20.

④ 钱再见. 中国社会弱势群体及其社会支持政策 [J]. 江海学刊，2002（3）：98-99.

⑤ 钱再见. 中国社会弱势群体及其社会支持政策 [J]. 江海学刊，2002（3）：98.

弱势群体社会地位边缘化的状况既不利于社会公正，与党和国家的"共同富裕"目标不符，又是对社会稳定和社会治理的重大挑战。过去 10 年，中国采取了一系列扶贫扶困举措，特别是脱贫攻坚战，实现了全面小康，重点关注就业，特别是青年就业问题，在许多方面改善了残障人士等群体在生活上的许多困难，取得了许多成果，但弱势群体面临的一系列问题仍有待更加深入的关注与解决。

（三）转型社会的社会群体信任危机

中国目前仍然处于"转型社会"之中，这是一个比较长的阶段。党的十八大以来在体制改革方面取得了许多成就，但"转型社会既是当前中国社会形态的主体，也是对中国社会形态最为贴切的描述"，这一表述仍然适用于我们当下。① 转型社会主要有两方面内容，一是社会生产体制的转型，即从原有高度集中的中央计划经济体制向社会主义市场经济体制转型。这种转型"长期处于社会转型的中心地位，其后的社会结构形态转型在一定意义上可以说是社会生产体制转型的自然衍生"②。党的十四大确立社会主义市场经济体制的改革目标，党的二十大报告提出坚持社会主义市场经济改革方向，要构建高水平社会主义市场经济体制，充分发挥市场在资源配置中的决定性作用。二是社会结构形态的转型，即"中国社会从传统社会向现代社会、从农业社会向工业社会、从封闭性社会向开放性社会的社会变迁和发展"③。实现社会主义现代化的长远目标，决定了当前中国社会的性质是十分复杂的，可以说是多种转型的综合，但也不是单"转型社会"一词所能概括的。

改革开放的短短 40 余年，中国走过了西方发达国家数百年的发展历程，物质成就容易追赶，人的思想观念却不是那么容易扭转过来的。在转型过程中，中国社会的方方面面都受到了转型的深刻影响，社会转型的速度也非常快。即使在世界历史上，这样一个庞大的、具有深厚传统的社会，在如此短的时间内发生转型，也是十分少见的。社会转型意味着社会结构的分化与重组，这意味着对旧的社会结构的打破。在中国表现为，在以"单位制"解体为发端的社会转型中，总体性社会逐步瓦解，社会结构在静态上出现倒"丁"字形的分化格局，④ 在动态上保持"马拉松"式的分化趋势。社会转型不仅不是动态均衡的，反而在转型中越发偏向分化区隔、相互排斥，走向静态僵化。原本静态稳

---

① 张海波，童星. 当前中国社会矛盾的内涵、结构与形式——一种跨学科的分析视野 [J]. 中州学刊，2012（5）：87.

② 解永照. 我国基层社会矛盾的展现与演进 [J]. 齐鲁学刊，2015（3）：87.

③ 陆学艺，景天魁. 转型中的中国社会 [M]. 哈尔滨：黑龙江人民出版社，1994：23.

④ 李强. "丁字型"社会结构与"结构紧张" [J]. 社会学研究，2005（2）：55.

定的熟人社会被打破之后，在经济高速发展与城市化中，新的社会结构仍在形成，人与人之间的社会联系不断发生着剧烈变化，人们被抛向无所凭依的社会网络之中。人与人、群体与群体之间缺乏稳定的信任关系，在基层政府与公众之间尤为明显，而信任是化解社会矛盾的重要基础。①

此外，中国正处于"风险社会"之中。近些年，党中央经常提起的"防范化解重大风险"② 亦表明了这种社会形态特征。"风险社会"这一概念由德国社会学家乌尔里希·贝克在其《风险社会》一书中提出，指人类实践导致的各种风险特别是全球化、工业化所带来的风险占据主导地位，在这样的社会中，各种风险对人类的生存和发展都造成严重的威胁。③ 风险社会只是对现代社会发展所展现的形态进行的一种描述，是现代化不可避免的产物。"我国风险社会阶段总体遭遇的无遮蔽、无防护，使基层社会首先而主要地暴露在'风险'的锋芒之下。"④ 经济发展、工业化与全球化带给人们的成果不是均衡分配的，相伴这些成果所带来的种种风险也不是均衡分配的。由于风险与社会权力紧密联系，弱势群体不仅难以具有抵御风险带来危害的能力，而且往往更加容易遭遇风险。特别是在中国，公民参与等风险化解机制仍不成熟，这种风险分配与权力分配同构所形成"共振"造成的危害没有得到很好的化解，反而还积累起来了。这种风险社会的状况加剧了弥漫于社会中的不信任感，加剧了基层政府与群众之间的矛盾。

二、利益分化失衡

快速的社会转型带来的剧烈变动使社会结构分化与重组，我国经济连年高速增长，社会财富总体不断增多，但正如风险不是均衡分配的一样，增长所带来的利益也不是均衡分配的，这就埋下了社会矛盾的隐患。

（一）城乡二元分化

城乡二元分化问题可以说是影响中国经济社会发展最重要的问题之一，只有打破城乡二元结构，实现城乡融合一体化发展，才能更好地实现社会主义现代化强国的目标。新中国成立初期，为了实现从落后的农业国向工业国的转变，

---

① 傅广宛，郭建文．基层社会矛盾的化解：差序政府信任格局的解构与重塑——以 GZ 省 JP 县为个案 [J]．江苏行政学院学报，2020（6）：90.
② 下好先手棋 打好主动仗：习近平总书记关于防范化解重大风险重要论述综述 [N]．人民日报，2021-04-15（1）.
③ 贝克．风险社会 [M]．何博闻，译．南京：译林出版社，2004.
④ 解永照．我国基层社会矛盾的展现与演进 [J]．齐鲁学刊，2015（3）：88.

国家制定了重工业优先发展的战略。为了实现这一目标，国家结合新中国的国内外情况，决定让农业为工业发展提供资本积累，从而快速实现工业建设，随即逐步建立起一套城乡分割的二元结构。直到改革开放，在经济发展与社会转型的压力下，城乡二元结构才开始逐步瓦解。城乡关系演变经历了城乡二元体制形成与巩固阶段（20 世纪 50 年代至改革开放前）、城乡二元经济体制破冰阶段（改革开放至 20 世纪末）、城乡二元体制改革向社会领域延伸阶段（21 世纪初至党的十八大前）、全面建立城乡融合体制机制阶段（党的十八大以来），"从经济发展的角度来看，二元经济结构是从农业国到工业国必然要经历的阶段"①。我们可以看到，尽管改革不断深入，破除了一个又一个体制机制障碍，但城乡二元结构仍然存在。这就决定了处于追赶先进国家压力下的中国在进行相关改革时必然要慎之又慎，以避免改革带来新的风险。

城乡关系走向融合一体化发展道路是实现中国式现代化、推进经济发展与社会转型的必然历程，如果不能尽快在合适的时机推进改革，有可能导致旧的问题没有解决，反而带来了新的隐患，特别是在社会治理与稳定方面。城乡二元结构在改革开放前就在城市与乡村之间积累了一定的社会矛盾。改革开放后，经济高速发展，这种明显区别对待城市与农村的情况，使城市居民先一步获得了发展带来的红利，农村居民仍承担着不小的发展代价，从而加深了城乡之间的对立情绪，造成了许多矛盾事件。毫无疑问，城乡二元结构是造成目前基层社会矛盾的重要因素之一，是实现良好的基层社会治理绕不过去的问题。

（二）地区发展失衡

发展所带来的"不平衡"问题突出表现之一便是地区（或区域）发展的不平衡。"地区发展不平衡"中最受关注的是东部沿海发达地区与中西部落后地区之间的不平衡，此外，我国次区域发展不平衡问题也较为突出（如京津冀地区中河北与北京、天津的对比）。②"地区发展不平衡"的内容首先是地区之间经济发展的不平衡，突出表现在城乡发展差距、区际经济发展差距以及地区间产业结构失衡三方面。③ 同时，我们"仅仅用经济增长和收入水平指标来度量区域经济发展不平衡是不够的，应逐渐关注地区之间在居民健康、教育、贫困等

① 张海鹏. 中国城乡关系演变 70 年：从分割到融合 [J]. 中国农村经济，2019，35（3）：3.

② 张荐华，高军. 中国改革开放 40 年中的区域经济发展不平衡问题与对策研究 [J]. 当代经济管理，2019，41（2）：11.

③ 孙久文，石林. 我国区域经济发展不平衡的表现、原因及治理对策 [J]. 治理现代化研究，2018（5）：32.

方面人类福祉因素的不平衡性"①。在经济发展不平衡之外,地区发展失衡还表现为,"福利水平、发展能力等方面的差距也出现了不同程度的扩大,导致相对落后地区有可能陷入低水平的发展'陷阱',地区性潜在的财政风险、社会风险可能出现积聚;相对领先的地区又可能由于经济和人口活动的过度聚集而引发更加严重的生态环境、交通拥堵等问题"②。长期的地区发展不平衡现象不仅不利于经济的高质量发展,还对社会治理提出了挑战,造成许多社会矛盾。

地区发展的不平衡造成了巨大的利益分化,在形成大大小小不同利益群体的同时,也塑造了群体内部的共识,不仅逐渐形成了某种"集体性敌视",使社会弥漫着不稳定的政治心理,还刺激人们采取非理性、非制度化的政治表达与政治参与行为。"区域非均衡发展导致的人口大范围流动则是可能引发非制度化政治参与的重要诱因。"③ 人口追随产业从欠发达地区(主要是中西部农村)向发达地区(主要是东部或区域内的核心城市)流入,地区发展不平衡既在人口流入地造成一系列"城市病"问题,又威胁着流出地的安定。城中村、留守儿童以及农民工等问题都是这种地区发展不平衡的表现。同时,地区发展不平衡问题又可能同其他问题共振,进一步威胁社会稳定。"当'落后地区—发达地区'的边界与'民族边界''宗教边界'重合时,伴随着内外部政治势力的介入,经济矛盾就可能演变为民族矛盾、宗教冲突和历史矛盾,进而威胁国家的统一。"④ 这种区域发展差距过大造成的矛盾激化其他矛盾的事例屡见不鲜,特别是我国这样多民族、幅员辽阔的国家,少数民族聚居区主要是西部的欠发达地区,更应避免这种矛盾的发生。

(三)贫富差距凸显

经济发展与社会转型带来的利益分化,让大多数人感受最深、最直接的便是贫富差距的急速扩大。2021年9月28日,时任国家统计局局长的宁吉喆在《中国的全面小康》白皮书新闻发布会上回答记者的提问,对记者提出的有关我国贫富差距方面的问题进行了回答,其中提道:"党的十八大以来,我国经济实力持续跃升,人民生活水平全面提高,居民收入分配格局逐步改善。虽然存在贫富差距,但城乡、地区和不同群体居民收入差距总体上趋于缩小。""按居民

---

① 王圣云,沈玉芳.区域发展不平衡研究进展 [J].地域研究与开发,2011,30(1):12.

② 孙志燕,侯永志.对我国区域不平衡发展的多视角观察和政策应对 [J].管理世界,2019,35(8):1.

③ 李猛.中国区域非均衡发展的政治学分析 [J].政治学研究,2011(3):118.

④ 李猛.中国区域非均衡发展的政治学分析 [J].政治学研究,2011(3):117

收入计算，近十几年我国基尼系数总体呈波动下降态势。全国居民人均可支配收入基尼系数在 2008 年达到最高点 0.491 后，2009 年至今呈现波动下降态势，2020 年降至 0.468，累计下降 0.023。"①

1978 年改革开放以来，我国居民个人收入差距就在不断扩大。收入差距的扩大滋生了社会不满，特别是在我国转型阶段，有些财富的来源与分配并不正当与公正，加剧了大众社会心理的价值冲突，形成一系列"仇富""仇官"的情绪。收入差距的扩大更容易进一步演变为财富占有差距的扩大，形成不稳定的"金字塔型"社会结构，激化社会矛盾，造成一系列违法犯罪活动。尤其是中国又具有"不患寡而患不均"的社会文化传统，据有不义之财的富人、官员的违法犯罪行为往往会在底层普罗大众那里产生"震动"。"伴随社会贫富差距的逐步拉大，我国刑事犯罪案件和治安案件也随之大幅上升，特别是侵财性案件大幅上升，表现出了与财富分化很强的关联性。"② 基层社会普遍对收入与财富等经济利益高度关注，他们更易受贫富差距扩大所带来的影响，并由此采取过激的非理性行为来表示不满，特别是当个人的合理合法的经济利益得不到满足时。

第二节 观念变迁与心理危机

经济发展与社会转型为基层社会矛盾的发生提供了一个大环境，但更为重要的可能是存在于人们内心深处的观念与情绪，这些主观因素的存在驱动着人们行为的转化。在一个社会急剧变迁的时代，人们的思想观念容易发生较大的变动，直接影响人们的行动。如果我们认为结构变迁带来观念的变迁，那么观念的变迁也会在一定程度上反作用于物质结构本身。正是因为如此，我们在探寻基层社会矛盾成因的时候就不得不考虑观念变迁带来的重要影响。

一、思想多元与价值冲突

观念变迁的首要表现就是思想上的多元化，尤其是对同一事物的不同看法，以及由此产生的价值冲突。在急剧变迁的时代，传统与现代的思想交织、中西

---

① 《中国的全面小康》白皮书新闻发布会答记者问 [EB/OL]. 国家统计局，2021-09-28.
② 胡联合，胡鞍钢，徐绍刚. 贫富差距对违法犯罪活动影响的实证分析 [J]. 管理世界，2005（6）：41.

方思想的碰撞，以及由此形成的不良政治文化直接导致了人们看待基层社会矛盾的态度与方式，从而为基层社会矛盾的产生提供了思想土壤。

（一）传统与现代的价值冲突

如同在第一部分中描述的那样，改革开放 40 多年中的一系列物质成就相对容易取得，人们精神方面的转变却是十分艰难的。中国有数千年的封建社会历史，农民群体是人口的绝大多数，自然经济占据主导地位，传统的力量非常大。1840 年鸦片战争之后，中国才被认为进入近代社会阶段，至今不到 200 年，直到 2012 年中国的城镇人口也才首次超过农村人口。在如此庞大的人口与辽阔的国土中进行短时间内的经济社会转型，意味着社会中大多数人的思想在很长一段时间内很难摆脱传统的影响，不同地区的人由于经济水平、对外开放程度等因素的影响对现代价值的认同存在差异，同时这种从传统到现代的价值转换是通过一代人的消亡与一代人的成长来实现的。这又意味着当下中国社会传统与现代的价值冲突是比较剧烈的，在思想上，时空跨度如此之大的不同群体之间必然存在矛盾。

传统与现代价值观念之间的对立，促使拥有不同观念的个人或群体在现实中展开具体行动来压倒对方。传统与现代的价值冲突的一个现实例子便是代际矛盾。不同年代出生的人，在经济社会的转型发展中不同程度地受益，形成了不同的价值观念。上一代在社会结构与社会资源的占有方面具有优势，但逐渐衰老；下一代虽然年轻但逐渐成长，又往往是社会中劳动生产的主力，熟悉新生的各类科学技术。双方并不是绝对泾渭分明的两个群体，常常在家庭内部、社区之中等产生大大小小的基于利益的冲突矛盾，而这些基层社会中的冲突矛盾正是传统与现代的价值冲突的具体表现。我们要认识到，传统与现代的价值冲突是不可避免的，尤其是社会出现重大转型时期，在高速发展的现代社会，任何一代人都可能是自己年轻时的"现代"，年老后是下一代眼中的"传统"。在我国当下老龄化程度逐渐加深、年轻人口逐渐减少的情况下，我国对这种矛盾的处理与把握则更应该受到重视。

（二）中国与西方的价值冲突

中国社会在其漫长的历史中形成了属于自己的一套独特的价值体系，但在 1840 年被迫打开国门后，同西方世界各方面的巨大差距使旧中国的价值观念受到了西方思想文化与价值体系的猛烈冲击。新中国成立后，由于国内国际大环境的影响，中国长期在文化交流方面处于较为封闭的状态，在经济建设上面又与西方国家拉开了不小的差距，使改革开放后的中国社会再度受到了西方文化的冲击。西方文化虽然在客观上推动了中国现代化进程，但百年间面对落后于西方国家巨大差距的现实，一部分群体对中国自己的价值体系产生了怀疑，进而想要全面拥抱西方文化与价值观，希望借此实现中国的富强。这就使得持有两种价值观的群体之间发生激烈的矛盾，这种矛盾贯穿整个近代史并持续至今。

中西价值冲突经常不是单纯作为一对矛盾出现的。"在社会转型时期，本土价值观念与外来价值观念的冲突往往是伴随传统价值观念与现代价值观念的冲突而出现的，传统价值观念通常就是本土价值观念，现代价值观念经常借助外来价值观念同传统价值观念相抗衡。"① 中国本土的价值观念以传统的面貌出现，表现为集体主义，西方传入的价值观念则以现代的面貌出现，表现为个人主义。以个人主义为思想基础的西方价值观念与以集体主义为本的中国传统价值观念存在差异，全盘西化已被历史证明是不切实际的空想。当中国经历了快速的经济增长，某种民族主义情绪随之兴起之时，受西方思想观念影响的各国却表现出某种发展的疲态与秩序的混乱，这种反差无疑在价值多元化的当下为人们对中国价值观念的认可注入了信心，加剧了中国社会中的中西价值冲突，进而激化基层社会的矛盾。突出的表现是中国社会结婚率连年降低，年轻人更加追求自由与个人幸福感，这种明显受西方价值观念影响形成的婚姻观，同长辈以及基层社会的许多主流传统观念存在很大分歧，各方围绕着彩礼等问题产生许多矛盾。

（三）不良政治文化的影响

政治文化是政治学研究中非常重要的研究议题，对该议题讨论的历史可以追溯到柏拉图、亚里士多德的时代，但直到 1956 年，美国学者加布里埃尔·阿尔蒙德（Gabriel A. Almond）第一次正式对"政治文化"进行现代意义上的论述，并在西方学界掀起了一波对"政治文化"讨论与系统研究的热潮。政治文化是一个复杂的概念，自阿尔蒙德开始，不同学者对其有不同的定义。阿尔蒙德对"政治文化"的定义偏重"主观心理取向"，还有部分学者的定义包含了对"政治行为"的强调，总体上"政治文化的内涵与外延大体在主观心理取向、政治思想、政治制度以及政治行为之间徘徊"② "当政治学家们的研究视野深入行为领域中时，人们就不可能单纯地停留在有关政府和社会群体行为的表现上，

---

① 兰久富. 社会转型与价值冲突 ［J］. 北京师范大学学报（社会科学版），1999（3）：101.

② 张少娜. "政治文化"概念之争 ［N］. 中国社会科学报，2022-06-08（10）.

而会不由自主地从群体（团体或政党）的行为过程进入到个体的行为表现"①，而"个体的行为取决于社会环境的作用和个体本身的心理动机和心理态度"②，于是"研究的焦点就演变成了从反向的角度来剖析人们的心理导向对人们政治行为的影响"③，这正是现代意义上对"政治文化"的讨论在行为主义革命的背景下兴起的原因。在此对政治文化的讨论，就在于它通过文化对人的行为、观念等方面产生广泛而深入的影响，这使它成为基层社会矛盾爆发的重要原因之一。

从政治文化角度看，中国目前很多的基层社会矛盾就在于在现代化与转型过程中，长期皇权专制与中央集权社会所形成的根深蒂固的传统政治文化迟迟未能转变为适合于现代中国社会的政治文化。影响中国传统政治文化的主要因素有三方面：一是小农自然经济方式，二是宗法族制的社会构造，三是政治意识形态化的儒家学说。这三方面展示出家长本位的政治文化、自律本位的政治文化、权力本位的政治文化、均平本位的政治文化四种政治文化特征。④ 突出体现这四种政治文化特征的便是中国传统政治文化中的官本位文化。这种文化长期存在并塑造了中国社会，尽管近代百年中国社会发生了许多重大变化，极大地打击了这种文化存在的社会基础，但直到现在，中国社会仍受到官本位文化的负面影响。此外，我们特别要提及的是，官本位文化并不是单纯地作为影响官员行为的存在，其危害在于其深深地侵入普罗大众的思想深处，在广泛的人与人之间造成矛盾。

二、认同变迁与社会心理失衡

思想上的变迁是深层次的，认识上的变化虽然是直接的、浅显的，但最能直观地表达人们的态度和约束人们的行动。相对剥夺感导致人们心理失衡，社会整体认同感的降低带来心理失衡，消极病态的社会对心理的冲击，直接导致整个社会心理失衡。

---

① 王卓君. 政治文化研究的缘起、概念和意义评价 [J]. 南京大学学报（哲学·人文·社会科学），1997（4）：110.

② 王卓君. 政治文化研究的缘起、概念和意义评价 [J]. 南京大学学报（哲学·人文·社会科学），1997（4）：110.

③ 王卓君. 政治文化研究的缘起、概念和意义评价 [J]. 南京大学学报（哲学·人文·社会科学），1997（4）：110.

④ 马庆钰. 中国传统政治文化的发展逻辑 [J]. 政治学研究，1998（2）：63.

（一）相对剥夺感与心理失衡

在转型社会与风险社会下，经济的发展尽管为人们带来了物质上的极大丰富，但同时带来了巨大的社会心理失衡，利益与风险分配的不均衡带来了严重的心理失衡，其中非常突出的便是"相对剥夺感"。相对剥夺感是"指个体或群体通过与参照群体比较而感知到自身处于不利地位，进而体验到愤怒和不满等负性情绪的一种主观认知和情绪体验"[①]。在这里，"相对剥夺感"不仅包含了进行社会比较的认知部分，还包括了一系列不满、挫折与愤怒等消极的情感部分。我们要认识到"虽然相对剥夺感的强弱在一定程度上反映了利益格局的变迁，但主要反映的是产生相对剥夺感的群体自身的一种主观感受和心态"[②]。并不是只有社会中一部分群体利益增长，另一部分群体利益减少才会出现这种情况，改革开放后的中国，各种群体都从发展中获得了许多的利益，但不同群体获益的份额、增加速度以及自身对期望的满足程度的不同也极大地造成了相对剥夺感。

"相对剥夺感实际上反映了人们对社会现实的一种不满情绪，这种情绪一旦转化为行为的动力，就可能成为破坏社会秩序的强大力量。"[③] 不可否认的是，"相对剥夺感"正是基层社会中大量社会矛盾的心理来源。目前，影响相对剥夺感的相关因素主要体现在三个变量层面，即人口统计学变量、个体特征变量和社会环境变量，这三个变量分别由内到外，从微观个人心理到个体行为再到集群行为，对人产生广泛的影响。相对剥夺感会对个体的心理健康和生理健康产生负面影响，进而影响其行为，产生越轨、逃避等一系列行为，使个体陷入生病、赌博、滥用药物等危险处境。更为危险的是，根据"挫折—攻击"理论，相对剥夺感有可能会增加个体的暴力行为，进而导致一系列犯罪。在群体层面，相对剥夺感会对内恶化不同族群之间的关系，对外产生对外来群体（如移民）更为消极的态度。同时，相对剥夺感会降低群体对社会系统的信任感，增加弱势群体遭受的政治暴力行为，使弱势群体的群体攻击性增强，造成社会的不稳定。需要注意的是，根据研究，社会挫折感和相对剥夺感导致的较为普遍的社会不满是当前中国社会矛盾结构中最为基础的层面。根据不同的情况，相对剥夺感所激起的社会矛盾可以进一步扩大化，演化为更具威胁性的社会矛盾，严重时

---

① 熊猛，叶一舵. 相对剥夺感：概念、测量、影响因素及作用 [J]. 心理科学进展，2016，24（3）：438.

② 郭星华. 城市居民相对剥夺感的实证研究 [J]. 中国人民大学学报，2001（3）：71.

③ 王春林. 农民工相对剥夺感产生原因分析 [J]. 安徽农业科学，2011，39（10）：6180.

可导致社会动荡。①

（二）认同冲击与心理失衡

当下的中国社会，人们不仅产生了严重的心理失衡，还产生了心理真空，社会认同感遭到了极大的冲击。新中国在成立后的很长一段时间内处于比较封闭的阶段，几代人的成长经历比较封闭，加之深厚的传统文化影响，因而在快速转型中，人们面对快速变化的社会现实以及价值多元化的局面，显得难以适从，特别是在心理上。快速发育成长的社会空间也为公民的活动在一定程度上提供了原有体制影响较弱的环境，同蓬勃发展的经济一道为多样化的身份塑造了可选择的条件，人们可以具有复合性而非单一性的社会身份，并根据不同的社会环境有选择性地展示不同的身份认同。不同的社会身份在人口高度流动的社会条件下相互碰撞，为社会矛盾的发生提供了可能。

对社会治理更具威胁的是人们对当下社会整体认同感的降低。改革开放既促进了经济的高速发展，也推动了社会转型，对中国社会整体的利益格局进行了极大的重塑。就像前面所论述的那样，从整体上看，所有人都从中获得了利益，但从改革开放至今，中国社会早已面临更加复杂分化的社会结构与利益格局，而非早期改革开放所带来的红利共享。民主法治仍不完善，公众利益表达渠道不畅通，面对社会结构不合理、贫富差距巨大的社会现实，我们不能通过参与制定公共政策进行有效改变，公众逐渐降低对政府能更好地进行社会治理的信心，缺乏对社会的责任意识与公共精神。公众对当下社会认同感的弱化加剧了不同社会群体、个体之间的紧张关系，特别是社会认同感降低对政府公信力的打击，会导致官民关系紧张，使矛盾事件非常容易发生。

（三）病态社会心理的冲击

转型社会价值多样化的局面意味着不仅存在那些我们认为并不是消极的价值观念，还存在大量消极的价值观念，这些消极的价值观念导致社会形成了一系列社会病态心理。商品市场经济对计划经济的取代，同时伴随着西方资本主义价值观的传入，社会中开始大量出现享乐主义、消费主义、拜金主义、物质主义、极端个人主义与道德冷漠等现象。不同于改革开放前平均主义意识形态下的"熟人社会"中关系简单和物质缺乏的情况，市场经济下的"陌生人社会"使个体陷入道德选择的困境。"在'熟人社会'，人们对自己的处境是比较

---

① 张海波，童星. 当前中国社会矛盾的内涵、结构与形式：一种跨学科的分析视野 [J]. 中州学刊，2012 (5)：89-90.

了解和信任的，在做道德选择时，道德价值观不会出现大的混乱，人们比较容易拥有道德自信和勇气；在'陌生人社会'，人们往往需要对新的道德处境进行分析判断，对陌生环境和陌生人容易产生不信任感，在做道德选择时，自信心和勇气都可能大打折扣。"① 这就对个体的道德底线提出很高的要求，享乐主义、拜金主义、极端个人主义和道德冷漠，使一些人陷入利益争夺中，激化了基层社会矛盾。

除上述这些利己性心理因素外，在快速的经济发展与社会转型中，社会中总有部分群体不适应这种速度而逐渐被"甩落"。这些群体在社会生活中面临极大的"风险"，却从中很少或基本没有收获，这种相对剥夺感所造成的大规模群体性的心理健康和生理健康的下降促使人们悲观厌世、逃避现实等消极颓废的心理进一步扩散。这些消极颓废的心理助长了人们，特别是青年群体选择一系列危险行为的倾向，例如，自杀、赌博、酗酒、滥用药物甚至是暴力犯罪。这些行为不仅首先在家庭内部制造种种矛盾，还是邻里、社区与社会中的不稳定因素，使冲突频发，矛盾横生。社会长期对这种病态的社会心理缺乏足够的了解与认知，制度所构建的社会环境又助长了这种社会心理影响的扩大。国家如何应对来自社会心理层面的问题，这是对社会治理极高难度的考验。

第三节　利益冲突与治理供给不足

结构形塑了基层社会矛盾的一般性框架，观念奠定了基层社会矛盾的一般性理念，利益则约束了基层社会矛盾的一般性走向。在结构与观念之外，我们有必要从利益的角度明晰基层社会矛盾的成因。人们所奋斗的一切都与他们的利益相关，因此不从利益的视角分析就难以揭示基层社会矛盾的本质。

一、体制转轨与治理制度化水平不足

推进国家治理体系和治理能力现代化是基层社会治理制度化的重要表现形式，这意味着基层社会治理制度化水平依赖基层社会治理体系的完善和治理能力的现代化程度。不过，在全面深化改革的当下，基层社会治理体系存在多重治理的转轨阶段，治理体制正在推进，基层政府组织正在转型，权力过分集中

---

① 秋石. 正视道德问题、加强道德建设：三论正确认识我国社会现阶段道德状况［J］. 求是，2012（7）：10-14.

带来的权力寻租的现象仍然存在，一定程度上阻碍了基层社会治理的制度化推进。

（一）治理体制改革与社会治理诉求的不同步

中国改革开放以来，我国取得历史性成就的关键因素就是政治经济体制的转轨，体制转轨使经济和政治更加适合中国国情，更好地发挥了其制度效能。体制转轨实现了计划经济向社会主义市场经济的有序过渡，大大促进了生产力的发展，大大促进了社会结构由农业的、乡村的、封闭半封闭的传统型社会向工业的、城镇的、开放的现代型社会转型。在新旧体制转换的"攻坚"阶段，基层社会结构变革引发的基层各种利益关系矛盾和冲突日趋剧烈，一系列影响社会秩序的问题和矛盾也更加显现化。客观存在的曲折与失衡、矛盾与冲突，不可避免地反映到人们的思想认识上来，人们在一定程度上出现了认知的混乱，这导致基层矛盾频发。

在体制转轨的同时，基层社会矛盾化解相关制度的顶层设计有一定的宽泛性，与基层社会治理诉求的多样化之间存在着一定的差距，这导致基层民众的利益保障在一定程度上出现短板。体制转轨需要综合考量社会经济状况、各种社会体制状况、社会权力运作状况，以及改革所处的社会背景、政治背景、国际背景等因素，但是目前我国处于并将长期处于社会主义初级阶段，基层各地经济、政治、文化发展不平衡给改革带来制约和影响，基层群众的社会诉求主要由经济收入、社会地位、声望、权力拥有、心理倾向等因素决定。体制转轨时期，由于基层社会结构分化加速社会流动，以上因素发生了巨大变化。在原有社会平衡结构被打破，新的社会平衡结构尚未建立起来的转换过程中，基层社会生活的许多领域都可能产生利益、结构、规范及观念的矛盾与冲突。尤其是体制改革触及利益格局的刚性部分与一些基本社会阶层和社会群体的利益，导致部分基层民众的利益受损，而这些矛盾没有得到有效的化解和处理，从而基层治理出现漏洞。同时，随着体制转轨的不断深入，基层社会诉求不断发展，社会诉求大于供给，进而衍生出新的社会矛盾，甚至恶化为群体性事件，严重影响了政府的公信力和社会的和谐稳定发展。

（二）基层政府组织行动困境

社会治理特别是基层治理水平明显提高，防范化解重大风险体制机制不断健全，突发公共事件应急能力显著增强是"十四五"时期经济社会发展的主要目标之一。基层是各类社会矛盾易发、多发的场域，也是化解社会矛盾、提升社会治理水平的重要场域。基层政府虽然在解决各类社会矛盾、维护社会稳定方面花费巨额成本，但时常遭遇"基层组织行动困境"，即基层政府在基层治理中，特别是在矛盾化解中投入了大量的资源（人力、物力、资金、精力），但没有获得预期的效果，甚至导致社会风险的产生。

基层政府组织是社会矛盾治理的重要主体、核心力量。基层干部作为行动主体常常处于"疲于奔命"的状态，在"把矛盾化解在基层、解决在萌芽状态"① 治理目标的导向下，社会矛盾化解与政绩考核挂钩，使很多基层干部不堪重荷，面临"对上扛不住，对下管不住"的尴尬局面。从基层组织内部约束方面来看，基层处理社会矛盾绩效考核、一票否决等刚性考核，经层层传导，构成基层干部的政治责任。从资源供给方面来看，在现有基层组织体制下，部分发达地区的基层政府能发挥出自己的能动性，但欠发达地区基层政府的行动面临资源供给困境。同时，地方的经济发展程度、政府可支配财力、干部的工资待遇、群众的素质、当地的文化习俗等，都会直接影响各地基层化解社会矛盾的行动空间与行动策略。另外，从基层干部的群体心态来看，基层干部在处理社会矛盾中表现出能动性、主动性，这种积极的心态使大部分基层干部能够迎难而上，千方百计地寻求解决问题的办法，创造了大量基层治理的新经验，表现出一种积极的治理行动。也有相当一部分基层干部在面对社会矛盾处理工作压力时，产生畏惧心理，以消极的心态对待矛盾、困难，选择"回避""推诿"态度，或用粗暴强压手段应对社会矛盾，更有甚者在其内心慢慢生成的抱怨、焦虑、不满，甚至是离心情绪正在二者之间制造"隐性的鸿沟"。这种鸿沟最直接的后果是基层干部工作积极性、工作热情的消退，而"不出事""少干事"等消极心态在群体内蔓延，导致其职业动力不足。不同的群体心态会引发不同的治理策略，不同的社会矛盾治理策略又会产生不同的治理行动。从基层组织行动维度来看，面对不断增长、趋于复杂和多元化的社会矛盾，基层干部采取的行动策略为解决矛盾起到最直观的效果，软硬兼施的混合策略导致基层社会矛盾治理常常在合理与不合理、合法与非法之间徘徊、循环，有时甚至成为引发、激化社会矛盾的催化剂。基层行政人员的服务态度和水平也影响着弱势群体利益表达的成效，诸多因素导致基层组织与基层干部在与民众互动中产生"行动困境"。

（三）权力过分集中与权力寻租

腐败是政治毒瘤。一些基层干部认为基层是权力监督的真空地带，肆意妄

---

① 习近平. 高举中国特色社会主义伟大旗帜 为全面建设社会主义现代化国家而团结奋斗：在中国共产党第二十次全国代表大会上的报告 [N]. 人民日报，2022-10-26 (1).

为，大肆寻租。基层弱势群体向基层政府反映诉求时，部分基层政府存在"脸难看、事难办"的现象，或者"门好进、脸好看、事难办"的现象。部分基层民众基于人情社会的"生存法则"，往往通过"走后门"的方式向基层干部"送人情"，一些基层干部趁机利用手中的权力寻租。

基层腐败一般都是基层权力作祟，而权力又有强制力、控制力、扩张力，因此腐败在基层时有发生，这些情况对社会矛盾的化解造成了恶劣的影响。在思想上，基层腐败使部分基层公职人员的世界观、人生观、价值观发生扭曲、颠倒，他们的是非观念和界限模糊、错位，诸如"有权就有一切""老实人吃亏""有权不用，过期作废"等思想颇有市场，给拜金主义、极端个人主义、享乐主义等创造可趁之机，泛化于基层社会的各种领域。从领导者以权谋私到一般公职人员以职谋私，从为"官"不讲"官"德到做事不讲职业道德，假冒伪劣盛行、行贿受贿严重、社会风气败坏扰乱了社会经济正常发展和社会依法管理的秩序。概括来说，基层腐败激发社会矛盾是从它损害、侵犯人民群众的利益谈起的。基层公职人员把手中的职权当作谋取私利的工具，即掌权者把手中的职权当作商品，搞钱权交易，掌权者把手中的职权与为人民服务相脱离，漠视人民群众的利益，不用权力为群众服务，把手中的职权视作一种特殊的资源，滥用权力，肆意挥霍。基层腐败的种种，归根到底都是一些党员干部用本该为人民服务、为群众谋利益的职权反过来侵犯人民群众的利益，直接或间接危害人民群众的利益。权力在运作中如果发生腐败，权力的性质就会由"公"变"私"，变质的权力就以获取掌权者的私利为目的。这种对私利的谋取并非对个人利益的正常追求，私利是以破坏群众利益甚至是侵吞人民财产为条件的，两种利益在这里不存在一致性，非此即彼。腐败者及其利益团体非法获取利益必然使群众的合理利益得不到满足，造成利益的对立和冲突，从而引发个人、集体、国家之间，小团体、少数、多数之间经济利益的矛盾，进而引起社会心理、社会观念、文化价值取向的思想文化冲突。基层腐败对社会矛盾作用是负面的，它为社会矛盾的反方、非正义方推波助澜，使矛盾中不适应社会发展的情形更加突出，使社会矛盾可能发展成社会问题，成为社会健康发展进步的阻力和障碍。

二、渠道匮乏与配套措施不健全

矛盾需要解决的途径和渠道，既有的途径和渠道如果不能解决矛盾就会导致矛盾积累和集聚，从而激化矛盾。在基层社会治理能力和治理体系现代化水平不高的情况下，利益表达机制不畅通、弱势群体被边缘化带来的话语权不足和矛盾预警机制不健全直接导致基层社会矛盾丛生。

（一）利益表达机制不畅通

中国目前处于社会转型期，一元化利益格局渐趋瓦解，多元化格局逐步生成。不同利益主体因经济社会地位、资源占有量、组织化程度等原因存在较大的差异，导致利益表达意愿、能力、形式亦是千差万别。在基层利益多元化基础上形成的基层社会矛盾具有常态化特征，我们对此必须予以客观对待。利益表达的行动框架是国家权力预设下的利益表达制度，利益表达的制度设置是用来规范和约束利益表达者的一整套行为模式。完善的利益表达制度既是基层行政组织所追求的社会价值的体现，又能使社会上真正的利益表达诉求通过合乎法律、合乎情理的途径得到解决，从而最大限度地减少破坏性因素，维护社会的良性运行和协调发展。[①] 化解基层社会矛盾的关键在于构建基层矛盾化解制度体系，正视基层社会矛盾存在的客观事实，多层级、多渠道构建利益表达机制。我们必须指出的是，如果基层利益表达机制未能及时更新完善或基层利益表达渠道拓展不够充分，就必然会导致利益表达在行政实践中产生诸多的问题，例如，过于重视个体利益表达，会经常出现非法、非制度化的过激行为。

完备的利益表达机制是防范和化解各种争议与矛盾的必然选择，政府唯有积极协调不同利益主体之间的利益主张，保障平等参与和满足合理要求，方能快速化解纠纷，减少社会冲突，才能促进社会和谐、稳定、全面发展。基层行政组织囿于资源困境与人口规模，加之基层矛盾复杂多样，利益表达机制在实践中并没有充分发挥其制度绩效。基层行政组织通过推行信息公开制度，实施决策依据公开、程序公开、结果公开等机制，切实增强基层政府的透明度，保障公众对利益相关事项享有充分的知情权和监督权，为其进一步表达利益、参与和影响决策提供便利。基层政府社会矛盾处置信息公开制度在实践运行中存在信息公开不及时、信息发布不全面、信息公开渠道不足等问题，导致基层民众在获得信息的过程中存在壁垒和门槛，更有甚者在信息公开中进行数据造假、选择性公开等，导致基层民众无法充分参与基层政府工作的监督。信访制度是基层弱势群体维护自身权益的重要武器，公民可采用电话、书信、走访等多种方式反映情况与自身意见。在实际操作过程中，信访制度本身的不完善影响着基层弱势群体利益的表达，即信访机构的独立性相对较低，流程僵化，甚至工作人员存在敷衍塞责的现象，这在一定程度上导致基层弱势群体的某些诉求得

---

① 高秦伟. 法治政府建设中的利益表达机制及其完善 ［J］. 治理研究，2020，36（4）：88-98.

不到及时解决。基层民众通过政府网站、网络问政平台或者是信访渠道进行利益表达，基层政府在收集、整理、处置基层民众的诉求时，往往只进行台账整理，对解决矛盾，他们经常采用"踢皮球"的方式，或者拖延时间，群众反映的问题得不到相关部门的及时回复和有效解决，久而久之，基层民众对政府的公信力产生怀疑，进而通过把事情闹大来引发社会关注，倒逼政府解决，在此过程中容易把矛盾激化，引发矛盾事件。

（二）弱势群体边缘化与话语权不足

任何一个群体的利益表达效果与其自身的经济状况、受教育水平、政治参与度等因素密切相关。因为其在利益表达过程中需要一定的经济基础作为支撑，需要积极关注时政，了解国家出台的与自身利益相关的政策，需要一定的文化水平来明确地表达自身诉求。在现实中，基层弱势群体的经济状况较差，这意味着其缺乏表达利益诉求的经济基础；基层弱势群体的文化水平相对偏低，较少关注时政，这意味着其自身利益的表达能力欠缺。

具体来讲，一方面，基层弱势群体自身经济状况较差。基层弱势群体发展状况离不开周边环境的影响，大多数的基层经济发展主要依靠传统农业种植与劳动密集型乡镇企业来带动，一些不发达地区的农村多处于偏远地带，交通不便，环境相对闭塞，这给基层弱势群体经济状况带来了不利影响，基层弱势群体无力承担利益表达过程中产生的经济费用。另一方面，基层弱势群体文化水平偏低，对国家出台的与自身相关的政策也缺乏了解。不关注时政使该群体没有充分了解与自身相关的一系列政策及法规，这在一定程度上加剧了该群体文化的贫困。他们对自身享有哪些权益、应该如何准确表达自身诉求、向谁来表达这些诉求、采取哪些方式实现诉求等问题都缺乏相应的知识储备和表达能力。

基层弱势群体利益表达能力整体较弱，话语权不足。一方面，由于该群体经济基础薄弱、物质基础匮乏，因此其首要需求便是维持最基本的生存，该群体可能因自身状况较差而产生明显的自卑心理、社会关系单一，这些都在一定程度上导致了其表达能力较弱，在利益受损时话语权不足。基层弱势群体无法生动直观地将自身的利益诉求、对某事的观点意见以及自身想法传递给人大、政协、政府、信访机构等主体，也可以说，他们缺乏准确表达的能力，不能将自己的想法进行清楚全面的阐述。另一方面，该群体书面语言表达能力不足，利用信息技术表达诉求能力不足，很难通过文字表达的方式将自己的实践体验系统化地表达清楚，其语言组织缺乏逻辑性与条理性，不能明确表达自身诉求。同时，基层弱势群体利益表达效率整体较为低下，既有主体内部自身的因素，也有客体等外部因素的影响。我们就其内部自身因素来说，一是该群体利益表达能力不足致使其表达内容呈现碎片化、分散化的特征，这直接导致了他们在表达过程中不能让利益客体明确其诉求；二是该群体虽然利益诉求呈现多元化趋势，但其政治活动的参与度较低，这在一定程度上导致该群体自身可能错失利益表达的机会。

（三）矛盾预警机制不健全

习近平总书记强调，预判风险是防范风险的前提，把握风险走向是谋求战略主动的关键。① 社会矛盾已经生成并演化为局部的利益冲突后，通过预防社会矛盾系统来遏制社会矛盾的生长或进一步激化，该系统既是国家治理现代化的重要表征，也是维系社会动态稳定和持续健康发展的"应然"之需。② 基层社会矛盾客观存在，其危害性不言而喻，建立基层矛盾预警机制是有效预防矛盾激化、化解矛盾的关键。部分基层组织矛盾预警机制不健全，导致矛盾预警机制的作用没有得到充分发挥，具体表现为四方面。第一，基层矛盾预警机制缺乏专门的信息研判预警工作队伍。基层组织建立矛盾预警机制往往是从各部门抽调一定的工作人员，临时成立工作队伍，大部分参与预警的工作人员来自现有体制内各单位、各部门，素质参差不齐，常出现工作缺乏积极性、办事拖泥带水、群众观念淡薄等问题，导致基层政府的信息预警工作力量较为薄弱。第二，矛盾预警工作人员信息敏感度不足，很多基层政府部门工作人员，搜集信息往往浮于表面，只搜集不研究，或者研究而不判断，缺乏信息敏感度，对各类信息的整合、串联思考更是无从谈起，无法挖掘到更深层次、更高质量的信息，严重影响了基层政府对矛盾冲突发展变化趋势的推测，导致矛盾预警机制运行不畅。第三，矛盾预警处置决策过程、执行过程的不透明化。部分基层政府部门在矛盾预警信息收集上依然采用落后的手段和单一的形式，故步自封，无法顺应时代发展的新情况、新特点。随着信息网络突飞猛进的发展，基层民众常利用网络、抖音短视频、微信等平台向基层政府部门反映合理合法的利益诉求，基层政府相关部门的官方平台未能对基层民众反映的问题及时澄清，使一些虚假信息在网络上传播，谣言四起，造成二次衍生性矛盾冲突的发生。第四，矛盾预警追责监督机制不健全。基层政府考核矛盾预警工作只追求矛盾预警机制的建立情况，对机制的运行效果难以量化，上级政府往往不将实际运行

---

① 中共中央党史和文献研究院. 习近平关于防范风险挑战、应对突发事件论述摘编 [M]. 北京：中央文献出版社，2020：213.

② 史献芝. 预防社会矛盾：理论框架与实现机制 [J]. 理论探讨，2019（4）：40.

情况纳入考核范围,导致基层政府只追求预警体系的建立,而不追求预警体系的后续管理,即只关注"有没有",不关注"有没有效"。这种简单粗暴的考核机制,导致基层政府相关部门从未将矛盾预警工作纳入年度重点工作中,工作人员在机制运行过程中敷衍了事、得过且过。由于上下级政府之间在利益上极为一致,上级政府会为下级政府设定工作目标,下级政府只需要按照此目标要求严格办事,除非出现极为严重的过错,否则问责也仅是"大事化小、小事化了"。

三、信息鸿沟与技术双刃剑

在信息社会,信息是最重要的资源,信息鸿沟的出现是基层社会矛盾的重要诱因,表现为信息资源配置不均衡、信息技术应用偏差、信息暴力控制不足。正是因为如此,我们不仅要重视信息鸿沟带来的矛盾,还要重视技术本身的双刃剑效应,而信息鸿沟与技术负面效应的结合是信息时代基层社会矛盾的重要溯源。

(一)信息技术资源配置不均衡

数据技术赋能基层治理创新已成为共识。提升社会矛盾化解水平既是有效应对新旧矛盾交织并发的必然之举,也是推动社会治理现代化的题中之义,而数字信息技术的广泛应用为有效预防和化解社会矛盾提供了新的思路。我们不可忽视的是,信息技术治理矛盾更加依赖信息技术资源配置,在经济不发达的基层地区,信息技术配置呈现不均衡,这导致信息技术资源鸿沟的存在。

首先,基层信息技术政策体系不完善,缺乏强有力的顶层设计。基层地区信息技术政策体系缺乏足够的立法保障,现有的基层信息技术相关战略在相关立法中虽有相关条例,但条目通常较为分散,对基层数据开放共享、治理主体权责划分,以及与网络隐私、网络安全、网络直播等新兴业态相关的问题仍缺乏具体规范,存在数据主体权责边界、数据产权归属、数据开放与共享的标准不明确等问题,导致在利用信息技术化解矛盾时出现信息泄密、信息曝光等现象,引起负面社会舆论。

其次,基层信息技术相关配套措施有待建立健全。配套制度设计和实施细则的缺乏导致无法形成和释放顶层设计的合力,使具体行动和建设实践缺乏具体的制度遵循。另外,基层信息化治理战略需各级政府、部门以及民间和社会力量的共同参与,但目前存在人才配置不够、社会资本参与积极性不高等问题。基层信息化治理战略牵涉的部门相对较多,但当前各地方政府对数字社会的认识和态度、行动力量和速度等存在差异，相关机构尚存在组织化程度低、财政投入力度不够、人员配备不充足、协调机制不够等问题，导致信息技术利用率不高。

最后，基层信息技术缺乏持久的科技支撑。部分基层政府虽然在一定时间段内建立了信息技术处置社会矛盾机制，但是社会矛盾复杂多样且随着社会的发展衍生出更加复杂多样的矛盾类别，因此对信息技术提出了更高的要求。当前，我国基层地区信息基础设施建设稳步发展，但农村地区的信息基础设施仍较不健全、信息资源的完善程度也有待提升，部分乡村地区面临网络基础设施建设成本高、搭建久、维护难、信号弱等窘境，极大制约了数字乡村发展进程，农村地区居民无法享受和城市居民同样的公共服务，这不利于信息技术"最后一公里"的实现。囿于基层资源不丰富等诸多因素，相关的基础技术研发明显滞后，在关键技术上的可靠性及稳定性不强，对技术系统的升级更新投入明显不足，同时缺乏人才支撑，信息技术治理的实现离不开人才的支持，然而，目前基层人口结构和基层民众信息化素质仍难以满足基层信息技术建设的需要。大量年轻人流入城市，导致基层社会主体弱化，特别是农村地区的老年人，教育水平普遍不高、观念落后、学习能力和适应能力有待加强。农村地区专业数字人才缺口仍然很大，相关人员不仅需要具备丰富的法律知识和国际业务经验，还需要熟悉"三农"工作，善于与农民打交道，但目前相关专业人才的缺乏给信息技术建设带来了巨大的挑战。

（二）信息技术应用偏差

信息技术对基层社会是一把"双刃剑"，对基层社会治理具有正反两方面的作用，信息技术既能积极、有效地助力基层治理的现代化（赋予正能量），也可能给基层治理带来消极的影响、危害、挑战、难题（赋予负能量）。技术手段应用于社会治安防控体系构建中，产生了精确治理与画像模糊、公众参与与社会极化、效益价值与技术内卷、秩序追求与权利保护的价值悖论，人的主体地位逐渐被消解。① 部分基层政府在信息基础应用中出现偏差，过度依赖信息技术来处理社会矛盾。

首先，技术应用导致"去人性化"。基层政府对相关信息的挖掘不足，信息技术治理应用单一机械。信息技术和大数据固然会帮助基层政府得到最优效率结果，但是基层政府公共决策并不是寻求最优解的过程，特别是在处理

---

① 齐昱泽，李建．技术治理视域下构建社会治安防控体系探究［J］．领导科学论坛，2023（1）：70.

基层的社会矛盾时,在决策中不能只进行事实判断,还要进行价值判断。基层政府解决矛盾的本质就是维护基层民众的利益,依赖信息技术单一的技术和算法工具只会损害决策的公平性,出现"去人性化"的问题。

其次,信息技术监管体系不完善,导致隐私权受侵犯。基层社会矛盾信息数据存在多源性,多部门、多层级、多主体在信息平台建设规划上多站在自己的角度考虑,采用不同的信息处理标准,不同部门和地区各有自己的一套流程、技术、安全标准,导致数据缺乏统一的规范,不利于进行数据的共享交换,导致政府、社会、个人获取公共数据渠道不畅通。政府部门之间数据共享权责界限模糊,导致政府部门对基层社会矛盾数据安全监管不足;相关监管机构在具体实践中存在一定的监管缺位,不仅导致执法威慑力不足,在信息泄露时取证困难,还导致侵犯基层民众用户隐私、算法歧视、平台垄断等不正当竞争行为的发生,严重威胁个人的数据安全。

最后,信息技术衍生"电子官僚主义""形式主义"。信息技术处理社会矛盾改变了传统社会矛盾处理的主客体,以"技术"代"人"的现象使以往人民群众与基层公职人员之间的人际关系逐渐转变为群众与机器之间的人机关系和群众与网络之间的人网关系。越来越多的人民群众通过电子机器等形式进行利益表达,而冷漠的人机关系相较于传统的人际服务关系更容易造成政府人员与群众的疏远。相关人员如果一味满足于技术发展带来的便利,脱离群众、脱离实际去谈工作、讲成绩,那么不仅会使基层矛盾处理中科技运用趋异化,还会演变成电子化的"形式主义"。基层干部如果不能真正深入基层去听群众之所想、解群众之所困,就无法获得最广大人民的支持,就会变成"线上亲民亲政,线下距民千里",从而引发人民群众的不满,影响党群干群关系,抹黑党的形象,造成极大的危害。同时,"电子形式主义"偏重于电子备案、电子留痕,是庸政、懒政思想的体现。一些基层干部在开展实际工作时脱离群众,偏好于翻阅往年的电子材料,而不对现实问题进行调研,不深入基层、不发现问题、不解决问题,只是盲目地开展相关工作,通过电子材料的整理和拼凑来达到完成工作的目的,导致群众的实际问题并未得到有效解决,工作的实际效果大打折扣。

(三) 信息暴力控制不足

自媒体时代下,自媒体信息暴力的发生突破了时间、空间的限制,易出现泛滥的态势，使公民权益和社会公共利益受损。① 信息技术处理社会矛盾偏差容易导致信息暴力，基层政府对信息暴力控制不足会激化社会矛盾，影响社会稳定有序运行。

首先，基层政府对涉及社会矛盾的信息引导方式单一。当互联网上出现一些指责基层政府的信息，特别是这些信息有可能严重地影响政府形象时，基层政府往往希望采用一种快速处置的办法来解决问题，在实际工作中经常采用删帖和断网等强制手段来封锁信息。在很多情况下，基层政府对本地网站和论坛的封锁，反倒刺激民众转战到全国性的论坛或者网站。政府如果一味地封锁信息，反倒会激起民众的各种遐想和猜测，一些民众反而会坚定认为其中肯定存在某种"猫腻"行为，或者至少说明这种信息有可能是真实的。政府采用删帖、断网等方式来封锁信息，其初衷在很大程度上是为了避免事件的恶化和扩大化，但是一味地"堵"反而会使网络中各种谣言和传言泛滥，导致社会公众对政府产生严重的不信任感。更可怕的是，一些不法分子和社会不安定因素很可能会乘虚而入，借机肆意煽动民愤、恶意造谣，使一些网民群体为他们所用，盲目参与网络矛盾事件，使本来可控的局势在短时间内恶化失控。

其次，信息暴力控制缺乏足够的法律法规依据。我国目前关于互联网方面的法律有《全国人民代表大会常务委员会关于维护互联网安全的决定》《中华人民共和国电子签名法》《全国人民代表大会常务委员会关于加强网络信息保护的决定》和国务院各部委根据需要公布的部门规章。在这些法律法规中，绝大多数属于部门规章、地方性法规和地方政府规章，立法层次低、法律效力低、适用范围有限，尤其是地方性法规具有很强的地域性，效力范围仅限于本地区，直接影响实施的效果。长期以来，基层政府在规范互联网运行中"头痛医头，脚痛医脚"，相关法规建设缺乏整体性，不同主管部门之间缺乏支持、映射和关联，法规之间存在冲突，这给法规的执行造成了障碍。在信息暴力控制中，立法存在薄弱环节和空白领域，信息暴力中出现的许多新问题、新现象是传统的法律所无法应对和解决的，导致一些程度较轻的信息暴力一直处于"真空地带"。

最后，信息暴力控制不及时。信息暴力网络传播速度极快，基层政府对信息暴力的控制采取"多头管理"体制，这种体制存在部门职责划分不明确、权限不清的问题，致使有利益的地方部门均想插手，而无利益的地方部门之间则

---

① 周志钧，顾亚慧. 自媒体信息暴力的危害及防范 [J]. 北京航空航天大学学报（社会科学版），2019，32（4）：3.

相互推诿，造成"九龙治水"的局面，致使监管失效。基层政府在信息暴力控制过程中，也会刻意地使用拖延战术，企图不回应或者推迟回应，使信息暴力自动消停。政府采用拖延战术有其固有的逻辑，就是对不了解的信息或者有可能引起争议的信息保持缄默，从而避免"引火上身"。一般来说，及时准确地发布涉及社会矛盾处理的具体信息，不仅是民众的期待，还是政府的职责所在，在很多情况下，政府对一些信息暴力事件回应不及时使政府失去话语权，从而使政府公信力受到重创。

第四节　多元社会矛盾的演化规律

矛盾演进规律是矛盾在产生、发展、演进过程中内在的、本质的、必然的稳定联系，对内体现为不可避免的发展趋势，对外呈现为矛盾发展变化的基本轨迹。矛盾的性质、发生的场域、矛盾主体之间、利益冲突内容等不同，其演化的规律具有一定的差异性。矛盾演进的规律也具有共性，主要经过四个阶段：矛盾—风险—危机—事件。

一、矛盾滋生

矛盾纠纷的演进有两个阶段，第一个阶段是矛盾纠纷的滋生阶段。在社会转型的新时期，因改革的深化触及了深层利益调整，人民内部矛盾逐渐浮现，突发矛盾事件不断发生。在这一阶段，社会因子、政治因子、经济因子、文化因子和情感因子等单独或复合形成了不同类型的矛盾纠纷。第二个阶段是矛盾纠纷的发展阶段，小的基层纠纷不断演化成社会矛盾，产生社会稳定风险甚至造成矛盾事件。

总的来说，基层纠纷的起因更多在于两方面：一是利益纠葛，二是互动冲突。因而，影响基层纠纷的主要因素也就来自利益关系和社会心理，社会主要矛盾对基层纠纷的影响归根到底也是通过这两大类因素实现的。综合来看，社会主要矛盾转变影响基层纠纷的机制可概括为"利益传导—心态搅动"机制。一方面，社会主要矛盾转变导致总体利益格局的变化会通过利益传导机制，引起基层社会利益关系的变动，由此也就对基层社会利益纠葛类纠纷的形势产生影响。例如，基层的一些转型性矛盾纠纷，或"增长型利益诉求"引起的纠纷等，某种意义上就是社会主要矛盾在基层的具体呈现。

此外，我国当前的社会主要矛盾转变为人民日益增长的美好生活需要和不平衡不充分的发展之间的矛盾。在经济高速发展的过程中，经济发展与社会、生态环境发展之间不均衡不协调问题也日益凸显，而且社会内部发展的不均衡不充分问题也渐渐突出。社会转型导致了发展型矛盾，而社会矛盾又影响了基层纠纷，涌现了新的问题或新的矛盾，这些问题或矛盾必然会影响基层民众的社会生活，由此也可能出现相应的生活性的矛盾纠纷。例如，在不均衡不充分发展这一宏观问题的影响下，基层民众对公平、正义、安全的需要显著增强。基层纠纷的内容越来越多地涉及民众对权益的主张，例如，征地拆迁纠纷、劳资纠纷、环境纠纷、干群纠纷以及邻里纠纷等。在纠纷中，发生争执和纷争的缘由在一定程度上会受主要矛盾转变而带来的价值观和社会心态的变化的影响。

我们基于社会动力学的视角来看，矛盾的演进发展，本质上可以看作在特定场域下能量的不断积攒和爆发，即从社会矛盾的产生开始，内部能量不断积累，通过某一导火索事件的诱发最终能量在某个点爆发，导致矛盾事件乃至更严重的灾难产生。

二、风险积累

矛盾纠纷的演进可以概括为"矛盾纠纷—风险累积—涉稳风险"。基层的矛盾纠纷演进为社会稳定风险是一个逐渐累积的连续过程，在层出不穷的矛盾纠纷下，社会怨气不断累积，导致社会气场"压强"不断升高，同时风险也随之不断升级，最终可能会产生危害到社会系统平衡稳定的风险，即社会稳定风险，如果这种风险并没有得到有效控制，那么甚至可能会引发危及社会秩序的突发事件。

一方面，表现为心理特征。在现实生活中，有些纠纷的产生跟社会交往互动情境和行动有关，在特定情境中，人们因互动而偶发摩擦，进而可能出现冲突的升级，导致纠纷。在此过程中，社会心理或社会心态起主要作用。例如，社会冲突理论中的"结构变化模型"显示，一些冲突的升级主要是由冲突双方在互动过程中因心理和群体的变化导致冲突结构的变化而产生的。激化矛盾并引发冲突和纠纷的社会心理虽受很多复杂因素的影响，既有个体的因素，也有群体的因素，但社会环境因素也是不可忽视的重要影响因素之一。社会主要矛盾的变化也意味着社会环境的改变，在新的社会环境中，基层民众的社会心理或社会心态会受到一定程度的影响，由此出现与以往有所不同的社会心理和社会心态，这种变动的社会心态也会影响社会交往互动，从而对基层社会的冲突和纠纷形势产生一定的影响。这种影响既可能促进基层纠纷和冲突的缓和与削减，也可能会激化和助长基层的矛盾纠纷。

在这个阶段，心理因素的影响尤为突出，刘能等社会心理学者对无直接利益相关的矛盾事件发生机制进行研究发现，"移植的怨恨"和施展暴力带来的直接心理酬赏，构成了这一类参与者的主要行为动机。① 陈涛和杨悦通过个案研究发现，底层群体的抗争心理呈现出复杂化和多元化的特征，从抗争历程看，主要经历"寻求公证→心理失衡→弱势认同→正名"四个阶段。面对基层政府，底层群体存在依赖、畏惧、怨恨和理解等心理类型。② 王庆功等认为，导致矛盾事件发生的社会心理冲突主要经历"认知偏差→心理焦虑→心理失衡和冲突→（诱因）宣泄"四个阶段。③

在生活中，矛盾纠纷在各个不同场域时有发生，也多是出于心理因素，因民众的怨气和不平衡心态而产生，由于基层纠纷具有平常性、个案性、偶发性等特征，难以引起足够的重视，常常被认为是难以也无需控制防范的私人事件、无规律事件。我们需要注意的是，社会风险乃至危机往往都是在基层社会矛盾纠纷缺位的情况下滋生的，建立有效的基层纠纷管理机制能够对由矛盾纠纷引发的社会风险进行防范和管控。

另一方面，表现为规模与概率特征。当前，社会主要矛盾的转变反映了发展性问题变得越来越突出，这些问题的出现不可避免地对社会生活领域产生了影响，因而也会引发更多的基层纠纷。吴忠民认为，在社会快速变迁的阶段，社会矛盾的演化空间比较大，一些小的矛盾纠纷可能会演变为较大的社会矛盾。④ 例如，无论在城市还是乡村社会的基层，家庭和邻里之间因房产问题而发生的纠纷出现了迅猛增长的趋势，这些纠纷的增多与快速的开发及不均衡发展有密切关系。在土地开发和房价快速上涨的过程中，民众的心态也在发生巨大变化，而在快速巨变中制度规则的准备又不充分，因而矛盾和纷争也就不断增多。并不是所有的矛盾纠纷都一定会构成社会稳定风险，在这种情况下，如何辨别不同矛盾纠纷的涉稳风险可能性，识别其可能发生风险的方式、规模并采用合理的方式进行控制和化解就至关重要。

---

① 刘能. 怨恨解释、动员结构和理性选择：有关中国都市地区集体行动发生可能性的分析 [J]. 开放时代，2004（4）：60.

② 陈涛，杨悦. 环境抗争中底层群体的社会心理：基于蓬莱 19-3 溢油事件的案例阐释与拓展分析 [J]. 中国地质大学学报（社会科学版），2016，16（1）：105.

③ 王庆功，张宗亮，王林松. 社会心理冲突：群体性事件形成的社会心理根源 [J]. 山东社会科学，2012（9）：55.

④ 吴忠民. 转型期社会结构问题对社会矛盾的催生 [J]. 中国特色社会主义研究，2015（4）：85-90.

三、危机产生

国内当前对社会风险的研究与矛盾事件联系紧密，而矛盾事件作为一种具有代表性的社会冲突事件，符合"涉稳风险—社会冲突—社会安全危机"演进规律，且目前国内对风险的研究多把视角聚焦于"社会风险后果"上面。

基于动态演进视角研究"风险—危机"的演化路径规律，我们可以从两个角度入手。第一种是正向演进，即风险在一定自身影响因子的作用下，通过风险逐渐累积放大导致量变引起质变，不断扩大，最终成为公共危机。第二种是潜在风险和风险消弭，即风险在一定外力的影响下，破坏其原有的因子结构，在风险放大转化的过程中采取有效措施干预，使风险在较长时间永久不会扩大发展，导致更严重的后果。以上两条演化路径特征的研究，都离不开本身因子结构的影响，一定程度上来说，是否能够干预本身因子结构的组成，成了能否有效解决风险放大的重要因素。因此，本书将结合因子结构对演化路径特征开展研究。

第一，矛盾的正向演进，即"风险"引发"危机"，体现为如下五个特征。

1. 时序特征。时序特征分为时间特征和顺序特征两方面。从演化时间长短来看，传统的由风险渐进累计导致的危机爆发需要一段时间的发展，整体演化较慢；由局部偶然事件形成强烈共振，导致风险爆发为危机的情况则截然不同，在短时间内就会快速导致更严重的后果。从演化顺序来看，"风险—危机"的演化过程都绕不开一个"冲突点"，无论是风险的渐进积累还是局部偶然事件形成的强烈共振，它们都遵循在经历一个冲突点或量变引起质变后快速引爆，进而导致危机产生的演化规律。

基于时空因子的特征研究发现，在一些敏感的社会时间（政治活动和重大历史事件时间）和自然时间内，风险放大的现象更容易产生，并且考虑到城市更新中的物质增量和社会利益整合失衡，网络社会发展能够引起时空扩展，放大人们在局部时空中形成的心理体验，人们可以通过网络空间形成社会共识和情绪共振，这更易推动风险累积效应。而因空间因子的加成造成的空间排斥感以及群体积聚效应都将风险本身越引越烈，当风险积累到一定程度后需要一个突破口爆发，就产生了"社会冲突"。冲突产生后，需要外部力量介入进行调停，其结果的成功与否将决定危机是否进一步向危机快速转化或者不再升级。

因此，"风险—危机"的时序特征总体上在时间曲线上存在一定的变率，而在发展顺序上需要把握"冲突"这个转折点，从而控制事态的升级和发展。

2. 规模特征。风险向危机演化的过程中，规模呈现持续扩大并在一定时间后达到顶峰的特征。基于经济因子的特征研究发现，在长期经济高速发展的中国语境中，这种利益主要指经济利益。分配机制的失灵和供需关系的失衡导致原来属于利益群体的经济利益减少或被其他利益群体掠夺。随着这种经济发展的加速，贫富差距不断扩大，原本个人与个人之间的冲突逐渐扩大到个人与群体、群体与群体之间的冲突导致风险的规模不断累积扩大，达到爆炸临界点，升级为大规模的公共危机。

政治因子的存在又在一定程度上对风险规模的演化产生影响。行政伦理的缺失，例如，行政人员或行政机关对公共性和公共利益的漠视引起群众不满，导致底层群众陷入了"不闹不解决、小闹小解决、大闹大解决"的恶性循环中，进而带来民众对政府公信力的质疑。马广海认为，众多事实表明，在矛盾事件中对地方政府的信任缺失，既是民众集体行动的一种社会心态表达，也是矛盾事件发生发展重要的催化因素。① 由于官方不被信任，官方制度也面临失灵，风险规模在一些非制度化的途径中不受控制地发展扩大，最终在临界点爆发，突变为影响深刻、参与人数规模庞大的公共危机。

从整体视角来看，"风险—危机"演化规模特征是一个渐进扩大的过程，并且不断扩大的规模将在某个临界值后突变，引发公共危机，造成更为严重的影响，引起更大规模的冲突。

3. 成因特征。导致风险的成因纷繁复杂，由于矛盾成因具有多样性，不同纠纷类型的特有属性导致风险演化为危机的过程也各不相同。以民事事由为成因的风险，例如，婚姻家庭纠纷（包括家暴纠纷）、邻里纠纷、物业纠纷等，通常能在风险转化为危机之前通过外力干预调停；涉及以经济利益纠纷为成因的风险，例如，消费纠纷、生产经营纠纷、交通事故损害赔偿纠纷、民间借贷纠纷、房屋类纠纷（房屋租赁、房屋买卖）、劳资纠纷、征地拆迁纠纷等，往往涉及多方面的因素考量，且本身情况复杂，一旦处理不当，导致风险情绪增加，由原来简单的单一成因转变为多因素共同作用下的复合风险，更易导致后果严重的公共危机。

基于社会因子和文化因子的研究，相同成因的风险并不意味着演化规律就完全一致。受社会地位、社会制度的影响，以及社会空间的加成作用，相同成因的风险由于引发风险当事人的年龄性别、受教育程度、职业、政治身份以及户籍等多重因素的改变，会使风险的演化具有不确定性。

因此，风险成因是影响"风险—危机"演化规律的属性特征，成因的复杂

---

① 马广海. 存在、认同与冲突：转型期我国社会的阶层意识概览 [J]. 山东社会科学，2011（5）：64-72.

性使演化具有极度的不确定性。

4. 心理特征。情感取向的研究从微观上关注行动者的日常体验，强调不满情绪、不平等感、剥夺感、压迫感、挫折感、怨恨等心理因素对集体行动的重要影响，认为在群聚情境下，个体思维和行为方式受彼此情绪感染而在一定程度上呈现非理性状态。因此，风险向危机演化的心理特征也应当是非线性的变化，受多因素干扰，但总体上呈现渐进累积的特征。

基于情感因子的研究，集群具有三个要素，使一些个人平时不易发生的行为在群体中完全显露出来。（1）感染性。置身于集群中的人们互相感染、互相刺激，新的思维方式会像传染病一样在集群中迅速蔓延。（2）匿名性。个人会消失于集群之内，好像隐姓埋名。个人的行为别人不易察觉，可以将行为后果转嫁给其他人，容易推诿责任。（3）暗示性。在集聚效应的影响下，风险呈梯度式渐进，风险一旦超过公众心理承受能力，就会影响公众行为选择引发冲突，进而放大为公共危机。

5. 概率特征。风险演化为危机的概率特征是受到多因素共同影响的结果，具有极强的不确定性。对"矛盾—风险"阶段的大概率事件而言，其概率相对较小，但并不意味着这一阶段的演化就是"黑天鹅"事件，如果不进行有效的措施干预，仍可能转化为后果更加严重、影响更加广泛的公共危机甚至事件。概率的确定以及测量，需要对大量的实证结果进行充分的调研与计算，并且结合定量模型进行进一步的明确。本书对此不再赘述。

第二，潜在风险和风险消弭。风险演化的另一个方向则是风险化解消弭和潜在性风险。这一演化阶段意味着风险在较长时间或者永久不再放大，故仅在整体性视角上对其特征进行概括与总结。同样受到时空、政治、社会、经济、文化和心理的结构因子的影响，部分风险在有效外力的干预下，某些结构的解体导致风险不再持续渐进累积，转而反向化解，形成风险消弭。在规模和心理特征上，风险都呈现逐渐缩小趋于平稳的状态。

部分风险的化解尽管已经不足以累积引发公共危机，但我们始终需要警惕潜在风险引发的"风险再生产"。由于社会因子、文化因子的持续存在，集聚效应不会消失。经济的快速发展与多重复合因素的交杂是呈正相关的，管理的统一化和运行逻辑的单一化在降低管理成本、提升管理和运行效率的同时，也为风险的生产和再生产预留了空间。因此，潜在风险演化的最鲜明特征就是随时随地的反弹性和不可控性，这就要求政府风险防范化解常态化，并且重视事后回访，形成闭环。

四、事件形成

社会危机的爆发，一般会以矛盾事件和个人极端暴力事件等形式出现，两者对社会均有较大的影响，因此将这两类事件统称为"社会事件"。不同于西方社会运动强烈的政治冲突情景和诉求，在中国语境下，在社会危机向社会事件的演化过程中，社会矛盾的政治属性较弱。所以，在中国语境下，社会危机向社会事件转化的过程，具有时空的场域特征、社会的情景特征、经济的纠纷特征、文化的冲突特征和情感的失衡特征。

本章小结

随着经济社会的不断发展，中国基层社会也发生了翻天覆地的变化。在变化的背后，不可忽视的一个重要问题就是基层社会矛盾的客观存在。基层社会结构转型和社会阶级结构固化导致社会流动性降低，基层弱势群体的社会地位边缘化，在利益表达方面话语权不足，加之基层群众的相对剥夺感与心理失衡、社会病态心理冲击，在基层形成了多元的思想冲突和价值冲突。作为基层社会矛盾治理关键的基层政府囿于自身经济发展水平、社会资源等因素，在社会矛盾治理中出现行动困境，在治理策略和治理方式的执行中出现偏差，特别是社会矛盾化解渠道与配套措施不健全、信息技术应用偏差、对涉及社会矛盾的信息暴力控制不足导致一些基层社会矛盾没有得到有效的化解，诱发一些矛盾事件，激化了社会矛盾，阻碍了基层的稳定和谐发展。

第六章

经济发展与社会矛盾

　　经济发展与社会稳定始终是社会科学研究的经典问题，二者的关系可以浓缩为增长与冲突。增长不仅会增加国家间的冲突，而且会引发国内冲突。"这种根据现代性与稳定性之间的相互关系进行的推论貌似顺理成章、合情合理，其实却是不能成立的。事实上，现代性孕育着稳定，而现代化过程却滋生着动乱。"① 从民族国家内部角度来说，增长与冲突的关系始终面临着一个"发展悖论"问题，即发展必须与社会分配同步进行，否则就会引发社会问题。一些研究表明，从人均国民生产总值（GNP）200 美元到 800 美元的时期，既是各种经济发展变量变动最激烈的时期，也是政治结构与社会结构发生急剧变化和重新组合的时期。这意味着经济发展与社会稳定相互影响，互为对方发展的影响因素。就经济发展对社会稳定的影响来说，经济的高速发展一方面可能缓和旧的社会矛盾，创造社会稳定，另一方面会带来新的矛盾类型，引发新的社会冲突。马克思主义认为，经济基础决定上层建筑，据此而言，经济因素是影响社会矛盾的根本性因素。本章循此探讨经济发展与基层社会矛盾的关系，主要从经济发展与基层社会稳定的一般关系开始着手，讨论经济发展影响基层社会稳定的基本维度，并在此基础上分别从经济发展模式和经济发展成效两个角度探讨经济发展对基层社会矛盾的影响。

第一节　经济发展与社会稳定

　　社会冲突是人类社会关系的一种常见形态，主要是指"不同的个体或群体双方或多方的行动方向、目标不一致，并且相互对抗的一种社会互动形式"②。

---

① 亨廷顿. 变化社会中的政治秩序 [M]. 王冠华，刘为，等译. 上海：上海世纪出版集团，2008：31.

② 朱力. 转型期中国社会问题与化解 [M]. 北京：中国社会科学出版社，2012：259.

冲突的本质是利益冲突，利益冲突在人类社会中普遍存在，无法被完全根除。由此，社会矛盾与冲突具有普遍性和持续性。当然，社会矛盾与冲突具有程度上的差异性，这种差异与利益冲突的激烈程度相关。那么，利益冲突的激烈程度又是由哪些因素决定的呢？从经济发展的角度来说，个体利益、社会结构和社会心理都是影响利益冲突激烈程度的重要因素。

一、经济发展与个体利益

个体收入会影响利益冲突的激烈程度，进而影响整个基层社会的稳定。个体收入实际上反映了社会利益的整个分配结构。从利益的角度来看，经济发展对基层社会矛盾的影响主要体现在三方面。

（一）改变利益分配关系

经济发展会带来整个劳动再生产的再造，这个过程本质上是利益分配关系的改变。从世界主要国家的发展历程看，经济发展会带来两个利益分配结果：一是利益分配不均等，二是利益分配相对均等。前者表现为国家内部贫富差距过大，国家没有或者无力对社会财富差距过大问题进行调控。后者则表现为国家通过政策工具手段，通过利益初次分配、再次分配甚至第三次分配，对社会财富差距进行调适，从而保持了相对均等的状态。比较来看，当国家无法对内部贫富差距过大问题进行调控时，社会矛盾与冲突就会接踵而至。在这种状态下，社会矛盾与冲突主要表现为富裕群体和贫困群体之间的冲突与矛盾。解决这类矛盾的路径主要是对利益分配关系进行调整。当然，在利益分配关系中，无论是冲突矛盾的爆发还是调适，它们都是一个长时间的过程。从国家治理的层面看，经济发展改变利益分配关系，社会矛盾与冲突主要考验一国的国家治理能力尤其是平衡治理能力。[①] 这种平衡治理能力主要是指国家在推动经济发展的同时能够及时调适和缓和发展引发的利益关系问题。

（二）增加利益冲突类型

经济发展进一步推动城市化的发展。改革开放40余年来，经济在保持高速发展的同时，城市化进程也取得了长足进步。城市化发展大大增加了基层社会矛盾的类型。譬如，拆迁类矛盾始终伴随着中国城市化发展的过程。数据显示，

---

① 付建军. 从发展型国家治理到平衡型国家治理：韩国国家治理转型的道路选择 [J]. 社会主义研究，2015（5）：78-87.

21世纪初的部分地方因拆迁而上访的事件数量占上访总数的四成左右。① 再如，从当前城市社区的矛盾纠纷构成看，新建商品房的物业矛盾纠纷成为主体，物业矛盾纠纷常年占据12345市民热线投诉的首位。此外，近年来随着互联网经济尤其是平台经济的发展，外卖纠纷、打赏纠纷、出行纠纷等也开始加入社会矛盾纠纷的队伍中。可以说，当前我国基层社会的利益冲突非常多元，这种多元在城乡空间层面呈现出非均衡性的特点，即城市利益冲突类型明显多于乡村社会。这决定了人口净流入地区应当成为基层社会矛盾化解的重点对象。比较来看，21世纪以来出现的各种新型社会矛盾与冲突在过去很长一段时间内是不存在的，利益冲突类型的增多对既有的社会治理体制提出了挑战。一方面，在较低层次上，如何通过社会治理体制改革与创新，更好地化解新的利益冲突问题，是摆在中央和地方政府面前的一个紧迫问题。另一方面，在较高层次上，如何在制度层面建立一个制度化和一体化的利益协商平台，也是中国式现代化推进过程中无法绕开的一个问题。

（三）加剧利益冲突程度

经济发展加剧利益冲突程度的一个重要表现是劳资关系冲突。"随着资本权力的不断强化，包括劳动要素在内的其他要素的地位将会日益弱化，最终必然导致社会矛盾的极度尖锐化，必然引起整个社会体系的大危机，甚至社会体系的崩溃。"② 一个关于基层社会矛盾纠纷类型的调查显示，当事人经历过的纠纷数量排名依次为"借贷债务纠纷""劳动纠纷""婚姻家庭纠纷""合同纠纷""轻微刑事纠纷""计划生育纠纷""土地承包合同纠纷"和"医疗纠纷"等，③从这个数据看，经济类纠纷无疑是基层社会矛盾的主体。具体来看，劳资矛盾又可以进一步分为工资拖欠抗争型、薪酬福利不满型、工伤争议型、辞职辞退博弈型及社会保障薄弱型五大类别。④ 此外，现实中，中国还普遍存在非正式用工或者非正规经济问题。这些非正规经济创造的就业岗位缺少必要的社会保障，同时也不受国家劳动法保护。按照黄宗智在2009年的研究中提供的数据，

---

① 李强．城市化进程中的重大社会问题及其对策研究［M］．北京：经济科学出版社，2009：218.

② 杨海涛．转型期中国劳资矛盾问题的政治经济学解释［J］．学海，2018（6）：133-144.

③ 梁平，陈焘．基层社会矛盾化解与法治化治理研究［M］．北京：法律出版社，2017：50.

④ 李琼英，朱力．现阶段我国劳资矛盾的类型、趋势及对策［J］．中州学刊，2015（12）：72-77.

这部分群体的人数为 1.68 亿。[①] 当然，随着我国用工制度的日益规范化，非正规经济问题得到了一定的改善。应当说，这种用工形式的存在在某种程度上可能软化了劳资矛盾的程度。这里提出的经济发展加剧利益冲突程度并不是要否定经济发展的价值，仅是强调经济发展可能会给利益冲突带来加速作用。从劳资冲突的角度出发，经济发展加剧利益冲突是一种普遍性现象，无论是在发达国家还是在发展中国家，劳资冲突问题都始终存在。不同于发展中国家，发达国家针对劳资冲突问题建立了常态化的协商平台，当冲突发展到难以调和的时候，可以通过制度和政策工具进行化解。由于发展中国家处在世界经济体系中的非核心位置，产业优势建立在人口红利的基础上，关于劳资冲突的制度化化解平台仍然面临着较多的有效性挑战。

二、经济发展与社会结构

经济发展除通过改变利益分配结构引发社会矛盾与冲突外，还会通过改变社会结构影响社会的稳定。具体来说，经济发展主要通过影响社会分工结构、关系结构和规范结构来影响社会稳定。

（一）经济发展会改变社会分工结构

政治社会学中的橄榄球社会是对经济发展与社会分工结构关系的生动描述。橄榄球社会，主要是指中产阶级群体在社会结构中位于主导位置的社会，这种社会的稳定性水平最高。经济的快速发展会改变人们的就业形态。一方面，经济发展会带来失业问题，失业人群的增加显然会对社会稳定构成挑战。另一方面，经济发展会带来新的就业形态，进而可能形成新的社会阶层。这种情况在21 世纪以来的中国尤为明显，我们可以看到，21 世纪以来，随着民营经济的发展，出现了私营企业主、个体工商户、外企管理技术人员、中介组织和社会组织从业人员、自由职业人员等"新社会阶层"。[②]

互联网经济兴起以来，新的就业形态和群体进一步涌现，从事外卖员、网络直播等职业的人群越来越多，新兴职业群体已经成长为一支重要的劳动力量。这类就业人群与传统工人和农民工的就业形态完全不同，对既有的劳动法规等也提出了诸多挑战，随之产生的相关社会矛盾与冲突也较多。这对既有的社会整合体系提出了更高的要求，但从当前社会整合体系的回应来看，目前开展的

---

① 黄宗智. 中国被忽视的非正规经济：现实与理论 [J]. 开放时代，2009（2）：51-73.

② 张卫. 新的社会阶层组织化：必然、应然与实然 [J]. 江海学刊，2022（1）：125-133.

社会整合显然是比较乏力的。① 不过，这类社会矛盾与冲突主要集中在新兴职业形态与雇主之间，本质上仍然是劳资关系，但因为嵌入了互联网因素，劳资关系则更加模糊。当然，经济发展与社会分工结构的关系也有积极的功能，经济的持续发展会优化社会分工结构，中产阶级在整个社会结构中的比重会持续增加，进而对整个社会稳定起到积极的助推作用。从这个角度来说，经济发展通过改变社会分工结构来影响社会矛盾与冲突，这仅仅是阶段性的。

（二）经济发展会改变社会关系结构

经济发展会改变社会分工结构，而社会分工结构的改变建立在人口流动的基础上，由此又带来了第二个问题，即经济发展会改变社会关系结构。在单位制和人民公社制时期，社会治理的一个基本条件和基础是人口流动性差。在这个条件下，很多社会问题都是通过单位和人民公社两种组织来化解的，因此这个时期的社会矛盾与冲突很难扩散。随着社会主义市场经济体制的建立，我国的经济取得了长足发展，经济的发展建立在劳动力供给的基础上，这就为人口的流动创造了巨大空间。我们可以看到，中国经济发展过程中伴随着人类历史上空前的人口迁徙，主要表现为从经济不发达地区向经济发达地区迁徙，从中西部和东北部向东部和南部沿海迁徙，从地级市和县乡向省会城市迁徙。

人口迁徙深刻改变了社会关系结构。在农村，人口迁徙前的社会整体仍然属于"熟人社会"，社会关系较为成熟，社会资本较强。持续的人口迁徙已经在一定程度上侵蚀了"熟人社会"的关系基础，使原本熟悉的邻里关系也开始变得"陌生"。很多乡村只有在国家重要项目执行的过程中才能够重新激活社区共同体记忆。在此背景下，传统通过"熟人社会"关系化解冲突和矛盾的有效性就遭到严峻挑战。在城市，人口迁徙进一步促进了城市人口结构的多元化，而人口结构的多元化在城市社会治理层面上则进一步表现为在既定空间中的各类矛盾和冲突开始增多。譬如，城市人口的增加导致社区群租问题始终存在，社区群租不仅存在安全隐患，而且影响社区邻里关系，围绕群租扰民的社会矛盾纠纷始终存在。再如，城市很多老旧社区普遍面临停车难的问题，而租住人员的加入进一步加剧了这个问题的解决难度，租客和业主围绕停车问题的矛盾纠纷始终是城市市民热线的重要内容。

（三）经济发展会改变社会规范结构

社会分工结构和社会关系结构的改变进一步带来社会规范结构的改变。所

---

① 吴忠民. 中国中近期社会动荡可能性的研判［J］. 东岳论丛，2013，34（1）：17-38.

谓的社会规范结构,按照诺斯的说法,主要是指社会习惯、风俗和约定俗成的非正式制度。就化解社会矛盾冲突而言,非正式制度与正式制度一样发挥着重要的作用,甚至很多社会矛盾冲突的化解主要依靠非正式制度。应当说,在单位制和人民公社时期,中国基层社会是一个组织化程度很高的社会,农村仍然存在较多的传统社会规范因素,城市则主要依靠单位制建立起来的社会秩序来调解矛盾冲突。单位制和人民公社制度瓦解后,整个基层社会的组织化程度开始急剧下降,流动起来的个体很难找到对应的组织。① 由于中国社会团体本身并不发达,个体的原子化发展趋势日益明显。

目前,乡村和城市两个空间下的社区都缺乏充分的社会规范约束,无论是乡村社区还是城市社区,都亟须构建一套具有内生性特征的社会规范秩序。目前,各地的基层治理创新都在试图推动这一工作,但因为很多社会规范秩序由行政主导形成,缺乏内生性,对很多社会矛盾冲突的化解缺乏有效性。在上述背景下,当个体遭遇社会矛盾纠纷时,只能通过正式制度来寻求化解方案,其结果是正式制度承担了大量社会矛盾纠纷的化解任务。此外,由于相关考核制度的引导,稳定因素被各级政府视为重要工作,各级政府在对待社会矛盾纠纷问题时更多采取堵的治理策略,进而降低了社会矛盾纠纷的化解质量。

三、经济发展与社会文化

从韦伯开始,有关经济发展与社会文化的讨论就始终存在。在韦伯那里,社会文化作为促进经济发展的因素被对待。反过来,经济发展也会影响社会文化。一个典型的例子是现代社会女性选择生育的意愿明显弱于现代社会前阶段。这个结果由多重因素导致,但女性观念的改变在其中扮演重要角色。整体上看,经济发展通过影响社会文化进而塑造社会矛盾与冲突的化解空间。换言之,社会文化也是影响社会矛盾与冲突化解的重要因素。

(一) 强化工具理性

前文已经提到,经济发展到一定阶段后,会对既有的社会规范结构产生影响,当社会规范因素对整个社会的约束引导作用开始式微后,整个社会就会被工具理性充斥。社会层面的工具理性,是指社会多数个体以财富作为衡量价值的主要标准,个体交往也以工具主义策略为主要内容,由此带来的问题主要有三个。一是价值虚无主义,即社会个体在精神世界层面陷入自我怀疑的旋涡,个体在信仰层面的空缺进一步为其他力量的介入创造了条件。二是个体利益最

---

① 张静. 中国基层社会治理为何失效? [J]. 文化纵横,2016 (5):30-34.

大化，即社会个体在社会交往过程中以个人利益最大化为首要目标，团体利益、公共利益尤其是国家利益被放在个体利益最大化的后面。这种利益排序使很多社会冲突与矛盾难以在社会内部被消化，尤其是涉及公共议题的冲突与矛盾难以通过协商途径解决。三是社会资本弱化。当个体在社会交往中以个人利益最大化为行动准则时，个体之间的信任关系需要强社会规范的约束才能够建立和持续，此时如果缺乏强社会规范的约束，个体之间建立信任关系的难度就较大，进而影响社会资本的积累。社会资本的缺失进一步影响很多社会冲突与矛盾的化解。实际上，如果社会资本充足，很多社会冲突与矛盾可以借由社会力量自我化解，甚至很多公共议题可以通过社会自治的方式得到治理，而不会产生社会冲突与矛盾。

（二）塑造亚文化社会

经济发展在强化社会工具理性的过程中，会带来一个副产品，即塑造很多新的亚文化，这是由价值虚无主义、个体利益最大化和社会资本弱化等因素共同导致的。具体来说，亚文化主要表现为社会部分个体会形成特定的群体文化符号，并通过这种文化符号来体现该群体的价值独特性。在既定的资源背景下，不同的亚文化群体可能会发生冲突，这种冲突既有可能是不同文化群体围绕某种资源的冲突，也有可能单纯是基于不同文化符号的观念冲突。其中，后者对整个社会共识建设的影响越来越大。我们可以看到，目前互联网上关于某些议题的认识和立场分歧非常明显，甚至出现相互谩骂的情况，这表明部分群体围绕某些议题难以达成共识。这种观念层面的冲突带来的影响是，通过在各种议题的讨论中输出分歧甚至对立的观点，导致社会群体被分开甚至对立起来，从而形成观念沟壑。这些因素在社会结构层面上对社会冲突与矛盾的化解不会产生较多的积极作用，相反，可能会增加社会群体在某些议题上形成实质冲突与矛盾的可能性。

（三）影响社会整体心态

经济的发展通过个体交往行为和文化符号的塑造，最终会影响社会的整体心态。经济的正向积极发展会营造出一种积极向上的社会心态，个体在这种社会心态的引导下会形成积极的社会行为。经济的发展并不总是正向积极的，也会经历非均衡发展阶段，非均衡发展会导致社会心态出现消极变化。譬如，经济的非均衡发展会增加社会群体之间的潜在冲突，在心态层面具体表现为一些群体对另一些富人群体的仇视心理，这种心态主要见之于互联网舆论场。再如，经济发展给社会结构带来的消极影响，表现在社会心态层面就是内卷和躺平概念的流行。所谓的内卷和躺平，主要是社会个体对自身在社会结构中的位置以及对未来发展预期的形容和总结。从理论上看，内卷概念表达了量的积累而非质的突破的发展路径，这实际上并不是一个健康发展的状态。躺平则进一步表达了社会个体对未来自身发展的预期，显然这个概念并没有传递出一种积极的社会心态。这些社会心态叠加在一起就可能对社会冲突与矛盾的产生形成助推作用，同时也不利于社会矛盾冲突的有效化解。

第二节　经济发展模式与社会矛盾

经济发展的模式会直接影响基层社会矛盾的形态和规模，这种影响可以从三方面来理解。首先，经济发展的路径会影响基层社会稳定。粗放式的经济发展路径可能伴随着严重的收入差距和环境破坏等，这些因素最终都可能演化为社会矛盾与冲突。其次，经济发展的制度安排程度会影响基层社会稳定，尤其是在发展过程中对利益冲突进行调和的制度安排是影响基层社会稳定的核心变量。最后，经济发展模式存在一个切换的问题，在经济发展模式切换过程中，基层社会受模式切换的影响更大。这是因为，经济发展模式的切换本质是利益分配的变化，由此产生的利益冲突最终都会传导至基层社会，在基层社会形成矛盾。

一、模式转轨与社会矛盾

很多研究表明，一国在经济高速发展的初期往往伴随着社会冲突的急剧增加，然后随着经济的进一步发展，社会冲突开始减少，这个过程呈现出一个类似于驼峰的形状。[①] 从这个角度来说，经济发展的模式本身会对社会冲突与矛盾的多少产生影响。结合中国改革开放以来的发展，我们可以从四方面来分析经济发展模式转轨与社会矛盾之间的关系。

（一）从计划经济到市场经济中的社会矛盾

中国经济发展模式转轨的第一大表现就是从计划经济转向具有中国特色的社会主义市场经济。我国向社会主义市场经济模式转轨并不是一蹴而就的，而是经历了一定阶段的改革和探索。这个转轨并非一帆风顺的，而是伴随着很多社会矛盾的涌现和化解。譬如，从计划经济向市场经济转轨的一个重要工作是

[①]　刘涛雄. 社会冲突与经济增长：一个理论框架 [M]. 北京：清华大学出版社，2008：3.

国有企业的改制问题，国有企业改制必然涉及前文提到的利益分配问题，现实中主要是国有企业下岗职工问题。在一定时期内，国有企业下岗职工问题构成了当时社会冲突与矛盾的主要部分，因下岗而形成的群体性劳资冲突事件不断出现，冲突形式呈现出多元化的特点。[1] 安置好国有企业下岗职工也成为这一时期社会治理的重要内容。从这个角度来说，国有企业改革的顺利推进离不开对国有企业下岗职工问题的处置。

除了国有企业下岗职工问题，在从计划经济向市场经济转轨的过程中，为了支持工业经济的发展，政府的主要注意力都集中在此项议题上，农业、农村、农民问题在顶层设计中并未占核心位置。这个问题在 20 世纪末 21 世纪初开始发生变化，这种变化与当时农村存在的冲突与矛盾有很大的关系。应当说，在 20 世纪末，征收农业税是基层干部的重要工作，但也因此影响了一部分基层的干群关系，在此期间产生的矛盾事件数量较多。[2] 有学者开展过相关调查，腐败、下岗失业和农民负担过重被认为是影响中国社会稳定的三大突出问题。[3]这种格局在农业税取消后发生了根本性转变。有研究认为，取消农业税属于福利再分配改革和定向社会保护，是经济发展的补充，可以给农民带来明显的纵向获得感。[4] 在此背景下，农村社会矛盾冲突向邻里之间转移。

（二）从粗放经济到集约经济中的社会矛盾

在社会主义市场经济发展的过程中，很长一段时间内，国家经济发展的自主权主要由地方和基层政府掌握，这种经济分权式的发展模式确实在很大程度上推动了中国经济的快速发展，但也存在局限，主要表现为地方和基层政府过于追求经济发展速度，而缺乏对经济发展质量的关注，形成了粗放经济发展模式。由此导致的一个重要问题是环境污染问题，环境污染问题给社会矛盾与冲突问题的发生提供了条件。

在此背景下，党的十六大以来，从粗放经济转向集约经济构成了中国经济发展转轨的重要内容。党的十八大以来，国家着力推动粗放型经济向集约型经

① 何勤. 群体性劳资冲突事件的演化及应对［M］. 北京：社会科学文献出版社，2014：53.

② 梁平，陈焘. 基层社会矛盾化解与法治化治理研究［M］. 北京：法律出版社，2017：30.

③ 王绍光，胡鞍钢，丁元竹. 经济繁荣背后的社会不稳定［J］. 战略与管理，2002（3）：26-33.

④ 季程远. 再分配改革与获得感：以免征农业税改革为例［J］. 经济社会体制比较，2021（5）：29-40.

济转变。在中央层面，环保督察为推动地方和基层政府转变经济发展模式提供了持续压力。这种转变在很大程度上改善了很多地区的环境问题，因环境污染而产生的社会矛盾冲突现象大大减少。当然，我们也需要看到，在从粗放经济向集约经济转轨的过程中，部分中小企业因为生产污染问题而被关停，产生了一些社会冲突与矛盾。

（三）从城市经济到区域经济中的社会矛盾

在向集约经济发展的过程中，中国经济发展的整体路径开始出现变化。从中华人民共和国建立一直到改革开放初期，中国经济发展的主要路径是城市经济，即以核心城市为经济发展的主要引擎。差别在于，改革开放前，城市经济受计划经济发展思维的影响，不同城市被赋予了特定产业发展的任务。改革开放后，城市经济不再局限于特定产业，而是走向产业复合化发展。在此基础上，经济发展成为地方政府的首要任务，由此带来的一个重要问题是地方保护问题。地方保护主义不仅限制了生产要素的自由流通，人为地干扰了生产效率的提升，而且还导致地方政府在发展经济过程中没有处理好与企业的关系，部分地方的政企关系开始异化，使政府本应该发挥的监管功能出现失灵，进而引发了诸如食品安全等涉及国计民生的重要问题，不仅带来了社会矛盾，而且严重影响了政府在民众心目中的形象。

消除地方保护主义对建立国内统一大市场的消极影响，有利于社会主义市场经济的健康发展，由此以区域为载体的经济发展路径开始得到关注。从现实层面看，区域经济确实在推动地方经济发展的过程中发挥着越来越重要的作用，例如，长三角经济圈和珠三角经济圈在中国经济发展中的位置是不言而喻的。然而，区域经济的发展并不意味着城市经济的消退，在区域经济发展的过程中，各个城市政府依然是推动经济发展的主体。然而，区域经济发展缺乏内在统一的集体行动，由此带来的问题是，经济存量占优势的城市在参与区域经济发展的过程中会主动进行产业转型升级，侧重总部经济建设和高科技产业发展，而在这个过程中，落后产业和相关产业的制造环节被引流至经济存量不占优势的城市，引发了这些地区的资源再整合问题，导致一些地区又出现了环境污染问题，进而引发一系列的社会矛盾冲突。

（四）从国内经济到全球经济中的社会矛盾

21世纪初中国加入世界贸易组织（World Trade Organization，WTO）以来，中国经济就深度参与全球化，成为全球经济的重要主体，中国也因此成为"世界工厂"。中国深度参与全球经济，在帮助中国积累产业技术、引进外资企业、消化国内就业压力等方面发挥了重要作用，但中国经济深度绑定全球经济也面临着越来越多的挑战，其中第一个问题就是中国经济高度依赖外贸。从国际环境看，中国经济的发展引起了美国等发达国家的高度关注，政治制度层面的差异导致大国竞争日益激烈。以美国为例，从特朗普时期开始，美国就对中国实施了一系列技术领域的制裁。与此同时，美国开始重新提出制造强国口号，意图重塑全球分工格局。在此背景下，原有的全球分工格局开始出现变化，一些跨国企业开始在全球范围内建设工厂。俄乌冲突进一步加快了全球分工变化的速度，很多企业开始重新回到美国建设工厂。这些国际环境的变化实际上增加了国内生产企业的订单存续压力，订单变化对企业就业岗位规模的影响越来越大。

此外，中国加入 WTO 以后，成为"世界工厂"，由此形成了第二个问题，即本土产品与外销产品的双重标准。这个结果主要是由不同国家对相关产品的要求标准不同造成的。一般来说，欧美国家对相关产品的质量要求更高，尤其是食品质量。近年来，由相关产品双重质量标准问题而引发的社会讨论时有发生，民众基本上对企业生产双重标准产品行为持较为消极的态度。这些因素实际上成为影响社会矛盾冲突的潜在因素。

二、新兴经济与社会矛盾

中国经济的快速发展，尤其是与互联网相关的经济发展，在很大程度上催生了很多新的就业形态，与此同时也在一定程度上增加了社会矛盾冲突的生成空间。随着国家持续推进数字化转型，这些新兴数字经济领域未来有可能会成为社会矛盾冲突发生的重要载体，我国需要结合这些新兴数字经济领域的特点，从制度和机制层面出台相关的应对政策。

（一）网购经济中的社会矛盾

网购经济是建立在互联网基础上的一种经济形态，也是中国数字经济发展最早、最为成熟的一种经济形态。众所周知，网购经济的主体主要有淘宝、天猫和京东等。毫无疑问，网购经济在扩大国内消费方面发挥了巨大作用，但网购经济也有一些负面功能。其一，网购经济实际上对实体经济产生了一定的冲击。有数据表明，网购经济带动的就业人数要远远少于实体经济带动的就业人数，这意味着网购经济的发展在某种意义上可能不利于就业人数的增长。更重要的是，近年来网购经济在金融资本的支持下开始试图打通线上线下渠道，将触角深入社区层面，建立社区团购的线下站点，此举对传统的社区实体经营主体形成了巨大冲击。其二，网购经济的交易纠纷较多。除产品本身的质量问题外，网购经济也存在一定的虚假宣传，但这种虚假宣传主要表现为刷单和虚假评论，诱导消费者进行消费，同时不提供相应的售后服务。这类纠纷矛盾已经成为消费者投诉的主要内容。

（二）外卖经济中的社会矛盾

在数字经济中，外卖经济无疑是发展最快、影响最为广泛的一种经济形态。外卖经济在很大程度上改变了人们的餐饮行为，为消费者提供了更多的选择权利。我们需要承认，外卖经济确实在解决就业和促进消费方面发挥了重要作用，但外卖经济在发展中也暴露了较多的问题，很多问题会演化为社会矛盾纠纷问题。到目前为止，很多问题已经得到了广泛关注，部分问题已经得到了外卖平台的回应和调整。众所周知，外卖经济的主力是外卖员，外卖员在很大程度上决定着外卖服务的体验水平。为了提高外卖递送服务的效率，在很长一段时间内，外卖平台主要通过数字平台的算法来推动外卖员提高服务效率，但由此也带来了很多问题。其一，外卖员为了提高单位时间内的送单量，往往忽视交通规则，由此引发的交通纠纷甚至事故在近年来明显增加。其二，外卖平台赋予了点单者较大的评价权，在一定程度上助推了点单者和外卖员之间的矛盾。其三，外卖平台通过算法分配订单，忽视了消费的具体场景因素，也潜在地助推了店家和外卖员之间的矛盾。这些问题经常出现在各类新闻报道当中。一段时间以来，围绕外卖员权益保护的讨论逐渐升温，外卖平台对相关算法进行了调整，外卖员的权益得到了一定程度的重视，但仍然还有很多的挑战。

（三）出行经济中的社会矛盾

出行经济是平台经济中又一个重要组成部分，我们这里主要梳理了网约车和共享单车两种出行经济形态。网约车作为出行经济的主体在中国已经经历了近十年的发展，大大提高了个体出行的便捷程度，但网约车的发展过程也充满复杂性。众所周知，网约车经济在发展初期采取"烧钱模式"，不同平台通过投入大量资金来吸纳用户，而忽视了平台监管问题，导致网约车经济在发展的过程中出现了很多纠纷冲突甚至刑事案件。网约车平台虽然已经加强了平台的监管功能，但实际上对网约车的监管仍然存在问题，其中网约车资质监管问题最为突出。此外，网约车作为一种新的出行方式也面临着司乘纠纷问题，网约车平台在解决司乘纠纷方面的功能还需要进一步加强。除这些用户体验层面的问题外，网约车经济在发展过程中对城市政府的管理能力也提出了挑战。在发展早期，城市政府并没有为网约车出台相关管理规则，网约车进入主要交通枢纽站点还存在很多管理障碍，由此引发的纠纷冲突也较多。近年来，随着城市政府管理的日益成熟，网约车运营也逐渐规范。

除网约车外，共享单车也是出行经济的重要组成部分。与网约车一样，共享单车在发展早期也属于"烧钱模式"，通过补贴吸纳用户，但发展到一定阶段后，共享单车行业经历了重新洗牌，部分共享单车企业倒闭退场，在此过程中对很多用户权益造成了损害。到目前为止，一些倒闭的共享单车企业仍然没有解决用户权益损害问题。此外，共享单车会挤占城市道路公共空间，也对既有的城市自行车管理政策提出了挑战。在发展早期，共享单车企业管理不规范，共享单车经常出现占道问题。当然，这些问题在后期发展过程中已经通过技术手段得到了解决。

（四）网红经济中的社会矛盾

网红经济实际上也属于网购经济的一种，但与传统的网购经济不同，网红经济是网红自己通过直播带货销售商品的一种经济形态。与传统的网购经济不同，网红凭借自己的网络影响力展现了较为强大的销售能力。目前，主流的网购平台都设置了网红直播带货版块，甚至一度从事教育的新东方也开始下场打造自己的直播带货平台。应当说，网红经济是一种网购和社交的新兴销售方式，它将传统网购经济中的平台黏性转化为网红黏性，具有一定的社交属性。目前，网红经济还处在不断发展调整的过程中，在此过程中各种问题也不断涌现，除网红自己在税务方面的问题外，网红售假问题也持续存在，由此产生的社会纠纷冲突也较多。更重要的是，网红经济利润较高，越来越多的明星开始下场从事直播带货，但由于行业门槛较低，对产品质量把关不严，网红直播带货的商品质量问题较为突出，已经成为影响网红直播带货的重要因素。

三、政策调适与社会矛盾

前文已经指出，国家在经济发展中需要通过制度创新或者政策调适来平衡经济发展与社会公平之间的内在张力。从使用频率来看，政策调适更为频繁，制度创新则相对较少，这是因为制度一旦创设便不宜频繁进行调整。本部分主要结合我国经济发展的实际情况，针对四个重要领域的政策调适进行了分析，考察了四个领域的政策调适内容和现状。

（一）社保政策调适与社会矛盾

社会保障政策被认为是社会安全网，对调适社会矛盾具有重要的作用，尤其对进入发展新常态的中国经济来说可以发挥"托底"作用，即"在经济下行并带来新的社会问题时，社会政策要积极有为、回应问题"①。改革开放以来，中国社会保障政策始终处在不断调适的过程中，总体上经历了一个从"无"到"有"和从"单一而割裂"到"多元而综合"的发展过程，② 对缓冲和应对因经济发展带来的各类社会问题发挥了重要作用。总体上看，中国社会保障政策主要分为城市和农村两个体系，其中城市社会保障政策的内容和水平都要好于农村地区的社会保障。城市社会保障政策总体上与经济发展相适应，而农村地区的社会保障政策普遍偏低。以农村养老保险为例，农民在缴纳相关费用且年龄达到60岁后，可以领取养老金，但金额普遍较低。当然，城市社会保障政策尤其是劳动用工政策也面临较多挑战。譬如，中国失业保险基金结余虽然很多，但领取率却不到30%，"有险无保"和"有保无险"问题突出。③ 社会当前高度关注的延迟退休问题也是一个典型案例，从网络舆论的走向看，延迟退休改革还需要进一步强化社会支持基础。此外，部分地方开展的医保改革也引发了广泛关注，尤其引发了老年群体的高度关注。这些政策的调适是对当前发展阶段的回应，但同时也可能会催生新的社会分歧甚至矛盾。未来社保政策调适需要面对的一个基本事实是，政府收入开始下降，如何在有限资源的基础上实现开源节流是社会保障政策调适的重要目标。

（二）土地政策调适与社会矛盾

土地资源是最基本的劳动生产要素，围绕这一资源的政策调适始终是影响社会矛盾冲突的重要因素。我们对土地政策调适的分析可以分为两方面。一是农村土地政策调适。农村土地政策调适主要是土地流转问题，其中又涉及村民生产用地的流转征用、宅基地的交易征用等问题。

就前者来说，土地在本村内流转引发的农村社会矛盾冲突在一段时间内数量较多，但因为国家针对这一问题进行了及时的政策调适，所以导致这一类社会矛盾冲突的问题越来越少。不过，近年来随着资本下乡的深入推进，土地向外流转或者征用而产生的社会矛盾冲突开始增多，如何规范向外流转和征用是当前政策调适的关键。此外，农村土地问题还包括宅基地的交易征用问题，由此引发的社会矛盾冲突也较多。一些地方和基层政府为了推动农民进城买房，

① 王思斌. 试论经济发展新常态下积极的社会政策托底 [J]. 东岳论丛，2015，36（3）：5-9.

② 黄文正，何亦名，李宏. 经济新常态下的社会保障体系建设问题研究 [J]. 经济问题，2015（11）：1-6.

③ 刘军强. 增长、就业与社会支出：关于社会政策的"常识"与反"常识" [J]. 社会学研究，2012，27（2）：126-148.

腾挪用地指标进行交易，出台了一些损害农民利益的政策，导致农民对相关政策的抵触行为较为激烈。

二是城镇化过程中的土地征用问题。在推动城镇化的过程中，相关社会矛盾冲突更为集中，主要表现为地方和基层政府为了推动城镇化而开展房屋征用，因房屋征用问题无法达成共识，导致社会矛盾冲突。一些基层政府为了完成拆迁任务，往往采取强拆或者聘用第三方主体的方式开展拆迁工作，在很大程度上激化了社会矛盾冲突。当前存在的这类社会矛盾冲突主要存在于城市更新领域。当然，中国城镇化率目前已经超过 60%，商品房建设也发展到了一定阶段，由拆迁而产生的社会矛盾冲突将会逐渐减少。

（三）房地产政策调适与社会矛盾

房地产在中国经济中居于重要地位，对中国普通居民家庭具有显而易见的重要价值，我们在梳理政策调适内容时，将房地产政策调适也加入分析中。房地产本质上也是土地政策调适的延续，但这里我们更强调对中国房地产发展模式的调适。

从整体上看，中国房地产政策始终处在调适中。在经历了房价高速增长后，中国房地产政策进入"房住不炒"的阶段，主要是通过相关政策工具控制住房地产市场的流动性，进而对房地产价格进行调控。在这个过程中，中国房地产产业的发展模式并未得到根本性改变，仍然延续了高负债、高杠杆、高周转的发展模式。这种发展模式实际上带来了较多的社会矛盾冲突。第一类是房屋烂尾引发的社会矛盾冲突。根据课题组的前期调研，在城市矛盾纠纷化解数据中，房地产矛盾位居前列，其中以房屋建设烂尾问题最为突出。第二类是房屋价格涨跌引发的社会矛盾纠纷，表现为部分购房群体因房屋价格下跌而采取相关维权行动，甚至出现打砸售楼处行为。第三类是房屋质量问题引发的社会矛盾纠纷。这类社会矛盾纠纷最为普遍，根源主要在于整个房地产建设开发的成本控制和质量监管存在薄弱之处。

上述三类社会矛盾冲突是目前已经出现的情况，但实际上房价过快上涨还会带来一系列社会性问题，甚至对国内民众消费产生不利影响。从这个角度来说，房地产政策调适仍然在路上，未来需要对既有的房地产发展模式进行调整，尤其需要改变房地产的预售制模式，在一般意义上弱化商品房的金融属性。

（四）金融政策调适与社会矛盾

从社会矛盾冲突的发生源头来看，金融政策也是重要因素。改革开放以来，我国金融业取得了巨大发展，金融政策本身也伴随着社会主义市场经济的发展而处在不断的调适过程中。可以说，金融对个体和社会的发展都起到了积极的推动作用，但金融政策在调适的过程中也具有一定的局限性。其一，金融监管的不健全为金融诈骗犯罪提供了机会。我们可以看到，2010 年以 P2P 为代表的金融活动引发了大量社会矛盾冲突，不仅损害了民众的合法权益，而且消耗了监管部门的公信力。其二，金融服务的参差不齐也带来了一些社会矛盾冲突。譬如，一些民众在银行办理的存款被调整为理财产品，甚至出现民众在银行的存款无法取出的问题。最典型的案例就是 2022 年在河南省爆发的取款难事件，引发了全国范围内的普遍关注。社会各方高度关注的房贷提前还款难问题也属于这种范畴，围绕这个问题的各种投诉层出不穷。其三，金融支持的抓大放小策略增加了中小企业和个体的融资难度。众所周知，国家虽然一直鼓励银行业实施普惠金融，但银行业在运行过程中基于自身利益考虑，普遍采取了抓大放小策略，即把贷款主要提供给大型企业，中小企业和个体的融资成本和难度相对较大。这种格局带来的一个问题是，中小企业和个体为了降低融资成本和难度，往往通过其他渠道解决融资问题，而一旦融资出现问题，就演化为规模化的社会矛盾冲突问题。

第三节　经济发展走向与社会矛盾审视

就某一特定阶段内的经济发展来说，经济能否持续发展会对基层社会稳定产生影响。高速的经济增长会对冲由此带来的利益冲突，但高速的经济增长一旦发生波动，乃至进入"失速"状态，就会引发就业、收入、纠纷等问题。此外，对经济发展成效的分析也需要充分结合国家的经济结构因素。对中国来说，经济发展整体上对国际市场的依赖程度比较高，且地方政府高度依赖土地财政，经济发展波动对就业和民生产生的冲击较为明显，这些都会转变为基层社会矛盾冲突。

一、经济发展波动影响民众预期

从一定时间阶段看，经济发展成效会影响民众的生活质量，较大的经济发展波动甚至会引发剧烈的社会运动。因此，推动经济持续发展始终是一个国家最重要的任务。具体来说，经济发展的波动主要影响民众的预期，进而影响民众的各种行为选择，包括就业、消费和投资等方面。

（一）经济波动影响就业预期

经济发展具有阶段性，一定阶段内的经济发展波动会对就业产生影响。从当前我国经济发展所处阶段看，经济发展的新常态叠加外部不确定性因素，导致经济发展面临一些不确定性因素。这种不确定性传导至社会层面，会强化社会个体就业的保守偏好。具体来说，在就业预期较差的引导下，已经进入社会工作的个体在变动职业方面更加保守，导致整个人才市场的流动性变差。与此同时，对还未进入就业市场的个体来说，更加稳定的就业机会成为首选。在此背景下，考公等进入体制内工作成为多数个体的首选。从家庭的角度来说，由于就业机会变少，一方面，家庭对高等教育投入回报的信任度可能会下降，另一方面，家庭也可能成为承接待业压力的主要载体。当就业压力突破临界点时，无业、待业个体就可能成为社会治理中的潜在问题。

（二）经济波动影响消费预期

经济发展的波动在影响个体就业机会的同时，也会明显影响个体的收入以及对未来收入增长的预期。当个体对收入增长的预期较差时，他们就会选择较为保守的消费层次，甚至出现大范围的消费降级问题。消费预期的降低反过来进一步影响生产端，导致生产链创造的就业机会减少，从而进一步增加了就业压力。此外，由于社会整体的消费水平无法增长甚至降低，原有维系既定消费存量的生产链就会面临生产过剩问题，一方面，处理生产过剩的产品可能会引发社会舆情，另一方面，通过裁员解决生产过剩问题可能会进一步加剧社会的悲观预期。

（三）经济波动影响投资预期

对社会个体来说，当就业和消费行为变得日趋保守，投资行为也会相应地做出调整。过去一段时间，我国居民的投资内容相对丰富，但2022年以来，居民储蓄存量不断攀升，这表明居民的投资意愿开始降低，更愿意将资金存入银行。

二、经济发展成效影响政府服务

经济发展在一定程度上会影响政府治理能力，尤其是公共服务能力。政治学领域中的失败国家现象往往都伴有严重的经济衰退和政府服务失灵问题，导致治理合法性面临严峻挑战。

（一）经济发展波动影响政府服务资源

经济发展波动对政府服务的直接影响是减少政府税收，政府可支配收入减少则进一步影响政府提供服务的资源基础。以 2020 年为例，在中央层面，我国一般公共预算和政府性基金预算收入合计同比负增长，两者支出合计同比仍正增长，支出增速高于收入增速，两本账收支逆差扩大。2020 年前三季度两本账收支差额合计占 GDP 比重达到负 7.9%；一般公共预算差额和政府性基金预算差额占 GDP 比重分别为负 4.7% 和负 3.2%。① 地方层面的问题更加突出，2020 年以来，地方财政收入明显放缓，地方政府显著扩大地方债发行规模，导致地方政府支出对地方债依存度再次上升。地方财政收入的降低，直接导致其供给公共服务能力的下降。2022 年以来，部分地区和城市的相关公共服务停摆，在互联网世界引发热议。这显示了经济发展波动给地方政府公共服务带来了挑战。在此背景下，一些地区和行业领域出现了一定程度的矛盾和冲突。更为重要的是，当前基层社会治理的有效性建立在人海战术的基础上，人海战术则形成于地方财政充裕时期，人海战术如何适应地方财政紧缺的状况是当前基层社会治理面临的一个重要问题。

（二）经济发展波动影响部门服务意愿

经济发展的波动不仅在整体层面上影响国家和地方政府的服务能力，还会在个体层面上影响公务员的服务意愿。2022 年以来，受经济减速和新冠疫情影响，部分地方政府开始降低公务员的收入水平，在一定程度上加剧了地方尤其是基层公务员懒政怠政和形式主义等问题。中央高度关注公务员懒政怠政和形式主义问题，并且出台了相关政策，但相关问题始终存在。基层公务员懒政怠政和形式主义问题严重影响了党在人民群众心目中的形象，破坏了基层的干群关系。在此背景下，一些本来可以调和的冲突矛盾并没有被化解在萌芽状态中，反而在懒政怠政和形式主义等问题的干扰下逐步扩大，治理成本大幅增加。在经济发展与基层政权逐步剥离的背景下，基层政权科层化和机关化的趋势日益明显。结果是，一方面，基层政权动员社会的力量处理社会矛盾和冲突的能力弱化；另一方面，基层政权在很多领域与社会力量开展协商合作的意愿也不明显。在很多情况下，基层政权更多地采纳、吸纳策略，通过与少数社会个体合作，形式化地完成社会动员和协商任务。

（三）经济发展波动影响政府服务改革

当经济发展出现波动后，政府注意力则聚焦在经济发展方面，政治和社会

---

① 汪红驹："十四五"时期我国宏观经济将进入新的动态均衡［EB/OL］. 国家金融与发展实验室，2021-03-23.

领域的改革会服务于经济发展，导致这些领域的改革进度放缓，与经济改革不同步。从总体上看，政治和社会领域依然延续了压力型体制的治理逻辑，围绕基层社会矛盾冲突采取一票否决的考核机制，将矛盾冲突的治理压力下沉到基层，而这些领域的改革进度放缓反过来则可能进一步影响经济发展质量。

三、经济发展波动影响社会建设

社会建设与经济建设同等重要，甚至在一些情况下社会建设比经济建设更加重要。经济建设与社会建设的关系并不是简单的线性因果关系，而是相互影响、互为支撑的关系。从经济角度出发，经济发展的波动可能在三方面影响社会建设的进程。

（一）经济发展波动加剧社会焦虑心态

当经济发展进入减速阶段后，由于就业、消费和投资等行为都趋于保守，整个社会的赚钱能力日益降低，社会整体层面的心态偏向群体焦虑。当整个社会陷入群体焦虑后，社会建设步伐就会减速。其一，群体焦虑会导致整个社区建设难以维系。这是因为群体焦虑本质上属于生存焦虑，当社区中的个体都处于生存焦虑中时，开展社区共同体建设就缺乏内在动力。其二，群体焦虑会影响社会志愿服务。处在群体焦虑中的个体可能会面临越来越多的竞争压力，个体之间的社会信任度逐步降低，此时通过个体的社会志愿服务加强社会关系缺乏现实基础。

（二）经济发展波动影响社会阶层流动

经济发展进入低速阶段后，底层群体通过经济发展上升的渠道变少、难度变大，社会流动性减弱，其结果是社会阶层日益固化。阶层固化对社会建设的影响主要集中在两方面。一是难以凝聚社会建设的共识。由于不同阶层逐步固化，阶层利益诉求的冲突会进一步显著，在此背景下，不同利益诉求通过社会阶层流动方式减少张力的空间就会大大减少，共识达成的难度会逐渐增加。二是社会利益表达容易陷入极化状态。不同社会阶层群体的利益诉求差异明显，对现有制度整合能力提出了较大挑战，公共政策需要通过寻找最大公约数来提高政策执行的合法性，政策整合的难度可想而知。

（三）经济发展波动影响社会创新活力

一方面，经济发展波动降低了社会整体上对未来发展的预期，随之带来的一个更为严重的问题是社会整体的生育意愿降低，整个社会迈入"未富先老"阶段，社会整体的创新活力开始下降。现实中，我国当前生育率持续走低。

2022年出生人口956万人，比2021年减少106万人，创历史新低，总人口比上年减少85万，开始负增长。根据育娲人口《中国人口预测报告2023版》的方案预测，如果不采取实质有力的生育支持措施，到2050年，中国出生人口将降至773万，仅为印度的1/3，2100年降至306万，仅为印度的1/4。① 另一方面，我国老龄化问题将日益显著。根据育娲人口《中国人口预测报告2023版》，2020年我国65岁以上老龄人口达到1.91亿，占总人口比重为13.5%，全球每4个老年人中就有1个中国人。预计2057年中国65岁以上人口达4.25亿人的峰值，占总人口比重32.9%~37.6%。② 老龄化人口比例的提高不仅增加了整个社会的运行成本，而且间接加剧了代际群体之间的潜在冲突。

本章小结

科塞把冲突分为直接的现实冲突和非直接的间接冲突。其中，直接的现实冲突更容易调和，因为相关群体在冲突中可能寻求到实现自己利益的折中方案，而在间接冲突中，价值、信仰和意识形态介入的程度较深，冲突往往难以调和。③ 从科塞的分类出发，经济发展触发的基层社会矛盾更接近直接的现实冲突，被调和的空间更大。当然，经济发展触发基层社会矛盾并不是简单的线性因果关系，政府在这个过程中的调适行为也扮演着重要角色。从经济发展的角度应对基层社会矛盾，我国关键需要回到经济发展本身，处理好发展、改革与和谐的关系。我们在当前中国经济发展背景下探讨这一问题的意义尤为明显。

---

① 娲育人口研究. 中国人口预测报告2023年版［EB/OL］. 娲育人口研究网站，2024-12-10.

② 娲育人口研究. 中国人口预测报告2023年版［EB/OL］. 娲育人口研究网站，2024-12-10.

③ 科塞. 社会冲突的功能［M］. 孙立平，等译. 北京：华夏出版社，1989：35-50.

第七章

民生政策与社会矛盾

民生政策是化解社会矛盾的利器，也是社会冲突发生的制度诱因。这已经被世界各国经验所验证，例如，埃及的阿拉伯之春、法国的黄马甲运动，还有很多国家的社会抗争，其导火索都是民生政策的调整。与此同时，大量的民生政策也在世界范围内推动了国家建设进程。在中国快速的社会变迁背景下，民生政策是渐次登场的，它同社会矛盾的关系大体有三条特征，一是改革开放沉淀的问题需要社会政策来"填空"；二是民生政策双重性造成的，它既会消弭社会矛盾又会滋生新的社会冲突；三是良法（好的民生政策）没有产生善治（预期目标），民生政策执行不到位带来的社会矛盾。本章重点研究分配、就业、社保与公共卫生四大民生领域的政策供给情况，讨论民生政策与社会矛盾的关系。

第一节　分配政策的导向与调适

分配是一个世界性难题，也是衡量制度优劣的重要参照指标。中国实行社会主义分配制度，但在针对特定群体的政策供给中也存在不完善的地方。我国民族众多、地理分布广、各地差异性大，不同社会群体享有单一分配政策是不现实的，也是不科学的。差异化的分配政策具有针对性，同时也具有一定的风险。

一、低保政策的"看齐效应"及其隐患

低保政策是城乡居民最低生活保障政策的简称，建立在社会救助的政策实践基础上，是国家为解决城乡区域的贫困人口生活困难问题而实施的优先扶持与重点援助的社会福利政策，同时也是一项重要的贫困治理政策和强有

力的反贫困措施。① 从政策发展过程看，我国低保政策最先源于 20 世纪 90 年代北京、上海、天津等若干大城市和浙江、广东等发达省份的社会救济政策试验，而后这一政策逐步由部分城市和地区扩散至大部分城市和更多省份，并逐渐由城市向农村扩散延伸，最终演变为在全国范围内实施的民生政策。② 1997年，国务院正式公布《关于在全国建立城市居民最低生活保障制度的通知》，推动了城市低保制度的确立。③ 1999 年，国务院制定公布《城市居民最低生活保障条例》，使低保政策迈向了法治化。2007 年，低保政策经历了由城乡分治到城乡统筹的制度转变，推动了农村最低生活保障制度的正式建立。④ 在精准扶贫、脱贫攻坚时期，低保政策成为贫困人口脱贫的兜底性保障机制。⑤ 至今，我国城乡低保人群数量依然庞大。根据中华人民共和国民政部公布的月报统计数据，截至 2022 年 8 月，全国享受最低生活保障人数达 4031 万，农村低保人群规模较大。其中城市低保人数为 691 万，占比为 17.14%；农村低保人数为 3340 万人，占比为 82.86%。⑥

从全国低保政策建设的发展脉络看，中西部地区远远滞后于东部地区，其主要原因在于中西部经济发展水平差异较大，导致制定全国统一的政策标准存在较大难度，因而低保标准的制定责任主体在于地方政府，主要制定责任集中在设区市的市级地方政府身上。《社会救助暂行办法》（国务院令第 649 号）第十条规定："最低生活保障标准，由省、自治区、直辖市或者设区的市级人民政府按照当地居民生活必需的费用确定、公布，并根据当地经济社会发展水平和物价变动情况适时调整。最低生活保障家庭收入状况、财产状况的认定办法，由省、自治区、直辖市或者设区的市级人民政府按照国家有关规定制定。"这一行政法规使低保标准制定具有了明显的地方性特质，但因各地市经济发展的非均衡性，同一省份之内不同地市间低保标准也普遍参差不齐。在实践中，由于

---

① 王磊，王媛媛．中国城市最低生活保障制度研究综述 [J]．生产力研究，2011 (7)：99-100.

② 江树革．中国低保制度的变迁发展和模式塑造：21 世纪以来中国城乡低保制度的社会变迁 [J]．社会保障研究，2013 (6)：71-79.

③ 罗微，刘宁．城市低保失业人员就业促进政策：特点、问题及优化 [J]．决策与信息，2021 (10)：40-46.

④ 张浩淼．从城乡分治到城乡统筹：中国最低生活保障制度的发展 [J]．社会保障研究，2010 (2)：114-120.

⑤ 关信平．当前我国加强兜底性民生建设的意义与要求 [J]．南开学报（哲学社会科学版），2021 (5)：35-43.

⑥ 2022 年 8 月份民政统计数据 [EB/OL]．中华人民共和国民政部，2022-11-24.

各地方在低保标准制定过程中考量因素诸多，低保标准制定的不公开、不透明现象难以避免，加上地方政府横向间与层级间存在隐含性利益博弈，使低保的标准制定和政策落实成为令地方十分头疼的难题。农村低保政策落实中的漏保、错保偏差现象层出不穷。①

　　不均衡、不充分的发展水平差异，使社会上出现了强烈呼吁统一低保标准的声音，引发了低保政策的"看齐效应"，主要表现在低保制定标准和享受标准上，乡村试图盲目地向城市看齐，欠发达地区不切实际地向发达地区看齐，甚至有人发声要求中央层面采取强制手段，让发达地区为欠发达地区低保差额和赤字"买单"。在共同富裕发展目标的导向下，倡导制定、执行统一的低保标准作为一种政策理想也是可以理解的，甚至可以是一个在未来一定时期内达成的目标。我们如若罔顾当前我国经济发展区域差异的现状，放任这种"看齐效应"，盲目追求均衡、统一的低保标准，必然会使这种倡导演变成一种脱离实际的行动，造成揠苗助长、欲速不达的不利后果。一方面，在低保标准制定上盲目"看齐"，必然会损害发达地区的利益，放任落后地区"搭便车"，造成新的不公平问题，抑制发达地区的发展积极性，甚至造成公共福利资源浪费，影响政策有效性。另一方面，低保政策的"看齐效应"，并不符合当前党和国家倡导的"共同富裕"价值目标。"共同富裕"并不是"同步富裕"，也不是"同等富裕"，而是"有差别的富裕"，② 是有差别的合理的共享，是建立在中国式现代化基础上的兼顾公平与效率的"富裕模式"。③ 因而，低保政策的有效性与共同富裕的目标价值具有一致性，都应当立足国家和地方发展实际，兼顾公平价值与效率价值，而不应当出现由于盲目看齐造成公平与效率的价值割裂与低保政策的抑制效应。

　　我们回头来看，之所以出现"看齐效应"，主要根源在于低保政策的政策体系不完备、政策设计不合理、政策执行不到位等诸多因素。因而，我们只有不断优化政策治理机制，才能有效规避低保政策"看齐效应"造成的潜在风险。一方面，低保政策的执行、优化和成效提升，需要地方各级人民政府的自主合作与协同行动。地方政府要明确低保保障的对象、类别，完善低保标准体系，

① 李迎生，李泉然，袁小平. 福利治理、政策执行与社会政策目标定位：基于 N 村低保的考察 [J]. 社会学研究，2017，32（6）：44-69.

② 文丰安. 以中国式现代化扎实推进共同富裕的辩证关系与创新路径研究 [J]. 西南大学学报（社会科学版），2023，49（1）：10-21.

③ 王春光. 无条件全民基本收入与共同富裕建设进路探索 [J]. 中共中央党校（国家行政学院）学报，2022，26（3）：50-60.

规范低保申请的范围、认定条件、申请材料、申请流程和审核程序，增加低保评定流程的信息公开度、透明度，建立低保政策信息评估反馈机制。另一方面，要保证低保政策执行、落实，加强低保人群的分类扶持，重点加大对低保失业人员等重点群体的扶持力度，完善就业促进政策、城乡低保政策，加强资源整合，① 促进城乡区域社会保障资源分配合理、均衡②。

二、财产收入政策与社会心理转变

财产收入政策是指与财产收入相关的系列政策，主要包括面向国家的财产收入政策，面向企事业单位、社会组织的财产收入政策，以及面向家庭与公民个人的财产收入政策。从宏观视角看，面向国家的财产收入政策涉及税收政策、财政政策、金融政策、产业政策等宏观政策。这些政策能够为国家和各级地方财政收入获得提供政策依据。税收收入是国家财政收入的主要来源，为了扩大财税来源，国家会通过财税政策、金融信贷政策、产业促进政策等刺激经济发展。从各产业的收入增长状况看，服务业能够促进地方财政收入的增加，逐渐成为地方财税的重要来源。从微观视角看，财产收入政策还直接面向企事业组织、社会组织团体、家庭和公民个人。无论是宏观层面的财产收入政策，还是微观层面的财产收入政策，它们都会对相关主体的利益产生直接或间接的影响。

然而，从当前我国地方经济发展水平看，财产收入政策体系不完善加剧了不同区域间收入差距、贫富差距的产生与拉大。事实上，财富分配不均衡、收入不平等、贫富差距问题是一个全球范围内普遍存在的问题，其影响因素较多，例如，富人和官员结盟与政府寻租、教育和技术资源的非均等占有、金融产业发展、物质与文化财富的代际传递、穷人与富人的非均衡贡献率与回报率、资本基数差异等。③ 我国城乡收入差异和差距的存在也与多重因素相关。诚然，城乡差别、就业差别、家庭状况等是根本诱因，归根结底则是政策不完善造成的。一方面，城乡二元经济结构导致了城乡收入结构不均衡，成为城乡收入差距显著增加的重要决定性因素。④ 另一方面，税收政策在协调平衡区域间税负

---

① 王焱. 中国社会保障制度城乡整合的目标构想 [J]. 人口学刊，2004 (5)：18-22.

② 王国军. 中国城乡社会保障制度的比较与绩效评价 [J]. 浙江社会科学，2000 (4)：61.

③ 高斌，张家健，赵冰. 基于国际经验谈中国应对收入不平等的社会政策调适 [J]. 商业经济研究，2015 (25)：94-95.

④ 刘毅. 居民收入差距扩大是引发社会矛盾的核心问题：广东居民收入差距的格局及政策调适 [J]. 新经济杂志，2006 (11)：23-27.

的作用未能充分发挥，致使西部地区在税收优惠政策享受上处于弱势地位，在一定程度上扩大了东部、中部、西部地区的收入水平差距。① 研究发现，行业间、地区间经济发展的差异性、非均衡性与我国采取的增长赶超型产业政策具有内在关联性，并且其直接影响、波及分配环节。② 除税收政策影响外，教育政策、分配政策等政策不完善也是收入差距、贫富差距产生的诱因。研究表明，教育资源占有也与财富资源占有水平存在相关性，优势教育资源占有差异、社会保障资源占有不均等、福利分配不均、先天资源禀赋占有不均等因素，在制造贫富差距、扩大财富分配不平等方面的影响显著。

与此同时，分配政策不完善催生了分配矛盾，导致社会问题层出不穷，尤其是仇富心理导致的社会矛盾最为普遍。仇富群体的特征主要是收入水平低，且职业和收入来源不稳定，求富、求财心切，缺乏自信，价值观偏失，心胸狭隘，不易满足，热衷盲目攀比，对物质财富存在贪婪欲望、过度追求。研究发现，越是贫富差距对比明显的地区，仇富心理人群出现的概率越大，仇富的人中，有的教育文化程度低、缺乏技能，就业能力极度匮乏；有的背负、承受着巨大的房贷、子女教育、医疗、就业等压力；有的因病、因灾、因事故返贫。③ 仇富心理出现的主要根源是贫富分化和收入差距拉大。我国在调节收入差距、治理贫困、发展经济、促进发展致富方面出台了一系列政策，主要有所得税政策、面向困难群体的帮扶促进政策、扶贫帮困政策、救济救助政策和税费优惠政策等，但是因为收入分配政策体系还不完善，财产税、富人税、高收入调节税等税收体系不健全，房产税还处于试点阶段，所以使政策在收入调节方面的作用并不明显。

三、收入分配政策导向下的社会秩序变化

改革开放后，在"允许一部分人先富"的政策理念指导下，我国采取了错位发展、分类激励的区域发展政策。经济资源、经济发展能力居于优势的地区和群体率先富裕起来，一些资源薄弱、能力脆弱的地区和群体发展相对缓慢，形成了地区间、人与人之间的贫富差距。收入分配的制度机制缺陷，也会导致收入差距拉大、收入分配不公平等问题，从而制约、阻碍共同富裕的实现。我

---

① 方旭. 促进湖北省现代服务业发展的税收政策调适 [J]. 改革与战略，2013，29（7）：117-119.

② 刘志彪. 产业政策的转型与收入分配的再均衡 [J]. 探索与争鸣，2021（11）：21-23.

③ 王春光. 无条件全民基本收入与共同富裕建设进路探索 [J]. 中共中央党校（国家行政学院）学报，2022，26（3）：50-60.

国当前存在的收入差距，主要存在于城乡间，不同的地区间、行业间、群体间。

收入差距的形成，与政策不完善也极具相关性，主要表现在三方面。其一，面向"低收入家庭"的政策支持体系还不健全，对缺乏、丧失劳动能力的人员，老弱病残群体的政策扶持力度有待增大。① 其二，在当前税收政策和税制结构下，个人所得税极易演变成"个人工薪税"，普通工薪阶层承担了较重税收负担，而富人则可能将个人收入隐含在企业收入中实现合理避税，不能有效发挥调节作用。② 其三，家庭收入异质性是影响财富分配的重要因素。③ 不同家庭具有的工资、薪金、劳动力、就业能力、技能、资本等要素的类型、结构、数量、等级存在差异，影响财富分配的渠道、形式和水平。也就是说，家庭资源结构和占有状况也会制约收入公平，从而破坏群众的公平感、获得感和满足感。此外，金融信贷政策对家庭收入和财富分配具有直接影响。④ 就信贷政策来说，高收入的家庭和个人更容易获得信贷政策支持，进而增加了投资收益机会，使收入的雪球越滚越大。低收入群体由于还贷能力有限、信贷风险增加而通常难以真正获得信贷政策支持，缺少资金支持使他们难以获得更多收入来源。

为了破解发展不平衡、不充分问题，党和国家在促进农民收入、增加贫困群体收入、解决脆弱群体收入等瓶颈问题上，进行了多元化的政策治理探索，推动了收入政策的转型。其一，贫困治理政策。在党的领导下，我国通过分阶段、分步骤的长期贫困治理实践，尤其是精准扶贫、脱贫攻坚的政策实施，已经从根本上消除了绝对贫困，使困难群体的收入得到保障。不可忽视的是，脱贫成效巩固任务依然严峻，相对贫困问题更是复杂、尖锐，还需要进一步完善相关政策措施。其二，农业经济发展促进政策。为了促进农业农村经济发展，党和国家实施了一系列发展政策，致力于在完善农村集体产权制度、坚持承包地"三权"分置基础上，努力促进农村集体经济发展，推进集体经营体制机制创新，推动农村存量建设用地等要素参与市场交易，以政策激励促进农村农业要素转化为资本要素、价值增殖要素。⑤ 其三，面向特定群体的收入保障政策。为了保障特殊困难、脆弱群体收入，党和国家实施了帮扶政策，重点加强对低

---

① 胡宏伟，侯云潇，陈一林. 中国低收入家庭支持政策体系：历史嬗变、制度现状与改革取向 [J]. 社会保障研究，2022（6）：3-15.

② 刘志彪. 产业政策的转型与收入分配的再均衡 [J]. 探索与争鸣，2021（11）：21-23.

③ 葛奇. 货币政策对收入和财富不平等的影响 [J]. 国际金融，2022（9）：55-66.

④ 廉永辉，张琳. 货币政策对经济不平等的影响评述 [J]. 经济评论，2013（5）：154-160.

⑤ 王玉柱. 中国共产党不同历史时期探索农民收入分配政策的制度逻辑：从兼顾多维关系平衡到新时代共同富裕改革主体的政策变迁 [J]. 理论学刊，2022（5）：58-67.

收入家庭的专项政策扶持，对特困家庭、低保家庭和低保边缘家庭实施面向教育、医疗、住房、就业等方面的专项救助、急难救助，积极完善救济、救助、帮扶、救援政策、制度和机制，不断加大对特困老年人、残疾人、孤儿的救助力度。

共同富裕和第三次分配政策理念的提出，为收入分配政策确立了新的发展方向，将引领社会秩序的转型与重塑。收入分配政策与共同富裕关联密切，科学、合理的收入分配政策和体制机制将有助于共同富裕目标的实现。党的十九届五中全会把共同富裕确立为党在新阶段的奋斗方向。党的二十大报告明确提出，要"坚持把实现人民对美好生活的向往作为现代化建设的出发点和落脚点，着力维护和促进社会公平正义，着力促进全体人民共同富裕，坚决防止两极分化""构建初次分配、再分配、第三次分配协调配套的制度体系"。① 这就要求必须优化收入分配政策，重塑收入分配秩序。首先，在破解收入差距、改善收入问题上，国家应当积极完善分配政策，完善收入分配结构性格局，优化初次分配、二次分配和三次分配的协同运作机制，发展社会慈善事业，降低收入分配成本，解决收入分配的不公平问题，以良性分配秩序引领良善社会秩序的构建。其次，坚持"调高、扩中、增低"的政策，即合理调节过高收入、扩大中等收入群体规模、增加低收入群体收入。② 重视发挥直接税的税收调节作用，将当前"间接税为主、直接税为辅"的税制结构改革为"直接税为主、间接税为辅"的征税结构，使之更加有利于缩小收入差距。最后，变革、完善权宜性收入支持政策，制定面向低收入群体的保护性、持续性公共政策。③ 此外，要根据经济、社会发展变化，动态调整就业政策，保障低收入群体的基本收入。

四、群体压力下的收入政策调适

世界发展的一般规律表明，经济快速增长必然会带来社会财富的急剧增加，而在这个过程中，一旦出现收入分配政策不完善的情况，则容易产生社会矛盾。在我国，经济高速发展造成了城乡差距、贫富分化等问题。比如，中低高收入群体之间的收入差距逐步拉大，且当前中等收入群体内部结构还存在脆弱性和

---

① 习近平. 高举中国特色社会主义伟大旗帜 为全面建设社会主义现代化国家而团结奋斗：在中国共产党第二十次全国代表大会上的报告 [N]. 人民日报，2022-10-26 (1).
② 张文宏. 扩大中等收入群体促进共同富裕的政策思考 [J]. 社会科学辑刊，2022 (6)：86-93.
③ 王玉柱. 中国共产党不同历史时期探索农民收入分配政策的制度逻辑：从兼顾多维关系平衡到新时代共同富裕改革主体的政策变迁 [J]. 理论学刊，2022 (5)：58-67.

不稳定性，以至于不少偏低收入群体心怀不满，有不少人对收入差距的代际传递、阶层固化表示深刻忧虑。这在一定程度上减少了社会的公共价值认同，甚至引发了贫富群体间的矛盾与冲突，以及某些不满意群体的集体行动，由此形成了特定群体的压力及其释放效应。一般而言，低收入群体，尤其是低收入群体中的边缘群体、游离性脆弱群体等群体的社会压力最大，① 不仅现有收入政策的执行会加大既有群体压力，而且收入政策调适不当也会叠加这种压力，从而给社会稳定带来隐患。这种现状既不符合人民群众对收入公平分配的愿景，也不符合社会主义的发展目标，亟须调适改进政策。具体来说，财富的公平分配、贫富差距的缩小，必然依赖适合的财税政策、分配政策、金融信贷政策、社会政策等具有合理结构性的多元化公共政策的调适性治理，最大程度地缓和收入政策不合理导致的矛盾冲突。

其一，发挥税收政策调节作用，转移社会压力。税收是调节收入高低、平衡财富分配、调整和规范收入分配秩序的重要政策手段。② 一方面，要优化政府间增值税收入分享机制，③ 加收遗产税，在试点基础上逐步扩大面向存量房产、投资性房产的房产税征收范围，按行业、职业细化个人所得税征收标准，完善基本税费扣除标准体系，建立高净值群体海外资产强制申报制度，进一步加大针对企业、个人的慈善捐赠税收优惠力度，规范、完善慈善组织的税收减免政策，简化免税申报、审批程序。④ 另一方面，加强税收政策激励，要因时、因地适当采取制度性、阶段性减税政策，灵活运用所得税、消费税等调解收入结构、消费结构，合理运用财产税调节高收入群体创业置业投资决策，改善市场资本流向和结构。同时，国家要合理运用所得税政策，加大对参与慈善事业的企业、个人税收优惠的政策激励力度。

其二，优化分配政策，以制度调解社会压力。国家发挥第三次分配在调节收入、促进收入合理分配、推进共同富裕的重要作用。《中华人民共和国国民经济和社会发展第十四个五年规划和2035年远景目标纲要》指出，要"加大税收、社会保障、转移支付等调节力度和精准性，发挥慈善等第三次分配作用，

① 魏婕，任保平. 坚持扩中、稳中、优中和育中的有效统一：新发展阶段扩大中等收入群体的政策建议 [J]. 国家治理，2022 (3)：19-23.

② 孙洋，张继. 促进收入公平分配的税收制度及政策完善 [J]. 税务研究，2022 (10)：24-27.

③ 汪彤，鞠娜，李春青. 我国增值税收入分享：政策演进、制度困境与路径优化 [J]. 税务研究，2022 (6)：28-32.

④ 孙洋，张继. 促进收入公平分配的税收制度及政策完善 [J]. 税务研究，2022 (10)：24-27.

改善收入和财富分配格局"①。因此，我国要重视第三次分配在调节收入差距、促进共同富裕、促进社会公平中的政策功能，激励社会公益慈善组织参与第三次分配制度机制建设。

其三，要改进农村农业支持政策，改善政策供给，减轻城乡压力。② 在缩小城乡收入差距方面，我国要在城镇化过程中制定激励农村集体经济增长的政策措施，促进城乡经济的均衡性增长，充分保障农村农民的土地发展、产业发展的权利，激活土地、劳动力、农业技术等经济要素和分配要素，拓宽农民增收渠道，让农民群体共享城镇优化发展带来的红利。③

其四，改进帮扶政策，改善社会压力结构。我国应加大对中等收入群体教育、养老、医疗等公共领域的投入力度，对重点地区、重点群体进行精准政策帮扶，加大对高校、职校毕业生、技术工人、一线农工、小微个体经营户、其他灵活就业者等人员的就业帮扶力度，在劳动就业、子女入学、住房保障等方面给予充分权利保障，在职业技能培训、在职教育、创业教育、继续教育等方面实施政策激励。

其五，改善公共服务供给，舒缓群体压力。免费公共品和公共服务具有显著再分配效应，并不阻碍公平，甚至有利于增进公平，因而政府可以制定面向低收入家庭等特殊困难群体的免费公共品供给政策，有效纾解这部分群体的压力。④ 同时，我国应当借鉴西方针对特殊人群实施的救济计划、家庭津贴计划、公共援助政策，发挥政府、市场、慈善等多元渠道的协同作用，探索运用实物转移支付、财政转移支付等手段，改善特定地区或群体的基本生活水平。⑤

其六，加强收入分配政策风险监测评估。我国应依据实际存在的矛盾问题，在完善收入政策设计、调适收入政策的同时，加强收入政策调适风险的预测、监控与评估，建立政策调适跟踪监测反馈机制。同时，我国建立低收入群体识别、跟踪监测、调整退出机制，针对低收入群体建立能力培育机制，实施能力

---

① 中华人民共和国国民经济和社会发展第十四个五年规划和 2035 年远景目标纲要［N］. 人民日报，2021-03-13（1）.

② 叶胥，杨荷，毛中根. 迈向高收入阶段的农村消费升级：国际经验与政策启示［J］. 江苏行政学院学报，2022（2）：45-53.

③ 韩磊，杨振. 缩小城乡收入差距的制度困境、地方实践及政策启示［J］. 中国发展观察，2021（21）：44-46.

④ 岳经纶，吴高辉. 全民基本收入与全民基本服务：当代两大社会政策思潮的比较与论争［J］. 广东社会科学，2022（1）：191-202.

⑤ 宁光杰，宫杰婧. 政府转移支付政策的营养效果：兼论乡村振兴背景下农村低收入困难家庭营养帮扶的路径［J］. 经济社会体制比较，2022（3）：88-99.

提升计划。①

第二节 就业政策的制度"迟滞"效应

"迟滞"是制度情况的常见问题，在就业政策中主要表现为对初次就业群体激励不充分，对再就业群体（失业人士）的普惠不足。在中国快速的社会变迁背景下，这两类群体的就业情况一直是党和政府的政策关切。与此同时，随着产业结构调整，这两类群体的就业结构也发生了变化，一些群体成为新生产力条件下的就业"困难户"，长期失业、就业意愿低和就业能力弱等问题都同制度"迟滞"存在直接或间接关系。

一、就业困难群体的政策"迟滞"

像所有制度的"迟滞"效应一样，就业政策一旦不能有效达到目标，就会导致目标群体的失望。这是因为就业政策是政府结合经济社会发展状况，调节就业活动、指导公共部门行为的准则，涵盖一系列的相关法律法规、政府条例、计划、制度、措施和办法等。② 对国家而言，就业政策是国家行使公共管理权和治理权的公共政策行为的呈现，也是实现国家与社会有效协调互动的重要内容。良善的就业政策，不仅能够有效促进劳动力资源合理配置，协调经济社会矛盾问题，促进社会稳定持续发展，还能够增强公民个人和家庭抵御失业风险、贫困风险，提高劳动致富的能力。

对就业困难群体而言，政策"迟滞"带来很大的社会保障负担。众所周知，就业是关乎国计民生、关系社会稳定的重大问题，也是中央经济工作"六稳"布局的头等大事。习近平总书记高度重视就业问题，明确指出"就业是最大的民生工程、民心工程、根基工程，是社会稳定的重要保障，必须抓紧抓实抓好"③。党的二十大报告指出，"就业是最基本的民生"，要"实施就业优先战

---

① 胡宏伟，侯云潇，陈一林．中国低收入家庭支持政策体系：历史嬗变、制度现状与改革取向 [J]．社会保障研究，2022（6）：3-15.

② 王阳．家庭发展视角下就业政策的问题研究：以北京市就业政策为例 [J]．中国人力资源开发，2015（23）：63-68.

③ 李心萍，韩鑫，常钦，等．就业优先 筑牢民生之本 [N]．人民日报，2021-03-05（11）.

略""强化就业优先政策，健全就业促进机制，促进高质量充分就业"。①

　　总的来说，我国就业形势整体稳定可控，就业政策通常以"稳"为主。根据国家统计局网站提供的统计数据，受全球经济下行和新冠疫情影响，2022 年 1~12 月全国城镇失业率月度平均为 5.58%（见图 7-1）。我们从当前我国城市就业促进政策的供给主体看，主要存在公权力部门、私人部门和非营利组织三类主体，其主要服务功能是就业信息服务、职业技能培训、职业介绍和就业援助、补助等专项就业服务，涉及的就业促进政策主要有补贴补助类政策（职业介绍补贴、职业培训补贴、岗位补贴、社会保险补贴、专业就业安置补贴、资金补贴）、税收优惠政策（税费减免）、金融政策（小额担保贷款）等。② 然而，由于就业政策制度不完善，当前我国政策的多主体协同存在偏差，政策碎片化、政策文本不规范与逻辑漏洞、协同失灵对政策执行主体间的协同具有抑制性影响，致使就业政策效能大大减弱，大大降低了就业困难群体对就业政策的政策预期。③

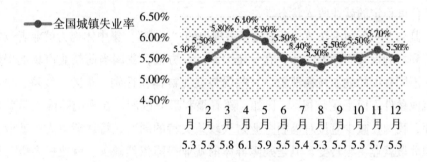

图 7-1　2022 年全国城镇失业率（%）

数据来源：中华人民共和国国家统计局网站

　　就业政策"迟滞"是一个普遍问题，它是制度自身造成的，因此需要从科学设计就业政策的源头着手。由于问题就业转型幅度大，政策"迟滞"效应波及面更广，因此改革难度更大。比如，新中国成立后我国就业政策大致呈现由

　① 习近平. 高举中国特色社会主义伟大旗帜 为全面建设社会主义现代化国家而团结奋斗：在中国共产党第二十次全国代表大会上的报告 [N]. 人民日报，2022-10-26 (1).

　② 王阳. 家庭发展视角下就业政策的问题研究：以北京市就业政策为例 [J]. 中国人力资源开发，2015 (23)：63-68.

　③ 孙萍，刘梦. 基于文本逻辑的我国城镇弱势群体就业政策主体协同问题研究 [J]. 当代经济管理，2018，40 (12)：51-58.

计划主导性的就业政策到市场调节性的就业政策演变逻辑，在市场调节性就业政策发展上，由于经济、社会经历了快速转型，政策自我完善机制不成熟、政策衔接不合理等，导致政策运转中存在不适应、执行低效的问题。具体而言，这种政策"迟滞"体现在以下五方面。

其一，农民群体就业的政策保障不足，政策供给严重不足，其"迟滞"效应影响到共同富裕的目标进程。在市场经济不断深化、产业结构转型、农业现代化推进和收入政策调整的背景下，我国广大农村地区的农民群体面临着市场化就业困境。由于单纯依靠家庭承包的农业生产和农产品收入已不能满足农民群体的基本生活消费需要，众多农民群体不得不到城市参加市场化就业，也有一些失地农民不得不到市场上寻找就业机会。然而，由于缺乏充分的专门化就业政策保障，加上缺少知识、技能和资金支持，农村居民到城市就业普遍处于弱势地位，许多农民在城市就业市场上，并不能得到充分的政策保障，更加凸显了他们就业能力脆弱的短板，难以获得高质量的相对充分的就业机会，只能处于低度稳定的就业收入状态。

其二，对标国家法律，就业政策表现出的"迟滞"。集中体现为就业者政策享有和权利保障同国家法律存在一定差距。一方面，我国当前就业市场上仍然存在不同程度的就业歧视现象，一些弱势就业群体在性别、年龄、残障、户籍等就业条件方面遭受歧视。[1] 比如，随着福利事业改制，在吸纳残障人员就业方面，我国在减少直接对福利企业财政政策支持的同时，将逐渐由集中就业主导向分散就业主导转变，但是残障群体的就业保障依然缺失，就业机会极为稀缺。[2] 显然，这同国家针对残疾人完善法律体系有一定的差距。另一方面，新就业形态下，数字平台从业者的基本权利保障不足。新就业形态下，技术挟持导致外卖员、网约车司机等平台从业者缺乏业务选择自主性，《中华人民共和国劳动合同法》等法律法规对零工从业者在最低工资保护、工伤赔偿等基本权利保障方面还存在漏洞和不足。[3]

其三，对标就业形势，现有就业政策体系的"迟滞"，突出表现为政策体系不完善。有研究发现，我国尽管建立了较为完善的高校毕业生就业促进的政策

① 王娟. 高质量发展背景下的新就业形态：内涵、影响及发展对策 [J]. 学术交流, 2019 (3)：131-141.
② 廖慧卿, 罗观翠. 基于残障概念模式的残疾人就业政策目标评价 [J]. 华中科技大学学报（社会科学版）, 2012, 26 (2)：104-113.
③ 赵昱名, 黄少卿. 创造抑或毁灭：数字技术对服务业就业的双向影响 [J]. 探索与争鸣, 2020 (11)：160-168.

体系，但是在政策执行中存在委托代理问题，政策执行偏差，致使政策偏离预定目标，政策效能大大减弱。① 不仅如此，从其他国家的就业政策实施过程看，就业政策的设计不合理、政策固化等因素也会减弱就业政策效能，从而增加政策执行和就业形势的不稳定性。值得警惕的是，一些原本好的政策制度，经过一段时间后也会演化为不好的政策制度，释放政策的负向效能。例如，法国的最低工资制度曾因超过通货膨胀、平均工资增长水平而领先整个欧洲，但是高水平的最低工资消弭了劳动力成本调节的应然灵活性，反而使企业因劳动力成本过高而减少雇佣量，减少了就业供给。不仅如此，法国社会保障的制度僵化、机制碎片化和政策滞后不仅限制了企业用工灵活性，而且加剧了失业人员的政策依赖，助长了失业人员的惰性，束缚了劳动力市场的活力。②

其四，对标国家就业促进目标，面向家庭和统战群体的政策供给"迟滞"。家庭是社会构成的基础单元，是就业劳动力的重要来源。然而，从就业政策体系建设看，我国在家庭就业方面还存在不足，唯有北京等少数城市和地区制定并颁布了相关类型的就业政策，例如，2007 年北京市制定的《关于促进"零就业家庭"劳动力就业的通知》、2010 年制定出台的《北京市"纯农就业家庭"转移就业援助工作意见》等。因此，我国还亟须从顶层设计层面出发，指导各级地方制定出台直接或间接面向家庭的就业促进、扶持政策，这对提高就业政策效能、达成政策目标具有重要助益作用。③ 研究表明，从大陆有关地区对台湾地区青年创业就业政策的实践看，政策还存在设计不周全、系统整合性欠缺、政策信息碎片化、政策信息失真、政策执行网络运行阻滞、政策过度趋同化等问题，制约了政策效能的发挥。④

其五，其他就业政策"迟滞"现象。同其他国家比较而言，我国就业政策绩效良好，但由于庞大的就业群体和急速的社会转型，就业政策供给表现出的问题虽然尚在可控范围之内，但从政策全流程的角度看，政策能力和执行水平所存在的问题则阻碍了就业资源优化配置效率和效果，由此引发的失业问题和失业风险容易使社会团结遭受威胁，从而影响稳定、团结社会秩序的生成与维持。

---

① 黄彩霞，陈兴明.高校毕业生就业政策执行中的委托代理问题及其治理［J］.中国大学生就业，2021（11）：34-40.

② 张金岭.法国就业政策改革及其治理［J］.欧洲研究，2015，33（1）：82-98.

③ 王阳.家庭发展视角下就业政策的问题研究：以北京市就业政策为例［J］.中国人力资源开发，2015（23）：63-68.

④ 隋鑫，王念祖.大陆台湾青年创业就业政策的特点、问题与应对策略研究：以京津冀与东部沿海地区为例［J］.台湾研究，2020（1）：64-72.

二、新就业形态中的政策"迟滞"

新就业形态群体既包括初始就业人员，也包括再就业人士，他们都同时面临制度"迟滞"的问题。作为超越"灵活就业"的一种新提法，新就业形态是在第四次工业革命开端、新一轮科技革命催生的新就业模式下出现的。① 新就业形态主要呈现就业领域新、组织方式新、就业观念新等行业特征，涌现出创业型就业者、自由职业者、兼职从业者。② 有学者按照雇佣方式将新就业形态分为自雇形态（如58同城中介平台下的灵活就业者）、合作形态（如网约车司机）、共享形态（如外卖骑手）三种。③ 从发展脉络看，数字化、信息化、智能化技术应用催生了数字经济、共享经济、零工经济、网络规模经济、平台企业、平台商业模式、远程服务产业、共享用工等新经济、新业态和新模式。④ 显然，现有就业制度供给还无法及时跟踪这些现象，虽然"迟滞"具有合理性，但针对其后果需要有应对之策。

对诉求的制度应对是第一位的。共享经济（Sharing economy）催生了大量新就业群体，因此基于政策诉求具有特殊性。以鲜明的技术性为特征，以互联网、物联网、移动支付、移动定位技术等为依托凸显技术性应用的共享经济塑造了"共享企业""平台员工""网约用工"等新就业形式。⑤ 于是，以美团外卖、滴滴打车为代表的数字零工平台，以淘宝、抖音等为代表的社交媒体电商平台，逐渐成为新就业形态的重要平台载体。此外，我国在低端消费领域，还涌现了共享医护、网约美业、直播带货等新型交易方式。⑥ 这种新就业形态，一定程度上推动了雇佣关系变革。平台就业模式使雇佣关系更加虚拟化、多元化，雇佣方式更具自由度和灵活性，同时信息技术应用使新经济组织的"组织

---

① 张成刚. 就业发展的未来趋势，新就业形态的概念及影响分析 [J]. 中国人力资源开发，2016（19）：86-91.

② 张成刚，辛茜莉. 让政府、平台、劳动者三方共赢：以公共就业服务融合新就业形态为视角 [J]. 行政管理改革，2022（2）：79-87.

③ 关博，王哲. 新就业青年权益保障：困局、调适与破题 [J]. 中国青年研究，2021（4）：22-28.

④ 张成刚. "稳就业"的经济、制度逻辑与政策实践 [J]. 经济学家，2020（7）：53-60.

⑤ 汪雁，张丽华. 关于我国共享经济新就业形态的研究 [J]. 中国劳动关系学院学报，2019，33（2）：49-59.

⑥ 文军，刘雨婷. 新就业形态的不确定性：平台资本空间中的数字劳动及其反思 [J]. 浙江工商大学学报，2021（6）：92-106.

人模式"逐渐淡化,一些企业的组织结构转型还将改变传统的管理模式。① 也就是说,新技术应用也会增加新的就业岗位,提供新的就业机会。例如,人工智能应用推动了新分工,刺激了新职业的出现,产生了算法工程师、受众分析员、云客服等新职业,也培育出智能操控技术培训、智能机器人租赁和维护等新就业岗位。② 近期,美国 OpenAI 推出的 ChatGPT 吸引了全球人的目光,人们对这项新型人工智能技术的问世褒贬不一,既有惊奇也有担忧,其中的一个忧虑,就是专家预测人工智能大模型将会给就业带来冲击,也就是说这项新技术新发明的应用,将会成为一些传统就业群体劳动力的替代,可能引发部分行业、群体的新一轮失业。③

国家对新就业形态衍生效应要同时具有风险警觉和制度准备。近年来,新就业形态在快速发展的同时也滋生了新矛盾、新问题,党和国家对新就业形态领域的政策治理问题愈加重视。中共十八届五中全会公报首次提出了"新就业形态"的概念,明确指示要"加强对灵活就业、新就业形态的支持"④。2017年,国家发展和改革委员会制定印发了《关于促进分享经济发展的指导性意见》,将分享经济列为新经济形态;⑤ 2021 年 3 月,中国人力资源和社会保障部等八部门联合颁布的《关于维护新就业形态劳动者劳动保障权益的指导意见》成为新就业形态劳动者群体权益保障的重要指导性文件。⑥ 值得注意的是,我国针对新就业形态就业问题陆续出台了许多政策,但是并未形成相对规范、完善的政策体系,这也说明我国在新就业形态领域存在诸多政策风险,主要体现在以下四方面。

其一,政策体系的滞后。从政策层面看,我国目前的就业促进政策仍然停留在标准化就业领域,对新就业形态领域的政策支持体系显著不足。同时,政府与平台企业合作共治的新就业形态协同治理模式尚不成熟,针对新就业形态

---

① 王娟.高质量发展背景下的新就业形态:内涵、影响及发展对策[J].学术交流,2019(3):131-141.

② 王娟.高质量发展背景下的新就业形态:内涵、影响及发展对策[J].学术交流,2019(3):131-141.

③ 李览青.Chat GPT 爆火出圈 AI 写研报、做投顾的时代来了?[N].21 世纪经济报道,2023-02-07(3).

④ 中国共产党第十八届中央委员会第五次全体会议公报[J].求是,2015(21):3-7.

⑤ 杜连峰.新就业形态下和谐劳动关系治理:挑战、框架与变革[J].河南社会科学,2022,30(2):115-124.

⑥ 毛艾琳.新就业形态劳动者权益保障问题研究:基于平台责任的理论思考[J].长白学刊,2022(1):90-97.

的专职管理机构、公共服务项目还有待健全，地方公共服务机构与平台企业需要建立有效协同机制，并逐步完善信息共享机制。① 在社保政策上，当前关于新就业形态的社会保险制度设计并不利于相关从业者参保，主要体现在缴费比例较高、户籍规定限制造成的地方参保排斥、缴费基数加重缴费负担方面。② 在青年新就业形态劳动者的权利保障方面，劳动权责关系模糊、就业流动性突出、雇佣关系结构松散、权益获取意识与能力薄弱等因素致使新就业领域青年从业群体权益保障存在严重的"脱钩"现象。③ 我国也对新就业形态中的权益保障缺失问题进行了参照管理、商业替代、扩大保障范围的政策调适，然而，此类调适性政策设计并不能系统性、根本性地解决新就业形态保障机制不足的现实问题。④

其二，政策功能滞后。新就业形态在造就了数字劳动、平台劳动等新就业表征的同时，也确实带来了诸多不确定性，集中表现在劳动者的职业身份、劳动保护等方面，这些不确定性随时都可能会转化为就业风险问题，尤其是数字就业领域存在的劳动者自主性侵蚀与情感剥夺、非对称性劳资关系等问题。⑤ 更进一步来说，新就业形态下，平台经济、数字劳动在某些方面起到了缓解结构性就业矛盾、传递公共价值、提供公共服务、推动劳动保障制度优化升级的积极功能，但是其自身的不稳定性、非成熟性以及政策环境的被动适应性导致就业风险弥散化加剧。譬如，平台空间治理中的"灰色地带"难以得到有效规制和监管，数字劳动市场的结构性风险随时可能转化为就业危机。

其三，政策供给调适机制的滞后。一方面，"双创支持"等新就业形态支持性政策虽然激励了劳动者灵活性就业，但也导致了不充分就业、非标准化就业和"慢就业"等负外部性问题，还加剧了劳动力的就业竞争，由此倒逼产业结构调整与转型，也造成了对传统劳动力就业的"挤出效应"。⑥ 另一方面，新就

---

① 张成刚，辛茜莉. 让政府、平台、劳动者三方共赢：以公共就业服务融合新就业形态为视角 [J]. 行政管理改革，2022 (2)：79-87.

② 鲁全. 生产方式、就业形态与社会保险制度创新 [J]. 社会科学，2021 (6)：12-19.

③ 关博，王哲. 新就业青年权益保障：困局、调适与破题 [J]. 中国青年研究，2021 (4)：22-28.

④ 关博，王哲. 新就业青年权益保障：困局、调适与破题 [J]. 中国青年研究，2021 (4)：22-28.

⑤ 文军，刘雨婷. 新就业形态的不确定性：平台资本空间中的数字劳动及其反思 [J]. 浙江工商大学学报，2021 (6)：92-106.

⑥ 关博. 加快完善适应新就业形态的用工和社保制度 [J]. 宏观经济管理，2019 (4)：30-35.

业形态吸引了大量劳动者就业，但相关政策供给、政策监管机制不完善，由此带来的不确定性可能会增大劳动者风险。① 尤为突出的问题是，以互联网大数据、物联网、区块链、人工智能、3D 打印技术等为代表的新一轮科技革命，推动了生产、生活方式变革，人工智能的应用使机器替代人力成为新趋势，甚至一些脑力劳动者也受到波及，对传统就业形态产生了冲击。机械自动化、机器智能化应用，催生的技术变革带来了技术性失业，也造成了新一轮结构性规模化失业风险。② 有研究预测指出，人工智能技术将使美国市场 47% 的工作岗位被取代。③ 这充分说明，技术进步、数字自动化设备应用，给低端就业岗位带来毁灭式冲击，迅速减少就业机会，使就业者处于社会风险加剧、高度不确定性和不安全感增加的环境条件下。④ 因而，新业态从业人员失业问题值得政策实施者警惕，如果新业态从业人员失业问题加剧，可能会造成新一轮的周期性失业、长期性失业、结构性失业和规模化失业。

其四，政策规制的滞后。由于新就业形态的相关监管法律法规不健全，一些共享企业、平台企业凭借自身优势地位，在用工选用、招募、监管、工资绩效管理中挤压"网约工"的自主权利空间和行动空间，使"网约工"在就业关系中处于弱势地位，责任、收益分配不均衡与不对等，"重绩效轻责任"的非均衡性劳工管理会给新业态从业者造成利益减损。⑤ "网约工"普遍面临着收入不稳定、劳动任务分散化、劳动报酬碎片化的就业风险，随时可能因被客户投诉、"封禁"而遭受解聘、失业、得不到报酬的风险。

三、就业政策的完善路径

就业问题不是一个简单的公共政策问题，受经济、市场、社会因素影响，就业问题成为一个复杂性的公共问题。⑥ 这并非说明政策工具在解决就业问题方面无所适从。公共政策是一种权威性价值分配手段，能够带来相关各方面利

---

① 吴新叶，江荣荣. 大数据下的公共服务递送：技术禀赋及其不确定性的克服 [J]. 上海行政学院学报，2021，22（2）：15-24.

② 张成刚. "稳就业"的经济、制度逻辑与政策实践 [J]. 经济学家，2020（7）：53-60.

③ FREY C B, OSBORNE M A. The Future of Employment：How Susceptible are Jobs to Computerisation? [J]. Technological Forecasting and Social Change, 2017, 114：254-280.

④ 贝克. 风险社会 [M]. 何博闻，译. 南京：译林出版社，2004：20.

⑤ 汪雁，张丽华. 关于我国共享经济新就业形态的研究 [J]. 中国劳动关系学院学报，2019，33（2）：49-59.

⑥ 周晨虹. 女大学生就业问题的公共政策选择 [J]. 中国劳动关系学院学报，2006（1）：37-40.

益的调整，具有直接调整性、整合协调性和价值均衡性。① 我国可以从以下三方面着手，实施就业政策风险防御和政策调适。

其一，加强经济政策对就业的激励作用。劳动关系的变革、就业形势的转好，从根本上依赖优化经济体制、合理调整产业结构、推动生产方式的调适性变革。② 因而，要积极扶持企业发展，实施企业稳岗、就业帮扶政策，调适新就业结构，积极调整劳动力要素，引领经济的包容性增长。从价值角度看，政策应是以问题为导向的，要打破制度瓶颈因素，"建立政策行为遵循的基本准则，提高政策的可及性与有效性，维护稳定和谐的社会秩序"③。任何社会政策，都应当恪守公平正义理念，保障社会成员的基本权利，着力解决好失业问题，优先关注弱势群体就业问题，维护劳动关系和谐，不断增加社会福利。一些欧美经验也值得借鉴，例如，在解决失业问题上，美国制定出台了《1946年就业法》，旨在保护待业青年、失业群体和贫困群体的基本权益；④ 欧洲主要通过实施规制体系改革（弹性劳动合同、减少劳动力流失）、落实财政激励、转变就业用工双方心理、改善工作环境等多元方式促进就业。⑤ 同时，设立和完善就业机构对改善就业公共服务的作用也不可忽略。例如，为解决国内严峻就业问题，波兰自上而下建立了从国家级到省级、地方级的多级专职管理、咨询服务机构和服务网络；罗马尼亚、澳大利亚分别通过设立"事业咨询委员会"中介组织与建立"专业服务中心"的方式促进就业。⑥

其二，完善就业政策设计。在就业政策设计方面，应当紧密围绕新就业形态生产活动多元化、劳动交易平台化、劳动场所非标准化、劳动方式灵活化、失业风险急剧化、劳动者收入波动大、劳动关系非正规化的基本表征，充分保障新就业领域劳动者的基本权益，建立契合时代的新就业形态劳动关系协调机制和风险兜底保障机制，使新就业从业者的平等参保权、高效社保理赔服务享

---

① 王敏. 女大学生就业问题的公共政策分析 [J]. 中共山西省委党校学报，2011，34（1）：71-73.

② 艾理生. 当前我国劳动关系及其相关社会政策分析 [J]. 吉首大学学报（社会科学版），2007，28（6）：93-96.

③ 王婷. 政策问题建构研究：基于中国农村社会养老保险政策的验证 [J]. 中国行政管理，2017（6）：97-102.

④ 冯胜利. 国外治理失业的政策措施及其借鉴意义 [J]. 理论探讨，2003（3）：55-56.

⑤ 格扎维埃·范登·布朗德，周愚. 欧洲老龄化问题对策述评：迈向积极的老年人口就业政策 [J]. 经济社会体制比较，2007（1）：130-133.

⑥ 冯胜利. 国外治理失业的政策措施及其借鉴意义 [J]. 理论探讨，2003（3）：55-56.

有权、多元保障方式选择权得到充分保护。① 我国要重视新就业形态从业人员劳动就业权利的政策保障、法律保障和制度保障，灵活运用安置性就业政策、市场导向型就业政策和民生导向型就业政策，为新业态就业者开辟新的就业保障。在就业促进的政策工具方面，我们灵活运用直接型政策、间接性政策、基础性政策和倡导性政策。② 同时，我们需要突出围绕就业结构性矛盾，在全面发力解决劳动力供求的总量矛盾、减少就业问题增量基础上，重点破解素质矛盾。③ 对新业态从业者失业人员进行集中管理、集中指导和分散救助，对因突发公共事件等造成的新业态人员临时性失业，国家可以通过购买新业态行业失业保险、发放临时救助津贴或失业救济金的方式进行救助。借鉴发达国家积极就业政策经验，我国通过鼓励创办企业、落实投资倾斜政策、实施企业后勤服务社会化、奖励新增就业企业、减免企业社会保险、设立中小企业发展基金、多轨制全程劳动力职业培训等政策措施来完善就业政策并促进新业态行业发展，我们可以借鉴德国、日本的失业保险制度改革经验。例如，颁布相关立法充分保障从业者劳动权利，调整缴费、领取标准，设立再就业津贴，实行"连续就业补助"和就业训练补助等。④ 在政策顶层设计与底层执行中，我们要选择合适的政策工具，使政策工具适应政策情境、瞄准政策问题靶心、实现政策目标。同时，政策设计者要重视政策网络因素的交互作用，即政策间的关联影响。比如，研究表明，财税政策对促进就业影响显著，⑤ 因而可以通过财税政策与就业政策的协同配合破除政策难题。

其三，完善政策调适机制。一方面，要加强政策动态调适与及时革新。在政策调适系统建设方面，要增强政策制定者、政策执行者的政策环境感知，增强政府责任，加强公共就业制度支持。⑥ 在政策体系完善方面，我国要适时调整和更新《中华人民共和国就业促进法》，加强对新就业形态从业人员的就业政策帮扶、激励促进和重点帮助，加强对新业态从业者的就业创业服务指导和就

① 关博. 加快完善适应新就业形态的用工和社保制度 [J]. 宏观经济管理, 2019（4）：30-35.

② 孙萍，刘梦. 我国城镇弱势群体就业政策工具选择：基于政策文本的分析 [J]. 东北大学学报（社会科学版），2017, 19（6）：595-601.

③ 郭飞. 中国失业：特征与对策 [J]. 江苏行政学院学报, 2005（6）：67-71.

④ 丁建定，柯卉兵. 发达国家积极就业政策及其启示 [J]. 华中科技大学学报（社会科学版），2004（2）：82-86.

⑤ 周建霞，张潇，杨丽华. 后危机时期财税促就业政策需要注意的问题 [J]. 财会研究, 2010（7）：6-8.

⑥ 朱侃，郭小聪. 公共就业政策范式变迁及其逻辑研究 [J]. 求实, 2019（5）：42-54.

业援助，完善就业公共服务体系，尤其重视提升基层就业公共服务能力。① 另一方面，要重视隐性问题的政策调适解决。隐性失业问题不容忽视，尤其要善于借鉴西方政策经验，重视新业态领域隐性失业问题。二战后的德国也曾面临严峻的就业问题。实行计划经济体制的东德实施了"低工资普遍就业政策"，掩饰了潜在的失业率达30%的隐性失业问题，但严峻的失业问题最终在两德统一后暴露出来，演化为规模巨大的公开性失业问题，最终德国通过体制变革与经济、社会政策调适相结合的综合性举措化解了危机。其主要措施有，以迁都吸引规模资本流向东部，颁布企业减税降负，减征所得税，降低社会福利保险费，优化社会保险比例，实施信贷优惠促进中小企业发展，激励企业设立兼职、临时岗位，鼓励灵活就业等政策。② 再如，20世纪80至90年代，为了解决青年失业和长期失业人员问题，法国政府针对性地制定出台了鼓励签订合同、参加培训、设立集体公益性岗位安置项目等政策，并通过分类减少雇主分摊金办法、推行半工作日制、扩大家政行业规模、推广就业补贴制度等措施促进青年就业。③

此外，加强就业问题政策解决的多主体协同。经验表明，政府财政能力不足和注意力局限性是就业问题政策化解的关键障碍。在城乡二元格局尚存、政府财政能力拓展有限的背景之下，政府通常会从保障经济发展大局出发，优先解决城镇失业问题，忽视农村领域群体的就业问题；在解决城镇失业问题时，政府还会优先解决大城市的失业问题，忽视一些中小城市的就业问题，导致城镇弱势群体就业政策供给不足。④ 正是由于就业问题具有复杂性，就业政策制定、执行需要组织、人事、劳动保障、编制、发改、公安、财政等多部门协同。在就业政策制定、落实方面，国家应当成立专门化工作领导小组，打通横向、纵向部门间信息壁垒，整合市场机制、政策机制和社会机制力量，促进就业问题的协同化解决。⑤ 在新就业形态从业者劳动权益保障方面，国家应当建立政

① 李宝荣. 对努力实现全社会相对充分就业问题的思考 [J]. 中国行政管理，2009（7）：35-38.

② 李明. 从两德统一后的就业政策看我国的就业问题 [J]. 经济纵横，2007（14）：72-75.

③ 丽泉. 法国劳动就业政策面面观 [J]. 法国研究，2005（2）：109-114.

④ 孙萍，刘梦. 基于文本逻辑的我国城镇弱势群体就业政策主体协同问题研究 [J]. 当代经济管理，2018，40（12）：51-58.

⑤ 李晓峰，薛二勇. 我国大学生就业政策协同问题研究 [J]. 教育发展研究，2014，34（5）：66-71.

府、企业、专业行业组织、工会和新就业人员的持续性协同治理。① 新就业形态必然要求就业方式的持续性变革，因而需要动态化治理，应立足在新就业形态领域劳动关系治理方面，面向当下存在的就业问题，实施积极的就业政策，② 并健全相关法律制度，实施劳动关系规制，完善劳动争议调解机制，实施平台用工关系治理。③ 同时，国家要充分发挥就业人员的自主能动性，在社会政策、经济政策等政策指引下不断创新社会治理，在稳定、繁荣经济的同时，努力促进和保障就业。④

第三节　社保政策的存量与增量

社会保障政策是社会公平的制度防线，不但政策力度决定着社会稳定的程度，而且其存量与增量关系的处理也对社会稳定产生重要影响。世界各国的经验表明，低度保障会加剧社会冲突，而过度保障未必同社会活力呈正相关关系。因此，寻求适合国情的社会保障政策是一项科学性很高的制度选择，这对社会稳定具有重要意义。

一、全国统筹下的基本养老政策存量

基本养老保险政策是社会保障体系的重要政策内容，直接关乎民生利益。20 世纪 50 年代，我国颁布《中华人民共和国劳动保险条例》，将养老保险纳入劳动保险中，实现全国总工会领导下的"全国统筹"。自改革开放后，我国着力推动养老保障制度建设，大致经历了以下五个阶段，而各个阶段的政策风险各不相同。

其一，养老政策的企业试点阶段，其风险是社会活力问题。1978 年，国务院颁布了《国务院关于安置老弱病残干部的暂行办法》《国务院关于工人退休、退职的暂行办法》；1983 年，国家社会福利工作会议提出了以企业养老金社会统

---

① 杜连峰. 新就业形态下和谐劳动关系治理：挑战、框架与变革［J］. 河南社会科学，2022，30（2）：115-124.

② 吴鸣，李楠. 治理失业和推进改革：转型时期我国就业政策的双重任务［J］. 求实，2004（6）：44-46.

③ 谢鹏鑫，屈萌，冯娇娇，等. 新时代我国劳动关系的研究综述与展望：基于劳动关系主体的视角［J］. 中国人力资源开发，2022，39（4）：96-109.

④ 杨穗，高琴，赵小漫. 新时代中国社会政策变化对收入分配和贫困的影响［J］. 改革，2021（10）：57-71.

筹替代企业统筹的改革方案，着力推动企业养老保险的市（县）区域内统筹。其二，在城镇养老制度试点阶段，社会活力改善，但加剧了城乡不均衡格局。1991 年，国务院公布《国务院关于企业职工养老保险制度改革的决定》，启动了城镇养老制度改革试点；1993 年，我国基本确立了统账结合的养老保险模式；1995 年，国务院公布《关于深化企业职工养老保险制度改革的通知》，实施了社会统筹与个人账户结合试点；1997 年国务院公布《国务院关于建立统一的企业职工基本养老保险制度的决定》，率先使城镇养老保险制度得到长足发展，①并且国务院发文实行了基本养老保险基金的省级统筹；1998 年，建立了基本养老保险省级调剂机制。其三，在筹资制度改革地方试验阶段，广覆盖唤起了人们更高的政策预期。2003 年，大兴、中山等少数地方自主地展开了"个人缴费+地方政府补贴+集体补助"的筹资机制政策试验，而后财政补贴理念逐步推广。② 2005 年，全国老龄办发布《关于加强老年人优待工作的意见》。2008 年，国务院还提出了到 2012 年实现基本养老保险金全国统筹的计划。其四，新农保试点阶段。2009 年，我国开启了新农保政策试点。为了保障农村居民和非固定职业城镇居民的养老保障权益，维护养老保障制度的公平性，自 2009 年起，我国针对农民居民推行了新型农村社会养老保险制度，实现了全国乡村全覆盖，又面向城镇非从业居民建立了城镇居民基本养老保险制度。其五，城乡统筹并轨探索阶段。2014 年，国务院发布《关于建立统一的城乡居民基本养老保险制度的意见》，两类养老保险制度实现了统一并轨，确立了覆盖全民的基本养老保险制度，财政补贴与居民保费成为城乡居民保险制度收入的主要来源，而政府成为最大的筹资责任主体，且给予直接财政补贴成为城乡居民养老保险制度的突出创新性特征。③ 当前，在养老保险管理样态上，我国形成了"条块结合，以块为主"的扁平化治理结构。④

　　当前，我国养老保险政策仍然建立在城乡分治的基础上，由于地方经济水平差异，该政策呈现出明显的碎片化和异质性特征，养老保险待遇地方性差距较大。在财政补贴方面，中央与地方基本按照 1∶1 的比例分担基础养老金补

① 姜向群. 改革开放以来中国老年社会保障制度的发展变革及政策思考 [J]. 人口研究，2009，33（2）：20-31.
② 海龙. 城乡居民基本养老保险财政补贴政策的缘起、发展与走向 [J]. 中州学刊，2021（4）：71-77.
③ 海龙. 城乡居民基本养老保险财政补贴政策的缘起、发展与走向 [J]. 中州学刊，2021（4）：71-77.
④ 杨立雄，何洪静. 中国城镇职工基本养老保险管理体制创新研究 [J]. 中国软科学，2007（3）：45-52.

贴，但是地方负担部分的分担并不一致，可谓是"一地一策"。例如，在市和区县的比例划分上，有的地方采取均等分担的方式，有的地方采取经济落后地区少分担的方式。① 截至目前，在养老方式上，农村地区依然延续着 1956 年实施的农村五保供养政策。由此来看，建立城乡统一的基本养老制度既是民之所愿，也是改革所向。基本养老保险政策在运转过程中仍然存在问题，在一定程度上延缓了社会发展进程。

其一，政策进展迟缓。国家尽管很早就提出了基本养老保险金全国统筹的目标，但是由于诸多因素影响，这个目标迟迟未能全面实现。2022 年 1 月 1 日，企业职工养老保险全国统筹的实施，事实上成了实现全国统筹目标的重要里程碑。② 在理论上，基本养老保险全国统筹制度符合大数法则、共济价值和公平原则，参保人数增多能够有效疏解养老风险压力，中央统一调配也利于消弭地方的挤占与挪用问题，但是在实际政策执行中，全国统筹必然会使部分人受益、部分人利益受损，这个问题也存在不同地方之间，中央与地方也面临利益调整与博弈，地方间、地方与企业的利益冲突不仅需要协调，还需要防范地方道德风险。

其二，政策执行隐含性风险。从养老基金运行看，基本养老保险政策主要存在筹资线断裂、基金断缴、基金赤字、空账运行等风险问题。从基本养老保险全国统筹制度上看，相较于城市，农村群体参保的积极性并不高，尤其是低收入群体、贫困家庭成员。有研究指出，老龄化程度增大了城乡居民基本养老保险基金支付压力，尤其是在"现收现付制统筹基金+完全积累制个人账户"的养老基金筹集支付模式下，老龄化人口增加迫使开支规模骤然扩大，而缴费人员数量规模增长率相对较低，使养老基金面临可持续能力减弱的风险。③ 据中华人民共和国人力资源和社会保障部发布的《中国社会保险发展年度报告 2015》，2015 年东北三省黑、吉、辽与冀、陕、青六省份城镇企业职工养老金收支赤字问题严峻。④ 从理论上看，实现养老金全国统筹对解决养老金收不抵支问题具有可行性，但是这就可能导致既需要中央财政弥补亏空省份，也需要发

---

① 海龙. 城乡居民基本养老保险财政补贴政策的缘起、发展与走向 [J]. 中州学刊，2021 (4)：71-77.

② 夏珺，李春根. 基本养老保险全国统筹：理论依据、实施难点与政策要点 [J]. 地方财政研究，2016 (11)：18-25.

③ 曾益，凌云，张心洁. 从"单独二孩"走向"全面二孩"：城乡居民基本养老保险基金可持续性能提高吗？[J]. 财政研究，2016 (11)：65-79.

④ 夏珺，李春根. 基本养老保险全国统筹：理论依据、实施难点与政策要点 [J]. 地方财政研究，2016 (11)：18-25.

达省份为落后地区的亏空进行部分买单。同时，国家要积极推动养老保险政策分层分类解决，可以通过降低缴费率政策提高居民参保自愿性、主动性。①

　　其三，政策衔接不畅。基本养老保险全国统筹首先要解决的关键问题是实现城镇基本养老保险与新型农村社会养老保险的并轨。这涉及基本养老保险关系的城乡转续，而事实上，基础养老金转续困难成为城乡转续的首要障碍。也就是说，养老保险全国统筹的实现首要在于破除基本养老保险关系城乡转续困境问题。② 在推动城乡养老金并轨方面，有些地方尝试通过建立衔接性政策、衔接机制解决政策设计缺陷问题，但是却又引发了新的负外溢性问题。有研究发现，天津基本养老保险实施了算法改革，年限折旧法的实施虽然实现了城保与居保的互换，有助于破除城乡差异性割裂，促进城乡人口流动，但是政策缺陷导致了道德风险的产生，诱发了新的不公平行为。③ 再从地方的基本养老保险待遇衔接政策看，有些地方的衔接政策则存在不公平、投机套利空间、主体间利益不平衡、个人账户产权处理困难等现实问题。④

　　其四，政策治理结构失衡，存量盘活的难度较大。在基本养老保险政策实践中，还存在诸多矛盾问题，主要表现为非均等化财政补贴（发达地区财政补贴、缴费补贴显著偏高）、不合理财政补贴分担（省市县财政补贴责任比例模糊）、不充分性财政补贴效能（补贴投入产出率低）、财政补贴标准不科学（标准难以测算），直接制约了政策效能发挥并滋生了矛盾风险。⑤ 在养老保险政策落实上，在"条块结合，以块为主"的治理结构下，养老保险政策的贯彻、执行还存在政策执行异化风险，上下级之间沟通渠道不畅、组织效率低下、基金征缴脱节等官僚制弊病制约着政策目标的实现。⑥ 因而，在基本养老保险政策风险监测、预防和处置方面，各级条块机构还应当加强信息沟通、系统研判和综合评定，应当建立科学的政策评估体系，建立科学规范的财政补贴政策，规

---

① 吴永求，冉光和．基本养老保险参保行为分析：精算模型与政策模拟 [J]．数量经济技术经济研究，2012，29（1）：91-99．

② 刘昌平，殷宝明．基本养老保险关系城乡转续方案研究及政策选择 [J]．中国人口科学，2010（6）：40-48．

③ 龚秀全．城乡基本养老保险待遇衔接政策优化研究：以天津市城乡居民基本养老保险为例 [J]．人口与经济，2011（6）：94-99．

④ 龚秀全．城乡基本养老保险待遇衔接政策优化研究：以天津市城乡居民基本养老保险为例 [J]．人口与经济，2011（6）：94-99．

⑤ 海龙．城乡居民基本养老保险财政补贴政策的缘起、发展与走向 [J]．中州学刊，2021（4）：71-77．

⑥ 杨立雄，何洪静．中国城镇职工基本养老保险管理体制创新研究 [J]．中国软科学，2007（3）：45-52．

范财政补贴标准，促进财政补贴均等化，推动财力权责相匹配，不断提高养老保险财政补贴政策效能。

此外，其他政策的关联传导效应不可忽视。研究表明，延迟退休和生育政策变化对养老基金收支平衡影响显著，且延迟退休政策对长短期养老金收支平衡均会产生较大影响，其影响要大于生育政策调整带来的影响。[①] 这说明，基本养老金全国统筹政策风险的化解必须实施系统化的政策网络治理。

二、社会福利政策的差序格局

社会福利是社会保障体系的重要内容。社会福利与社会保险、社会救助共同构成了我国社会保障制度的基本结构框架。在内涵上，社会福利有广义与狭义的区分：广义上的社会福利指改善社会成员物质和文化生活的所有措施；狭义上的社会福利指对特殊社会群体实施物质与服务方面支持的社会活动和项目。有学者将社会福利界定为"国家和社区为了满足社会弱势群体、困难群体的基本物质文化需要，提供和实施的福利性保障"[②]。在类型上，按照社会福利对象差异，社会福利一般分为社会公共福利、职业福利、老年人福利、儿童福利、妇女福利和残疾人福利等多种类型。在社会福利供给上，我国主要有现金方式供给、服务方式供给两大类型。在社会福利体系上，存在多重划分标准：以组织为单元进行划分具体有国家性福利、群体性福利、社区福利、家庭福利和个人福利；以具体领域进行划分主要有政治福利、经济福利、社会福利、文化福利和精神福利。[③]

我国社会福利制度发展主要经历了三个阶段。其一，新中国成立后至改革开放前的计划福利阶段。1950 年，我国召开第一次民政工作会议，意在推动建立统一的社会福利制度。随后，一些社会福利院、福利企业如雨后春笋般应运而生。其二，改革开放后至党的十八大前的单位制福利向社会化福利转型阶段。1978 年改革开放后，在新恢复运行的民政部的主导下，我国实施了"单位办福利"政策，由单位包揽本单位职工的养老、住房、医疗等福利，其中"企业办社会"就是企业单位办福利的一种形式表述。然而，这种福利模式使福利供给能力参差不齐，难以有效满足社会大众公共服务需要。20 世纪 90 年代推行了社

---

① 王翠琴，田勇，薛惠元. 城镇职工基本养老保险基金收支平衡测算：2016~2060——基于生育政策调整和延迟退休的双重考察 [J]. 经济体制改革，2017（4）：27-34.

② 杨团. 中国社会政策演进、焦点与建构 [J]. 学习与实践，2006（11）：79-88.

③ 刘继同. 当代中国的儿童福利政策框架与儿童福利服务体系：上 [J]. 青少年犯罪问题，2008（5）：13-21.

会福利社会化改革试点。① 2000 年，民政部等 11 个部门联合发布了《关于加快实现社会福利社会化的意见》，提出了通过投资主体多元化、服务对象公众化、服务方式多样化、服务队伍专业化等措施推进社会福利社会化的总要求。2005 年，民政部发布《关于支持社会力量兴办社会福利机构的意见》，强调要推动慈善事业与福利事业良性互动，明确了社会办福利机构的基本原则，提出多渠道、多形式筹集资金。党的十八大期间，我国各省级地方都实施了社会办福利政策。其三，党的十八大至今的社会福利共建共治共享阶段。党的十八大以后，我国各项社会福利政策有序发展。从当前看，我国已经建立了以《中华人民共和国宪法》为统领，涵盖《中华人民共和国刑法》《中华人民共和国民法典》《中华人民共和国未成年人保护法》《中华人民共和国老年人权益保障法》等在内的法律法规政策体系。从整体社会福利政策框架结构看，我国社会福利形成了"纵向上下贯通，横向错位展开"的结构体系。例如，儿童福利政策主要涵盖八个类型和八种高低错位的政策，涉及国际法、全国人大及其常委会立法、中央决议、国务院行政法规、国务院部门规章、地方政府规章等，实现了儿童生活领域全方位覆盖。② 这一阶段，我国社会福利的总体目标是建设福利社会，满足人民群众的美好生活需要，实现共享发展、共享成果。③

当前，社会福利政策主要有三种。其一，老年人福利政策。在老龄化社会持续加剧的条件下，我国正面临严峻的养老困境，老年人福利事业成为我国社会福利事业高度重要的议题，为破除养老困境，我国颁布了关于老年人福利的众多政策。在老年人社会福利事业发展上，我们还有很长的路要走，首要的是要转变政府治理理念，同时加强政策实施路径的规划与设计。其二，残疾福利政策。残疾人福利政策主要包括残疾人社会福利政策、残疾人社会福利机构和残疾人社会福利服务三个层面的政策内容。残疾人福利政策主要是面向视力残疾、听力残疾、言语残疾、肢体残疾、智力残疾、精神残疾和多重残疾七大类型残疾人的公共政策，例如，1990 年我国颁布的《中华人民共和国残疾人保障法》。当前我国已建立以《中华人民共和国宪法》为基础，涵盖《中华人民共和国残疾人保障法》《残疾人就业条例》《中共中央、国务院关于促进残疾人事

---

① 王爱平，张静. 我国养老政策发展路径研究：基于历史流变和现状的视角 [J]. 中国民政，2013（8）：21-22.

② 刘继同. 当代中国的儿童福利政策框架与儿童福利服务体系：上 [J]. 青少年犯罪问题，2008（5）：13-21.

③ 关信平. 当前我国社会政策的目标及总体福利水平分析 [J]. 中国社会科学，2017（6）：91-101.

业发展的意见》等在内的法律法规政策体系，其政策内容涉及残疾人的康复医疗、劳动就业、特殊教育、社会保险和社会救助、社会福利服务、无障碍设施等，但是我国尚欠缺全国统一的操作性条例政策。我国残疾人福利政策正经历由补缺型向适度普惠型的制度设计转变。在残疾人社会福利服务政策建设上，我国主要颁布了《开展残疾人劳动就业服务和按比例就业试点工作的意见》等政策，主要涉及残疾人的劳动就业、康复医疗、特殊教育等方面，但是与其他发达国家相比，我国残疾人社会福利服务还存在较大差距，既缺乏系统性的专业服务体系，也缺乏高质量的硬件与软件条件，专业服务差距明显。其三，儿童福利政策。儿童福利政策是福利政策体系的重要组成部分。党和国家历来高度重视儿童青少年工作，儿童福利政策也是我国福利政策的优先内容之一。从发展脉络看，我国儿童福利发展主要是在改革开放以后。从儿童福利政策建设的中西方对比看，欧美国家儿童福利政策体系、服务体系较为成熟和完善，主要包括社会救助型儿童福利、教养取向发展型儿童福利、社会保护儿童福利和社会参与式整合性儿童福利四种典型类型，而我国儿童福利事业尚处于"社会救助为主、教养取向发展和狭义社会保护为辅"的阶段。[1] 我国儿童福利事业的发展还需要紧密契合现代化强国建设需要，立足当前经济建设、社会转型、福利制度改革的基本形势，结合我国现状不断完善儿童福利政策制度体系，建设适合我国的儿童福利模式。

从实践看，我国社会福利政策发展还面临诸多困惑。一方面，政策执行效能不理想。在政策执行方面，政府科层体系运作不合理、行动主体理性和行为利益分化是社会福利政策执行偏差的重要因素，制约社会福利的政策效能。另一方面，社会福利政策的负外溢效应。研究表明，社会政策的碎片化程度越高，越容易加重国家财政负担，导致社会的不和谐问题。[2] 从社会福利政策运行上看，社会福利政策过分依赖发放补贴的形式，这容易导致政策两面性的暴露，即社会帮扶善意传递和福利政策依赖。[3] 有研究发现，我国在健康、就业、社会保护、教育、住房保障等诸多社会福利领域，还存在不同程度的社会排斥。[4]

---

① 刘继同. 儿童福利的四种典范与中国儿童福利政策模式的选择 [J]. 青年研究，2002 (6)：38-43.

② 郁建兴，何子英. 走向社会政策时代：从发展主义到发展型社会政策体系建设 [J]. 社会科学，2010 (7)：19-26.

③ 冯希莹. 社会福利政策范式新走向：实施以资产为本的社会福利政策——对谢若登的《资产与穷人：一项新的美国福利政策》的解读 [J]. 社会学研究，2009，24 (2)：216-227.

④ 彭华民. 福利三角：一个社会政策分析的范式 [J]. 社会学研究，2006 (4)：157-168.

不仅如此，社会福利政策的执行不到位，还容易导致高福利的负面效应。①

从现实来看，我国当前社会福利政策发展路向应从三方面着手。其一，提升社会福利能力。协调经济发展与社会发展的关系，健全社会福利政策，优化社会福利资源配置，开拓社会福利的基层空间，重视社区、家庭、社会组织的福利功能，强化家庭、个人和社会组织的福利责任，大力发展社区福利、家庭福利事业，提高社会福利能力。② 其二，推进福利理念革新。在社会福利事业发展理念上，摒弃过于强调福利供给和收入补助的传统福利供给模式，激励社会福利事业建设的公共参与，创新福利供给形式和内容，加大社会企业、行业主体参与福利事业建设的激励力度，促进福利成果分享。③ 其三，发挥社会福利的治理功能。社会福利政策发展并不能仅限于政策的设计、制定和落实，还要善于运用社会福利治理社会，将福利元素转化为治理的结构性要素，维护社会的常态化运行。④ 同时，在社会福利运行上，非营利组织、公益志愿者、社区组织的参与积极性还未充分调动起来，社会福利政策体系未有效建立起来。

三、社会分层的政策增量

社会分层是指社会群体由于资源占有差异而层化的异化现象。⑤ 社会分层是社会分化、社会变迁的一种呈现形式，社会分层结构反映不同群体间的关系模式，是社会结构变迁的重要基础元素。⑥ 最简单、最常见的社会分层就是富人阶层与穷人阶层的划分。⑦ 贺雪峰关注了农村社会的分层，认为在不同历史阶段，农村社会分层的因循因素有所不同。具体而言，新中国成立前主要以土地、权力和声望为要素进行分层，新中国成立后主要是将政治身份和政治资源

---

① 徐月宾，张秀兰. 中国政府在社会福利中的角色重建 [J]. 中国社会科学，2005 (5)：80-92.
② 张秀兰，徐月宾. 建构中国的发展型家庭政策 [J]. 中国社会科学，2003 (6)：84-96.
③ 李静. 福利多元主义视角下社会企业介入养老服务：理论、优势与路径 [J]. 苏州大学学报（哲学社会科学版），2016，37 (5)：9-15.
④ 李迎生，李泉然，袁小平. 福利治理、政策执行与社会政策目标定位：基于N村低保的考察 [J]. 社会学研究，2017，32 (6)：44-69.
⑤ 董泽芳，赵玉莲. 从布尔迪厄文化再生产理论看社会分层与高等教育公平 [J]. 现代大学教育，2015 (6)：1-6.
⑥ 李路路. 改革开放40年中国社会阶层结构的变迁 [J]. 武汉大学学报（哲学社会科学版），2019，72 (1)：168-176.
⑦ 李强. 当前我国社会分层结构变化的新趋势 [J]. 江苏社会科学，2004 (6)：93-99.

作为分层的主要标准,改革开放后主要将经济因素作为分层标准。① 在农民群体分层方面,主要有收入分层、职业分层、消费分层以及其他分层等若干层次的划分方法,当下的农民层次结构呈金字塔型,自上而下共分为干部、企业家、个体户、打工者、兼业务农者、纯务农者和无业者七个层次。②

　　社会分层是社会结构化形式的呈现方式,通常这种"公正失衡"结构必然会出现内部的结构化紧张(structural strain)状态,但也具有固化定型的倾向,造成社会群体上下流动阻滞,进而使社会分层结构得到强化,阶层认同的增强会形成阶层排斥和阶层独立,进而加剧社会分层结构固化程度,给社会健康发展造成不利影响。③ 从社会分层的深度上看,社会分层主要有表层结构分层和深层结构分层,前者主要关注财富、生活和消费方式、声望等分层要素,后者则涉及生产资料占有、权力享有等深层要素,而深层结构分层要素对社会分层、社会非公正秩序的影响更为深刻。④ 因而,从某种程度上来说,社会分层既是社会不平等的外在表现,也会成为社会不平等、不公平的根源性因素。

　　社会分层与民生政策具有高度关联性,但是有的政策与社会分层的关联更加直接,也有一些政策与社会分层的关联虽不直接,但关联影响巨大。例如,户籍政策对社会分层的直接影响。研究表明,户籍政策和户籍制度对社会分层的影响仍然较为显著,城乡户籍差别、城市间户籍管理差异、户籍管理开放性程度依然对社会结构影响较大,户口因素对社会分层的影响显著。⑤ 再如,收入分配政策对社会分层的直接影响。有学者指出,除身份制度、户籍政策、升学就业政策以外,"允许一部分人先富"政策及其政策群对当下中国的社会分层影响较大,不仅促进了社会分层由政治分层向政策分层的转变,还推动了社会中心群体与社会边缘群体的转型,促进了新阶层的出现。⑥

　　教育政策对社会分层的影响并不直接,但是关联性很大,甚至会成为社会分层的根源性因素之一。就当下我国的教育、就业制度和体制来看,教育与就

① 贺雪峰. 村庄精英与社区记忆:理解村庄性质的二维框架 [J]. 社会科学辑刊, 2000 (4):34-40.
② 王春光, 赵玉峰, 王玉琪. 当代中国农民社会分层的新动向 [J]. 社会学研究, 2018, 33 (1):63-88.
③ 李强. 当前我国社会分层结构变化的新趋势 [J]. 江苏社会科学, 2004 (6):93-99.
④ 仇立平. 回到马克思:对中国社会分层研究的反思 [J]. 社会, 2006 (4):23-42.
⑤ 陆益龙. 户口还起作用吗:户籍制度与社会分层和流动 [J]. 中国社会科学, 2008 (1):149-162.
⑥ 李强. 改革开放30年来中国社会分层结构的变迁 [J]. 北京社会科学, 2008 (5):47-60.

业、社会层次地位关联显著。高考是我国教育分流、人才分流、就业分流的重要闸口，与个人未来升学、就业和前途命运息息相关，以至高考被普遍认为是社会分层的重要分流器。因而，高考制度不仅是一项重要的教育制度，还是一项调节人力资源和社会运行的重要社会制度。正是由于高考制度的牵引，我国众多家庭和父母对子女教育资源的享有程度和获得水平甚为重视，优质教育资源成为社会竞相争夺的宝贵稀缺性资源。研究表明，教育对社会流动影响显著，教育资源获得的公平性与社会地位获得层次具有较高程度的相关性；社会分层与教育的相关性，还表现在社会分层与受教育公平的关联作用上，即社会分层在导致教育不平等的同时，也会由于这种不公平进而影响社会分层。① 也就是说，父母社会地位直接影响子女的社会地位，也会直接影响子女的受教育质量和水平，而子女的受教育状况也会直接影响其个人的社会地位，由此造成代际传递的发生。在现实生活中，子女与家庭的升迁性流动机会直接决定子女享受的教育机会。教育对社会流动和地位获得的影响作用正在逐步增强，但是教育机会分配的不平等程度仍在持续加强。具体而言，家庭社会经济地位、父母职业、父母学历、家庭教育状况对教育分流影响显著，而教育分流直接决定职业、就业分流，由此导致了教育资源获得的全程竞争。父母们在"不让孩子输在起跑线上"的焦虑思想指引下，在早期教育、义务教育阶段就展开激烈竞争，引发就学机会"争夺战"。为了缓解义务教育激烈化竞争，地方普遍按照"划区就近入学"政策原则确认本地方学区的入学机会，来促进教育资源获得的公平性。在法理上，"划区就近入学"的合法性源于《中华人民共和国义务教育法》第十二条"适龄儿童、少年免试入学。地方各级人民政府应当保障适龄儿童、少年在户籍所在地学校就近入学"的规定。但是，"划区就近入学"政策虽然在一定程度上划定、稳定了入学秩序，但是也造成了新的问题。例如，优质学区的住房、户籍成为家长们竞相争夺的稀缺性资源和交易商品，以至于学区房、学区户籍价格连年攀升，导致高收入家庭能够通过关系运作、购买学区房等方式获取优质资源，而低收入家庭则逐渐丧失接受优质教育的机会。正是由于公共政策的设计与执行同社会主体行动具有密切关联性，政策设计、执行不科学、不严谨必然会使公共政策执行效能减弱，造成新的不公平问题。

教育政策的争议问题主要是由政策红利享有上的非对称性导致的，即政策红利一部分人享受，另一部分人未享受，使教育政策暴露出非公平性的消极一

---

① 陈友华，方长春. 社会分层与教育分流：一项对义务教育阶段"划区就近入学"等制度安排公平性的实证研究 [J]. 江苏社会科学，2007（1）：229-235.

面。教育公平涉及教育起点、过程和结果的公平，体现社会公正价值。教育不公平问题主要有入学机会不公平、高等教育享受过程不公平、毕业生择业不公平等。当前，人们对教育不公平的批判还表现在对应试教育的批判上，教育本该是促进社会流动的手段和途径，而实际的现行教育政策运行取得的效果恰好与之相悖。① 从对江苏 14 所高校学生的调研中可以发现，家庭资本与子女教育获得的质量呈显著正相关关系，并且会导致优势社会阶层的代际传递，这成为社会分层的重要作用因子。② 正如钱民辉的研究所验证的那样，教育对社会分层的影响确实存在，但是并非每个人都可通过教育实现社会的正常向上流动。③ 随着教育政策的调适，教育分层已从集体排斥走向了个体排斥，但是个体排斥的累积也会引发新的规模化社会分层风险危机。④ 因而，在教育公平的政策调适上，国家应当加强教育资源分配制度改革，公正、合理地配置教育资源，继续推进招生录取制度改革，从学生流向结构、流型结构和流域结构等多维度促进教育资源共享。⑤

　　由此来看，政策运转中的矛盾问题一方面会由政策缺位、政策设计不科学、政策执行异化导致，主要表现为政策空白、政策灰色地带和政策模糊地带等；另一方面，新的政策颁布也会涉及利益分配、秩序调整，导致新矛盾出现。例如，在房屋拆迁补偿实践中，第一批拆迁户一般会得到更多的拆迁奖补，但是未能进入第一批拆迁的群体，会因政策福利享有差异而不满意，甚至演变成集体上访事件。由此带来的政策启示就是要重视政策利益享有的不对称问题，这种问题或许可以通过政策补丁予以纠正和调适。

四、社会救助的需求增量

　　社会救助主要指社会领域的社会救济与社会援助，与西方的慈善意义是相

---

① 周作宇. 教育、社会分层与社会流动 [J]. 北京师范大学学报（人文社会科学版），2001（5）：85-91.

② 刘志民，高耀. 家庭资本、社会分层与高等教育获得——基于江苏省的经验研究 [J]. 高等教育研究，2011，32（12）：18-27.

③ 钱民辉. 教育真的有助于向上社会流动吗：关于教育与社会分层的关系分析 [J]. 社会科学战线，2004（4）：194-200.

④ 洪岩璧，钱民辉. 中国社会分层与教育公平：一个文献综述 [J]. 中国农业大学学报（社会科学版），2008，25（4）：64-76.

⑤ 董泽芳，赵玉莲. 从布尔迪厄文化再生产理论看社会分层与高等教育公平 [J]. 现代大学教育，2015（6）：1-6.

通的。① 现代世界各国的社会救助工作基本都是在国家和政府的主导下以政策化方式实施的。新中国成立后，在社会救助的实施上，我国主要面向经济相对落后地区、低收入群体、生理弱势群体、能力弱势群体、受灾群体等，也有学者将这些弱势群体统称为"不幸者"。② 社会救助政策主要有基础型救助政策、普惠型救助政策、治理型救助政策、保护型社会救助、兜底型救助政策、发展型救助政策等政策类型。③ 在社会救助的区域上，我国主要有面向城市的社会救助政策和面向农村的社会救助政策。在社会救助政策体系上，我国主要有低保政策、失业保险政策、家庭补贴政策、教育救助政策、住房救助政策、医疗救助政策、就业帮扶政策等。④ 从总体上看，社会救助的政策增量具有广阔空间。

增量的低保政策能够有效实施精准化资金补偿，对缓解贫困、减轻困难民众疾苦、纾解社会不公平、维护社会安定具有积极作用。社会救助政策涉及城乡低保、公益性岗位补贴、以工代赈、教育救助项目（如农村义务教育营养改善"免费午餐"项目）、生态补助（如退耕还林、还草补助）、农业补贴（如种粮补助、耕地地力保护补贴）、就业帮扶政策（如雨露计划）、高龄补贴等诸多救助项目和措施。社会救助政策有很多，例如，1999 年建设部颁发的《城镇廉租住房管理办法》；2000 年，上海市颁布《关于做好医疗救助工作的实施意见》；2007 年，国务院发布的《国务院关于在全国建立农村最低生活保障制度的通知》。党的十八大以后，我国社会救助政策陆续发布，除完善救助政策制度外，政策工具也在不断完善，还面向贫困地区实施了精准扶贫、脱贫攻坚、乡村振兴等政策举措。2014 年，我国颁布了《社会救助暂行办法》，国务院公布了《国务院关于全面建立临时救助制度的通知》；2017 年发布《民政部国务院扶贫办关于进一步加强农村最低生活保障制度与扶贫开发政策有效衔接的通知》，财政部和民政部联合发布了《关于进一步加强医疗救助与城乡居民大病保

---

① 郭林，张巍. 积极救助述评：20 世纪以来社会救助的理论内核与政策实践 [J]. 学术研究，2014 (4)：54-62.
② 张浩淼. 中国社会救助 70 年（1949—2019）：政策范式变迁与新趋势 [J]. 社会保障评论，2019，3 (3)：65-77.
③ 林闽钢. 中国社会政策体系的结构转型与实现路径 [J]. 南京大学学报（哲学·人文科学·社会科学），2021，58 (5)：27-34.
④ 江树革，比约恩·古斯塔夫森. 国外社会救助的经验和中国社会救助的未来发展 [J]. 经济社会体制比较，2007 (4)：78-83.

险有效衔接的通知》;① 2018 年，民政部与财政部联合发布《关于在全国开展"救急难"综合试点工作的通知》。多数社会救助政策在落实上遵循"申请—审批"原则。②

经过长期探索，中国社会救助取得了显著成效，政策覆盖不断扩大，但在政策运转实践中，依然存在程度不同的社会救助政策增量不彰的现象，主要体现在以下三方面。

其一，政策边缘群体难以享受救助政策。从当前救助政策看，每项救助政策都有特定的救助条件、救助标准和救助对象等规定，对明显符合救助申领条件的对象来说，他们更易于享受政策帮扶，但是由于政策资源的稀缺性，并非所有应当享受该政策的对象都能够真正享受该政策，尤其是对处于政策设定条件边缘的群体而言。这些边缘群体可能会因为个别条件不符合政策设定的救助对象条件而被筛选下去。

其二，政策设计漏洞造成的政策救助没有实现全覆盖。其主要有三种情况，第一种情况是，救助政策设计者有意将某些群体排斥在政策救助范围之外，这是由政策资源的有限性、稀缺性和成本支出局限导致的，也由救助政策设计者受地方保护主义等动机驱使，有意将非属于本地管辖责任的群体排斥在救助政策之外。例如，有的地方将长期在本地居住但是并不具有本地户籍的群体排斥在当地的救助政策之外。第二种情况是，救助政策设计者在制定政策时未能进行全面充分的调研，造成其并未充分观察、注意到某些特定的对象群体，或者未将特定群体纳入救助政策覆盖范围，导致这部分群体并不能享受到政策救助。第三种情况是，政策规定不明确或过于原则化导致的政策救助盲区。有的救助政策在政策规定上过于模糊，致使在政策执行中缺乏明确的指导，从而将某些应当享受政策救助的群体排斥在政策之外。同时，社会救助政策设计不合理、实施不当、衔接不适恰都会引发新的社会问题，例如，救助依赖。③

其三，政策执行异化造成的政策救助缺漏，增量目标没有达到。社会救助政策的政策执行不到位、政策执行删减、非标准化执行、政策执行随意性、政策执行扭曲、政策执行寻租等，都会造成救助政策盲区。在基层政策执行中，

① 张浩淼. 中国社会救助 70 年（1949—2019）：政策范式变迁与新趋势［J］. 社会保障评论，2019，3（3）：65-77.

② 刘继同，严俊，孔灵芝. 中国医疗救助政策框架分析与医务社会工作实务战略重点［J］. 社会保障研究，2009（1）：139-157.

③ 左停. 创新农村发展型社会救助政策——农村低保政策与其他社会救助政策发展能力视角的比较［J］. 苏州大学学报（哲学社会科学版），2016，37（5）：1-8.

政策执行者的职业修养、道德素质和执行习惯等均会对政策执行成效产生影响。例如，在乡村低保政策执行中，关系保、人情保、贿赂保、互惠保等现象并不少见。在社会救助政策资源有限的条件下，政策执行异化必然会使一部分不应当享受政策的人享受了政策红利，而将另一部分应当享受政策的人排斥在政策惠及范围之外。

此外，政策信息不对称、政策对象主动性不足、政策信息获取能力限制、政策对象能力不足等，也会造成救助政策增量目标不彰的问题。政策信息是否具有公开性、透明性和对称性对社会救助政策对象能否获得政策救助具有直接影响。现实中，普遍存在着救助对象因不能获得准确、充分的政策信息而错失申请救助、获得政策实惠机会的情形，其原因有的在于政策宣传不到位，存在基层政策执行者有意屏蔽信息、选择性发布信息等情形，还有的在于政策对象未能对政策引起注意或由于疏忽和懒惰而错失机会。在农村中，存在一些人因文化水平低、不会使用智能手机、行动能力不足、居住地过于偏僻等原因，而未能有效获取政策信息的情形。例如，一些孤寡老人、长期打工在外的农民，极容易错过申请和享受救助政策的机会。因而，在社会救助政策实施过程中，国家还需要防范、遏制政策执行排斥现象，加强政策对象的参与激励，强化受助者的社会责任。[①]

第四节　公共卫生政策与社会安全

在我国，公共卫生被置于党和国家"事业"的高度，因此在实践中十分注意公共卫生政策供给与政策创新。我们必须看到，由于历史原因和巨大的经济社会发展重任，我国公共卫生政策还存在这样或那样的问题，尤其是在突发公共卫生的应对方面，政策"利长远"的功能还有很大改进的空间。

一、基本公共服务框架下的公共卫生政策

医疗卫生服务主要包含公共卫生服务和普通医疗服务两部分。2009 年，我国启动了国家基本公共卫生服务项目，且成为我国医药体制改革的重要里程碑，这是一项惠及全体国民的重大民生政策。国家基本公共卫生服务项目是指我国

---

① 杨立雄，陈玲玲. 欧盟社会救助政策的演变及对我国的启示 [J]. 湖南师范大学社会科学学报，2005（1）：26-32.

政府针对当前城乡居民存在的主要健康问题，以儿童、孕产妇、老年人、慢性疾病患者为重点人群，面向全体居民免费提供最基本的公共卫生服务。① 我国国家基本公共卫生服务项目享受的主体为全体中华人民共和国的公民，即全体公民都有享受国家基本公共卫生服务的基本权利，不论是城市或农村、户籍或非户籍的常住人口，均有权享有该政策福利。依据有关政策规定，我国基本公共卫生服务的提供者是基层卫生服务部门，具体分工是疾病预防控制中心、妇幼保健院、卫生监督所等专业公共卫生机构负责技术指导，乡镇卫生院、社区卫生服务中心（站）、村卫生室等基层医疗卫生机构负责实施。②

在基本公共卫生服务政策体系建设上，我国不仅颁布了《中华人民共和国基本医疗卫生与健康促进法》《中华人民共和国传染病防治法》《中华人民共和国国境卫生检疫法》《中华人民共和国疫苗管理法》《中华人民共和国传染病防治法实施办法》，还制定了专门的规范性文件。例如，1997 年，中共中央、国务院公布的《中共中央、国务院关于卫生改革与发展的决定》，1999 年，国家计委、财政部、卫生部联合下发的《关于开展区域卫生规划工作的指导意见》，2011 年，卫生部颁布的《国家基本公共卫生服务规范（2011 年版）》，对各公共卫生服务项目的服务对象、内容、流程、考核指标等提出了明确要求。据卫生部披露，截至 2011 年，我国国家基本公共卫生服务项目政策包括 10 大类、40 余项具体项目。2017 年，国家卫计委颁布了《国家基本公共卫生服务规范（第三版）》，具体列出了 12 项服务内容，主要涉及城乡居民健康档案管理服务、健康教育服务、预防接种服务、0~6 岁儿童健康管理服务、孕产妇健康管理服务、老年人健康管理服务、中医药健康管理服务、高血压患者健康管理服务、糖尿病患者健康管理服务、严重精神障碍患者健康管理服务、肺结核患者健康管理、传染病及突发公共卫生事件报告和处理、卫生计生监督协管。2019 年 9 月，国家卫生健康委印发《关于做好 2019 年基本公共卫生服务项目工作的通知》，颁布了《新划入基本公共卫生服务相关工作规范（2019 年版）》，共列出了 19 项工作。③ 国家基本公共卫生服务内容由国家为广大城乡居民免费提供，

---

① 浦雪，耿书培，曹志辉，等. 国家基本公共卫生服务项目实施效果研究 [J]. 卫生经济研究，2018（3）：17-20.

② 程念，宋大平，崔雅茹. 国家基本公共卫生服务项目实施现状及问题分析 [J]. 中国卫生经济，2022，41（11）：60-62.

③ 中华人民共和国中央人民政府网站. 三部门关于做好 2019 年基本公共卫生服务项目工作的通知 [EB/OL]. 中华人民共和国中央人民政府网站，2019-09-05.

所需经费由国家财政负担，2022 年基本公共卫生服务经费人均财政补助标准为 84 元。① 2023 年 2 月，中央办公厅、国务院办公厅印发了《关于进一步深化改革促进乡村医疗卫生体系健康发展的意见》，指出"把乡村医疗卫生工作摆在乡村振兴的重要位置""加快县域优质医疗卫生资源扩容和均衡布局""健全适应乡村特点、优质高效的乡村医疗卫生体系"，主要从县域内医疗卫生资源统筹和布局优化、乡村医疗卫生人才队伍建设、乡村医疗卫生体系运行机制改革、医疗保障水平提升等层面提出了具体的政策举措。②

2019 年年底新冠疫情暴发以来，党和国家制定出台了关于加强疫情防控、实施疫病防御救治、推进公共卫生体系建设的一系列政策措施。习近平总书记数次召开会议专题研讨、统筹部署相关工作，并就国家公共卫生应急管理体系建设、疾病预防控制体系改革、重大疫情防控救治体系、突发公共卫生事件应对预案体系等进行部署。③ 同时，在新冠疫情防控期间，党和国家还启动了《中华人民共和国传染病防治法》《中华人民共和国突发事件应对法》等法律法规的修订工作。

二、公共卫生资源配置政策的可及性困境

公共卫生资源配置主要是指公共卫生人、财、物、技术等资源的供给、分配与转移，涉及医疗保健机构、医生、护士、设施设备、医疗保健器械、药物等。④ 公共卫生资源只有得到合理、优化的配置，才能提高资源利用效率，实现公共卫生资源利用效率最大化，更好地增进民生福祉，切实维护好人民群众的健康利益。公共卫生资源配置状况关乎公共卫生系统内部资源分配的公平与效率问题。研究发现，公共卫生资源配置政策的非公平性设计，助长了公共卫生资源配置和供给的不公平问题。⑤ 公共资源配置政策的公平性程度与政府决策的科学性密切相关，也与其所处的社会伦理价值观和道德选择有关。政府作为公共卫生资源分配的决策者，既有责任通过公共政策制定保障公众健康，又

---

① 中华人民共和国中央人民政府. 2022 年我国基本公共卫生服务经费人均财政补助标准为 84 元［EB/OL］. 中华人民共和国中央人民政府网站，2022-07-07.

② 中央全面深化改革委员会第二十七次会议审议通过《关于进一步深化改革促进乡村医疗卫生体系健康发展的意见》［J］. 中国农村卫生，2022，14（9）：42.

③ 王祎然. 疫情期间公共卫生体系建设政策梳理［J］. 中国卫生，2020（7）：24-25.

④ 文小才. 中国医疗卫生资源配置中的财政投入制导机制研究［J］. 经济经纬，2011（1）：141-146.

⑤ 王文科. 公共卫生资源配置的政府决策与公平［J］. 中国医学伦理学，2007（1）：19-22.

有责任对现有和潜在的公共卫生资源进行合理、公平分配，并有序引导人们的卫生健康投资行为。这是因为，公共卫生资源是一种公众必需的公共产品，市场的自有缺陷决定了市场化方式并不是有效配置公共资源的唯一途径，实践也反复证明政府决策能够有效规制资源配置中的负外部效应，想要确保公共卫生资源配置的公平性、有效性，政府就必须进行公平性的政策设计和公平供给。从经济伦理原则角度来看，公共卫生资源配置公平性的主要衡量标准是看公共卫生资源是否均等化地满足了不同地区、不同人群的基本需求。① 然而，从实践看，公共卫生资源配置政策在运转中仍然面临着诸多困境，影响了公共卫生资源配置的公平性和有效性，难以实现公共卫生资源配置效用最大化。

公共卫生资源配置面临的可及性困境，主要表现在四方面。其一，农村基层公共卫生资源配置严重失衡。研究表明，我国公共卫生资源配置呈现出与人口分布、疾病状况不相契合的"倒三角形"模式，本应获得更多优质公共卫生资源配给的基层农村未能获得相应的公共卫生资源和服务，形成了一种城乡公共卫生资金资源严重失衡的格局，损害了公共卫生服务的公平性。这种矛盾状况如果得不到妥善的政策调适，可能会演变成社会矛盾与冲突。② 国家解决这一问题首要的是必须消除公共卫生资源配置政策中的歧视性倾向，打破城乡公共卫生资源配给二元结构差异，实行公共卫生资源城乡一体化统筹统配。其二，经济欠发达地区与经济发达地区间公共卫生资源配置均等化不足。从公共卫生资金来源看，地方公共卫生资金主要来自中央财政和地方财政，在中央财政资源有限的条件下，只能依靠地方财政来补充。由于地方经济发展水平存在差异，其财政能力也存在层次差别，经济相对落后地区的政府难以提供充分的财政资金，造成地区间公共卫生资源配给均等化严重缺失。③ 有学者就相关问题进行了研究，他们发现我国公共医疗卫生资源配置中存在严重的财政投入总量不足、结构失衡的问题。④ 同时，在高端优质公共卫生资源分配上，这些资源主要集中在城市，基层农村难以享受更高端、更优质的公共卫生资源。其三，低收入群体、弱势弱能群体公共卫生资源享有不充分。新型医保政策在关爱、照顾边

---

① 张宜民，马健平，胡勇．政府承担农民健康职能的理论支点及政策选择［J］．中国初级卫生保健，2007（4）：21-23.

② 王艳，杨宇霞．农村基层卫生资源配置中的政府职责探讨［J］．中国农村卫生事业管理，2011，31（3）：226-227.

③ 王思敏，史秀欣，王国文．山东省公共卫生资源配置非均等化实证研究［J］．中国总会计师，2020（7）：146-147.

④ 文小才．中国医疗卫生资源配置中的财政投入制导机制研究［J］．经济经纬，2011（1）：141-146.

缘群体方面有了很大改进，但是当前公共卫生资源配给仍然不能有效满足这些困难脆弱群体的需要。当前公共卫生资源的供给层次、规模和速度还远远不能满足增长较快的公共需求，一些困难脆弱群体的公共卫生资源的可获得性、满意度水平普遍较低，① 甚至受区域内公共服务体系割裂影响，公共卫生服务供给还存在空白和重复。② 其四，超大城市公共卫生资源配置供给能力不足。公共卫生资源配置涉及区域内的相关人力、财力、物力资源的协调、分配与供给，涉及医疗资源、急救资源、保健资源、防控资源等众多资源类型。从新冠疫情看，我国超大城市公共卫生体系在突发公共卫生事件应对、风险隐患防范化解方面还存在能力短板问题。超大城市人员规模大、流动频繁，甚至有境内外流动，存在叠加风险。从上海、武汉等城市的疫情防控治理实践看，超大城市在突发公共卫生事件中存在响应能力不足的问题。这不仅说明我国公共卫生资源配置方式过于粗放，还说明政府在公共卫生资源配置中也存在着"政府失灵"或"政策失灵"风险。③

此外，公共卫生资源的应急供给能力脆弱。突发公共卫生事件发生后，一些地方政府和基层疫苗供给不充分，医疗经费分配不合理，生活必需品和应急物资储备供应短缺，物资运输供给体系能力脆弱，风险精准识别能力与次生风险防范化解能力脆弱，疾病预防救治与紧急救治、转运和接纳能力不足。有的地方在舆情管控方面落实不力，居民恐慌情绪不能得到有效纾解，一些基层社区还存在资源错配问题。

三、市域治理的公共卫生属地风险

风险是人们对未来可能遭受的伤害和损失的认知判断。④ 乌尔里希·贝克坦言："任何人都有因冲突或矛盾转化随时陷入风险泥淖的可能。"⑤ 公共卫生风险是公共卫生领域存在的各类风险的统称。突发公共卫生事件的发生就是公共卫生风险转化为现实危害的表现。政府是各类风险治理组织、实施的主要责

① 王倩倩，苏振兴. 我国医疗资源配置公正的必要性和有限性原因探析 [J]. 中国医学伦理学，2012，25（1）：89-90.

② 张涛，孙立奇，李书婷，等. 我国公共卫生资源配置的公平与效率分析：基于 HRAD 和 DEA 的研究 [J]. 中国卫生政策研究，2017，10（9）：57-62.

③ 刘明慧. 医疗卫生保障公共财政投入：有效性与政策路径 [J]. 财经问题研究，2010（1）：89-93.

④ 张涛. 突发公共卫生事件中的风险沟通与专家困境 [J]. 自然辩证法研究，2022，38（5）：123-128.

⑤ 贝克. 风险社会 [M]. 何博闻，译. 南京：译林出版社，2004：17.

任者。在属地责任理论角度，各级地方政府对本级管辖区域内各类公共风险具有属地治理权力和责任，而地方属地风险治理的成效，直接影响政府的公共信任、合法性权威和声誉。在属地风险治理上，一方面，政府要加强各类力量的组织与协调，加强与专家力量的合作、沟通，增强信息沟通的及时性、完整性。① 另一方面，信息在风险情境下的公共沟通中的影响较大，政府不仅要加强风险的防范与应对，还要做好风险信息沟通，尤其是重视加强公共卫生应急社会风险沟通，提高政府、专业机构与民众信息的充分对称性。② 研究表明，在重大突发公共卫生事件情境下，信息质量与公众心理恐慌抑制和理性行为呈显著正相关。③

实践表明，我国在市域公共卫生风险治理方面还存在诸多困境，主要有三方面。其一，市域社会治理政策体系不完善。党的二十大报告指出："加快推进市域社会治理现代化，提高市域社会治理能力。"从政策设计来看，市域社会治理的目标在于建成共建、共治、共享的社会治理共同体，市域社会治理的重点在于公共安全治理、基层社会矛盾纠纷化解，市域社会治理的难点在于属地风险的防范与治理。④ 研究发现，公共政策对公众情绪反馈产生影响，而基于政策认知、政策认同、政策情感的公众情绪反馈，对公共政策执行效果产生影响。⑤ 当前关于市域社会治理的政策体系还不健全，群众对市域社会治理政策感知微弱，政策认同尚未形成，同时成熟的市域社会治理模式尚待发掘，有些初步成型的治理模式有效性仍处于检验和监测阶段。

其二，属地农村地区是市域社会治理的矛盾集中点。当前，市域公共卫生风险防控的难点主要集中在市域下属农村地区，这些地区的基础环境复杂，矛盾问题更加复杂、集中，系统性治理难度更大。例如，在基本公共卫生保障方面，大城市能够比农村优先获得公共卫生资源配置，得到更多的财政支持，能够进行更加充分的公共卫生硬件和软件建设，积聚更强的公共卫生服务能力。

---

① 张涛．突发公共卫生事件中的风险沟通与专家困境［J］．自然辩证法研究，2022，38（5）：123-128.
② 邵安，祝哲．共同体视域下我国公共卫生应急风险沟通的政策演进与运行体系研究［J］．浙江警察学院学报，2022（3）：118-124.
③ 安连超，王宏，张海龙．重大公共卫生事件下信息质量对大学生恐慌情绪的影响：风险感知的中介作用［J］．心理月刊，2022，17（21）：26-28.
④ 吴新叶．社会治理的政党逻辑［M］．上海：华东师范大学出版社，2022：216-217.
⑤ 文宏，郑虹．重大突发公共卫生事件中公共政策制定的公众情绪反馈差异研究：基于"延迟开学"政策社交媒体数据的考察［J］．北京工业大学学报（社会科学版），2022，22（6）：49-66.

城乡二元结构的资源配置不均等导致农村基本公共卫生服务基础较为薄弱，公共卫生服务软硬件建设难以有效跟进，农村公共卫生法治建设相对落后，医疗卫生资源供给不足、公共卫生服务体系不健全导致农村在公共卫生重大风险防范方面面临诸多困境，农村基层群众的满意度较低。①

其三，有些市的多级协同风险治理能力不足。这主要体现在市、县、乡（街道）、村（社区）四级联动协同治理方面，具体表现在四个方面。一是公共卫生服务政策执行部门间协同不足，政策执行协调互动机制运行不畅，存在多头指挥、沟通失效、执行行动严重延迟的情况。二是公共卫生服务政策执行部门与基层社区的协同不足，上下沟通运行不畅，存在责任推诿、互相扯皮的情况，居民协同意识薄弱。三是社区与居民的公共卫生协同治理能力脆弱。例如，在公共卫生事务和疫情治理中，居民的自身健康意识、疾病预防意识不强，在缺乏健康知识、健康理念和健康素养的情况下拒不配合环卫治理整改。疫情防控中仍有小部分居民不按政策规定行事，有意或无意违反相关规定，不如实、不按时报告个人信息。四是风险防范化解的先验性、技术性和系统性不足。实践表明，一些市级地方在重大突发公共卫生安全风险防范化解，应急处理的意识、能力和行动等方面难以有效跟进，公共卫生风险防控预案流于形式，智能化公共卫生风险防控体系应用能力不强，风险识别、防御和治理能力脆弱。公共卫生领域风险具有衍生性特点，容易引发社区恐慌、居民失业恐惧、莫名焦虑和担忧，也会给居民造成经济利益损失和沉重经济负担，需要系统性防治。不少地方在此类风险的衍生性风险化解和系统性处置方面注意力不集中、经济投入匮乏。

市域公共卫生属地风险治理的发展路向在于，其一，构建制度化、体系化和系统化的治理格局。市域社会治理必须走"共建共治共享"的治理制度道路，坚持"人人有责、人人尽责、人人享有"的参与式治理理念，强化每个社区、公民的治理主体责任，打造社会治理共同体。国家进行城市治理、城市建设与城市规划一体化建设，增强城市抗击各类风险的韧性，解决公共卫生领域的矛盾风险问题必须着眼于公共卫生资源配置的均衡性分配。也就是说，国家要优化公共卫生资源配置机制，建立政府主导、非营利组织辅助、市场参与的混合型公共资源配给机制，实行医疗资源均等化配置优先原则，保证重点资源、核心资源在资源配置中的优先性，有效规避市场趋利性导致的公共资源配置不公

---

① 谷满意，刘欣. 完善农村公共卫生重大风险防控机制的思考 [J]. 人民论坛·学术前沿，2022 (6)：109-111.

正风险，使每个公民的生命健康权、医疗保健权得到平等的政策保护，保障医疗公正。在机制建设上，国家要建立突发公共卫生事件应急治理层级式权限配置模式，将常规治理与非常规治理相结合，建设相互信任的合作治理网络。① 同时，国家要加强不确定性风险的治理，完善公共风险沟通的体制机制，构建重大突发公共卫生事件公共资源供给快速响应机制，强化公共卫生风险治理的跨部门合作机制建设，提高政府应急响应政策效率，② 并建立市域公共卫生属地风险的全周期管理制度和机制。③

其二，强化市域公共卫生属地风险治理能力建设。一是增强基层党组织在突发公共卫生事件中的应急治理能力建设，着重提升基层党组织的政治领导力、组织协调力、发展推动力、舆论引导力和社会号召力。④ 二是地方政府要规范临时应急指挥机构运作，清晰划分职权，提升重大疫情防控救治能力、基层医疗卫生服务供给能力、医疗紧急救助救援能力、医疗机构管理能力，要重视提高医疗卫生公共场所的感染防控能力，同时提高风险预案管理能力，在紧急事件发生后立即启动紧急预案，实施积极救助救援行动，迅速采取保护性措施和替代性措施。例如，设立医疗应急基金，以备随时启用。三是加强社会风险识别能力建设，及时识别和消除风险诱因，加强风险预防、评估，促进系统内部结构性合作，优化应急管理体系。在风险防控方面，加强信息管理能力，提升信息公开、信息沟通效能，积极构建基于智能化决策的突发公共卫生事件风险防控体系，建设专门化数据信息库。⑤ 同时，要增强地方的风险决策能力，科学辨识、矫正公众认知偏差，及时消除在认知、利益、价值方面的分歧，弱化、消除政治对立。⑥ 此外，要提高政府的衍生性公共卫生风险的治理能力，防止负溢出效应的出现。衍生性公共卫生风险是由原始风险导致的风险，主要有社会生理风险、社会心理风险、社会行为风险、社会应对风险和社会环境风险五

① 陈伟. 突发公共卫生事件治理模式探索：基于风险社会理论视角 [J]. 北京航空航天大学学报（社会科学版），2023，36（1）：101-112.

② 欧阳艳敏，王长峰，刘柳，等. 基于改进自适应最优分割法的风险预警区间模型研究：针对重大突发公共卫生事件 [J]. 中国管理科学，2022，30（11）：196-206.

③ 张鸣春. 风险社会重大突发公共卫生事件全周期管理研究：以新冠肺炎疫情防控为例 [J]. 中国公共卫生管理，2022，38（2）：141-145.

④ 万君健，许文忠. 突发公共卫生事件风险应对下的基层党组织能力建设 [J]. 上海党史与党建，2022（3）：80-84.

⑤ 张耀峰，耿智琳，贺睿博. 大数据与智能决策驱动下突发公共卫生事件风险防控体系构建 [J]. 中国公共卫生管理，2022，38（4）：439-443.

⑥ 付丽媛，常健. 风险决策中主张分歧的原因及其管理路径 [J]. 南开学报（哲学社会科学版），2022（3）：173-182.

大类，这些风险的预防需要政府、企业、社会组织、个人协同应对。①

其三，坚持公共卫生风险治理重心向下。一是完善政策设计，建立健全市、县、乡、村协同的医疗卫生体系。以健康乡村建设为政策驱动力，加强县域卫生健康综合平台建设，以县域医共体建设推进市域公共卫生风险治理共同体建设，落实好基本公共卫生服务县域、市域无缝覆盖，建立医疗服务层层分包机制，积极推动中心乡镇卫生院建设，提高中心乡镇卫生院辐射带动能力，完善分级诊疗机制，构建基层首诊、双向转诊、急慢分治、上下联动的分级诊疗格局，完善医疗卫生人才资源调配和下派医务人员机制，推动医疗公共卫生资源实现合理配置、公正配置、有效配置。二是加强政策激励，打造公共卫生应急基层协同治理共同体。积极发挥地方党组织、政府领导引导群众有序参与危机事件应对的组织动员功能。② 属地责任部门要依法依规果断组织协调行政力量、专业救治队伍力量和群众力量参与公共卫生突发事件治理。三是强化公共卫生风险微治理的政策实施。国家要在实施环境卫生治理、改善环卫条件、提高环境卫生管理水平的基础上，着眼于公共卫生"微系统"的脆弱性修复，增强社区公共卫生风险的自我保护意识。同时，公共卫生风险具有扩散性，主要呈现为链条式、树状式、网格式三种路径，因而，遏制风险扩散在于抓好风险源头治理，切断风险扩散链条，坚决扼住基层治理防线，避免区域层面风险、行业层面风险的扩散与上下游延伸。

四、重大突发公共卫生政策的民生保障难局

重大突发公共卫生事件是指突然发生的可能对社会公众身体健康、生命安全造成损害的致病性事件。重大突发公共卫生事件的社会危害性较大，其突发性、不确定性一般会给人们带来恐慌。同时，规模性突发公共卫生事件的叠加与嵌套会加剧恶化程度，造成冲突风险升级与危害扩散。我国 2003 年发生的传染性非典型肺炎（Severe Acute Respiratory Syndrome，SARS）、2019 年暴发的新型冠状病毒感染疫情（Corona Virus Pisease 2019，COVID-19）都属于典型的重大突发公共卫生事件，影响巨大，给国家经济发展、人民生命健康安全造成了严重威胁。新冠疫情由于具有扩散性强，传染性强，致病率高，缺乏有效疫苗、

---

① 张春颜，王瑜. 大规模突发公共卫生事件下衍生社会风险的类型与防控策略［J］. 中国行政管理，2022（4）：131-138.
② 吴新叶. 党建引领社会治理的中国叙事：兼论国家—社会范式的局限及其超越［J］. 人文杂志，2020（1）：114-122.

药物，其病理和诊疗方案的不明确性等特征，加上该疾病的预防、诊断、防控只能边实践边摸索，给疫情防控有效实施造成了阻碍。总体来看，在新冠疫情重大突发公共卫生事件的应急处置方面，我国制定出台了一系列公共卫生政策，从总体上有效地控制了疫情。地方疫情防控政策在实施过程中也暴露了民生保障严重不足的问题，主要表现在以下三方面。

其一，基本公共卫生资源供给不足。从新冠疫情的地方风险防控实践看，在重大突发公共卫生事件情境下，一些地方难以兼顾风险防控与民生保障，尤其体现在基层暴露出的民生保障落实能力的高度脆弱性方面。例如，基层医疗公共服务供给能力严重不足，危重症救治力量不足，救治床位、设施和设备严重短缺；医疗卫生资源缺乏有效协同，难以建成运行顺畅的协同合作体系。同时，政府在协调转运、风险防控、民生物资供给等方面表现出能力不强、条块执行不够畅达的问题，致使有的社区居民并不能得到足够的基本生活物资援助。

其二，民生物资供需矛盾加剧。在突发事件情境下，民生物资供需结构发生巨大变化，一些地方政府和市场不能有效解决巨大的物资供需矛盾。民生物资供给的政府失灵、市场失灵，易使社会陷入秩序混乱和次生冲突之中。在突发公共卫生事件情境下，风险的不确定性增加、持续时间较长，防控、治理难度加大，难以采取类似于自然灾害救助救援措施。对社区居民来说，市场停顿、运输链中断都会使物资供给变得尤为困难，尤其是在基本生活必需品、基本医疗物资、紧急必需物资方面供需矛盾更加突出。在疫情防控中，各地方普遍存在抢购防疫物资、生活用品，囤积医药物资的情况，导致口罩、退烧药、缓释类药物、止咳类药物供不应求，甚至发生断货断供现象。同时，市场监管秩序混乱，市场上涌现出哄抬物价、扰乱市场秩序、非法囤积收售医药物资的"黄牛"。

其三，民生保障政策缺位。我国尽管出台了《中华人民共和国突发事件应对法》《突发公共卫生事件应急条例》《国家突发公共事件总体应急预案》《国家突发公共卫生事件应急预案》《全国疾病预防控制机构卫生应急工作规范（试行）》《突发公共卫生事件与传染病疫情监测信息报告管理办法》《卫生部法定传染病疫情和突发公共卫生事件信息发布方案》《公共卫生防控救治能力建设方案》等应对突发公共卫生事件的法律法规，但是依然缺失母法和相对完善的法治政策体系。①

---

① 茆京来.超大城市公共卫生治理体系中存在的风险隐患和对策建议［J］.中国卫生资源，2022，25（3）：269-272.

民生保障事关人民群众的基本生存和生命健康，应立足民生保障困局的深层根源，找到重大突发公共卫生事件民生保障难局突破的政策应对策略，本书从三方面提出建议。

第一，提升重大疫情民生保障的政策响应能力。在重大突发公共卫生事件中，国家层面应当实施积极的财政政策，刺激生产和消费，增加医疗、教育、养老等民生保障支出，满足居民基本生活需求。① 国家要加强疫苗风险防范，克服疫苗在研发与应用中存在的不确定性。② 同时，地方必须增强地方政府公共政策敏感性，不断增强突发情境下的政策调控能力，善于编制功能多元的协同性政策网络，增强政府分类施策、精准施策的政策响应能力。③ 例如，分类制定出台应对危机的治理应对政策、保障供需平衡政策、消费价格稳定政策、企业纾困帮扶政策、稳定就业政策、刺激经济政策等。④

第二，落实基本生活保障优先原则。政府要优化公共卫生领域风险预防理念，⑤ 切实增强公共卫生部门对重大突发公共卫生事件的监测预警能力、应急处置能力，加强传染病防治的宣传，增强疾病预防控制能力，为人民群众生命健康、生产生活保驾护航。⑥ 在突发公共卫生事件发生后，要开辟信息沟通渠道，保障信息沟通顺畅，有效回应基层群众的需求和关切。⑦ 在突发公共卫生事件防治方面，要加强居民心理健康教育，妥善纾解居民心理压力，做到心理干预与人文关怀统筹兼顾。要落实好基本收入保障、最低工资制度和生活补贴，加强规模化、外溢性的重大突发公共卫生事件的民生保障，坚决打击"囤积居奇""哄抬物价""聚众抢购""商品炒作"等行为。同时，要动态把握政策的

---

① 温桂荣，黄纪强，李艳丰.积极财政政策对中国宏观经济的动态时变影响：以重大突发公共卫生事件为视角 [J].财经理论与实践，2021，42（3）：101-109.

② 刘姝.全球公共卫生领域风险社会概观、表征与出路探寻 [J].思想战线，2022，48（2）：109-116.

③ 翟燕霞，石培华，申军波.重大突发公共卫生事件下旅游产业扶持政策文本量化研究：基于政策工具视角 [J].未来与发展，2021，45（3）：41-52.

④ 武汉大学抗击新冠肺炎疫情应急研究专项课题组.重大疫情下政府经济政策法治化研究：基于市场决定理论与新冠肺炎防控实践 [J].法律适用，2020（13）：86-99.

⑤ 陈丹，单爽爽.公共卫生领域风险预防理念的适用 [J].南京医科大学学报（社会科学版），2022，22（4）：369-374.

⑥ 吴新叶.大都市社会安全预警建设的机理及其利用：以国家—社会二分法为视角 [J].上海行政学院学报，2014，15（3）：11-19.

⑦ 陈镜宇，罗业涛，梁小华，等.重大突发公共卫生事件中政策对控制效果的影响——以重庆市新型冠状病毒肺炎疫情防控为例 [J].儿科药学杂志，2020，26（4）：28-31.

动态适配性，及时发布、调整和落实停工停产政策、复工复产政策。① 要致力于加强公共卫生安全目标、生态环境健康目标和民生保障目标的协同达成。②

第三，建立权利救济救援渠道。在政策方面，要加强重大突发公共卫生事件民生保障的政策设计，完善政策帮扶、政策保障规定，通过税收减免、租金补贴、延期偿还贷款等政策纾解企业和群众的生活压力。在救济救援渠道建设方面，一要建立居民基本生活保障救济救援机制，开辟基本生活保障救济救援渠道，为居民提供必要的面粉、大米、食用油、饮用水、保暖衣物等物资，加强物资供给、交易的市场监督、卫生监督。二要建立居民紧急保障救济救援机制，畅通紧急救济渠道，提供急用物资、急救药品和紧急救援服务。三要建立重点群体、弱势群体的救济救援机制，加强对老年人、残疾人、孕妇、婴幼儿等重点人群的信息摸排，建立特殊群体保障信息库。四要建立社区关爱、照护制度，鼓励社区参与，实施邻里互助。此外，要开辟救济救援热线和信息平台，健全投诉受理、反馈机制，将民生保障落到实处。

本章小结

在社会治理实践中，公共政策的功能不可忽视。然而，在赋能治理和增进社会公共福利方面，公共政策暴露出"两面性"。一方面，良善的公共政策与良好的政策执行能够释放积极的政策治理效能，且能直观显露出政策对治理的赋能作用；另一方面，当良善的公共政策得不到很好的贯彻执行时，或者当公共政策不再契合当下的治理实践和治理要求时，公共政策也会对社会治理制造障碍、招来风险、埋下隐患，这些政策风险的日渐暴露不利于社会的健康发展。社会政策治理实践表明，社会政策风险具有难以预见性、突发性、不确定性的特征，尤其是在全球风险多变、国内和国际风险复杂交织的情形下，社会政策风险问题绝不可掉以轻心。为了更好地控制、驾驭风险，必须从政策的"质"与"量"两重维度出发进行社会政策的体系构建与政策调适，持续性构建发展

---

① 吴克昌，吴楚泓. 重大突发公共卫生事件背景下政策响应速度差异研究：基于 283 个城市复工复产政策的事件史分析 [J]. 北京工业大学学报（社会科学版），2022，22（6）：67-81.

② 胡帮达. 生态保护和公共卫生安全二元目标下野生动物立法的逻辑 [J]. 华中科技大学学报（社会科学版），2022，36（4）：41-53.

型社会政策，找准政策风险临界点。① 政策风险不仅体现在政策盲区、政策漏洞、政策执行等问题方面，还体现在政策固化以及由此带来的制度固化问题上，其结果必然是政策的负外部性问题的爆炸性裸露，从而可能导致政策失灵或政策失败。因而，对任何公共政策而言，政策自身的灵活性以及政策运转中的灵活性调适变得尤为重要，这就要求政策制定者充分认识到公共政策的"两面性"特征，既要善于运用社会政策管理和控制社会风险，也要不断增强政府对社会政策风险的防范、化解能力，也就是要持续性地增强政策改革、政策创新和政策重建能力，实现对公共政策"魔性"的克制与驾驭，使公共政策持续地发挥正向治理效能，促进社会的整体性善治。

---

① 李培林，王思斌，梁祖彬，等. 构建中国发展型的社会政策："科学发展观与社会政策"笔谈 [J]. 中国社会科学，2004（6）：4-24.

第八章

制度结构与社会矛盾

制度是一个社会的博弈规则，或者更规范地说，它们是一些人为设计的、形塑人们互动关系的约束。制度规范社会行为，稳定社会秩序，但同时很多冲击社会秩序的社会行为或社会事件又往往是由制度之间的矛盾引发的。正式制度不仅是根据不同的社会目的制定出来的，而且在社会各种领域广泛发挥作用的道德规范、宗教信念和风俗习惯等非正式制度，也是以其相互区别的价值原则引导人们展开不同的社会追求。因此，无限多样的制度规定着不同目的的社会行为，而不同社会制度相互交织，在有限的社会空间相遇时，它们相互区别的社会功能就有可能相互排斥甚至支配人们的行为，从而发生冲突。

第一节　制度类型与社会矛盾

不同的制度类型对社会矛盾产生不同的影响。在制度领域类型上，有行政管理制度、社会保障制度、法律法规制度等；在制度要素类型上，有规制性要素、规范性要素、文化认知要素等；在制度特征类型上，有约束性制度、激励性制度等。本节将探讨这些制度类型和社会矛盾之间的关系，分析在不同制度类型下，社会矛盾的表征与成因。这些分析有助于我们更好地理解不同制度类型对社会矛盾产生的影响，同时也可以为不同制度类型的改革和社会稳定提供参考。

一、制度领域类型与社会矛盾

（一）行政管理制度与社会矛盾

行政管理制度是诸多现实治理体系中的一种常见制度，是由国家宪法和法律规定的关于国家行政机关的产生、组成、组织结构、职责权限、活动方式、运行程序以及行政管理主体之间相互关系的互动行为和规则，是国家行政机关进行政务管理、提供公共物品和公共服务的规范性约定。行政管理制度是行政体制的规则，是行政体制改革、运行的基准和保障。

行政管理制度体系涉及政治、经济、社会等方面。行政管理制度与政治制度、经济制度、社会制度是叠加、镶嵌、耦合、交叉的关系。① 我们从国家公权力配置的意义上分析，一部分宏观原则性的行政管理制度是政治制度的重要组成部分，处于政治体系的中下部；一部分微观操作性的行政管理制度是政治体系的附属性制度。除这两方面的制度外，行政管理制度也多是经济制度、社会制度、文化制度的有机组成部分，分别处于这些制度体系的中上部。以行政管理制度形式出现的经济制度、社会制度、文化制度在一定程度上融入政治制度，处于政治体系的下部，并整体地融入各种制度中，成为这些制度体系的组成部分，处于这些制度体系的下部。同时，行政管理制度与法律是交叉关系，部分行政管理制度属于法律体系的组成部分，部分法律属于行政管理制度。②

改革开放以来，我国社会经济市场各个方面都取得了显著的成就，这与行政管理体制改革有密切的关系。行政管理体制改革能够促进改革事业发展，但随着改革事业的不断推进和深入，行政管理体制也有许多方面难以符合实际需求，阻碍了改革事业的发展，一定程度上引起社会矛盾。一是行政管理方式落后。政府的管理方法没有根本改变以往审批项目多、办事流程烦琐的现象，不利于提高行政效率。二是政府监督不到位导致行政管理弊端很多。随着行政民主化的发展，各级政府积极采取措施实施行政公开，不断提高政府运行的透明度，但是很多工作依然流于形式，监督尚未形成制度化，在实际操作中受人为因素的影响很大。在很多情况下，行政公开与政府官员的主观意志有很大的关系，受官员的随意性和偶然性的影响，行政管理具有鲜明的人治色彩。三是政府职能角色尚未转变。我国政府的全能角色并没有转变为社会服务的职能属性，在行政管理体制改革中，虽然强调有效放权和充分发挥市场的作用，但是政府行使职能往往存在任意干预的现象，行政管理中很多项目的审批并没有意义，政府运用行政命令向企业下指标和定规模，缺乏科学性，而且为基层考评带来了巨大的压力。近年来，中介机构、行业协会及社会自治组织快速发展并取得了一定的成绩，但这些机构多附属于政府，目标任务、工作方向依然由政府主

---

① 高小平，刘一弘. 论行政管理制度创新［J］. 江苏行政学院学报，2021（2）：97-107.
② 高小平. 新时代的中国行政管理制度创新研究［J］. 国家现代化建设研究，2022（4）：47-58.

导，机构编制、人员配备、经费保障等难以发挥作用。①

（二）社会保障制度与社会矛盾

社会保障是保障和改善民生、维护社会公平、增进人民福祉的基本制度保障，是促进经济社会发展、实现广大人民群众共享改革发展成果的重要制度安排，发挥着民生保障安全网、收入分配调节器、经济运行减震器的作用。党的十八大以来，党中央把社会保障体系建设摆到更加突出的位置，推动社会保障体系建设进入快车道，我国社会保障体系以社会保险为主体，包括社会救助、社会福利、社会优抚等制度在内，功能完备的社会保障体系基本建成。我国社会保障领域还有不少短板，群众在就业、教育、医疗、居住、养老等方面还面临不少难题，与高质量的社会保障尚有差距。（1）管理机构碎片化。经过几十年的政府机构改革和行政体制演变，我国已形成比较完善的社会保障管理体制，但是当前社会保障管理机构设置仍然比较分散，碎片化现象突出。人力资源和社会保障部、民政部、国家卫生健康委员会等机构都负有一定的社会保障管理责任，且省、市、县均设有相应的机构与之"对接"，由此形成了"多龙治水"的社会保障管理局面。（2）制度设计碎片化。从宏观层面看，根据保障目标和对象的不同，我国社会保障主要分为社会救助、社会保险、社会福利、优抚安置、慈善事业等几大版块，从性质上可分为基本保障和补充保障两大类。这种"制度分立"在特定时期和特定经济条件下具有一定的合理性，但从社会保障发展趋势看，制度整合是必然选择。制度设计的"考虑不周"或行政机构的"选择性推诿"会使一些社会成员无法被任何一种制度所覆盖，陷入无保障境地。（3）信息资源碎片化。当前社会保障信息分散在不同的管理机构中，社保、民政、税务、公安、银行等部门各自掌握着不同的居民信息，某一机构若出于社会保障想调用另一机构掌握的居民信息，将会面临烦琐的行政程序和制度障碍，尚未实现居民社会保障信息共建共享，给社会保障制度精准实施带来了数字壁垒。（4）法律法规碎片化。与管理机构分散林立类似，社会保障法律法规碎片化、立法层次高低不一，导致全国性立法和地方性法规大量并存，弱化了社会保障的统一性和规范性，不仅降低了社会保障制度的权威性，还难以对社会保障违法行为予以有震慑力的惩处。②

① 吴摄天．浅谈行政管理体制改革存在的问题与创新策略［J］．中国管理信息化，2018，21（22）：164-165．
② 白维军．高质量发展视角下的社会保障制度整合优化［J］．中国高校社会科学，2023（2）：92-101．

（三）法律法规制度与社会矛盾

法律法规是指国家现行有效的法律、行政法规、司法解释、地方法规、地方规章、部门规章及其他规范性文件。伴随我国法治政府建设的不断推进，我国在加强党的领导、持续推进体制机制改革、建立健全制度体系、增强各级公务员法治意识等方面取得了突出成效，但同时也存在一些"难啃的硬骨头"。一是行政法律规范还不够完备。一些基础性、综合性的法律门类不够齐全，涉及民生安全等重要领域的法律不健全，网络等新兴领域、涉外领域也存在一些法律空白。二是立法质量和效率还需进一步提高。有的法律反映人民意愿还不够充分，坚持以人民为中心的原则体现不够，还未达到良法善治的目标和要求。法律法规互相打架、相互冲突的现象仍然存在。有些重要领域的立法一拖再拖，效率低下；有的法律法规难以落实，缺乏针对性和可操作性。三是立法工作中部门化、利益化的倾向仍然较为突出。一些行政部门拟定立法草案时，往往把本地本部门的利益放在较突出的位置，而对行政相对人的合法权利保护不够。四是有的法律法规未能充分发挥法律的权威。比如，一些地方规定的损害性赔偿标准较低、处罚力度不大，导致违法违规的代价较小，不能充分发挥法律应有的威慑、惩戒作用，这也是近年来食品安全事件和生产安全事故多发、频发的重要原因。[①]

法律法规的不够完善也会引发社会矛盾，特别是相关法律法规与群众的利益诉求存在不相适应之处，往往会使广大人民的利益得不到充分的表达，引发他们的不满，进而促使民众向制度外寻求利益保护。此外，当前司法不公正是民众反映十分强烈的社会问题之一，法律解决问题的公信力不足，在群众中形成了"信上不信下，信访不信法"的错误认识，民众的传统观念以及党和政府对矛盾事件的处置不当造成部分群众错误地认为群体性上访是表达诉求的最好形式，导致群众大规模上访事件的频繁发生。法律滞后、执行不力等现象之间是相互关联的，不仅严重损害了宪法和法律的权威，降低了政府的权威和公信力，还激化了日益复杂的新型社会矛盾。[②]

二、制度要素类型与社会矛盾

不同的社会理论家先后把规制性、规范性和"文化—认知性"系统分别确

---

① 陈垚. 法治政府建设的现实困境与对策思考 [J]. 党政干部论坛，2022（10）：34-36.

② 王敏. 新型社会矛盾的成因分析及对策探究 [J]. 湖北省社会主义学院学报，2012（5）：67-69.

定为制度的关键要素，这三大基础要素构成了一个连续体，以相互独立或相互强化的方式构成一个强有力的社会框架，这种框架既能容纳又能展现这些结构性力量，是一种具有弹性的框架。制度各要素如果发挥不出应有的功能作用，或者制度要素本身存在一定的缺失，就会引起一定的社会矛盾。

（一）规制性要素与社会矛盾

制度的规制性表明制度会制约、规制、调节行为。制度的规制过程包括确立规则、监督他人遵守规则，并且如果必要，还有实施奖惩来影响将来的行为。规制概念难免使人想到压制和约束的情景，但是很多规制性规则对行动者及其行动具有使能作用，例如，许可某些类型的行动者采取行动、获取特殊权力和收益等。所以，制度的规制性意味着其既具有制约又具有使能社会行为的功能。

制度的规制性基础要素的核心成分包括强制性暴力、奖惩和权宜性策略反应。① 因此，制度规制性要素是社会发展不可或缺的重要组成部分，它们对维护社会稳定、促进经济发展、保障社会公正具有重要作用。同时，制度规制性要素和社会矛盾之间存在密切的关系。首先，制度规制性要素可以调节社会矛盾。制度规制性要素的出现和实施可以在一定程度上减少社会矛盾的发生和扩大，例如，一些政策和法律的制定可以缩小贫富差距，缓解社会矛盾。其次，社会矛盾也可以促进制度规制性要素的完善和升级。例如，一些社会矛盾的出现可能会促使政府加强公共服务的建设和改善，从而提高社会的整体福利水平。

总之，制度规制性要素和社会矛盾是相互作用、相互影响的。制度的规制性基础要素如果没有得到明确的体现，往往就不能对社会问题进行有效约束，容易引起社会矛盾。我们如果过于强调制度的规制性因素，对社会发展的管控过于严厉，同样也会带来社会矛盾。

（二）规范性要素与社会矛盾

社会生活中的制度还存在说明性、评价性和义务性的功能，这种制度就是规范性的规则。规范系统包括了价值观和规范。所谓的价值观，是指行动者所偏好的观念或者所需要的、有价值的观念，以及用来比较和评价现存结构或行为的各种标准。规范则规定事情应该如何完成，并规定追求结果的合法方式或手段。规范系统确定目标，但也指定追求这些目标的适当方式。

有些价值观和规范可能适用于一个集体中的所有成员，但有些则只能适用

---

① 斯科特. 制度与组织：思想观念与物质利益 [M]. 姚伟，王黎芳，译. 北京：中国人民大学出版社，2010：60.

于特定的行动者或职位类型。后一种价值观与规范产生了各种角色任务，即具体的个体或指定的社会职位确定关于什么是适当的观念。这些观念不仅是对特定行动者应如何行为的期待或预言，也是一种规定即规范性期待。这种期待往往是由特定情景中的支配性行动者持有，而期待所指向的焦点行动者会体验为一种外在压力。人们往往认为，规范系统会对社会行为产生一种限制，但是它们也会赋予社会行动某种力量，对社会行动具有使能作用。因此，它们对行动者既赋予权利也施加责任，既赋予特权也施加义务，既提供许可也实施命令和操纵。

规范也可能引起强烈的情感，但是这些情感与那些因违背规则与规制而引起的情感有些不同。因违反规范而引起的情感主要包括羞耻感，而对那些遵守规范的模范行动者来说，引起的情感则是骄傲与荣誉感。遵守或违反规范，会涉及大量关于适当性的自我评价，强烈的懊悔、自责可能对自尊产生重要的影响。这样的情感为行动者遵守主流规范提供了强有力的诱因。① 所以，相比较规制性要素而言，规范性要素对社会矛盾的化解具有柔性的作用。

（三）"文化—认知性"要素与社会矛盾

"文化—认知性"要素构成了关于社会实在的性质的共同理解，以及建构意义的认知框架。"文化—认知性"要素认为，认知是外部世界刺激与个人机体反应的中介，是关于世界的、内化于个体的系列符号表象。其强调符号与意义的重要性使我们又回到了韦伯的重要假定，韦伯认为只有在行动者赋予行动以意义时，这种行动才是社会行动。分析者要理解或解释任何行动，不仅要考虑行动的客观条件，还必须考虑行动者对行动的主观理解。近 30 年来，心理学家所进行的深入研究已经指出认知框架参与了信息处理活动的整个过程，即从决定注意何种信息，对这种信息如何编码，如何保留、回忆、进行组织并成为记忆，到如何理解信息这一整个过程，并进而影响行动者的评价、判断、预测和推论。

在大多数的环境中，人们都会遵守"文化—认知性"制度。我们之所以遵守惯例，是因为我们理所当然地认为那些惯例是我们做这些事情的恰当方式。表达"文化—认知性"要素的情感比较广泛，包括从确信、信心等积极情感到困惑、混乱和迷失等消极情感。那些与主流文化信念相亲近的行动者更有可能感觉自己有能力且是重要的，而那些与主流文化信念相左的行动者，最好的情

---

① 斯科特. 制度与组织：思想观念与物质利益 [M]. 姚伟，王黎芳，译. 北京：中国人民大学出版社，2010：63-64.

况可能被认为是无知和无能的，最坏的情况则可能被认为是疯癫或者异端的。①所以，"文化—认知性"要素在一定程度上弥补了正式制度的真空，在社会生活中起到了很好的调节作用。

三、制度特征类型与社会矛盾

（一）约束性制度与社会矛盾

约束性制度通常是指由政府或其他组织制定的一些规定、法律或政策，旨在规范社会成员的行为，来维护社会稳定和公正。约束性制度与社会矛盾之间存在密切关系。一方面，约束性制度是解决社会矛盾的重要手段之一。例如，刑法、民法等法律规定了人们在社会生活中的行为规范，例如，禁止盗窃、故意伤害等行为，这些规定可以起到一定的约束作用，防止社会矛盾进一步激化和扩大。另一方面，约束性制度也可能带来一些社会矛盾。首先，一些人认为这些约束性制度限制了个体的自由。例如，某些法律或政策要求人们实行某种行为或遵循某种制度，但这样做可能与某些人的自由、权利或利益相冲突。这些约束性制度也可能限制有些人发挥他们的创造力和创新能力。其次，一些约束性制度可能存在不公平和不平等的问题。一些制度强制执行对少数群体来说可能是不公正的，特别是对那些在社会中仍遭受歧视和不公平待遇的弱势群体。这种不平等会导致社会矛盾的产生，并可能引起不满和抗议。最后，约束性制度的执行可能存在难度大和不完善的问题。当执行机构无法充分保证约束性制度的执行时，这些制度失去了其信誉度和正义性，可能导致人们不再遵循这些制度。另外，一些制度可能不健全或存在漏洞，使其易于被滥用或操纵。因此，约束性制度是维持社会秩序和社会平等而必要的制度，但是它们也可能引起一些社会矛盾，因而必须确保它们在法治、科学和公正的原则下恰当地执行，尽可能地防止产生这些矛盾。

（二）激励性制度与社会矛盾

激励性制度是一种用于激励个人或组织提高生产效率和质量的手段。然而，在现实社会中，激励性制度可能会引发一些社会矛盾。首先，激励性制度可能会造成内部恶性竞争，破坏同事之间的团队合作。其次，由于激励性制度往往会使表现较好者获得更多的报酬奖励，这或许会造成"马太效应"的产生，引

---

① 斯科特．制度与组织：思想观念与物质利益［M］．姚伟，王黎芳，译．北京：中国人民大学出版社，2010：65-67.

发一些不公正的社会问题，并导致更大的社会不平等。最后，激励性制度如果设计得不够科学，也会导致许多人丧失对工作的热情和动力。当他们发现他们永远达不到制定的绩效目标时，他们就会产生倦怠感。所以，在社会生活中，我们离不开激励性制度，但关键要科学制定和使用激励性制度，否则就会在单位内部引发矛盾。

第二节　制度层次与社会矛盾

一般而言，制度层次结构在政治、经济、社会和文化领域内都存在，它包含了各种不同规范、法律、惯例等所有制约行为或组织形式的范畴，以及有关管理、监督和协调活动的各种规则、程序和部门。制度层次结构有三个特征，一是层次结构，指上层制度对下层制度具有指导性和约束力，而下层制度需要遵照上层制度的内容来实施。因此，在安排各个层次的制度时，国家必须遵循它们之间的递进关系和依赖关系。二是协调衔接，不同层次的制度必须形成具有衔接性的整体。在实践中，不同层面、不同领域的制度难免会出现交叉、重合等情况，在此时，需要有机整合协调各个制度之间的内在矛盾，避免因制度之间的不协调而影响整个社会活动的发展。三是基本方向性，不同层次的制度可以与社会发展目标对接。在发展路线、政策倾向和运转方针等各种规定中，巨大的、广泛的制度力量可以被有效地组织和运用起来。

一、制度耦合与社会矛盾

制度耦合是指一个制度与另外一个制度内部有关联，相互交替。在现实生活中，不同的制度之间会存在各种联系，其中一些联系可能成为社会矛盾的根源。两个制度之间共存的自身利益不一致导致制度耦合不断引发社会矛盾。

（一）制度系统间耦合与社会矛盾

制度系统是指社会各个方面的制度安排，例如，政治、经济、教育等制度。不同的制度之间相互影响，一个制度的改变可能会影响其他制度的运作，这种相互影响的现象就被称为制度系统间耦合。当制度系统间耦合达到一定程度时，这些制度就容易导致社会矛盾的产生。这是因为不同的制度属于不同的利益群体，一个制度的调整或者改变可能会对这些利益群体造成影响，进而引发社会矛盾。

　　制度系统间耦合可能引发政治不稳定、贫富分化、少数民族问题、劳资矛盾等社会矛盾。例如，一些国家在政治上依赖外国援助，而当援助减少或停止时，政治不稳定可能随之而来。另外，制度间存在巨大差异的国家也面临严重的贫富分化问题，这种差异可能会导致社会矛盾进一步加剧。

　　制度改革对制度系统间耦合与社会矛盾的影响具有重要意义。通过制度改革，国家可以缓解因制度系统间耦合导致的矛盾问题，促进社会稳定与发展。例如，在中国改革开放初期，国家推行了一系列的市场化和民主化改革措施，使原本耦合严重的计划经济体制问题得到了有效的解决，并最终实现了中国经济的快速发展。因此，制度改革对解决制度系统间耦合与社会矛盾问题具有不可替代的作用。

　　（二）制度系统内部耦合与社会矛盾

　　制度系统内部耦合与社会矛盾，是指一个完整的制度体系，由于内部各个环节之间的联系和互动，容易产生相互影响、相互依存的情况。制度系统内部的各个环节之间存在紧密的联系和互动，也存在耦合问题。在政治方面，制度设计不够科学、民主、公正，权力运行不规范、不透明、不受监督，以及政策执行的切实性和公信力不够等问题会引发制度内部耦合和社会矛盾。在经济方面，资源分配不公、贫富分化加剧、劳动力市场失衡等问题也会导致制度内部耦合和社会矛盾的出现。在文化方面，人们的价值观念、信仰、文化差异等问题也可能导致制度内部耦合和社会矛盾的产生。

　　制度改革同样是解决耦合问题、实现社会稳定和可持续发展的关键。在制度发展到一定阶段之后，它本身就会出现一些矛盾和问题。这时，针对性的改革就非常必要。首先，制度改革可以优化资源配置，消除利益固化，促进社会公平正义，提高制度效能。其次，制度改革可以推动经济转型，加快创新发展，提升国际竞争力。最后，制度改革可以提升政府管理水平，增强社会信任度，维护社会和谐稳定。然而，制度改革也面临着风险和挑战。首先，既得利益集团会反对改革，因为改革可能会削弱他们的利益。其次，改革实施过程中可能会涉及很多利益分配、权限划分等敏感问题，容易引发社会舆论的波动甚至冲突。在推进制度改革时，国家需要充分考虑各方利益，避免造成社会不稳定。

　　（三）正式制度与非正式制度耦合

　　正式制度和非正式制度是社会体系的两个重要部分，二者之间的关系非常紧密。

　　在现实中，正式制度和非正式制度是相互联系、互相作用的。正式制度通常是在非正式制度的基础上建立的。例如，一些法律条文就是对礼仪、财产管理、人际关系等方面的非正式制度的规范化，来规范人们的行为。在实践中，法律可以发挥其职能，杜绝一些不好的现象，使社会体制更加稳定。同时，非正式制度也会影响正式制度的运作。长期形成的非正式规矩可以深刻影响各种建立在社会之上的各类组织性质和规则，影响人们的行为和心态乃至整个行业、领域和市场。

非正式的"约定俗成"也是正式制度效能能否执行的因素之一。尤其对一些有歧义性的法律条款来说，非正式规则可以弥补法律缺陷。如果过于片面化地强调正式制度，可能造成正式制度执行缓慢现象。所以说，正式和非正式制度都是社会管理中不可或缺的两个要素，相互耦合、相互促进、共同协作才能建立一个完整、有效的社会组织机构，提高社会治理效率，促进社会稳定发展。

二、制度真空与社会矛盾

制度真空指的是法律、规则、制度等方面存在空白或不完善的问题。这种制度真空通常会导致社会出现矛盾和问题，因为人们没有明确的指引来引导他们的行为。这具体表现在以下两方面。

（一）制度体系不健全

目前，我国制度体系存在的问题主要表现在三方面。一是多部门之间职责不清，导致决策效率低下；二是一些制度出现漏洞，被人利用从而影响公平公正；三是一些制度不完善，无法应对新情况、新问题，导致无法及时解决实际问题。在过去的几十年里，我国一直处于改革开放的进程中，政治、经济、文化等方面都在发生较大的变化。然而，相应的制度建设却滞后于实际情况，没有及时进行跟进和完善，从而导致了制度体系不健全的局面。因此，建立健全的制度体系对国家发展的重要性是不可忽视的。

当前，我国正面临着巨大的转型压力和发展挑战，建设社会主义法治国家已成为迫在眉睫的任务。建立健全的制度体系需要制定富有前瞻性和稳定性的政策法规，加强制度层面的改革和完善，提高制度建设的效率和质量。

（二）制度配套不完善

现实中制度配套不完善的问题普遍存在，例如，有些政策法规制定不科学、执行不力；行政部门职责不明确、权责不同步；社会组织参与不足、社会监督不充分等。当制度配套不完善时，社会容易出现各种问题，例如，法律实施中的漏洞和矛盾使公民权利得不到保障，法治建设难以推进。在行政体制上，缺乏制度配套也容易导致权力滥用和腐败等问题的产生。针对制度配套不完善的问题，政府应加大对制度建设的投入和完善力度。政府部门和社会各方面应积极配合，全面研究各种制度的相关性和协调性，推进制度的互联互通。同时，重视完善制度执行机制，严格执行制度，确保制度得到落实。此外，要注重民主参与，根据社会各方面的需要，制定更加有针对性、有效的制度，来满足人民群众的需求。

随着社会的不断发展，制度配套的重要性越来越凸显。只有做好制度层面的配套工作，才能更好地推进国家治理体系和治理能力现代化，提高制度执行力和效果。因此，应加强对制度配套工作的重视和投入，切实提高制度配套的质量和效果，来更好地适应新时代的发展需求。

（三）制度落实不到位

制度落实不到位是指一定的法律、规章制度等不能得到有效执行和贯彻。制度落实不到位带来的后果是制度失效，失去制度约束，滋生腐败现象，导致社会治理困难。在国家层面，制度落实不到位会影响政府形象，阻碍改革发展进程，甚至引发社会动荡。解决制度落实不到位的问题需要采取更加有效的解决措施。解决制度落实不到位的问题可以从三方面入手：一是加强对制度的宣传和教育，明确责任分工和工作标准；二是建立完善的执行机制，及时发现和纠正问题；三是加大对失职、渎职行为的惩处力度等。只有落实好这些措施，才能真正解决制度落实不到位的问题，提高制度的有效性，维护社会公平正义。

三、制度冲突与社会矛盾

（一）制度资源冲突与社会矛盾

制度资源冲突是指不同制度之间在资源利用和分配方面产生的矛盾和冲突。制度资源冲突的成因主要包括资源有限和利益多样化等因素。人们对资源的需求是无限的，但实际上资源是有限的。资源有限就意味着只有少数人可以获得更多的资源，并享有更多的利益。同时，不同个体对资源的需求也是不同的，这会导致利益的多样化。制度资源冲突往往会直接导致各种社会矛盾，例如，贫富差距、民族矛盾、地区矛盾等。

解决制度资源冲突是维护社会稳定和谐的关键，制定更加公平、合理的分配政策，调节资源配置，以及通过立法保障利益都是有效解决制度资源冲突的途径。政府可以适时出台相关政策，促进资源利益的平衡，维护社会的和谐稳定。同时，各方面应加强沟通和协调，妥善解决利益矛盾，推动利益调和，减少社会矛盾与不稳定因素。此外，制度创新对解决制度资源冲突的作用非常重要。例如，采取新的经济政策等方式，来更好地解决冲突问题，平衡社会利益，为实现社会和谐做出贡献。

（二）制度观念冲突与社会矛盾

制度观念是指每个人对社会制度、价值观和道德规范的理解和认同。这些观念是通过教育、文化、历史和个人经验形成的，不同群体或个体之间存在差异。制度观念的冲突可能会导致社会冲突和矛盾，给社会稳定和进步带来威胁。

制度观念的差异可能导致不同的群体对某些制度存在争议和抗议。比如，在一些国家中，民粹主义得到了广泛的支持，人们对全球化、自由贸易以及国际组织的作用产生了疑虑，这种观念与传统的自由主义所代表的思想产生了冲突。另外，不同的政治制度和经济体系所遵循的价值观和规则也会引发制度观念冲突，可能会带来一些社会问题和矛盾，例如，人权问题、环境问题以及社会公平性问题。

制度观念冲突是一种严重的社会矛盾，如果不及时处理，会影响社会的稳定和进步。如果不同人群对某一社会制度的认知和理解产生巨大的分化，很可能会导致社会各个阶层之间的冲突升级，引发更严重的社会问题，甚至威胁社会的稳定和秩序。此外，制度观念冲突也会影响社会的进步。各种制度观念如果不能很好地交流和融合，那么就很难在新形势下推进社会进步。

解决制度观念冲突问题需要考虑不同制度观念之间的差异。缓解并解决制度观念冲突带来的社会矛盾，我们可以采取以下措施。一是强化法治，建立健全的法律制度，保障公正和公平，维护社会秩序。二是发挥舆论监督的作用，加强媒体的监管，推动信息公开，让不同的声音有表达的平台。三是建立对话机制，让不同的制度观念之间进行交流和磨合，增进彼此的理解和认识。

（三）制度目标冲突与社会矛盾

制度目标冲突是指不同的制度目标之间存在矛盾和冲突。这些冲突可能来自不同组织之间，也可能来自不同利益群体之间。制度目标冲突在一定程度上会引起社会矛盾，因为不同的人对制度目标的理解和追求不尽相同，这就导致制度目标之间产生冲突。如果不及时加以解决，这些冲突可能会升级为更大的社会矛盾。例如，不同组织之间的制度目标冲突是制度冲突中普遍存在的一种。这些组织之间的制度目标往往相互矛盾，可能导致社会矛盾和纠纷的增加。因此，如何协调这些机关之间的制度目标并找到更为合理的解决方案是缓解社会矛盾的重要途径之一。

第三节 非正式制度结构变迁与社会矛盾

非正式制度是指组织内部成员共同认可的一种规范和行为准则，不同于正式制度中规定的法律法规的制度。它们往往是由底层自发而生的自格式制度，能够让组织成员更加井然有序地进行工作和互动。非正式制度在组织中扮演着重要的作用，它可以在正式制度之外传递信息和知识，帮助新成员融入组织并适应职位。此外，非正式制度还可以促进组织内部的沟通和互动。非正式渠道的交流活动可以增进不同部门之间的理解和信任。非正式制度虽不如正式制度体系完整，但随着组织发展壮大后的逐渐累积，也是组织发展过程中学习经验的机制之一。①

一、非正式制度变迁对社会矛盾的影响

（一）非正式制度变迁对社会矛盾的正向影响

非正式制度对社会矛盾的定义和解决是非常重要的。它们被定义为在社会实践中形成，具有约束力和通用性的规范和行为准则，而不是法律规定。因此，非正式制度在解决社会矛盾方面具有独特的优势，例如，更适应当地文化传统，更易于理解，更能够满足人们的实际需求。

非正式制度变迁对社会矛盾的正向影响是显著的。首先，非正式制度的变迁可以降低不合理的利益分配和权力滥用，使社会各界更加公平和谐。其次，非正式制度的变迁可以增强人们的参与感和授权感，提高社会积极性和创造力。最后，非正式制度的变迁可以增强社会的监督和公众舆论的作用，有效遏制腐败行为和不道德的行为，维护社会的良好秩序。因此，非正式制度的变迁对社会矛盾有积极的作用。

非正式制度变迁有助于推动社会的和谐与稳定。随着时代的发展，社会需要不断调整和改进非正式制度来适应社会发展的需求。这些变迁可以促进社会的文化倡导，强化社会信任，提高公民素质，从而减少社会矛盾和冲突的发生。同时，非正式制度变迁还可以帮助人们更好地解决问题，促进社会发展。总的来说，非正式制度变迁对社会的和谐与稳定具有重要的作用。

---

① 熊必军. 非正式制度变迁与社会主义市场经济体制的完善［J］. 内江师范学院学报，2005（3）：31-34.

在现实中,非正式制度在变迁的过程中遇到困难和挑战是不可避免的。首先,一些既得利益者往往会阻碍非正式制度的改变,使改革难以推行。其次,非正式制度具有依赖人们的共识和信任的本质特点,因此在推行非正式制度变迁时必须保持公正、透明和有序,否则会引发更大的社会矛盾。最后,在推行非正式制度变迁的过程中,国家需要考虑传统文化和价值观的影响,来避免造成文化冲击和价值观的矛盾。

(二)非正式制度变迁对社会矛盾的负向影响

一方面,非正式制度变迁导致社会矛盾加剧。随着非正式制度的变化,许多既有的社会规范和信仰被改变或削弱,导致一些群体的利益受到损害,从而形成不同的利益诉求和矛盾。这些矛盾表现在各个方面,例如,贫富差距的扩大、人际关系的冷漠化、教育公平的缺失等。这些问题的存在使社会的治理和稳定进一步受到威胁。另一方面,非正式制度变迁可能会导致社会治理和稳定的问题。一是非正式制度变迁可能会削弱政府的权威性和认可度,因为政府在应对非正式规则时常常显得手足无措。二是非正式制度变迁可能会导致社会组织和公众信任的损失,这对社会治理和稳定也会造成不利的影响。因此,应该通过采取有效的管理措施,加强法治建设,保护公共利益,提高公众对政府的信任度,来维护社会治理的稳定。

针对非正式制度变迁带来的负面影响,我们应该采取积极有效的措施来应对。首先,我们需要在政府层面建立相应的法律法规,规范和约束非正式制度变迁的行为,来减少其造成的负面影响。其次,加强宣传教育,提高人们的法律意识和权益意识,增强公众的维权意识,提高其应对非正式制度变迁的能力。最后,我们需要不断提高公民的参与意识和责任意识,促进社会公正和法治建设,从根本上解决非正式制度变迁引起的问题。

二、非正式制度结构变迁的类型与社会矛盾

(一)演变型非正式制度变迁与社会矛盾

演变型非正式制度是指不依赖官方规则和正式体系而存在的社会规范、信仰和行为模式。与正式制度相比,演变型非正式制度通常更具有灵活性和适应性,能够更好地满足社会成员的需求。然而,随着时代变迁和社会发展,演变型非正式制度也在不断变化,这可能导致社会矛盾和冲突的产生。因此,深入了解演变型非正式制度的变迁与社会矛盾的关系,可以帮助我们更好地认识社会变革的本质,并为未来的制度创新提供借鉴。

演变型非正式制度变迁主要包括经济、政治和文化等方面的改变。在经济领域，市场化和国际化进程的加速使社会分工和利益格局发生了变化，导致原有的非正式规则面临挑战。在政治方面，权力关系演变和制度重构也会对非正式制度产生影响，例如，某些权力集团可能通过非正式规则来维护自身利益，而权力的转移和制度变革可能削弱这种维护机制。在文化领域，传统价值观念的多元化以及新生代群体的崛起也会对非正式制度施加影响，可能引发非正式规则与新价值观的冲突和协商。总之，演变型非正式制度的变迁涉及众多因素和复杂的社会机制，我们需要从多个角度进行解析和研究。

演变型非正式制度变迁对不同社会群体的影响是不同的。一些社会群体可能因为演变型非正式制度的变迁而受益，例如，一些民间团体、非营利组织等，他们的活动受到较少限制，因此，便于开展社会公益活动。然而，一些其他群体可能会因为这种变迁而受到不利影响，例如，一些传统行业从业者、地方政府工作人员等。演变型非正式制度的变迁可能会导致他们的权益和利益受损，从而引发不满情绪。由此，社会矛盾产生，表现在不同社会群体之间可能出现对立、冲突等现象。

政府应对演变型非正式制度变迁面临的挑战和难题十分复杂。首先，演变型非正式制度的变迁通常非常缓慢，政府很难及时察觉并采取相应措施。其次，政府在协调社会矛盾时需要平衡各群体之间的利益，这往往是一项艰巨的任务。此外，在促进制度创新时，政府需要考虑不同领域的特殊性和复杂性，以及涉及的许多法律、经济、文化等因素。因此，政府必须加强对演变型非正式制度变迁的研究和监测并采取积极的措施，包括鼓励公众参与、推进相关法律法规的修订、加强舆论引导等方面，来有效协调社会矛盾，促进良性发展。

（二）变革型非正式制度变迁与社会矛盾

变革型非正式制度指的是在现有正式制度之外或缺失的情况下，社会成员自发地形成普遍接受的各种规则和约束，用以应对社会变迁、解决社会问题并提供公共服务。这种制度具有灵活性、适应性强、弥补正式制度的不足等特点，对社会稳定和可持续发展发挥了重要作用。

变革型非正式制度变迁的原因涉及经济、政治、文化等方面。在经济方面，随着市场经济体制的建立和完善，人们的行为方式和交往方式也在不断变化，传统的非正式制度已经无法适应新的经济环境。在政治方面，国家的政策和治理方式也在不断改变，这种变化可能会导致非正式制度的变迁。另外，随着文化的多元化和全球化趋势的加强，人们的价值观和生活方式也在发生变化，这也可能对非正式制度的变迁产生影响。变革型非正式制度的变迁有消极和积极影响两方面。

从消极影响来看，变革型非正式制度的变迁往往会导致社会矛盾加剧，这主要是因为与变革型非正式制度相适应的社会结构、文化和利益分配等方面的改变并没有同步跟进，导致了社会矛盾的激化。同时，变革型非正式制度的变迁也可能会使一些既得利益者失去原有的权益，进而引发社会矛盾。

从积极影响来看，变革型非正式制度的出现与发展有助于某些社会矛盾的解决。例如，一些非正式的组织或规则能够在某种程度上平衡财富、资源、权力的分配，并减少相关方面的冲突。另外，社会矛盾在一定程度上也有助于变革型非正式制度的变迁。例如，在传统的非正式规则逐渐消失、新的非正式规则还没有形成的时期，国家可能会出现某些利益团体之间的冲突和竞争，从而引发社会矛盾。当社会矛盾尖锐到一定程度时，人们通常会开始思考如何通过改变非正式规则来解决社会矛盾。此时，社会矛盾可以促进变革型非正式制度的形成和发展。

（三）突发型非正式制度变迁与社会矛盾

突发型非正式制度变迁通常指的是短期内突然发生的、不被社会大众所预料的非正式规则的重大变化。这种变化可能是由某些社会事件或行为引发的，例如，社会主义道德观的急速崩解和市场经济的快速发展等。此类非正式制度变迁极易引发社会矛盾和冲突，甚至导致社会的混乱和动荡。

突发型非正式制度变迁可能会引发社会矛盾和挑战，这是因为一些人可能会受到影响，而另一些人可能会从中获得利益。例如，突然改变某个不成文的行业规则，可能会导致某些企业失去竞争力，而其他企业则能够获得更多的机会和优势。在这种情况下，那些失去机会和优势的企业和个人可能会感到不公平和不满，从而对政府和社会产生不信任和抵触情绪。

突发型非正式制度变迁对社会矛盾的影响是显著的。一方面，这种变迁可能会导致社会不同群体之间的利益冲突和价值观分歧，从而引发各种矛盾。另一方面，非正式制度变迁的突发性也使社会组织和政府机构无法及时、有效地应对，导致社会紧张局势的加剧。针对这种情况，我们可以采取多种措施来缓解矛盾。例如，我们可以加强对突发事件预警和快速反应机制的建设，提高政府部门的危机处理能力和公共服务水平，同时加强与各类社会组织和群众的沟通和协调等。

第四节　正式制度结构变迁与社会矛盾

正式制度结构变迁是指在政治制度方面，随着社会不断发展进步，旧的制度结构适应新时代发展的能力下降，被新的正式制度逐渐替代，来更好地适应和服务当代社会的需求。正式制度对国家和社会的发展具有非常重要的作用，正式制度变迁不仅受历史、文化、意识形态等因素的影响，还受国家和社会内部的各种动力因素的构成和调节的影响。

一、正式制度与社会矛盾冲突

（一）制度法定效力上存在的冲突

制度法定效力是指国家的宪法、法律、行政法规、地方性法规等规范性文件在国家管理、公共服务等领域中具有统一、权威、强制的效力。制度法定效力的确立对国家治理体系的稳定和健康发展具有关键作用，不仅能够确保公共行政活动规范化、制度化，而且还能够维护公民的合法权益和维护社会秩序。制度法定效力上存在的冲突是指在制度建设和执行中，不同法律、规章制度之间产生的并且无法有效协调的冲突。

制度法定效力上存在的冲突表现形式包括不同行政部门之间的冲突、宪法和其他法律的冲突、本级法规与上级法规的冲突等。制度法定效力冲突具有消极影响。一方面，可能导致制度实施不力，无法实现预期目标；另一方面，制度法定效力的不一致可能会导致社会不公和矛盾的加剧，进而影响社会稳定和国家治理。

因此，国家要通过各种措施来避免或解决制度法定效力上的冲突，例如，加强立法程序、完善司法审查机制等。在加强立法程序方面，国家可以通过加强公众参与、专家咨询以及多方面的辩论来确保法律的严密性和合理性，从而避免产生制度法定效力上的冲突。同时，完善司法审查机制也是非常必要的。在司法实践中，国家应该尽可能采取措施来保证一致的司法判断，避免出现不同法官对同一个案件做出不同判决的情况，从而有效解决制度法定效力上的冲突。

（二）制度内容理解上的矛盾冲突

制度内容是指一系列规范、程序、权利和义务的集合，用于指导社会公共事务的运行和管理。制度内容的矛盾和冲突意味着其中的某些规范、程序、权利或义务之间存在逻辑和实践上的不一致。这种矛盾和冲突往往源于制度本身的复杂性和多元性，以及社会环境和实践中的变化和挑战。因此，理解制度内容上的矛盾冲突并寻找其解决方案是非常必要的。

制度内容的矛盾与冲突存在的原因是多种多样的，其中包括不同利益主体的利益诉求、历史文化传统的影响、法律制度设计的失误等。这些因素导致了制度内容中的矛盾和冲突，在实践中呈现出来的形式也千差万别。

（三）制度实践执行中的矛盾冲突

制度执行过程中也经常面临各种矛盾与冲突。这些矛盾与冲突既包括制度设计上的缺陷，也涉及利益博弈、权力斗争、管理不到位及监督失效等方面。因此，探究制度实践执行中的矛盾冲突，并寻找解决的途径，对推动制度实践的健康发展具有重要意义。

制度实践执行中出现的矛盾冲突问题，一方面与制度本身的先天缺陷密切相关。比如，某些制度设计不够完善，或是存在重大漏洞，这就很容易引发矛盾冲突。另一方面，即使制度设计得再好，如果执行起来存在困难，也会引发矛盾冲突。此外，一些法律规定模糊不清、缺乏可操作性也会导致在制度执行时出现矛盾冲突。

对解决制度实践中的矛盾冲突问题，我们需要从多个方面着手。首先，要加强法治意识，让人们更加意识到制度的重要性，人们要遵循制度执行的准则和规范。其次，要建立完善的制度执行机制，包括监督体系、公正执法、权威解释等，这些机制能够有效地保障制度执行的公正性和效率性。最后，要加强监督管理，建立健全的法规体系，提高司法工作的质量和效率，从而为制度实践提供更加有效的支持和保障。我们只有在多个方面努力，才能够真正地解决制度实践执行中的矛盾冲突问题，促进制度实践的健康、稳定发展。

二、正式制度结构变迁与社会矛盾

（一）行政管理改革中的制度变迁与社会矛盾

近年来，随着我国经济社会的快速发展和多元化需求的提升，行政管理制度不断进行改革和完善。各级政府机构改革不断推进，减少重复职能和过多层级，更好地服务社会大众。此外，职能转变也成为行政管理制度变革的重点。政府在实际工作中不再是直接参与各种生产和经济活动的主体，而是成为服务、管理、监督的职能部门。同时，权力下放也在逐步推进，各级政府逐渐把一些掌握在自己手中的行政管理职能下放。

行政管理制度在变迁过程中可能会出现一些社会矛盾和争议。例如，权力下放可能会导致地方政府过度扩张，而一些中央政策的实施又给地方政府带来了很大的压力，导致地方政府与中央政府之间产生利益冲突。同时，一些新政策的出台，也可能对个别利益群体造成影响，引发不满和抗议。此外，一些行政管理制度的缺陷和不完善也有可能导致社会矛盾的产生和激化，例如，行政审批的流程烦琐、延误时间过长等问题，都可能引起申请人的不满和抵触情绪。

（二）法律制度改革中的制度变迁与社会矛盾

法律制度改革是社会转型期的必然产物，也是推进国家治理现代化的重要举措。现行法律制度存在的问题和不足之处已经逐渐显现，包括立法滞后、执行力不足、司法公信力不高等方面。因此，为了适应新时代发展的需要，我国应提高法治体系的质量和效能，持续推进法律制度改革，努力构建适应中国特色社会主义制度的法律体系。

法律制度变迁对社会矛盾的影响非常复杂。一方面，法律制度的进步和完善有利于化解和预防社会矛盾的出现和升级。我国建立更加公正、透明、稳定的法律规则和制度，可以提高社会公平和民主水平，促进各方利益的平衡和协调，进一步提升社会和谐与稳定的程度。另一方面，法律制度的变化和调整可能也会引发新的社会矛盾和冲突，尤其是在改革过程中存在一些不当或不合理的政策和措施，可能会导致某些群体的利益受损，甚至引发社会不满和抗议，增加社会矛盾和社会动荡的风险。因此，妥善应对这些矛盾和冲突的挑战，需要加强社会管理和维稳工作，做好舆情维护和矛盾调处工作，同时也需要加强对制度变革的监督和评估，及时纠正不当政策和行为，保障各方的合法权益和诉求。

（三）社会保障制度改革中的制度变迁与社会矛盾

社会保障制度改革是一个国家基本制度的重要变革，是推进全面深化改革的关键领域之一。随着中国经济发展和社会进步，老龄化等问题日益凸显，社会保障制度的改革已成为刻不容缓的任务。对原有的养老、医疗、失业等社会保障制度进行改革，不仅可以提高社会保障水平，增强社会公平正义，还可以推动经济发展，促进社会稳定。

国家改革社会保障制度的目的是更好地保障人民群众的生活质量和提高社会福利水平。在这个过程中，社会保障制度也必将经历一系列的变化。这些变化包括制度创新、制度重构、政府职责转变等方面。

社会保障制度改革中出现的社会矛盾主要表现在两方面。一是财政承担能力。社会保障制度改革需要大量财政资金的支持，但财政支出又面临着各种压力，例如，债务压力、经济下行压力等。二是政策落实不到位。社会保障制度改革虽然已经取得了一些成果，但在政策具体执行上却存在许多问题，例如，社会保障资金管理不规范、社会保障法律法规不健全等导致很多人无法享受到应有的社会保障福利，从而引发了一些社会矛盾。

（四）金融体制改革中的制度变迁与社会矛盾

金融体系改革在中国经济发展历程中起到了至关重要的作用。经过30多年的不断探索和实践，中国的金融系统已经逐渐形成了相对完善的市场化运行机制和较为规范的监管制度。金融体制改革旨在通过转变金融体制、完善金融市场、加强监管等一系列措施，进一步推动中国经济的发展，提高金融资源的配置效率，并且更好地满足社会经济发展的需求。随着市场经济的发展和国际化进程的加快，原有的金融体制已经难以适应新的形势和任务。制度变迁对金融机构将产生深刻影响，那些无法适应新要求的金融机构将会被淘汰出局。同时，随着现代金融市场的形成，新兴的金融机构和业态将不断涌现。

金融体制改革中的社会矛盾主要表现为贫富分化加剧、经济不平等两方面。一方面，金融体制改革使金融机构更加注重效益并优化资源配置，这种趋势在一定程度上加剧了贫富之间的差距。另一方面，金融市场的变化也使原本稳定的收入来源受到影响，从而导致部分群体的财务困境加剧。金融体制改革与国家发展战略是相互促进的关系。金融体制改革对国家经济的健康发展和可持续发展具有重要意义，例如，金融体制改革可以创造更多的就业机会、扶持小微企业、促进民间投资等，这些都能够推动经济稳定增长。同时，国家发展战略也需要支撑金融体制改革。只有在相互促进的基础上，金融体制改革才能取得更好的成果，为国家的发展贡献更大的力量。

本章小结

制度结构与社会矛盾是一个复杂而重要的主题，它跨越了政治、经济、文化等多个领域，涉及每一个社会成员的利益和命运。从某种意义上讲，一个社会的制度结构如何构建也决定了社会矛盾的产生和消解。因此，探讨制度结构与社会矛盾的关系是非常必要和重要的。

　　制度结构与社会矛盾的关系非常紧密。制度结构本身是对社会关系、利益分配以及权力控制等方面的约束和规范，而这些方面正是导致社会矛盾产生的原因。一方面，制度的完善可以有效预防和解决社会矛盾；另一方面，制度的缺陷或不合理安排也可能成为社会矛盾的制造者和加剧者。同时，制度结构对社会矛盾的影响在很大程度上是决定性的。一个完善的制度结构能够有效地减少社会矛盾，促进社会的稳定和发展。相反，一个存在问题的制度结构，则会加剧社会矛盾，甚至引发社会动荡。因此，我们必须认真审视现有的制度结构，并采取切实可行的措施，不断完善和优化制度结构，来缓解和解决社会矛盾。

　　制度建设是解决社会矛盾的重要手段，国家需要针对性地进行制度改革。首先，需要着力构建公平、公正、公开的制度，实现资源配置的合理化和优化。其次，要加强法治建设，完善法律体系，保障人民的合法权益。最后，还需要进一步加强社会管理，促进社会各方面的共治。国家只要不断完善制度、不断提高治理效能，就能够在一定程度上缓解社会矛盾，实现社会的和谐与稳定。

第九章

文化观念与社会矛盾

观念是行动的先导。一方面，文化观念广泛渗透在其他各种意识形态之中，支配社会成员的情感、态度与行为，例如，部分多民族聚居区会因为文化信仰和社会习俗的不同而较易产生社会矛盾纠纷。另一方面，文化观念通过制约、指导人们的社会行为反作用于现实存在，可以为防范、化解社会矛盾提供支持。从我国社会治理的实践来看，不同地区的社会文化观念均对当地社会矛盾纠纷的化解展现出较为显著的正向意义，例如，中原地区倡导和谐共生的儒家文化和道教文化，以及东部沿海地区主张启迪良知、教化向善的妈祖文化等，对当地群众和谐有序的社会交往行为均具有一定的约束和指引作用。因此，本章从文化观念视角分析社会矛盾具有一定的理论和实践意义。

第一节　文化观念概念及其结构

文化观念又称"文化意识"，是长期生活在同一文化环境中，逐步形成的对自然、社会和人本身的基本的、比较一致的观点与信念。文化观念一般包括情感态度、价值信仰和道德准则三个维度。[①] 探究文化观念与社会矛盾之间的关系，我们需要对文化观念的内涵及外延进行解构。

一、文化观念概念梳理

一般来说，文化观念是指人们头脑中习焉不察的思想观念、共有态度和价值观，影响着人们的行为，影响人们决定做什么、怎么做及为什么做。作为"文化"的下位概念，纵观学界研究，学者普遍认同将文化观念当作文化的重要方面的看法。从文化观念的来源、表征、结构和功能四个维度，我们可以将文

---

① 谢新观. 远距离开放教育辞典［M］. 北京：中央广播电视大学出版社，1999：32.

化观念的研究概括为实践论、符号论、精神论和功能论。

一是实践论。该学说强调文化的实践意义，认为文化通过实践产生于自然界之中。最早可以追溯至马克思，马克思尽管没有明确给文化下过定义，但从其唯物论的哲学体系中可以观测，他强调文化产生于人类通过劳动与自然交往的过程之中，并且作为客观世界在人脑中的习得意识，能够反作用于人类的实践活动。马克思主义哲学观点认为，观念文化在本质上是一定的社会实践，特别是人类创造性劳动的成果。特瑞·伊格尔顿（Terry Eagleton）在《文化的观念》中说道，文化就是人类通过劳动在利用和改造自然的过程中创造出来的，"文化产生于我们称之为劳动的那种与自然的不停交往之中"①。《远距离开放教育辞典》将"文化观念"定义为，长期生活在同一文化环境中的人们，逐步形成的对自然、社会与人本身的基本的、比较一致的观点与信念。② 俄罗斯认知语言学界认为形成文化观念的途径是多样的，例如，源于人的直接感性经验、人与客观事物打交道的过程、人与意识的交互或是人对语言意义的自然认知过程。

二是符号论。该观点强调文化的外部表现形式。美国文化人类学家克鲁伯（Alfred Louis Kroeber）和克拉克洪（Clyde Kluckhorn）在 1952 年出版的 "*Culture：A Critical Review of Concepts and Definitions*" 一书中对文化进行了总结和归纳。他们从"符号—文化"学派的视角出发，认为文化是包括各种外显或内隐的行为模式。文化通过符号的运用使人们习得及传授，并构成人类群体的显著成就，包括体现于人工制品中的成就。文化的基本核心是价值观念，但是他们也指出，文化体系虽然可被认为是人类活动之产物，但也可被认为是限制人类进一步活动的因素。③ 哲学家卡西勒（Cassirer）在论及人与文化的关系时指出，所有的文化形式都是符号形式，④ 借此将人定义为符号的动物，取代理性动物的观点。按照卡西勒的看法，整个人类文化就其本性而言，就是符号化的文化。《软科学大辞典》中指出，文化观念的表现形式是极为丰富的，政治法律观念、道德观念、审美观念等都属于文化观念。⑤ "狭义的文化概念，特指人类的观念形态及其符号载体，与经济、政治鼎足而立，共同构成人类社会的三

① 伊格尔顿. 文化的观念 [M]. 方杰，译. 南京：南京大学出版社，2006：4.
② 谢新观. 远距离开放教育辞典 [M]. 北京：中央广播电视大学出版社，1999：32.
③ KROEBER A L, KLUCKHOHN C. Culture：A Critical Review of Concepts and Definitions [M]. Cambridge：Peabody Museum Press，1952：146-182.
④ 卡西尔. 人论 [M]. 甘阳，译. 上海：上海译文出版社，1985：34.
⑤ 李忠尚. 软科学大辞典 [M]. 沈阳：辽宁人民出版社，1989：645.

个要素。"① 在这里，文化被限定为人类的观念内涵，其要素包括人的知识、情感、伦理和信仰。这些要素体现为人们的精神状态、价值观念、心理状况等方面，这就是观念文化。观念文化不仅包含观念的内容和要素，还包括其符号载体。

三是精神论。该观点从微观精神世界出发，强调文化观念的内部结构。在一般意义上，文化是由价值观、意义体系、规范、习俗和物质文化组成的。价值观是文化的核心，规范是价值观的外化和具体化，符号和意义体系是价值观的表达形式，物质文化是价值观的物质载体。文化人类学家马林诺夫斯基（Malinowski）将文化结构分解为三个部分，提出了著名的"文化三因子"说，即将文化划分为物质、社会组织、精神生活三个层次。周小兵等人认为，文化观念指人们的态度、思想观念和价值观等。② 张利满指出，文化观念是指人们头脑中习焉不察的思想观念、共有态度和价值观，影响着人们的行为，影响人们决定做什么、怎么做及为什么做。③ 刘莉提出，文化观念可分为感知、信仰、价值观和态度四类。④ 依据掌握世界的方法原则，研究者将话语分类为科技话语、艺术话语和日常话语，基于此观念将文化观念划分为科技观念、艺术观念和日常观念。王沪宁认为文化观念包含道德信念、象征系统、认知模式、身份认同、生活习惯、非正式规则等，文化观念不仅支配主流的社会评价标准，而且对个人与组织的关系、不同组织的角色及能力产生影响。⑤

四是功能论。该观点从文化对人的影响出发，认为文化观念对人或集体的社会行为具有指导作用。《中华文化词典》认为文化观念又称"文化意识"，是文化现象在人们头脑中的综合反映，包括对文化现象的形貌、状态及其文化价值的认识。狭义的文化观念特指文化价值观念，它是文化观念的核心。文化现象决定文化观念，任何文化观念都是一定文化现象的某种思维反映，故具有客观性。同时，文化观念通过制约、指导人们的文化行为反作用于文化的现实存在，推动文化的建设和发展，具有主观能动性。

---

① 王文章. 中国先进文化论［M］. 北京：文化艺术出版社，2004：13.

② 周小兵，谢爽，徐霄鹰. 基于国际汉语教材语料库的中华文化项目表开发［J］. 华文教学与研究，2019（1）：50-58.

③ 张利满. 汉语国际推广与中华文化传播如何落地生根［J］. 人民论坛·学术前沿，2017（13）：92-95.

④ 刘莉. 跨文化交际能力培养：实践理念下的大学英语文化教学［J］. 南宁师范大学学报（哲学社会科学版），2020，41（2）：76-84.

⑤ 王沪宁. 转变中的中国政治文化结构［J］. 复旦学报（社会科学版），1988（3）：55-64.

学界对文化观念的研究涵盖了文化观念的来源、表征、结构和功能，特别凸显了文化观念的实践性（源于自然实践）、客观性（对客观世界的反映）和主观性（经由人脑加工成意识），大都将文化观念视作情感态度、价值信仰和道德准则等。因此，综合而言，文化观念是指社会群体在一定时期内对历史的和现在的社会、经济和政治活动进行意识加工，并在一定范围内流行的情感态度、价值信仰和道德准则。文化观念作为一种社会群体行为的方法论，对社会行为有重要的指导作用，进而可以成为研究社会行为的重要观测视角。

二、理解文化观念的三个维度

从文化观念的结构即影响个体或社会群体行为的因素来看，文化观念包含情感态度、价值信仰和道德准则三个维度。

（一）情感态度维度

情感态度是人作为高级动物的独有情感体验和行为准则，是人脑对客观世界的一种能动反映形式，产生的根源在于客观现实本身。广义情感包括参与行为的动机、兴趣、性格、态度、意志、价值观等。狭义的情感是指对外界的感知。从神经生物学层面来讲，情感是理智不可缺少的一部分，情感和认知共同构成了心智，没有情感的心智是不完整的。[1] 情感因素并不是认知因素的对立，情感的感受和体验不仅在于感官，还有认知的参与。心理学通常将"情感"与认知、心智和态度等词链接，将情感当作对客观事物的主观体验，强调了心和智的结合。从词义学的视角看，情感态度是"情感体验"和"行为态度"的合成词，具有前者修饰后者的特点，前后也构成了因果关系。具体来说，情感是态度的因，态度是情感的果，两者共同作用形成完整的人的情感体验和社会行为。社会情绪作为社会学研究的观测对象，是一个高度整合抽象的概念，情感态度作为社会情绪的关键指标，具有可测量性和可观测性的特点。这对人们理解和预测个体或社会群体行为有一定的实践意义。

（二）价值信仰维度

有学者将"价值信仰"定义为特定文化共同体和生活于其中的个体一以贯之的共同选择的最高价值承诺。[2] 这个定义包含了三层含义，其一，强调价值

---

[1] DAMASIO A. Descrates' Error: Emotion, Reason and the Human Brain [M]. New York: Putnam, 1994: 127-164.

[2] 万俊人. 信仰危机的"现代性"根源及其文化解释 [J]. 清华大学学报（哲学社会科学版），2001（1）：22-29.

信仰的来源。价值信仰是社会共同体的产物，社会共同体产生于特定的价值认同基础，并且价值认同在共同体产生以后会以共同约定的形式上升为文化信仰。其二，强调价值信仰的性质。价值信仰作为个体对共同体成员最高的价值承诺，由其文化理念决定。价值信仰可以被视作共同体成员中个人价值观念的最大公约数，具有一定的约束规范功能。这就意味着，在共同体中的个体与个体间的社会交往过程中以共同的价值信仰作为承诺，自觉认同并遵守共同体的价值信仰，来维持共同体运行的价值规范。其三，强调价值信仰的实践功能。价值信仰作为共同体运行的价值规范，在一定程度上可以在司法和行政等强制力以外，对社会成员的社会行为进行指导和约束。包容的价值信仰可以使社会成员彼此处于和谐的氛围中，以温和的方式进行交往。互斥的价值信仰导致社会成员的关系较为紧张，容易采取社会冲突等攻击性较强的社会行为方式。

(三) 道德准则维度

道德是以善恶为评价标准的，依靠社会舆论、风俗习惯和内心信念维系，调整人与自身之间、人与他人之间、人与社会之间、人与自然之间的原则规范、心理意识和行为规范的总和。道德准则是指含有一种具体道德要求的规范，多数是针对人的行为提出的道德要求，是有关人行为的准则。道德准则是人类社会系统中独有的社会规则，是人类作为最高智慧生物自我约束和约束他人的最高价值准则。道德准则作为社会规范的一个范畴，通常通过和"法律"概念对比而存在。法律是社会规范的硬性要求，源于社会个体对自身自发保护权力或力量的让渡，具有强制性，但是作为社会共同体中自发形成的社会规范，道德准则展现出更多的柔性和边界性。道德准则作为柔性的社会自发形成的规范，对社会群体并无强制性的行为规范要求，通常以社会个体中的榜样或礼俗为标准，违反社会道德准则的惩罚多以舆论谴责或社群排斥为主。边界性主要指道德准则的适用范围的有限性，道德准则作为一个国家、民族、地区或村落中的社会行为规范，不同国家、民族、地区或村落要求各有不同。以上两个特点决定了道德准则作为社会自发形成的社会规范一旦失去社群认同，将会在一定范围内造成社会成员的关系紧张，并且这种紧张的关系一般无法通过法律或行政等强制力量进行矫正。

第二节　情感态度与社会矛盾

情感态度是一种社会群体的集体情感体验，通常作为矛盾事件发生的助燃剂而存在，在社会矛盾冲突中扮演重要角色。对类似于我国矛盾事件的这一类社会事件，西方社会学一般称为"集体行动"。西方社会学对集体行动的研究主要集中在两个问题上，一是集体行动为什么会发生，二是集体行动的发展有什么规律。早期的研究比较注重探讨集体行动的发生、发展规律，而近期的研究则更关心其中的中观和微观机制。我们从社会心理和社会情感角度探讨社会冲突何以发生，可以推动社会运动理论的发展。

一、社会情绪选择中的社会行为表达

"情绪"一词通常被视作心理学的术语，是指多重神经系统基于对刺激的评价而产生的反应，即生理系统（包括身体和神经）协调、适应性的相位变化，它是大脑的高级功能之一。[①] 情绪并非人类独有，正如亚里士多德所言，人类自然是趋向于城邦生活的动物。[②] 人类作为一个生物种群，"情绪"独具社会性属性，由此区别于其他种类的动物情绪。社会情绪指的是由个体在社会交往中产生的情感体验，它强调的是社会情境中与他人的相互作用，[③] 在与他人的相互作用时产生如愉悦、悲伤或紧张的社会情绪。同时，社会情绪并非简单单个个体的自我叠加，而在社会环境中呈现着复杂的传播扩散、整体发酵和继替爆发等特点。社会情绪的构成以个体层面的核心情感、初级情绪和次级情绪为基础，同时包括社会层面的情感氛围。社会情绪受社会需要、期望和社会认知等因素影响。[④] 因此，社会情绪作为社会群体的整体情感体验，对社会行为具有重要的影响作用。

社会情绪与社会行为的关系问题很早就已引起社会学家的关注。法国著名社会心理学家古斯塔夫·勒庞认为，作为个体的人，个个不同，但一般都是理性的、有教养的、有文化和负责任的。一旦聚到一起，随着聚众规模的逐渐扩大，他们之间就会相互影响、启发和感染，身处其中的个体的思维和行为方式渐趋一致，变得越来越野蛮和非理性，其行为也越来越受脑下垂体的控制。在勒庞的眼中，集体行动是非理性的产物。[⑤]

① DAMASIO A. The Feeling of What Happens：Body and Emotion in the Making of Consciousness [M]．New York：Harcourt Brace, 1999：203-204.

② 亚里士多德．政治学 [M]．吴寿彭，译．北京：商务印书馆，1965：7.

③ 周晓林，于宏波．社会情绪与社会行为的脑机制 [J]．苏州大学学报（教育科学版），2015, 3 (1)：37-47.

④ 王俊秀．社会情绪的结构和动力机制：社会心态的视角 [J]．云南师范大学学报（哲学社会科学版），2013, 45 (5)：55-63.

⑤ 赵鼎新．社会与政治运动讲义：第二版 [M]．北京：社会科学文献出版社，2012：1.

直到 20 世纪，学者在社会心理学理论基础上发展起来的集体行动理论开始从客观世界的变化中探讨"社会情绪"作为社会行为助燃剂的合理性。美国符号互动理论家布鲁默（Herbert Blumer）提出了循环反应理论。布鲁默认为，社会变化导致个人生活方式发生变化，这种变化导致不安、孤独甚至怨恨，因而奠定了集体行为发生的前提条件。聚众的形成过程是一个人与人之间的符号互动过程。这个过程有三个阶段，在第一个阶段，一个群体中的个体开始不安并信谣、传谣；在第二个阶段，随着不安定感的增强，人与人之间相互感染并产生某种共同的愤怒情绪。随着人与人之间的感染力和愤怒感继续增强，人们就进入第三个阶段——爆发集体行为。

从环境保护、邻避运动、反种族主义和反战主义等国内的矛盾事件或国外的集体行为之中不难发现，社会情绪是社会行动的行为准则。这就有必要研究不同的社会情绪会产生何种社会行为。从社会情绪的分类来看，国内有学者从心理学视角将其分为自我意识情绪（self-conscious emotions）、自我预期的情绪（self-anticipatory emotion）和依恋性社会情绪（attachment-related social emotion）。[1]周晓林和于宏波从脑科学视角出发，首先按照效价（valence）将社会情绪分为正性和负性两类，同时他们也注意到社会情绪具有激发社会行为的特点，又增加了亲和性和攻击性两个维度，建立了社会情绪分类的二维坐标。其中，"负性—正性"是横坐标，"亲和—攻击"是纵坐标。由此得出了社会情绪的四种分类，包括第一象限中的"正性—亲和"型：感激（gratitude）和敬仰（admiration）；第二象限中的"负性—亲和"型：内疚（guilt）；第三象限中的"负性—攻击"型：嫉妒（envy）和愤慨（indignation）；第四象限中的"正性—攻击"型：幸灾乐祸（gloating）。[2]这几种划分对理解社会个体心理如何进行社会行为选择具有很大的启发作用。从社会情绪和社会行为的因果关系来看，社会情绪可以分为积极社会情绪和消极社会情绪。在积极的社会情绪下，社会行为往往发生在社会正常运行的轨道之内，具有较为可靠的预测性，不同群体间（民民间和官民间等）的社会行为依循已有的社会正式制度（规范）或非正式制度（规范），社会群体往往通过制度和社会规范来表达群体诉求，例如，通过上访、诉讼或复议等法治渠道或民间调解来化解矛盾，社会整体处在有序运行之中。在消极的社会情绪下，社会行为一般难以预测，常常会突破已有制度（规范），

---

① 徐晓坤，王玲玲，钱星，等. 社会情绪的神经基础［J］. 心理科学进展，2005（4）：517-524.

② 周晓林，于宏波. 社会情绪与社会行为的脑机制［J］. 苏州大学学报（教育科学版），2015，3（1）：37-47.

表现出对普遍承认的社会秩序的扬弃，例如，采取示威游行、静坐、暴力冲击等矛盾事件行为来表达社会情绪，追求社会价值或利益。随着经济和社会的不断转型，在消极社会情绪中，社会公众对社会公平的感受成为社会情绪的重要变量。例如，当弱势群体对社会公平感受出现失衡，即产生不公平的社会情绪时，他们往往会对现行的社会规范进行冲击，试图打破稳定的社会秩序，给社会治理带来极大隐患。

二、公平感受失衡与自我身份强化

以马克思和韦伯为代表的社会分层理论为弱势群体研究提供了较为科学的阐释视角。卡尔·马克思从阶级视角看待社会阶层问题，阶级通常被用来指生产资料的占有情况，阶级之间的关系是其根本利益的对抗性关系。① 弱势群体可以被视作在生产资料的对抗性占有中处于劣势地位的阶层。马克斯·韦伯对卡尔·马克思从生产资料占有的阶级关系视角进行社会阶层分析的做法并不赞同，他认为社会资源应包含物质财富、社会声望和政治权力三种，应该从市场关系的角度解释社会阶层，认为阶层是由于人们的市场能力和生活机遇的不同而造成的。他认为从阶级关系视角看待弱势群体问题，难以观察人们自身及社会环境条件何以导致群体弱势全貌。进而，他提出以"经济、政治和社会"三项为标准来进行社会阶层划分，其中经济标准又称财富标准，指某一阶层成员在经济市场中占有商品或劳务的能力。政治标准又称权力标准，指在一种紧张的社会关系中贯彻自己意志的能力。社会标准是指在社会群体中的地位强弱。国内也有学者尝试定义弱势群体，例如，张容南认为，弱势群体是在社会资源的分配中处于劣势地位，缺乏平等的公民身份，遭受社会歧视，在不同程度上受到风险和不确定性的影响，一些基本生活需求难以被满足，实现功能性活动程度较低的群体。② 在社会分层理论的基础上，相关文献强调了社会资源分配制度对弱势群体的塑造作用，使弱势群体的产生更加具有现实性。随着市场经济的不断发展，以自由竞争为核心的社会运行体系和以制度安排为核心的社会分配偏好等因素叠加，导致弱势群体的群体特征更加明显。

当前，我国经济和社会结构正处在转型期的调整阶段，社会发展的不公平问题出现，包括地域发展、经济分配、机会获取等方面的不公平。这种不公平影响了公民对社会公平的评价以及自身生活满意度的感知，进而影响公民的社

① 刘祖云. 社会分层的若干理论问题新探 [J]. 江汉论坛，2002 (9)：89-93.
② 张容南. 弱势群体概念新探 [J]. 河北学刊，2013，33 (1)：122-127.

会心理，公民心理是否失衡是社会是否稳定的来源。① 这说明社会转型会带来社会心态的转型和重组。国内有学者将转型期社会心态失衡倾向总结为四种：一是因民生问题突出产生的"群体焦虑"影响民众对政府公信力的看法；二是腐败现象增多，引发不满情绪，影响民众对干群关系的看法；三是贫富差距扩大，造成心态失衡，影响民众对社会公正的看法；四是利益诉求反映渠道不畅，导致社会心态恶化，影响民众对政府的信任度。② 由此来看，社会群体对社会公平的感受问题是社会转型中社会心态的突出特征。以社会分层现实和社会公平感受失衡的潜在威胁为背景，弱势群体容易将自身在社会生活中的际遇归结为社会不公，并且社会公平感与激烈型和温和型矛盾事件意愿呈显著负相关。③

当然，个体的社会公平感受失衡对现有的社会规范冲击力度有限，但需要注意的是一种作为群体的社会公平感受失衡现象。社会认同理论认为，当弱势群体成员面临群体间差别地位被认为是不正当的、不稳定的以及群体边界坚固（弱势群体无法进入强势群体）的情况时，弱势群体成员会加强对本群体的认同，在行为上与群体更加趋于一致。从社会治理视角来看，这种感受失衡大多发生在某项公共政策的实施阶段。正如戴维·伊斯顿（David Easton）所言，公共政策是政治系统权威性决定的输出，充当着对全社会的价值进行分配角色。④ 作为利益的基本载体，资源的有限性和公共政策的分配功能决定了公共政策执行对象的有限性，必定有一些群体抑或弱势群体会被排斥在政策执行范围以外。随着权利意识的不断增长，这些处在公共政策以外的弱势群体会依据地缘关系、血缘关系和共同价值利益诉求等结成弱势群体共同体，而互联网的发展为这种共同体的形成提供了便利。弱势群体面对社会生活的失意以及公共影响的低下，容易陷入通过自我意识贬低的强化中，从而不断完成自我身份建构。此时，基于无法在现行社会规则通过努力获得回报或者心理要价的情况，弱势群体便易产生冲击现有社会秩序的群体意识和群体行为。

---

① 史耀疆，崔瑜. 公民公平观及其对社会公平评价和生活满意度影响分析 [J]. 管理世界，2006（10）：39-49.

② 姜胜洪，毕宏音. 转型期社会心态方面存在的问题、特点及对策研究 [J]. 兰州学刊，2011（10）：40-44.

③ 李华胤. 社会公平感、愤怒情绪与群体性事件的关系探讨 [J]. 广西师范大学学报（哲学社会科学版），2016，52（4）：26-34.

④ EASTON D. The Political System：An Inquiry into the State of Political Science [M]. New York：Knopf, 1953：129-134.

三、相对剥夺感发酵与社会"安全阀"的破坏

相对剥夺感（relative deprivation）的概念最早出现在美国社会学家斯托弗（Samuel Andrew Stouffer）的著作《美国士兵》之中，用以解释美国军队中空军士兵比陆军士兵更容易晋升，但士气反倒更低的现象。[①] 其最后经莫顿（Deutsch Morton）重新定义，即个体或群体在社会比较过程中对自身状况的感知和态度。1970年，美国社会学家格尔（Gurr）在《人们为什么要造反》一书中也对"相对剥夺感"的概念进行定义。他认为，每个人都有某种价值期望，而社会则有某种价值能力，当社会变迁导致社会的价值能力小于个人的价值期望时，人们就会产生相对剥夺感，相对剥夺感越大，人们造反的可能性就越大，破坏性就越强。他把这个过程称为"挫折—反抗机制"。格尔强调了个人价值期望和社会价值能力间的关系问题是相对剥夺感产生的重要影响因素。个人价值期望是人们认为其应该占有的社会地位或社会资源，社会价值能力则是指人们实现价值期望的能力。

随着市场经济的发展，国内学者也早已注意到"相对剥夺感"的问题。郭星华认为，相对剥夺感是指人们通过与参照群体比较而产生的一种自身利益被其他群体剥夺的内心感受。[②] 他强调，这种社会心理仅仅是与参照系进行比较的主观产物，与客观实际的收入增减没有直接关系。持相同观点的还有熊猛、叶一舵，为了理解相对剥夺感产生中的"参照系"作用，他区分了相对剥夺和绝对剥夺，他认为前者是主观感受，而后者是客观实际，并且相对剥夺感是一种愤怒和不满等负面情绪的体验。因此，他认为，"相对剥夺感"指个体或群体通过与参照群体比较而感知到自身处于不利地位，进而体验到愤怒和不满等负性情绪的一种主观认知和情绪体验。[③] 纵观内外研究，主流观点均将相对剥夺感视为一种"不患寡而患不均"的主观心理体验，而主观心理体验的复杂性、难以测度性和不确定性也使相对剥夺感作为一种群体情绪，对社会秩序的稳定运行具有不确定的潜在危害。

与大多数强调社会冲突为负面社会行为的学者不同，科塞认为，控制在一定范围内的社会冲突不仅不会为社会规范带来冲击，反而还会为社会规范的完

---

① STOUFFER S A, SUCHMAN E A, ect. The American Soldier：Adjustment During Army Life [J]. Social Force, 1949, 28（1）：87-90.

② 郭星华. 城市居民相对剥夺感的实证研究 [J]. 中国人民大学学报, 2001（3）：71-78.

③ 熊猛，叶一舵. 相对剥夺感：概念、测量、影响因素及作用 [J]. 心理科学进展, 2016, 24（3）：438-453.

善带来机遇。科塞强调冲突可以缓解社会各方彼此间的敌对状态，在协调各方利益和需求方面有一定的积极作用。在他看来，冲突可以缓解由不满而引发的社会危机，提高社会的整合水平，增强社会的适应性，促进社会变革。同时，科塞提出了社会冲突"安全阀"的概念，他认为，社会冲突可以起到"安全阀"的作用，有助于缓解、释放社会压力及敌对情绪。冲突若是围绕现实问题发生的，其频繁程度越大，激烈程度相对越小，两者成反比关系，但一旦脱离现实问题而上升到思想意识层面，冲突则会尤为激烈。①"安全阀"概念的提出为理解社会冲突提供了一个积极视角，但将社会冲突完全置于社会结构之内进行考量，忽略社会情绪的因素，显然不利于监测"安全阀"的临界值。"相对剥夺感"作为社会负面情绪，其对"安全阀"的间接冲击同样值得关注。

从国内外的研究成果来看，相对剥夺感是比弱势群体社会公平感受失衡更加严重的一种社会问题。原因在于，如果说社会公平感受失衡主要指弱势群体对社会资源分配不公的感受，可以使用"嫉妒"进行描述，那么相对剥夺感的发生群体更加广泛，群体感受更加深刻，是一种"怨恨"的情绪。一方面，相对剥夺感产生于个人价值期望与社会价值能力的差异中，所有阶层均有产生这种社会情绪的理论可能性。改革开放初期的"先让一部分人富起来"的战略方针，加上沿海地区的优先开放政策和独特区位优势，中西部地区及城乡地区的经济社会发展差异是客观存在且不断被拉大的。与此同时，拜金主义或者金钱至上的价值观在社会上大行其道，社会群体中也不乏以"攀比"为尺度的个人价值期望，事实上，价值期望已经远超个人或社会群体的社会价值能力。另一方面，从占有资源的程度或机会来说，社会公平感受失衡以社会分配不公为对象，但相对剥夺感不仅强调被排斥在社会分配体系以外，还要经受个人所有被剥夺的可能或现实。基于格尔的"挫折—反抗机制"的解释框架，社会群体在相对剥夺感持续发酵的情况下，会触发群体反抗机制，进而导致社会冲突。

四、社会情绪导引失能与矛盾事件生成

社会情绪是矛盾事件的风向标和导火索。在勒庞的社会心理学理论基础上，美国符号互动理论家布鲁默提出了循环反应理论。他认为，社会变化导致个人生活方式发生变化，这种变化导致不安、孤独甚至怨恨，因而奠定了集体行为发生的前提条件。聚众的形成过程是人与人之间的符号互动过程。继布鲁默的循环反应理论之后，美国社会学家特纳（Jonathan H. Turner）提出了突生规范

---

① 科塞. 社会冲突的功能 [M]. 孙立平，等译. 北京：华夏出版社，1989：16—32.

理论。特纳认为，集体行动的产生需要某种共同的心理，包括共同的意识形态和思想或共同的愤恨。这种共同心理形成的关键是聚众中某个共同规范的产生。特纳还认为，聚众中的共同规范产生于一个不确定的环境中，在规范产生的过程中，一个符号性事件以及与之相伴的谣言往往会起到关键作用。不过并不是所有的符号性事件和谣言都会导致集体行为规范的产生，只有当一个符号性事件以及相伴的谣言能够引起大众的一致反感时，才会围绕这一符号产生某个共同看法或规范，并引发一场针对那个符号的反感或仇恨以及相应的聚众行动。特纳的理论为微观的社会心理分析与宏观的社会结构分析之间的结合创造了一个很好的接口。①

国内的研究也都沿袭社会运动和社会心理的视角，持有相同看法的还有"风险放大理论"和"社会燃烧理论"。群体风险放大是环境类群体事件暴力抗争的逻辑起点，而暴力抗争的演变过程经历了不满情绪的形成、持续发酵、焦点事件和冲突与对抗四个阶段。② 社会燃烧理论提出了社会动乱的三个条件，即燃烧材料、助燃剂和点火温度。该理论认为媒体的夸大、谣言的传播、小道消息的流行、社会心理的随意放大都会引导社会情绪逐渐失控。③

国内外各个理论视角对社会情绪失控引起矛盾事件的解释有一个共同点，它们都共同强调了社会情绪失控的过程性，这意味着积极介入并阻断社会情绪蔓延对化解社会冲突具有可操作性。从社会公平感受失衡到相对剥夺感发酵，这一过程尽管形成了导致集体行为的社会情绪方面的必要条件，但仍然缺乏一定的充分性。对社会情绪的干预不足或缺乏干预等引导失能也是导致矛盾事件的重要因素，例如，张书维、周洁和王二平指出，仅有群体相对剥夺感的存在尚不足以立刻引起广泛的反抗。④ 从传统的矛盾事件来看，社会情绪的蔓延以地缘为核心条件，例如，在拆迁维权或邻避运动等利益性群体事件中，社会情绪只在一定区域内进行传播，进而动员相对有限的群体成员。当前，随着互联网应用领域的日益广泛，一些社交软件或新闻平台成了社会动员的高效工具，社会情绪的蔓延不再依循传统的单一地缘路线，而是以某一地区的社会冲突事

---

① 冯仕政. 西方社会运动理论研究 [M]. 北京：中国人民大学出版社，2013.

② 汪伟全. 风险放大、集体行动和政策博弈：环境类群体事件暴力抗争的演化路径研究 [J]. 公共管理学报，2015，12（1）：127-136.

③ 牛文元. 社会物理学与中国社会稳定预警系统 [J]. 中国科学院院刊，2001（1）：15-20.

④ 张书维，王二平，周洁. 相对剥夺与相对满意：群体性事件的动因分析 [J]. 公共管理学报，2010，7（3）：95-102.

件唤醒各地弱势群体的群体认同，此外还有一些非利益群体在"道义"的支持下给予声援或其他帮助。面对这样的情况，传统依照地缘或行政区划进行设置的基层矛盾化解单位或组织往往缺乏有效的阻隔手段。当社会群体通过社会情绪在社会范围内完成了足够的资源动员后，一个焦点事件就足以点燃整个集体行为。

第三节　价值信仰与社会矛盾

改革开放以来，我国政治、经济、社会、文化等领域发生了巨大变化，社会迎来深刻转型。尤其是社会意识领域中的价值信仰，它是一种观念形态，是对人们生活和社会发展的反映，同时也会随之转变。价值信仰产生于一定的社会历史条件下，根植于人的内心深处，支配着人们的行为趋向，影响着人们的活动以及采取的手段。在社会转型时期，国家会出现新旧价值信仰的并存、对立、冲突，使未确定新的价值信仰的主体出现价值取向上的迷茫和混乱，进而影响该主体在社会变迁中采取的行为及选择的行为模式。受文化观念影响产生的社会矛盾与冲突的核心是价值观念与价值信仰上的冲突与融合。由此，本书基于价值观念与价值信仰两种视角，探讨社会转型时期的冲突缘由及表现形态，以期在尊重客观规律的前提下尽可能发挥出其对社会稳定的积极作用。

一、传统价值观念的冲突表现

（一）从文化角度看价值观念的冲突

在价值观的整体范围内，价值观念的冲突强调的是不同的主体价值观之间的冲突，这种冲突是基于"多元论"这一观念的，实质上就是指价值观念之间的彼此否定和相互斗争。这种冲突往往伴随着思想观念的不同、评价标准的不同、追求方向的不同。价值观冲突作为社会转型的必然产物，在一定程度上影响社会转型，但同时它们也能极大地促进社会转型的历程。

（二）社会转型期传统价值观冲突的主要表现

1. 社会主体本位与个人主体本位的冲突

中国的封建传统文化一直倡导群体主义，个人的利益要服从国家和家族的利益。"尊卑有别、长幼有序"的伦理纲常观念造成个人始终没有独立人格，处于从属地位。这种群体主义被确立为社会的主导价值观，实质上是通过对个人的思想的控制而达到维护社会稳定的目的。社会主义市场经济的伟大实践强调个人主体地位，保障个人的合法权益。它一方面唤醒了人们的个人主体意识，调动了人们的积极性。另一方面，市场秩序的不完善，很容易滋长极端个人主义价值观，从而可能滑向个人主体本位的深渊。在当前所处的社会主义初级阶段的国情下，我国市场体制还有待完善，社会中出现了不正当竞争的行为和损害消费者正当权益的行为。这种利己主义的思想和传统文化中的义利观及集体观念背道而驰，造成价值观的冲突。

2. 德治观念与法治观念的冲突

长期以来，中国传统社会儒家文化占据重要地位，以儒家文化思想为基础形成了以三纲五常为主要内容、以伦理道德为核心的价值体系。儒家文化主张道德治理，提倡追求个人伦理道德完善，其核心内容是要求人们遵循普遍的伦理道德，道德价值在教育实践活动中具有较高的地位。传统社会统治者受儒家文化影响比较大，他们把儒家文化基本思想内容作为统治方法，提倡道德治理。"德治"在长期的社会治理中出现了许多漏洞和弊端，"德治"主观性过于强，使"人治"现象盛行社会，而法治约束得不到落实。重道德轻法治传统价值观念一直存在，导致重主观轻客观、重等级轻平等的社会治理思维长期存在，使法律精神没有有效地体现出来。新中国成立以后，建立了人民民主专政的社会主义国家，在法律制度方面取得了重大突破，制定了第一部社会主义宪法，保障了公民在法律面前人人平等。我国民主制度不完善，在一些领域社会主义法律精神没有真正体现，"人治"现象依然存在。当重"德治"管理方式与重"法治"管理方式相遇时，两者之间的冲突不可避免，会影响社会的协调运行。

3. 公平价值与效率价值的冲突

中国的传统观念具有重视伦理、重视和谐、重视整体、重视人格等特征，但是也有很多消极的特征，例如，重义轻利、重人伦轻发展，因此养成了国人墨守成规、忽视竞争、不重效率的观念。新中国成立初期实行计划经济体制，更把"公平"的观念推向极致，其基本特征是国家经济从生产到销售都按照国家的计划安排，企业和个人没有充分的自主权，压抑个人的主动性和创造性，分配中存在严重的平均主义现象。盲目地追求一种结果的平等造成生产效率的极度低下，经济发展停滞不前，人们的生活水平得不到提高。改革开放以来，中国努力建立和完善社会主义市场经济体制，打破了计划经济时代"一刀切"的公平制度，强调效率意识，培养和强化人们的主体意识。在这个市场化的过程中，人们的主体地位得到尊重，人们的潜力被激活，大大提高了生产的效率。这样在计划经济体制之下形成的公平价值取向和改革开放以来形成的效率价值取向产生了冲突。

二、价值观念视角下的民族习俗

（一）影响民族地区社会稳定的价值观念因素

民族文化的特性决定一个民族的价值取向和行动标准。一个社会的现代化常常伴随着过去的价值统一体开始瓦解与社会成员的行为改变。"民族传统文化和思想观念积淀在民族意识中，并支配着他们的生产方式和生活方式。"① 民族文化及其蕴含的政治、经济、社会意义决定了民族成员对自身文化转换、反馈等互动形式的选择。

"文化冲突，也主要是价值观的冲突。"② 一些现代的生产、生活方式和某些民族传统的生产、生活方式形成尖锐的矛盾。旧的价值观和伦理准则被冲击和否定，必然使原有的社会纽带和控制机制受到削弱，而新的思想观念体系又不能迅速构建起来，成为规范人们行为的自觉意识，于是价值观念处于一种无序的混乱状态中。这种无序状态最易诱发社会的不稳定。

（二）民族纠纷起因的解构性分析

文化是一个民族的象征和徽记，民族文化既是同一民族内部联系的纽带，也是不同民族相互区别的标志。"当民族共同体在人类历史上形成并区别于其他各种人们共同体的类型以来，文化就总是表现为各不相同乃至千差万别的民族文化。"③ 不同民族在经济生活、政治生活、社会生活等领域中形成的物质文化和精神文化，在风格习惯、心理素质、思维方式、价值取向、道德情感等方面存在一定的差异。民族文化形塑了民族成员的自豪感和自尊心，并赋予了不同民族成员对有些事物的不同看法和观点，在区分事物的好与坏、对与错、符合或违背人的愿望、可行与不可行等方面有一套自己的观点，常常带有感情色彩。

随着民族地区的逐步开发、城市化进程的增速，民族融合的步伐也同步加快。然而，正如亨廷顿指出的："在这个新的世界里，最普遍的、最重要的和危险的冲突不是社会阶级之间、富人和穷人之间，或其他以经济来划分的集团之间的冲突，而是属于不同文化实体的人民之间的冲突。"④ 在这种人际关系网络

---

① 李晓曼. 影响民族地区政治稳定的主要因素探析 [J]. 中国市场，2009（48）：61-63.

② 黎德化. 论文化的冲突与协调 [J]. 首都师范大学学报（社会科学版），1998（3）：112-118.

③ 周星. 民族政治学 [M]. 北京：中国社会科学出版社，1993：130.

④ 亨廷顿. 文明的冲突与世界秩序的重建 [M]. 周琪，等译. 北京：新华出版社，2002：7.

中，民族成员依然保留着本民族的传统观念意识和行为方式，没有特别强烈、积极、主动与城市文化融合的愿望，也缺乏和城市居民之间深层次的沟通和互动，这样就阻碍其对城市文化的接纳与认同。从文化层面上看，这样的行为导致了"身在城内、心在城外"的民族文化现象。①

三、民间信仰与冲突化解的互动

民间信仰的社会冲突治理功能是指通过民间信仰的文化精神和文化载体来对社会纠纷进行预防、解决、执行并最终达到恢复社会秩序目的的功能，② 民间信仰文化能够成为弥补正式制度冲突化解不足的一种非制度化司法权力。

传统社会民间信仰主要通过神判与起誓两种形式来彰显社会冲突化解功能，其作为适应生产力水平低下、文明程度不高以及社会结构较为封闭的现实而存在，对缓解人际关系、维系社会秩序具有一定的意义。在现代社会治理中，民间信仰是社会冲突化解的本土化治理资源，主要是通过信仰构筑价值观，并从社会制度整合、社会组织整合、社会舆论整合三个层次展开。共同信仰孵化共同价值观，共同价值观内化为社会及其个体的行为规范。因民间信仰而来的共同信仰蕴含大爱宽容、积德行善、奉献感恩等和谐价值观，"人的任何行动都是在某种价值观支配下发生的，并受到道德和正当性框架限定；当某种社会行为缺乏限制动力或不存在道德上终极的正当性时，其充分展开是不可能的"③。

从民间信仰内部来讲，信仰文化之间的差异性或不可共性本是一个自然的事实。每一个信仰都拥有其独特的世界观，而且它们各自源于截然不同的语言、神话象征以及宇宙性思维模式中。这就表现出中国民间信仰的内生冲突，一般表现在两方面。其一，源自亚文化类型的神祇体系之间的冲突。不同的亚文化众神谱系的矛盾反映至民间信仰之信众层面，从思想到行为上产生冲突。简而言之，不同神谱的矛盾映射到人民的世俗生活层面上，造成人民群体的分化与信仰行为的冲突。其二，源自不同习俗的崇拜行为造成崇拜对象之间的不相融，使生活习俗上的矛盾性在民间信仰思想与行为中凸显。尤其是民间信仰仪式一般被附加了经济利益因素，经济利益的竞争投射到不同文化谱系的民间信仰仪式之后，逐渐形成民间信仰之间的纷争。

---

① 季晓杰. 少数民族城市化进程中民族文化调适原则 [J]. 福建省社会主义学院学报，2008（3）：57-61.

② 王丽. 民间信仰与纠纷解决的实证研究 [J]. 湖北函授大学学报，2015，28（6）：80-81.

③ 金观涛. 探索现代社会的起源 [M]. 北京：社会科学文献出版社，2010：5.

四、多元文化背景下的主流文化与价值冲突

多元文化的影响是双重的，既有有利的一面，也有不利的一面。多元文化冲突在有利于我国吸收世界文化优秀成果的同时，也带来了很多不利的影响。西方强势文化伴随着资本输出，源源不断地输入我国文化市场，直接通过电影、文化艺术、各种出版物、网络传媒等逐步地把他们的思维习惯、价值观念和生活方式等带进来，不断地冲击着国人的思想品格、价值取向和道德规范，对我国主流文化的建设产生了深远影响。

（一）多元文化冲突弱化了主流文化的社会认同

自20世纪末开始，我国实行社会主义市场经济体制，这种经济制度必然使社会经济成分、组织形式、就业方式、利益关系和分配方式等日益多样化，从而引起人们思想意识、行为取向、价值观念的多样化。思想文化领域出现指导思想多样化的现象，社会思潮日益多元化，对主流文化的社会认同开始弱化，而多元文化的冲突更加弱化了对主流文化的社会认同。首先，资本主义和社会主义的对比导致人们对社会主义优越性产生怀疑。马克思和恩格斯早就预言了资本主义的必然灭亡和社会主义的必然胜利，列宁也宣告了帝国主义是垂死的资本主义，但"二战"后至今，资本主义不仅没有垂死的迹象，反而在经济、政治和文化方面蓬勃发展，呈现出繁荣景象。社会主义国家的发展却普遍不如资本主义国家有活力，例如，朝鲜不如韩国、东德不如西德、苏联不如美国等。我国改革开放以来经济有了巨大发展，但与欧美发达国家相比仍有差距，这就使社会主义优越于资本主义的论断很难有说服力。其次，自由主义对集体主义和公有制思想的消解。自由主义崇尚自由化、私有化和市场化，而这都建立在个人主义和个性独立的基础上，正好顺应了社会主义市场经济条件下人们对个性发展、个人奋斗和个人利益的关注，不可避免地对重奉献轻索取的集体主义价值观形成强烈冲击。最后，全球民主化对我国政治制度和意识形态产生较大的冲击。我国社会主义民主政治还有待健全和完善，还有一些不尽如人意的地方，这就为西方国家全球民主化思潮的传播打开了方便之门，西方的民主政治在某些人眼中成为全人类的普遍价值观。

（二）外来文化渗透使我国主流文化影响淡化

随着经济全球化，西方发达国家的资本、信息、技术、商品等生产要素在全球范围内流动，西方文化的触角也就延伸到全球各地。西方发达国家凭借它们在经济上的优势，在文化的传播中占据主导地位。我国的主流文化、传统文

化意义、价值与存在的形式正在被各种"时尚的""科技的""新潮的""先进的"外来理论、思潮消解。特别是对我国年轻人的思维方式、价值观念、行为模式产生较大影响。如果不对这种趋势加以控制，其对整个民族的发展都将会造成巨大的威胁。

（三）大众文化盛行削弱了主流文化的地位

主流文化在我们社会中占主导地位并反映国家根本意志，是社会主义生产方式和政治制度的观念反映。它着眼于整个国家整体的、长远的根本利益。大众文化则与此相反，其关注的则是个人眼前的利益，以满足大众日常生活的文化需求为己任。主流文化的功能偏重教育、认知方面，大众文化则追求商业、娱乐效应。主流文化的意识形态性决定了它的价值倾向必然是趋于统一、集中、整体、权威，而大众文化作为市民文化，倾向分散、多元化、对中心的偏离。大众文化的意识形态色彩淡漠，有些大众文化产品甚至以对意识形态的嘲弄、调侃来标榜自己的新潮，通过诱导、激发大众潜意识中的自发性，以及对权威、中心的叛逆倾向来博取大众的欢心，制造市场卖点。大众文化中所透析出的享乐主义和个人主义的气息，对主流文化所维护的道德秩序显然是种挑战，特别是大众文化自身鱼龙混杂、良莠不齐，在相当程度上消解了主流文化的权威性。

（四）网络文化的异军突起对主流文化的冲击

互联网的出现带来了人类社会信息传播媒体的一次革命性变革，它推动了人类文化领域的飞速发展。互联网出现之前，主流信息传播的权力由国家垄断，只有少数的组织和个人才拥有大范围、远距离传递信息的能力。互联网自商业化运营，地域不复存在，人与人之间的交流没有了社会制度、文化和意识形态上的障碍。受思想文化的多元化、价值取向多样化，受众的猎奇、逆反心理及占有、发布信息的心理满足诸因素的影响，小道消息快速蔓延，其中不乏诋毁、污蔑、攻讦、造谣之词，人们的道德观念和道德修养还不足以区分和主动应对，从而引发人类道德文化的失范和滑坡。此外，现代工作方式和生产方式的分散化，使人们在接受网络文化的过程中也呈现出高度个性化的倾向，不同阶层、职业、年龄和文化素养的人有机会、有条件在网络空间中实现各自不同的文化消费，选择各自不同的文化价值取向，致使文化消费和文化选择呈现出日趋多元的状况。所有这些都会对代表社会进步方向的文化力量和价值观念产生重要的影响，从而对社会的主流文化产生严重的冲击。

（五）全球化进程中价值观念的冲突

世界格局正处在不断演变的历史进程中，经济全球化、文化多样化、信息的共享化为人们的快捷生活提供了极大帮助，飞速进步的生产力使社会发展迎来了前所未有的机遇。在全球化浪潮中，国家间的联系越来越密切，但世界性问题，例如，地区争端、传统与非传统安全威胁等问题依然困扰着人们。不同国家对全球化的认可或反对，往往表现在文明之间的共存和冲突方面，这些问题是全球化进程中价值观念冲突的表现。长期以来，我国积极适应时代发展要求，坚持和平发展，以自身和谐带动周边国际环境和谐，同时我国坚持以经济建设为中心，提高我国经济发展水平，缩小与经济强国的发展差距，以自身经济发展带动周边国家经济发展。例如，中国积极促进"一带一路"建设就是以自身发展成果和周边国家分享为基础的，但是，"一个地区的社会价值在本质上深受该地区的哲学或宗教观的影响"①。因此，在共建"一带一路"过程中，由于文化、地区之间的差异，在不同国家进行基础设施建设时，各国在项目建设的方案、设施建设等方面就存在不同意见和歧义，这都是价值观念冲突的表现。在经济全球化进程中，一些发达国家利用他们在国际政治中的话语权，推行霸权主义和文化观念，利用互联网输送意识形态，试图把其他民族文化西化。在全球化背景下，如何处理本土化价值观念和国外价值观念的冲突，这是中国必须直面的问题。

第四节　道德准则与社会矛盾

道德产生于社会集体生活和社会理想中，其功能在于它对社会所实现的整合，能够稳定社会秩序。在中国社会深刻转型的前提下，一方面，社会的经济、政治、文化等产生重大变革，传统的道德体系产生滑坡，而新的道德规范体系又未完全建立，这使社会道德精神变迁产生了社会失衡，社会矛盾频发。另一方面，网络空间的产生又提高了道德规范体系的建立难度，网络空间因其开放性、匿名性、价值观多元化和信息多样性等特点，难以约束公众的表达，网络道德失范现象尤为突出。在这样的双重影响下，如何建立新的道德准则体系，带动整个社会道德水平的大幅度提升，实现对整个社会的道德整合，从而稳定社会秩序来化解社会矛盾成了亟须解决的重要命题。

---

① 卜松山. 发现中国：传统与现代 [M]. 张伟，译. 北京：社会科学文献出版社，2016：57.

一、传统社会的道德主张及其变迁

（一）道德的概念与起源

在汉语常用语境中，"道德"是由"道"和"德"两个词语组合成的。就"道"而言，《辞海》将其语义归纳为16种，其中主要观点有3种。（1）道路。《说文解字》曰："道，所行道也。""道"在古汉语中与"行"相通，表示四通八达的道路。（2）法则。韩非子《解老》："道者，万物之所然也，万理之所稽也。"引申为宇宙万物存在的"最高法则"。（3）宇宙万物的本原、本体。《老子》曰："有物混成，先天地生。……可以为天下母。吾不知其名，字之曰道，强为之名曰大。"

就"德"而言，"德"在古代汉语中有2种含义。（1）"德"字在《卜辞》中为"值"或"惪"，从直从心，心性正直即为"德"。郭沫若考证"德"具有"正心"意蕴。（2）"德"又与"得"相通，例如，"德者，得也"（《管子·心术》上），指称个体对"最高法则"有所"心得"。朱子在《四书章句集注》中也承袭了这种诠释："德者，得也，行道而有得于心者也。"（《四书章句集注·学而篇》）又曰："道者，人之所共由，德者，己之所独得。"（《四书章句集注·学而篇》）

"道"与"德"组合，始于春秋战国的《礼记》《庄子》《荀子》《韩非子》诸书，并且生成了确定的意义。例如，（1）《礼记·曲礼》曰："道德仁义，非礼不成。"（2）庄子曰："恬淡寂寞，虚无无为，此天地之平而道德之质也。"（《庄子·刻意》）（3）荀子曰："故学至乎礼而至矣，夫是之谓道德之极。"（《荀子·劝学》）（4）韩非子曰："上古竞于道德，中世逐于智谋，当今争于气力。"（《韩非子·五蠹篇》）以上关于道德的诠释都包含了理性与情性两种因素，但偏重情性之维，自然之"道"只是作为人类情性感悟的必要条件。其中，《礼记》中"道德"与人类善的最高范畴"仁义"等量齐观；庄子的"道德"旨在对自然之"道"的体悟；荀子的"道德"指称人类对社会法则与秩序的"化性"过程；韩非子的"道德"则指称圣贤之人的高尚品质。①

在中国传统文化中，道德具有主观性、情感性等特点。在现代汉语中，"道德"概念具有浓郁的"顿悟"等人文取向，包罗了生命主体对自然、社会、人类等大千世界万事万物之规律的理解与把握。

从当下流行的观点来看，道德是以善恶为评价标准，依靠社会舆论、传统

---

① 尧新瑜. "伦理"与"道德"概念的三重比较义 [J]. 伦理学研究，2006（4）：21-25.

习俗和人的内心信念的力量维系，调整人们之间以及个人和社会之间相互关系的行为规范的总和。道德贯穿社会生活的各个方面，例如，社会公德、职业道德、婚姻家庭道德等。它通过确立一定的善恶标准和行为准则来约束和规范人们的相互关系和个人行为，调节社会关系，并与其他社会规范一起对社会生活的正常秩序起保障作用。

随着时代的发展和人类的进步，这种观点似乎有可以进一步加以完善的地方。比如，现代人不仅关注如何处理人际关系、如何善待他人，而且关注如何善待自己，例如，幸福、节制、智慧、自尊、珍惜生命等；现代人不仅关注如何处理人与社会的关系，而且关注如何处理人与自然的关系。因此，"道德"的内涵可以进一步完善，道德是人类社会生活中特有的社会现象，是由社会经济关系决定的，以善恶为评价标准的，依靠社会舆论、风俗习惯和内心信念维系的，调整人与自身之间、人与他人之间、人与社会之间、人与自然之间的原则规范、心理意识和行为规范的总和。

道德准则是指含有一种具体道德要求的规范，多数是针对人的行为提出的道德要求，是有关人的行为的准则，以上所列举的那些道德准则，就都属于针对人的行为规范。不过，也有一些针对人的心理提出的道德要求，即品质性准则，例如，不怕苦、不怕累、不怕死、不嫉妒、不贪恋他人财物、要有同情心、要有羞耻心、要对别人的帮助心存感激之情等，这些均属于针对人心理品质的规范。①

（二）中国传统社会道德主张

中国传统文化可以分为道德观（人与人）、家庭观（人与家）和政治观（人与国）三方面，其中道德观念强调的就是人与人之间相处的基本准则。② 中国传统社会道德主张可以分为"义""仁""中和"等部分。

"义"是中国传统社会道德的重要组成部分。《朱子语类》中提到"义，宜也，是非可否，处之得宜，所谓义也"。这就是说，做人、做事、处理各种关系都遵循正确的行为原则，这就是"义"。"义"经常和"公""正"结合使用，称作"公义""正义"。这是要求人们做人、做事要从大局考虑，要从群体利益出发，要遵循和坚持正确原则。

---

① 韩东屏. 道德准则、道德范畴、道德原则：论道德规范系统的层级结构 [J]. 河南师范大学学报（哲学社会科学版），2011，38（3）：1-4
② 胡安宁，余家庆. 当代中国社会环境下的传统文化变迁：一项社会学的考察 [J]. 复旦学报（社会科学版），2022，64（5）：186-196.

"仁"是中国传统道德的一个非常重要的规范。孔子指出，"仁"的最基本的含义是"爱人""克己复礼为仁"。对中国传统的这种仁爱思想和道德规范，孙中山评价道："仁爱也是中国的好道德。古时最讲爱字的莫过于墨子。墨子所讲的'兼爱'，与耶稣所讲的'博爱'是一样的。古时在政治一方面所讲爱的道理，有所谓'爱民如子'，有所谓'仁民爱物'，无论对什么事，都是用爱字去包括。所以古人对于仁爱究竟是怎么样实行的，便可以知道。……把仁爱恢复起来，再去发扬光大，便是中国固有的精神。"[1]

"中和"作为中国传统道德的重要规范，由儒家倡导。从道德的角度讲，"中"是指行为不偏激，"和"是指和谐。孔子曾在《论语》中说"过犹不及""君子和而不同，小人同而不和"，说明过分和达不到都不好，既无过也无不及，这就是"中"，且"和"并不是无原则的调和。这是一种对人们的感情欲望、所作所为保持中正不偏、符合礼义法度的道德要求。[2]

（三）中国现代社会道德文化

现代社会的道德文化的定位应该介于政治法律与宗教之间，道德文化本身已然发展成为一个多层次、多维度、多取向的价值观念系统。具体地说，现代社会的道德至少包括社会公共规范伦理、个人美德伦理和信念伦理三个基本层面，而且不同层面的伦理观对照着现代人和现代社会不同层次的道德生活问题。社会公共规范伦理是最基本的、底线的，也是最为普适的或普遍有效的社会伦理生活之维。个人的美德伦理属于个体道德范畴，关注的是各社会成员个体各自不同的私人性道德精神生活。信念伦理则既关乎社会个体，也关乎社会整体，其所表达的是个人或整个社会对某种特定道德理想的追求和期待。三个层面既相互区别，又相互影响，有时常常相互交织和重叠。道德层次性的区别源于现代社会生活领域的明显分化，但一般并不存在截然不可通约的界限。[3]

中国作为一个享有"东方道德文明古国"之传统并经过了半个多世纪的共产主义道德洗礼的社会主义国家，我们的社会和社会道德也具有独特性。一方面，社会的现代化运作既夹带着西方近代化时代的原始特征，例如，"粗放型市场经济"，又带有现代性甚至是某些后现代性的时代症候，例如，文化方面的某些"超现实主义"和"黑色幽默"等。另一方面，社会道德的现代重建又同时处于新与旧、现代与传统、中国传统与西方现代的双重矛盾冲突之中，成为一

① 孙中山全集：第九卷 [M]. 北京：中华书局，1986：245.
② 刘太恒. 论中国传统道德的当代价值 [J]. 道德与文明，2000（1）：41-45.
③ 万俊人. "和谐社会"及其道德基础 [J]. 马克思主义与现实，2005（1）：6-8.

种时代性道德文化选择的两难课题。

随着社会结构和制度的急剧改变，共产主义道德凭借战争年代赢得的成功经验和领袖权威，成为国家道德生活的新的主导观念。然而，十年"文革"浩劫的惨痛经验，使这一观念开始受到重新检验，社会道德意识系统的统一性受到削弱。随着改革开放的社会转型，道德观念的多样性特点开始形成。①

二、转型社会下道德与社会稳定

（一）道德对社会稳定的作用

一般来说，道德是依靠羞耻感来维持人们自律性行为的规则，在传统社会，宗法关系也是维持道德的基本力量。道德和法律在现代社会中并没有严格的界限，一些现代国家通过法律把传统道德固定下来，来更有效地约束人们的行为。例如，新加坡的法律对随地吐痰、男子留长发给予惩罚，便是用法律约束替代了道德约束。一般来说，一种行为如果可以用道德来制约，引入法律就没有必要了，否则会增加社会秩序化的成本。道德的社会功能在于降低人际交往中的不确定性，节约社会交易成本。

道德发挥行为约束作用的重要条件是人们社会价值观的一致。如果价值观有差别，那么人们就不会有统一的羞耻心，统一的道德规则也就难以形成。例如，在一个社会共同体中，有的人认可家庭雇佣关系，而有的人不认可。人们如果不存在统一的羞耻心，那么相关道德的约束力也就难以有效发挥作用。一般来说，一个停滞的传统社会有固定的价值观，因而有较统一的羞耻心，道德对人们的行为有较强的约束力。

道德对一个传统社会能够较好地发挥稳定作用。传统社会通常由许多血亲共同体构成。在血亲共同体内部，血亲关系是人们相互认知的重要条件，生产技能靠口授亲传来实现，个体之间的生产技能差别很小，所以人际关系中的信息交流充分，不确定性程度低，个人实施机会主义的风险收益较小，机会主义行为与共同体的传统道德规则反差较大，容易识别。违规行为会使当事人名誉扫地，承受羞愧的惩罚。在传统社会中，人们离开共同体出走的障碍非常大，羞愧的惩罚无异于死刑宣判。因此，传统社会道德自律压力很大，道德成为稳定社会的主要力量。这种社会对强制性的、正式的、行为规则没有需求，而且正式规则的供应成本较高，非正式的道德自律的实施成本较低。所以，道德是

① 万俊人．现代社会道德合理性基础论证：兼及中国现代化运作中的道德问题［J］．北京大学学报（哲学社会科学版），1996（2）：4-15.

传统社会中最有效、最合理的行为规则。

在现代社会，道德所能发挥的稳定社会的作用受到很大限制。传统社会的瓦解伴随血亲共同体的解体，社会的不确定性程度加深，机会主义的潜在收益随之增大。因为人们可以较容易通过"逃亡"的办法来避开羞愧的惩罚，道德自律的作用减弱。此种过程的反复也削弱了羞愧在经济共同体内部的作用，甚至修改了道德的标准。例如，是否有婚外情曾经是西方一个政治家能否当选的重要条件。近几年的情况已经发生了变化，发达国家的选民已开始容忍有婚外情的竞选者（性骚扰行为仍属例外）。社会的不确定性程度越高，人们的道德自律性就越低，道德维护社会秩序的能力就越弱。机会主义行为会加剧社会的不确定性，增加交易成本，人们在反复交易中为了降低交易成本必然要寻找新的交易规则，来填补道德自律失去后留下的行为约束机制的空缺，于是产生了对法律的需求。

在社会转变时期，特别是由自给自足经济向市场经济转变的时期，传统道德在维持社会稳定方面会显得力不从心。血亲共同体瓦解，人口流动性增大，羞耻心在社会控制方面的功能大大减弱，人们违反道德后受惩罚的可能性降低，全社会人们的行为规则便会发生紊乱。社会对新的行为规则的需要与新的行为规则的建立通常有一个时间差，这是因为新规则的建立不仅要付出直接成本，人们适应新的规则也是一个长时间的学习过程。这种学习主要不是靠政府灌输，而是靠反复进行的社会交易过程所产生的利益得失的估价给人们的记忆产生刺激。也就是说，反复的违规行为会造成反复的利益损失，利益损失促使人们遵守新的规则。观察世界各发达国家的现代化过程，我们可以看到这一时间差无一例外地都会存在。社会转变时期，人们常发出"人心不古、世风日下"的慨叹，缘由大抵如此。[1]

（二）中国社会道德精神变迁导致的社会失衡

传统的"仁"的道德精神发生变迁。汉字"仁"可以拆解为"二"和"人"两个字，仁的要求是在人际交往中体现出来的。也就是说，个体在与他人的关系中实现其人性。这种集群导向的思维有别于现代西方的"个体主义"原则。具体而言，按照传统儒家思想，"仁"可以被视为一种指导个体人际互动的基本道德准则，其本意是指，在和他人交往的过程中，需要保持一种友爱、谦和的态度，也就是所谓的"仁者，爱人"。这种态度并非没有区别和差等，恰恰相反，按照孟子的性善论，仁的体现在于人有差等，也就是对待不同类型的对

---

① 党国英. 非正式制度与社会冲突 [J]. 中国农村观察，2001（2）：54-64.

象应当有不同的相处规范。"父子有亲，君臣有义，夫妻有别，长幼有序，朋友有信。"因此，"仁"虽然要求友爱他人，但这种友爱应遵循某种费孝通先生意义上的差序逻辑。比如，个体首先要对自己的家人表示信任和关心，之后随着交往频率和情感联结的程度降低而逐渐"淡漠"，这本质上便是我们经常谈到的仁有差等。

"仁"之变迁体现在从内外有别的差序交往结构转向"内外平衡"的宽半径合作：传统基于"仁"的价值要求所形成的人际关系，体现出了人际间的"伦"①。按照翟学伟的分析，"伦"有两层含义，"一是类别序次，一是关系行为。前者为静态，后者为动态，而后者须建立在前者的基础上"②。仁与伦的内在亲和性也得到了其他学者的支持。③ 从"伦"出发呈现出的人际交往模式就是费孝通先生论及的"差序格局"，差序格局恰恰体现了个体的社会网络同心圆模型。④ 亦即，处于中心位置的个体作为行动者，在其社会网络中的不同圈层存在不同的交往对象，从而构成不同的"圈子"。⑤

本质上讲，差序格局体现了一种"内外有别"的交往模式。这在传统中国社会中非常普遍。到了现代社会，这种"内向化"的价值倾向却不利于人际的合作与互动。在新的历史时期，人们的空间流动性加强，信息获取渠道更加多元，人际交往空间越来越大，个体社会活动的范围已经突破了传统的家庭界限，开始面向更加广阔的社会生活。此时，社会发展面对的一个重要问题是，如何超越传统的交往界限来构建与"外人"的合作关系。针对这个问题，我们可以借助弗朗西斯·福山（Francis Fukuyama）的信任半径的概念来理解。所谓的信任半径，是指人们能够彼此合作的他人所构成的圈子的宽度。⑥ 宽的信任半径可以使个人能够与社会上"远程"的其他人合作，而半径狭窄的人则倾向将他

---

① 潘光旦. 政学罪言 [M]. 上海：观察社，1948：113.
② 翟学伟. 再论"差序格局"的贡献、局限与理论遗产 [J]. 中国社会科学，2009（3）：152-158.
③ 卜长莉."差序格局"的理论诠释及现代内涵 [J]. 社会学研究，2003（1）：21-29；廉如鉴."差序格局"概念中三个有待澄清的疑问 [J]. 开放时代，2010（7）：46-57；童星，瞿华. 差序格局的结构及其制度关联性 [J]. 南京社会科学，2010（3）：42-48.
④ 张江华. 卡里斯玛、公共性与中国社会有关"差序格局"的再思考 [J]. 社会，2010，30（5）：1-24.
⑤ 罗家德. 关系与圈子：中国人工作场域中的圈子现象 [J]. 管理学报，2012，9（2）：165-171.
⑥ 社会资本、公民社会与发展 [J]. 马克思主义与现实，2003（2）：36-45.

们的合作活动限制在特定的小圈子内。① 信任半径这一概念告诉我们，信任只有达到"组内—组外"的平衡才能带来积极的社会效果，否则当内群体与外群体之间发生冲突的时候，人们有可能为了小群体利益而牺牲公共利益。② 这就是为什么福山认为信任半径是解释社会发展水平差异的重要变量。一些发展相对滞后的社会所面临的问题恰恰在于"合作团体的平均信任半径太小"③。

基于这一分析路径，我们可以看到，传统中国社会基于"仁"和"伦"的道德主张所显现的差序格局在新的时代条件下开始出现"内外"平衡的变迁趋势。例如，学者张光直分析了中国社会的关系概念，发现在转型期的中国社会，人们在培养社会关系的时候，除传统的基于血缘或者业缘的关系之外，也开始逐渐强调桥连（bridging）关系和嵌入（embedded）关系。桥连关系是指行为者利用社会关系将两个或多个原本没有联系的群体联系起来。嵌入关系则强调在互利关系中培养信任和理解，来促进合作和增加未来的利益。桥连关系的涌现，可以被视为在当代中国社会个人社交网络日渐复杂的情况下自然而然的发展结果；嵌入关系则在市场经济活动中尤为重要，即通过关系连结，形成稳定的合作伙伴，来减少不确定性，维持长期合作。可见，当代中国社会的人际交往范式开始出现了弱化"内外有别"的发展趋势，以此扩大个体的合作半径，形塑新的关系交往模式。

（三）中国社会道德失范导致社会信任缺失

2009 年一项全国性调查研究显示，在当前中国道德精神中，"市场经济中形成的道德"占 40.3%，"意识形态提倡的社会主义道德"占 25.2%，"中国传统道德"占 20.8%，"受西方道德影响"占 11.7%。④ 这说明传统道德在社会生活中占有重要地位但已不起主导作用。

中国当前正经历一个社会的经济、政治、文化、社会等各方面的体制、机制重大变革阶段，这使社会生活发生人民群众预期外的巨大变化。在社会深刻而急剧的转型过程中，人们还没有来得及对原有的道德规范体系进行认真的清

---

① COOK K S, LEVI M, HARDIN R. Whom Can We Trust? How Groups, Networks, and Institutions Make Trust Possible [M]. New York: Russell Sage Foundation, 2009: 5.

② BANFIELD E C. The Moral Basis of a Backward Society [M]. New York: Free Press, 1967: 89.

③ 福山. 大分裂：人类本性与社会秩序的重建 [M]. 刘榜离，王胜利，译. 北京：中国社会科学出版社，2002: 32.

④ 樊浩. 当前中国伦理道德状况及其精神哲学分析 [J]. 中国社会科学，2009 (4): 27-42.

理、消化和吸收，该道德规范体系就似乎显得已经过时，不能充分发挥其调节人们行为的作用。新的与社会深刻转型相适应的道德规范体系还没有建立，新型的道德观念也还没有完全成熟起来并广泛地被人们认可和接受。在社会深刻而急剧的转型时期，人们的道德世界正经历前所未有的冲突和混乱，人们的道德观念充满困惑与迷茫，人们对道德行为的评价没有普遍接受的标准。因此，整个社会的道德状况呈现出纷繁复杂的局面，新旧道德规范各自发挥一定的调节作用却又都不充分，道德失范成为社会转型期突出的社会现象。

目前，中国社会存在社会道德滑坡的现象，这表现在社会信任匮乏上。检视当下社会现实，我们会发现人与人交往时的"设防心态"已是一种相当普遍的现象。这种不信任增加了普遍交往（交易与交流）的成本，减少了广泛合作的机会和可能。①

三、网络社会中互联网空间的道德失范

（一）公共媒体对道德意识的影响

公共媒体具有观念传播和整合功能，是公民道德教育的最主要渠道。公民对先进文化的认同、道德意识的增强，往往是在公共媒体传播的影响下逐渐生成的。媒体传播的影响主要表现在其能为公众提供一个认识上的蓝本，潜移默化地影响公众的思想道德、价值观念。我国主要传播媒体担负着意识形态宣传的任务，在非正式制度建设中发挥重要作用，但同时也存在不足和缺陷。长期以来，人们片面理解媒体的正面宣传价值，使公共媒体在协调社会关系、反映民众关心的问题等方面的功能被忽视，造成了公共媒体功能的单一化，对公共媒体传播形成了枯燥无味、生硬说教的印象。

当今，社会的重要表现之一就是人们的价值观念、思维方式已发生了较大变化。相比传统社会，当今社会可供人们选择的信息渠道很多，人们的视野更加开阔，观念也趋向多元。新闻媒体如果不能全面、客观、真实地反映社会现实，那它必然会弱化受众的归属感和认同感，诱使公众产生逆反情绪，损害新闻宣传的公信力。在社会转型时代，媒体要积极回应多元复杂的社会诉求，切实反映公众的知情权、表达权和监督权等权利和要求，使传媒成为维护社会公平的工具，成为公众的信息平台和公共平台。大众传媒必须坚持、倡导平等意识、道德意识、民主意识、公民意识，这样才能为社会核心价值体系的建构营

---

① 周道华. 非正式制度建设与社会和谐［J］. 福建论坛（人文社会科学版），2010（11）：162-165.

造一个扬善抑恶、是非明辨的社会氛围，促进公民文化的发展和社会道德体系的完善。①

（二）网络道德失范及其原因

公众表达是网络活力的基本支撑，也是表征道德的显著领域。随着网络技术的发展及其信息交流平台的衍生，网络受众范围越发广泛，网络表达与日俱增。同时，因为开放性、匿名性、价值观多元化和信息多样性等特点，公众网络表达的可控性逐渐降低，管理难度逐渐增大，道德失范现象时有发生。从基本样态上看，公众网络表达的道德失范主要表现为五种。第一，恶意散布谣言；第二，随意宣泄情绪；第三，传播低俗信息；第四，传播个人隐私；第五，传播过度商业化或娱乐化信息。②

个体行为受道德驱使，而道德受主观上的自我意识和客观上的社会关系制约。网络社会看似虚拟，实则与现实社会息息相关，是对客观世界的反映和评价。因此，公众网络表达的道德失范问题既有个体主观因素的影响，又与网络环境乃至现实社会等客观因素息息相关。

首先，无论正确与否，自身基本价值观念都会潜移默化地影响个体的态度和行为。网络表达也是一样的，引发道德失范的首要原因是个体基本价值偏差。这种偏差会影响个体网络道德认同，进而改变个体的道德判断、道德主张和道德行为。其次，"群体环境可能会使人失去自我觉知能力，并导致个体丧失自我和自我约束"③。这种个体在群体中失去自我感知的现象就是去个体化。相对于现实社会，一些网络运行特点会增强使用者的去个体化体验，进而降低表达主体的责任意识。最后，群体心理依赖抑制了个体的理性思考，信息茧房促进了观念偏执，社会传染带来了行为效仿。

（三）网络道德失范导致社会矛盾频出

网络道德失范不是大规模的、全局性的、持续性的社会现象，而是一种局部的、暂时意义上的表现。然而，我们如果放任这种伦理道德失范现象发展，则有可能消解整个社会的秩序，因此这些失范现象是不容忽视的。目前，网络伦理道德失范行为正以社会矛盾冲突的方式表现出来，给人类正常的生产、生

① 周道华. 非正式制度建设与社会和谐［J］. 福建论坛（人文社会科学版），2010（11）：162-165.

② 阎国华，李楠. 公众网络表达的道德失范及其治理［J］. 中国矿业大学学报（社会科学版），2020，22（2）：131-144.

③ 迈尔斯. 社会心理学：第8版［M］. 侯玉波，乐国安，张智勇，等译. 北京：人民邮电出版社，2006：217.

活带来非常严重的影响。①

规范的缺失是造成社会道德失范的最重要的原因之一。在网络时代，建立在现实社会中的道德规范由于不适应网络运行的新环境而形同虚设，面对新的网络领域，又一时没有形成新的道德规范，这导致大量网上行为处于既不受旧规范制约，又无新规范可依的真空状态。具体而言，其主要有知识产权方面的失范行为、隐私权方面的失范行为、网络广告中的失范行为等。

道德失范的另一个重要因素便是规范的冲突。在网络社会道德规范的形成过程中，理想的网络道德规范不断受传统道德规范的抗拒，造成两种不同道德规范体系的强烈冲突，进而导致网上行为的二重性。例如，现实生活中的道德规范要求人们遵守纪律、承担责任，而在互联网中，更强调言论自由和不受控制。这两者的冲突便导致网上行为缺乏一个明确的评价与判断的标准，从而也就出现了滥用通信自由、发布虚假信息、网上人身攻击等伦理道德失范行为。

网络使全球化趋势进一步明显，在不同政治制度下，不同文化背景、不同地域的人们在网上瞬间成了彼此紧密相连的电子邻居，他们在某些社会道德规范、基本政治立场与价值取向等方面会产生相当激烈的冲突，并在一定时期和一定范围内出现某种伦理道德失范的现象。具体而言，由规范冲突而造成的网络失范行为主要有滥用通信自由的失范行为、推行文化霸权主义的失范行为、信息资源共享中的失范行为等。

更为极端的社会矛盾是网络犯罪。严格说来，任何网络伦理道德失范行为只要超出了一定限度，对现实社会中的人身和财产造成了严重损害，便有可能构成犯罪。在网络社会中，行为人对技术的极端滥用，使其行为超出了伦理道德失范的框架而构成了网络极恶行为，即网络犯罪。这类行为主要有网络黑客行为、网络诈骗行为、网络偷窃行为等。

道德失范行为的扩散容易对公众形成负向激励，容易形成"破窗效应"。如果道德失范现象过多，个体网络表达很可能不再注意道德规范和社会礼仪，从而引发负向循环，导致不文明行为或暴力性语言充斥网络。不仅如此，道德失范行为缺乏治理或治理滞后还会给其他人以实际放纵之感，从而导致失范行为进一步蔓延。同时，个体失范行为或不良情绪会形成社会传染，引发群体性行为失范或不良情绪，衍生网络攻击、网络骂战等不文明行为，造成矛盾升级，

---

① 张晓冰，周静，邱晏. 网络伦理道德失范的原因和对策［J］. 新闻界，2009（3）：80-82.

破坏和解的可能。①

本章小结

文化观念又称"文化意识"，是人们长期生活在同一文化环境中，逐步形成的对自然、社会和人本身的基本的、比较一致的观点与信念。文化观念一般包括情感态度、价值信仰和道德准则三个维度。辩证唯物主义认为物质决定意识，而意识可以反作用于物质。作为群体意识的具体表现，文化观念对社会矛盾纠纷的影响不言而喻。一方面，文化观念不同的群体间易产生矛盾纠纷。另一方面，在社会治理领域，以文化观念的重塑或宣扬来消解、防范社会矛盾纠纷正成为基层政府构建大平安社会的重要方式。这需要对文化观念进行解构，从情感态度、价值信仰和道德准则三个维度来理解和探究其与社会矛盾之间的关系。

从情感态度维度来看，情感态度是一种社会群体的集体情感体验，通常作为矛盾事件发生的助燃剂而存在，在社会矛盾冲突中扮演着重要的推动作用。"相对剥夺感理论""安全阀理论""循环反应理论"都注意到了群体的情绪即社会情绪对群体事件的助燃作用。在消极社会情绪中，社会公众对社会公平的感受成为社会情绪的重要变量，尤其当弱势群体对社会公平感受出现失衡，即产生不公平的社会情绪时，他们往往会对现行的社会规范进行冲击，试图打破稳定的社会秩序，给社会治理带来极大隐患。

从价值信仰维度来看，在价值观的整体范围内，价值观念的冲突强调的是不同的主体价值观之间的冲突，这种冲突是基于"多元论"这一观念，实质上就是指价值观念之间的彼此否定和相互斗争。这种冲突往往伴随着思想观念的不同、评价标准的不同、追求方向的不同。价值观冲突作为社会转型的必然产物在一定程度上影响社会转型，但同时它们也能极大地促进社会转型的历程。

从道德准则维度来看，道德是以善恶为评价标准，依靠社会舆论、传统习俗和人的内心信念的力量维系，调整人们之间以及个人和社会之间相互关系的行为规范的总和。在社会转型时期，特别是向市场经济高速转变的时期，传统道德在维持社会稳定方面会显得力不从心。血亲共同体瓦解，人口流动性增大，羞耻心在社会控制方面的功能大大减弱，人们违反道德后受惩罚的可能性降低，

---

① 阎国华，李楠. 公众网络表达的道德失范及其治理［J］. 中国矿业大学学报（社会科学版），2020，22（2）：131-144.

全社会人们的行为规则便会发生紊乱。

　　因此，从文化观念视角看待社会矛盾纠纷，本书可以为社会治理提供一个"软治理"的方案。新时期，无论是何种形式的社会矛盾纠纷，均可以尝试从文化观念的培育和引导入手，发挥文化育人的正向作用，在基层治理中充分挖掘和弘扬具有地方特色、群体认同的传统或流行文化元素和文化精神，营造文明、和谐的社会氛围。

第十章

数字技术与社会矛盾

技术的变革被视为社会变迁的深层动力,这一观点在历史进程中得到了反复验证,历史上人类经历的三次工业革命浪潮都彻底重塑了社会面貌。如今,我们正迅速迈入一个由海量数据、复杂算法和庞大算力构成的数字时代,社会结构的组成要素与社会互动的基本模式正在发生深刻变革,社会运转的底层逻辑也发生相应变化。我们如果想要充分理解和积极拥抱这个新的数字时代,就必须认识数字技术的发展规律及其社会影响。数字技术的演进已经在多个领域、多个层次对政治、经济、社会产生了深远影响。这些影响既有可能赋能社会治理,为社会问题提供新方案和新工具,也有可能转化为"数字负能",激化原有的社会矛盾并制造新型的社会矛盾。

第一节 兴起与发展:数字技术嵌入社会治理

从计算机的出现到互联网技术的兴起与普及,再到当下大数据时代的新技术浪潮,数字技术的革命性升级不断颠覆原有社会结构的交互方式,引发了重大的社会变革。这种变革不仅改变了我们的生活方式,还深刻影响了当代的社会矛盾和治理方式。在数字技术的驱动下,"互联网+政务服务"等已成为各级政府必备的数字化治理基础设施,平台型企业依托数字技术发展壮大,已经成为社会治理中不可忽视的重要组成部分。此外,网络平台也已成为社会舆论和公共信息生产与传播的主要阵地。数字时代的到来不仅是一种技术演进,还是一场深刻的社会变革。它要求我们重新审视社会的组织结构、治理方式以及人们的日常生活,只有更加全面和深入地理解技术变革的社会意义,我们才能有效把握和应对当今时代的挑战与机遇。

一、数字技术的发展历程

（一）电子计算：计算机的发明与使用

数字技术是一项与电子计算机相伴而生的科技，电子计算机的发明与使用可以被视为数字技术应用的发端。计算机科学源于数学，真空电子管以及后来的晶体管、集成电路、大规模集成电路在电子计算机中的应用，使电子计算替代了传统的人工计算。将声、文、图、像等转化为计算机能够识别的二进制数字，借助计算机对信息进行编码、压缩、解码等，继而对信息进行运算、加工、存储、传送、传播、还原，数字技术由此开始走进人们的视野。

计算机科学主要源于数学，因此发明计算机的初始目的是服务军事需要，计算机科学与技术的三位主要奠基人——艾伦·图灵（Alam Mathison Turing）、冯·诺依曼（John von Neumann）和克劳德·香农（Claude Elwood Shannon）均是数学家，且都曾参与二战期间的密码破译或盟军重大科研项目。战争中的同盟国为实现快速计算，在艾伦·图灵和冯·诺依曼的指导下研发电子计算机。1943年，英国发明了第一台可编程的电子计算机——巨人计算机（Colossus Computer），来破译德军密码；同年，美国为完成火炮弹道运算，开始研制可编程的通用计算机——埃尼阿克（Electronic Numerical Integrator And Computer, ENIAC），1946年2月14日，该机器在宾夕法尼亚大学宣布诞生，标志着数字时代的来临。

数字技术在这一阶段的发展，主要由以计算机电路元件为主的硬件演进驱动，第一代电子计算机以真空电子管为主要电路元件，又称为"真空管计算机"，但其体积庞大、耗电量大、易发热，因而工作时间不能太长。从20世纪50年代中后期开始，晶体管取代真空管成为计算机的核心器件，这就是第二代计算机——晶体管计算机，因其体积缩小、能耗与运算速度上升，性能比第一代计算机有很大的提高。1964年，IBM360系统研制成功，它以中小规模集成电路构成计算机的主要功能部件，标志着第三代计算机登上历史舞台，其在运算速度更快的基础上，可靠性大幅提升，价格明显下降，使计算机开始走向通用化和标准化。大规模、超大规模集成电路与基于半导体芯片的微处理器使体积更小、性能更强的个人微型计算机成为可能，1971年，世界上第一台微处理器在美国硅谷诞生，开创了微型计算机的新时代。

（二）信息互通：互联网的诞生与普及

与计算机的发明相似，互联网的诞生也与国际局势这一大背景紧密相关，计算机是二战的产物，互联网则是冷战的产物。二战结束后，以美国为主导的北约和以苏联为主导的华约两大阵营在政治、经济、军事、科技各方面展开激烈斗争，两极格局逐渐形成，互联网的原型——阿帕网，作为冷战时期军备竞赛的产物在美国诞生。1969 年 10 月 29 日，美国国防部高级研究计划局（Advanced Research Projects Agency，ARPA）组建的阿帕网（Advanced Research Projects Agency Network，ARPANET）第一期工程投入使用，它连接了加州大学洛杉矶分校、斯坦福研究院、加州大学圣巴巴拉分校和犹他大学四个节点。阿帕网的诞生，标志着数字技术进入以互联网为主的发展阶段。

阿帕网早期采用的是网络控制协议（Network Control Protocol，NCP）。该协议只能用于同构环境，难以满足越来越多计算机网络接入需求。20 世纪 70 年代，罗伯特·卡恩（Robert E. Kahn）和文顿·瑟夫（Vinton G. Cerf）提出了 TCP/IP 协议，该协议提供了点对点链接的机制，将资料应该如何封装、寻址、传输、路由以及在目的地如何接收都加以标准化，不同计算机和不同网络之间互联成为趋势。1983 年 1 月 1 日，全球各种网络如雨后春笋一般冒出，并且电子邮件、BBS 和 Usenet 等应用的普及促成了互联网在全球学术界的联网，TCP/IP 和 NSFNET 成为协议大战和网络大战的胜出者。1989 年，World Wide Web（万维网）这一基于超文本协议的网络问世，1993 年美国提出信息高速公路战略，万维网也在同年宣布对所有人免费开放，同时伴随着超大规模集成电路与半导体技术的进步，个人 PC 也逐渐走向千家万户，互联网浪潮席卷全球。

1994 年 4 月 20 日，我国全功能接入国际互联网。与一众发达国家相较，中国互联网起步较晚，但发展势头迅猛，越来越呈现"后来者居上"的态势。目前，中国拥有全球规模最为庞大的互联网用户群体、丰富的技术应用场景和不断涌现的新业态。根据中国互联网络信息中心（China Internet Network Information Center，CNNIC）2022 年 2 月发布的第 49 次《中国互联网络发展状况统计报告》，截至 2021 年 12 月，我国网民规模达 10.32 亿，较 2020 年 12 月增长 4296 万，互联网普及率达 73.0%，累计建成并开通 5G 基站数达 142.5 万个，全年新增 5G 基站数达到 65.4 万个，有全国影响力的工业互联网平台已经超过 150 个，接入设备总量超过 7600 万台套，全国在建"5G+工业互联网"项目超过 2000 个，工业互联网和 5G 在国民经济重点行业的融合创新应用不断加快。①

---

① 中国互联网络信息中心. 第 49 次《中国互联网络发展状况统计报告》[EB/OL]. 中国互联网络信息中心，2022-02-25.

（三）万物互联：大数据时代的到来

大数据是指各种来源的结构化或者非结构化的巨量数据资料，是传统数据处理应用软件不足以处理的大或复杂的数据集。大数据能够超越传统统计学中的事后抽样方法，实现对当下发生事件的实时追踪，并获取有关事物的全部数据，而不仅仅是随机样本，通过混杂而非精确、相关而非因果的方式来了解事物状态并做出响应。计算机芯片与移动通信网络等技术的交互作用所涌现出的海量数据，是驱动数字技术进入大数据时代的基础。随着低功耗的精简指令集芯片和移动通信等技术的进步，以手机为主的移动端取代个人计算机，成为人们在接入互联网后使用最频繁的设备平台。在这一过程中，互联网本身的带宽也在不断增长，整个互联网经历了静态网页浏览主导的 Web1.0 时代、多向交互和用户创作（User Generated Content，UGC）时代，当前正逐步向基于区块链去中心化的 Web3.0 时代探索。大数据的应用已经涵盖包括天文学、大气学、交通运输、基因组学、生物学、大社会数据分析、社交网络算法、电子商务、军事侦察、金融大数据、医疗大数据等在内的诸多领域，大数据时代正在向我们走来。

通信网络半导体芯片技术的进步使越来越多的生产和生活设备接入互联网，基于海量数据的人工智能算法极大丰富了多设备间交互方式的复杂网络，区块链技术去中心化、分布式和不可篡改的特性确保了数据的抗扰性、安全性和私密性，这为我们描绘了一幅万物互联的新景象。在新的应用场景中，移动通信技术和人工智能联手催生的智能物联浪潮，会将更多的社会资源网络化和数字化，大数据可以承载的价值也将不断被提及和提高，大数据的应用范围也将不断扩大。因此，在未来的网络时代，大数据不仅可以代表价值，还可以创造价值。大数据将通过数据价值来充分推动物联网和云计算的发展，另外，大数据为人工智能的发展奠定了坚实的基础。正是由于大数据技术的发展，人工智能产品的当前应用才得到了显著改善。与此同时，大数据也正在成为企业重要的生产资料之一，企业可以通过大数据连接客户和市场需求，并通过大数据优化企业自身的运作和决策。虽然当下的数字技术竞争已经处在全球经济和政治竞争的最前沿，但大数据目前仍处于被应用的初始阶段，产业链需要进一步完善和发展，围绕大数据的产业技术、商业模式、配套制度仍在进一步探索。

二、数字技术中的社会治理

（一）数字政府：公共服务流程再造

数字技术的发展不仅会创造经济增长的新动能，还会变革政府公共服务方式乃至组织结构。大数据与人工智能等新兴技术深刻地影响着社会经济发展以及国家治理，以数据驱动和数字治理为核心特征的政府数字化转型成为全球治理转型的核心议题。近年来，我国快速进入数字时代，经济和社会生活日益数字化。中国的网民群体不断扩大，移动互联网塑造的在线化社会生活形态大力加强，推动着电子商务、社会交往、移动支付、互联网金融等新兴业态和生活方式的普遍扩散，进而驱动政务服务、政府监管和政府运行的快速数字化和智能化。互联网+政务服务、互联网+监管、互联网+督查成为各级政府数字化治理的重要手段。与此同时，网络空间的公众参与、政民互动、政治传播愈加活跃，成为政府感知社会偏好、吸纳并回应民意的新生渠道。①

党的十九大提出，打造数字政府、培育数字经济、构建数字社会。也就是要加快网络速度、数字中国和智慧社会的建设，利用大数据改善国家治理的现代化，促进政府管理和社会治理的创新。各种信息化、大数据技术不仅将被运用于提升政府工作效率、推动企业转型升级，还将广泛渗透进群众的生活中，包括交通、教育、医疗、就业等诸多领域。数字政府包括三方面的变革：一是观念的转变，政务的数字化转型是对思维方式的一种转变甚至可能是颠覆，数字化转型驱动战略业务转型，涉及各个部门的协同组织变革；二是流程变革，传统政务流程的复杂程度与结构有关，而当前如果要适应扁平化、并行化的趋势，需要重新设计政府部门的业务流程，以上海"一网通办"、浙江"最多跑一次"等改革为代表，通过信息技术协同服务来实现从过去"办事跑政府不同部门"到按事务流程解决的转变；三是业务数字化变革，传统电子政务数据存在"孤岛现象"，导致数据采集难度大、质量差，还限制了大数据在政务方面的发展。未来在"业务数据化"的趋势下，政府业务将越来越离不开数据资源的支持。无论是政府的外部行政批准、公共服务，还是内部的日常办公、科学决策过程，这都会产生数据信息。政务的业务数字化就是改善这些分散的"信息"与企业之间的联系，形成一定的变革价值。

（二）数字经济：平台企业参与治理

数字经济是指以数字化的知识和信息为关键生产要素，以现代信息网络为重要载体，将信息通信技术的有效使用作为效率提升和经济结构优化的重要推动力的一系列经济活动。数字经济是继农业经济、工业经济之后的主要经济形态，数据资源是其中最关键的要素。数字经济包括数字产品制造业、数字产品

---

① 孟天广. 政府数字化转型的要素、机制与路径：兼论"技术赋能"与"技术赋权"的双向驱动 [J]. 治理研究，2021，37（1）：5-14.

服务业、数字技术应用业、数字要素驱动业和数字化效率提升业五大类产业。前四类为"数字产业化"部分，指为产业数字化提供数字技术、产品、服务、基础设施和解决方案，以及完全依赖数字技术、数据要素的各类经济活动，这是数字经济的核心产业。第五类则为"产业数字化"部分，指利用数据与数字技术对传统产业进行升级、转型和再造的过程。数字经济的信息传递方式改变了市场运行的方式，在商品交易过程中，信息的缺损与不足往往会造成市场失灵，出现价格与生产安排的大幅波动，并最终导致资源浪费和生产效率下降，整体社会的经济收益降低。当前，海量数据的即时性传递使市场交易双方的信息沟通与协调更加便捷，从而极大地降低市场失灵的可能性。①

从 1996 年著名新经济学家唐·泰普斯科特（Don Tapscott）在《数字经济：网络智能时代的前景与风险》一书中首次提出"数字经济"这一概念，到尼古拉斯·尼葛洛庞帝（Nicholas Negroponte）的《数字化生存》在全球各地的畅销，各国政府纷纷通过推出相关政策措施来扶持与促进数字经济发展，试图将其作为推动经济增长的新动能。为了促进数字经济的快速发展，世界主要国家和地区纷纷制定针对数字经济的前瞻性战略。例如，美国 2015 年实施《数字经济议程》、德国 2016 年发布"数字战略 2025"、英国 2015 年发布《数字经济战略（2015—2018）》、日本 2009 年制定"I-Japan 战略"、新加坡 2014 年启动"智慧国家 2025"工程。中国政府也一贯重视数字经济增长和产业升级。2015年，政府工作报告提出"互联网+"行动计划；2017 年，数字经济被写入党的十九大报告；2021 年，《"十四五"数字经济发展规划》提出，赋能传统产业转型升级，培育新产业新业态新模式，不断做强做优做大我国数字经济；党的二十大报告进一步提出加快发展数字经济，促进数字经济和实体经济深度融合，打造具有国际竞争力的数字产业集群。根据中国信息通信研究院《中国数字经济发展报告（2022 年）》，2021 年，我国数字产业化规模已达 8.35 万亿元，占GDP 比重为 7.3%。产业数字化规模达到 37.18 万亿元，占 GDP 比重为 32.5%，数字经济规模位居世界第二。②

互联网平台企业是数字经济组织参与社会治理的典型。数字经济的发展催生了以平台型企业为代表的新型组织形态，平台型企业成为数字经济产业组织生态中的核心。在这一生态系统中，以平台核心业务为中心的多个产业主体之

---

① 王天夫. 数字时代的社会变迁与社会研究 [J]. 中国社会科学，2021（12）：73-88.
② 中国信息通信研究院. 《中国数字经济发展报告》（2022 年）[EB/OL]. 中国信息通信研究院网站，2024-12-10.

间既竞争又合作，核心平台既是商业交易的市场设施和中介，也是生态系统不同主体的宿主和合作协调者。① 由于平台企业跨边界连接和天然垄断趋势等特性，平台型企业的社会影响与社会责任远超企业边界，使平台型企业既构成社会治理中的新问题，也提供了社会治理的新方式。例如，滴滴出行的"问题司机"、饿了么的"无证餐厅"、快播的"涉黄案"、携程的"积分票"、百度的"售卖贴吧"等，均反映了平台型企业社会责任缺失与争议带来的新问题。与此同时，平台型企业基于其运作逻辑也愿意并可能为社会治理贡献价值，例如，阿里巴巴通过蚂蚁森林助力公益减排、字节跳动参与扶贫，在防控新冠疫情中，很多平台型企业积极参与，在信息发布、物资保障、紧急救助、健康监测等很多方面贡献了许多精准有效的社会服务模式。

（三）数字传播：公共信息服务与社会舆论

数字技术极大地推动了文化产业发展，文化产业成为数字技术最重要的应用领域之一，网络和数字技术广泛渗透文化创作、生产、传播、消费各个方面，极大地推动了文化产业的发展，文化产业也为数字技术提供了渗透最广、创新迭代最快、效益最显著的应用领域。20 世纪 50 年代以来，教育广泛普及、民众的生活水平显著提高，中产阶级成为人口构成的主要部分，成为"大众"的主体，文化产业拥有了广泛受众。在数字技术的加持下，这一时期文化产品的生产效率大幅提升，文化表现手段更加丰富，让文化产品的大规模复制、流通成为可能。进入 21 世纪，技术与文化的融合进入全新时代，迎来了前所未有的繁荣景象。数字技术提供了迄今为止最大的摄取、生成、存储和处理各种文化元素的能力，文化产业效率极大提高，文化产品具有更加多元的形态和更加丰富的表现力。数字技术赋能创意者和创意创作多元化，那些文化创作"专业"能力不足的人群，也能将极富创意的灵感转化为文化产品，突破了创新固有模式的障碍。例如，社交网络上的网红不仅分享其产品与服务，还与粉丝分享生活方式、情感、时尚、情怀及梦想等，满足了消费者精神和物质等多方面的需求。

统计数据显示，2021 年消费者每周数字文化消费时长约 24 小时，在数字时代之前，消费者如此长时间的文化消费是不可想象的，文化消费的经济地位和社会影响今非昔比。近些年来，利用数字技术对传统文化进行创新传播在全球范围内受到高度重视，传统文化数字化产业规模持续扩大。中国数字文化产业发展有得天独厚的资源禀赋。中华文化源远流长、博大精深、丰富多样，文化

---

① 唐要家. 数字经济赋能高质量增长的机理与政府政策重点 [J]. 社会科学战线，2020（10）：61-67.

知识存量巨大。我国数字文化产业能够萃取获得和转化创新的文化资源是海量和多元的。传承发扬中华文化，赋予中华优秀传统文化以精当表达，向世界准确传递中国文化的当代价值，是数字文化产业的责任担当，也是巨大机遇。数字技术能够对优秀传统文化进行再创造，以新创意和新设计将优秀传统文化融入现代生活、当代审美、当代价值观，开发出优秀传统文化的新型载体和表现形态。互联网易于突破空间障碍和文化、语言差异，打破隔阂，促进不同文明交流互鉴，推动中华优秀传统文化的海外传播。

近些年，中国网络文学的英译本数量快速增加。"武侠世界"是一个中国网络小说翻译网站，所译的小说有相当的影响力，截至 2020 年 3 月 8 日，仅这一个网站，已经翻译完 28 部中文网络小说，正在连载翻译的有 41 部网络小说。根据 Alexa 统计数据，武侠世界网站的读者 30% 来自北美、25% 来自东南亚、35% 来自西欧，实现了从东亚文化圈到英语世界的海外译介传播。再如，电视剧与网络小说"剧文联动"的《延禧攻略》已发行至亚洲、北美、欧洲、南美、非洲，覆盖了日本、韩国、新加坡、越南、泰国、美国、澳大利亚等 70 多个国家和地区，引发全球观影热潮。这部作品包含了建筑、服装、绒花、昆曲、火树银花、美食等诸多中国传统文化元素，让海外受众感受到了中国文化遗产的精致与华美。网络小说《凰权》改编的电视剧《天盛长歌》，被网飞买下并在全球播出。数字技术还能探知海外消费者的兴趣，用他们习惯和喜欢的方式把中华优秀传统文化展示给他们，为现代人带来具有时代感的中华文化体验感受。[①]

第二节　数字赋能与社会矛盾

诚然，数字技术的发展确实在一定程度上催生了各种新型社会矛盾，但对技术进步，我们仍应保持审慎、乐观的态度，以开放的前瞻性视角探究数字技术如何转化为社会治理的积极动力。数字技术的发展对社会发展产生的积极影响是多方面的。例如，数字赋能为服务型政府建设提供了技术路线，进一步增强了政府回应社会的能力；借助数字技术下的各种网络交互平台，社会参与和社会表达的渠道更加畅通；数字技术为经济发展提供了新动能，为社会就业和社会矛盾疏导提供了新的支点。此外，数字技术还促进了多元主体间迅速且便

---

① 江小涓．数字时代的技术与文化［J］．中国社会科学，2021（8）：4-34.

捷地信息交换，强化了协同应对各类社会危机的能力。我们对数字技术的深入研究和应用可以更全面地理解其在社会治理中扮演的重要角色，发现其在矛盾的消解、降低、减少或缓和等方面的重要意义，从而为社会治理的创新和实践提供新的、更具生命力的发展理念和思路。

一、回应能力提升与矛盾的消解

组织的结构取决于所处环境的性质，而技术与结构的关系主要体现在复杂性、不确定性和互依性三个维度。随着复杂性、不确定性和互依性的增大，必须调整组织的结构来提高信息处理的能力。政府组织是一个动态开放的系统。在面对新技术革命给政府行为、政企关系等不断带来风险和挑战的情况下，国家治理体系不断进行适应性变革，数字时代的新技术变革深刻影响着政府内部关系、政府与社会关系以及政府与市场关系。通过适应性变革，中国从传统科层条块分割的碎片化形态到条块联动的整体政府，政府治理的主动性和开放性显著增强，从而构建了更具持续性和回应性的整体治理模式。

整体政府包含数据汇合、业务整合和组织融合，其超越政府内部纵向层级与横向结构的物理分割，以数字技术对政府业务流程进行重塑再造、信息共享和权力重构，消弭政府治理的碎片化、割裂化、交叉化困境，实现公共服务的一站式、无缝隙供给。地方政府重塑组织内部业务流程和数据共享方面的创新实践，表明数字技术可切实促进整体政府的实现。整体政府包含三方面：一是从中央到地方不同层级的纵向整合，运用数字技术突破传统科层间的信息沟通障碍，促进纵向政府的扁平化与网络化；二是不同功能的横向部门整合，以网络整合、业务融通取代单纯物理整合，通过内部业务的整合实现对外服务的便捷；三是公私部门间的合作关系与整体协作，构建自上而下的矩阵式、协同化、生态化组织。① 与此同时，我国各地政府利用热线电话、网民留言、政务抖音等多元化数字政府感知民情，初步建立并规定了政府回应的速度、原则、质量等，并将其作为基层政府官员的绩效考核依据，有效提升了公众在社会转型过程中的获得感、幸福感和满意度。已有研究表明，政府各类回应制度和机制的设立切实提升了政府回应的效率与质量。智慧政府的建设进一步提高了回应机制的稳定性与持续性，为精准提供群体性服务和个性化回应，建立更加科学、合理、稳定的反馈评估机制提供了可能。

---

① 赵娟，孟天广．数字政府的纵向治理逻辑：分层体系与协同治理 [J]．学海，2021（2）：90~99.

二、参与渠道拓展与矛盾的降低

高度发达的社交网络与更有回应力的政府组织，前所未有地疏浚了公民对公共问题讨论和表达个人意见诉求的渠道。越来越多的普通民众选择借助互联网平台发表对公共事件的看法，多元集中的网络表达成为当代公众参与社会政治事务的重要途径，也为大数据监测舆情动向提供了依据，通过公众的网络表达把握公众的情绪、欲望和需求。在很多情况下，公共事件中的网络表达形成一种倒逼效应，使一些社会问题的解决成为可能。互联网技术的快速进步为普通民众提供了强有力的支持，使他们能够更有效地参与网络公共事务。以重大公共热点事件为例，网络表达给了全民实时性全程参与事件的机会，公民的情感和诉求在表达中得到满足。

在重大公共热点事件的应急状态下，公众的信息获取需求井喷，引起普遍的流量增长。当下，平台媒体共存、多信源传播、多渠道扩散已成常态，信息传播的速度、广度和深度加快加大。相关研究表明，社交媒介虽不是新闻源的主要生产媒体，却是信息传播的第一载体，公众对社交平台的信任度不断提高。在包括重大突发公共卫生事件在内的公共热点事件中，一方面，即使官方渠道及时发布消息，人们还是会从社交媒介等渠道获取信息。社交媒介因满足公众首要的信息需求而成为主要内容输出地。另一方面，主流媒介、政务媒介等积极对接社交平台，促成公众对事件的持续关注，进而占据了触媒的时长。全天候、全介质、全覆盖的信息传播能力，强大的去中心化组织能力，以及实时交互和反馈监督能力，使社交空间成为公众获取"一手信息""权威信息"和"真相信息"的第一阵地，形成了大规模、实时性的全程参与和全民影响。

重大公共热点事件常常集中引发公众的多元利益诉求和情感需要。社交媒介"自由传播"的特点，使其既能第一时间反映多样化利益诉求和情感情绪，又能迅速形成对各种诉求和情感表达的回应，故在求助、公益捐助、情感呼应等方面凸显价值。

三、社会就业增进与矛盾的减少

现代社会的运转模式极其依赖经济增长与效率追求，在经济增速较高的发展阶段，社会资源和财富的增量能够化解发展中产生的诸多矛盾，而一旦经济增速下降或者陷入低谷，增量模式则切换为存量竞争，大量的社会问题和社会矛盾会集中爆发，失业率、犯罪率、自杀率、抑郁率等负面指标均会上升。我们依靠经济增长解决社会问题、化解社会矛盾，一方面是社会进步和生活改善的推动力，另一方面，对经济增速的过度依赖是现代社会的长期病症，挥之不去。从这一意义出发，维持经济增速、不断创新增长方式对化解社会矛盾至关重要。以 2008 年金融危机为分水岭，全球经济进入了深度调整的新阶段。新旧经济交替的图景波澜壮阔又扣人心弦，一方面是传统经济的持续低迷，另一方面是数字经济的异军突起。中国的实践印证了这一历程，也使这一图景更加清晰可见。在信息化进入全面渗透、跨界融合、加速创新、引领发展新阶段的大背景下，我国经济也由高速增长阶段转向高质量发展阶段，正处在转变发展方式，优化经济结构，转换增长动力的攻关期。在新旧动能转换的进程中，中国数字经济得到长足发展，已经成为新时代引领中国经济增长的新动力。

中国经济在经历了 30 多年的高速增长之后，开始进入一个增速放缓、结构升级、动力转换的新阶段，这一阶段被称为新常态。认识、适应和引领新常态已被确定为指导中国经济发展的大逻辑。新常态下，经济发展面临的最大风险是掉入"中等收入陷阱"，因此找准并利用好新动能就成了制胜关键。从社会发展史看，每一次产业技术革命都会带来社会生产力的大飞跃。农业革命增强了人类的生存能力，使人类从采食捕猎走向栽种畜养，从野蛮时代走向文明社会。工业革命拓展了人类体力，大规模工厂化生产取代了工场手工生产，工业经济彻底改变了生产能力不足、产品供给不足的局面。信息革命则增强了人类脑力，数字化工具、数字化生产、数字化产品成就了数字经济，也促成了数字化生存与发展。以数字化、网络化、智能化为特征的信息革命催生了数字经济，也为经济发展提供了新动能。中国数字经济已经从低起点、高速追赶走向高水平稳健超越，供给结构从中低端增量扩能走向中高端供给优化，动力引擎从密集的要素投入走向持续的创新驱动，技术产业从模仿式跟跑、并跑走向自主型并跑、领跑，这为最终实现经济发展方式的根本性转变提供了强大的引擎。[①]

四、危机协同治理与矛盾的缓和

在数字时代，数字技术不仅拉近了人与人、人与物之间的物理距离，实现了数字世界与物理世界的深度融合，还通过对公共治理赋能助力实现了公共决策的精准化、公共管理的高效化和公共服务的精细化。数字技术不仅深刻改变了人类的思维方式和互动方式，还通过增量式赋权和重构式创新引发了社会形态重塑，突破了传统的治理体系框架，从根本上促进了国家治理现代化的转型，加快了社会大协同治理的进程。数据作为一种重要的治理资源，推动了公共危

---

① 张新红. 数字经济与中国发展 [J]. 电子政务，2016 (11)：2-11.

机协同治理模式的形成。"十三五"规划纲要将国家大数据战略纳入其中，把大数据作为基础性战略资源，助力了产业转型升级和社会治理创新。如今，数据作为一种新型的治理资源，已经不同于过去在"强政府弱社会"的体制背景下由政府单向控制，大量资源掌握于市场和社会等不同主体的手中的情况。在此背景下，政府与企业、社会协同治理模式应运而生。此外，公共危机治理往往因为参与者众多、利益多元化、目标不统一以及跨越地区性而显得复杂棘手，通过跨域性数据资源的聚合、共享、开放，可以进一步推动平台治理以及新技术场景的应用与推广，从而发挥协同治理模式的制度优势，保障治理效能。①

　　以跨界开放和融通互联为特点的数字思维使政府和市场在危机协同治理的过程中各归其位，形成合力。一方面，市场主体和市场机制在危机协同治理中发挥基础性作用，尤其是在市场竞争中脱颖而出的企业负责牵引数字技术的研发与应用；另一方面，政府越来越关心企业在危机防控中输出的信息，并以此作为制定战略部署的重要数据来源。此外，在企业完成数字技术的研发之后，政府还将为技术的应用和推广提供相应的应用场景，让数字技术与医疗系统、安保系统等城市治理场景相连接，让数字技术同时也担负起合理管控的职能。另外，以基础设施为形式的数字平台创造了多元治理主体之间的信息共享机制。公共危机协同治理的要义之一在于协同，这意味着治理要超越传统的科层制度，激发社会力量并引入社群机制，从而与行政机制互补相嵌。在现实中，行政机制与社群机制之间往往由于缺乏关联和沟通而"协同"失败，而数字平台通过数据的跨界连接促成了一个"万物互联"的信息机制，使数据在政企社不同的治理主体之间、决策机构与执行机构之间能够及时、平等、开放地流通，保障关键信息的获取和治理效能的提升。比如，在重大危机事件发生后，区块链技术通过分布式总账系统、点对点传输和智能合约技术协调了众多跨地区、跨部门、跨层级、跨业务的参与方，使多个节点在数据读取、发布、共享与交叉验证等方位达成协同，从而为精准高效的危机防控提供真实可信的数据化支撑。

第三节　数字"负能"与社会矛盾

　　数字技术的兴起与发展无疑为社会发展注入了新动能，为解决一些传统的

---

① 洪一晨，张成福．数字时代的公共危机协同治理：以 2020 年我国抗击新冠肺炎疫情为例［J］．求是学刊，2020，47（6）：10-16.

社会治理难题提供了新的思路和工具。正如一枚硬币有正反两面,发展总是利弊相随、福祸相依的。数字技术为社会治理提供新方案、新可能的同时,也滋生出一些新问题。这些问题表现为数字鸿沟与信息茧房引发的公平性挑战,网络舆情与社会冲突对社会稳定造成的威胁,以及制度滞后和技术依赖带来的规范性和安全性问题。这些由数字技术进步引发的新型社会矛盾提醒我们,数字技术也可能转化为数字"负能"。在推动数字技术发展的同时,我们也必须加强对数字技术的规范使用和管理,对数字技术研究与应用进行全面而审慎的研究与监管,并积极寻找解决方案,以求更好地驾驭数字技术这匹"烈马",让它真正地服务于社会的可持续发展。

一、数字鸿沟与信息茧房

随着数字技术的产生和迅速发展,由于对信息和网络技术的拥有程度、应用程度以及创新能力的差别,不同国家、地区、行业、企业、社区之间出现了差距,这一现象被称为"数字鸿沟"。美国商务部的"数字鸿沟网"把数字鸿沟概括为,在所有的国家,总有一些人拥有社会提供的最好的信息技术,他们有最强大的计算机、最好的电话服务、最快的网络服务,也受到了这方面的最好的教育。另外有一部分人,他们出于各种原因不能接入最新的或最好的计算机、最可靠的电话服务或最快最方便的网络服务。这两部分人之间的差别,就是所谓的"数字鸿沟"。首先,数字鸿沟越来越深,不仅映照出了社会的不平等现象,还加重了社会的不平等,催生了一系列社会问题。数字鸿沟本身是数字技术发展不均衡的产物,同时又会进一步加剧区域不平等和个人贫富差距。例如,中国中西部地区相较于东部地区数字基建不够完善,对经济的拉动也差于东部地区,无论是上网人数总量还是上网人数占总人口比例,东部地区都大大超越了中西部地区。如果不能通过转移支付等方式提供更加均衡的数字基建公共服务,放任地区间数字鸿沟不断扩大,我国区域发展将更加不平衡、不充分。其次,数字鸿沟体现在个人贫富方面。信息富裕阶层凭借自身的经济能力占领信息资源和技术并进行投资,踊跃地参与信息经济,由此产生的优势积累又促进了其信息投资,而信息贫穷阶层的信息投资条件越来越差,最终成为信息穷人、知识穷人和网络区隔者。

从个体角度,数字鸿沟也可以被理解为"知识鸿沟"或"教育鸿沟"。由于教育水平和知识储备不足,许多人无法掌握充分的信息并做出正确的决策,从而难以改善自身的生存境况。个体间的数字鸿沟是导致信息茧房的原因之一。人们在搜集和关注信息时,会被自己的需求和兴趣引导,久而久之,会将自身禁锢在像蚕茧一般的"茧房"中，而知识储备的不足和信息的缺乏会使人更容易被这一"茧房"束缚。在数字技术特别是算法技术迅猛发展的当下，社会的分工系统越来越细致和复杂，人们难以全面了解社会运转。互联网平台的内容分发方式倾向基于"用户画像"满足个体偏好，例如，在浏览新闻或者淘宝的时候，平台会自动根据用户的浏览记录获取用户的偏好，进而推送用户可能感兴趣的文章，这一模式进一步加剧了信息"茧房"带来的种种问题，为网络群体的极化和社会黏性的丧失埋下种子。

二、网络舆情与社会冲突

网络舆情对现实社会的影响在互联网发展的早期就有所体现，但人们切实感受到它的存在，则是在移动互联网社交兴起后。随着移动互联网用户数量的不断增多，社交媒体的影响力日益壮大，人们通过社交媒体互动而构建了规模庞大、内容丰富的社交网络生态，并在这一生态中满足日常通信、人际交往、信息获取、诉求表达等诸多需求。"网络问政""网络信箱"等公共部门意见收集渠道也纷纷上线，公民在网络空间讨论公共话题已经是一种常态，而这种对公共话题的线上讨论方式形成的舆论导向，因其强大的传播扩散能力和旁观效应，成为对当事个体或组织改变其决策的舆情压力，使网络舆论问题越来越受到社会各界的关注。社交网络互动的超时空特性，使对一个话题的讨论能够容纳线下社会难以想象的规模，从而形成前所未有的舆情声量和社会压力。网络互动的匿名特性在用户基数扩大后也助长了公共讨论的情绪表达而非事实判读倾向，由于信息"茧房"助长的刻板印象和网络对话语言符号的模糊特征，真假难辨的信息进一步激化网络舆情带来的冲突对立。

网络舆情可能会从两方面激化社会矛盾，引发社会冲突。首先，网络舆情对政府信任构成挑战，网络社会中人民对政府的信息公开和治理公平有更高的要求，政府针对舆情的应对措施一旦失当，例如，选择默不作声或一禁了之，则极容易陷入"塔西佗陷阱"，无论信息是否真实合理，人们都选择不再相信和配合，给政策决策和执行带来极大障碍。其次，网络舆情还可能带来群体对立甚至网络民粹主义，网络社交用户也需要获得社交认同，这种认同可能只是基于简单的兴趣爱好，但也可能基于对某些争议性话题的观点。网络传播的特性使极端化观点的传播能力远强过折中调和观点，这一方面会使人们对网络社会态度的认知形成偏差，错将少数人的极端观点视作大众看法，另一方面也会让网络讨论更难形成共识。网络生态还可能催生一些极端情绪化的意见领袖，许多网民通过追随这些意见领袖，在小团体内部获得身份认同与归属感。不同团体间彼此排斥和对立，又会进一步加剧社会舆论的分裂与极化。

三、算法黑箱与劳资矛盾

算法是一种利用计算机程序解决特定问题的方法，它由特定的指令和策略方案组成，从某种意义上理解，算法构成了许多数字平台内容、商品和服务分发的规则。算法技术是商业模式创新与技术进步相结合的产物，其商业价值在网络交易的实践中得到充分的展现。算法技术在网络交易中的快速发展，一方面极大地提高了交易匹配的精准度，提升了商业社会运行效率，增强了经济活力，例如，基于算法技术建立的用户画像可以更精准地匹配用户需求，为内容平台的用户提供符合其偏好的内容，也为网络交易的买卖双方提供差异化的服务。另一方面，在新业态和新技术的产生与快速发展的同时，失序现象也相伴而生，由"算法黑箱""算法歧视""算法茧房"等引发的纠纷与失序现象层出不穷，无论是对消费者，还是对商家，这些现象都造成了相当大的困扰。互联网平台企业的规模效应降低了边际成本，先发优势容易形成数据壁垒，从而导致赢家通吃的垄断倾向。这一垄断倾向不但使同一行业赛道容纳的平台企业数量有限，而且在"消费者—平台企业—商品服务提供者（商家）"这一交易结构中，平台坐庄通过以算法为规则处于明显优势的地位，利用垄断地位成了"算法利维坦"，而消费者和商家只能在他们并不了解的"算法黑箱"支配下完成交易。

以电商平台为例，平台是关键游戏规则的制定者，如何推荐商品给消费者、如何衡量商家信用、如何反馈纠纷、如何派单等，无一不需要电商平台开发的各种算法。算法通常以客观中立、价值无涉的形象呈现，但算法由谁来制定、遵循何种规则、如何被执行，都是其背后设计者的价值选择与既有利益格局的体现。"算法利维坦"的吊诡之处在于，电商、消费者和商家似乎都受其支配，当出现交易争议时，平台电商通常甩锅给算法，而消费者与商家如入无物之阵，不知如何对自身权益加以保护。① 算法黑箱同时也反映在数字劳动的劳资矛盾中，在数字经济发展的过程中，平台企业看似追求扁平化，通过"非雇佣制""众包""共享""零工""劳资合作"等方式实现了"去劳动关系化"，但事实上却又凭借其垄断地位在企业外部构建了一个由多市场参与主体组成的、层级

---

① 李智超. 网络交易中的"算法利维坦"及其治理之策［J］. 国家治理，2022（10）：57-60.

化的科层控制体系。① 随着人工智能的发展，以算法为代表的数字技术带来的伦理争议远不止于此，人与人工智能的关系将成为一种主体与类主体之间的关系，而具体如何应对这一伦理挑战，社会尚未形成共识。

四、技术抢跑与制度滞后

数字技术从基本科学原理到应用技术路线，再到具体应用场景，这一生根发芽的过程，必然需要依托一定的社会制度，包括鼓励创新的科研制度、产学研结合的成果转化制度、有效竞争的市场制度等。先进的技术可以被视为是适合的制度孕育出的产物，但并不是说可以推动新技术发明和落地的制度环境就足以容纳和应对新技术制造的新社会问题和社会矛盾。数字技术的迭代升级不会终结社会矛盾，只会终结传统社会生存所仰赖的确定性，人们对新技术抱有解决现有问题的期待的同时，也可能对技术伦理问题抱有戒心，但往往对其可能造成的新威胁和引发的新矛盾不甚清楚。互联网普及的早期，人们普遍期待这项技术能够带来一个更加普惠平等的世界，但事实情况是，如今国与国之间，以及许多国家内部不同阶层之间的财富和收入差距是进一步扩大的。人们也曾期待互联网通过人们彼此的交流促进了解，能够消弭战争，带来和平，但事实是，如今的互联网进一步加重了许多国家的政治极化问题，相关的技术成为国际竞争的利器，并已经应用到具体的战争场景中。

孕育新技术的制度并不能保证新技术的良性运转，而能够对技术弊端加以制约的制度改革又往往存在一定的滞后性，可以说数字技术就是通过在这种制度间隙中抢跑而发展起来的，许多基于新技术的新业态在初期的野蛮生长似乎不可避免，而制度配套这一滞后特性既提供了数字技术创新的空间，也放任了技术催化，导致生成新的社会矛盾。我国政府对本土互联网企业的扶持政策曾是许多本土互联网独角兽企业如今崛起的重要原因，而这种保护政策也导致了尚未"走出去"的互联网企业间的恶性竞争，如今各个 APP 的"数据孤岛"使优质内容难以互相访问，也无法被搜索引擎获取，甚至有声音质疑"中文互联网搜索引擎已死"，这已成为中文互联网长远发展的最大障碍。与数字技术发展相适配的法律制度也尚不健全，针对网络暴力在内的网络犯罪问题、数字知识产权保护问题、个人信息的数据权益保护问题以及互联网的监管制度与机制都未完全理顺。能否让制度改革及时跟紧技术变革，是考验数字技术能否长远发

---

① 赵磊，韩玥. 跨越企业边界的科层控制：网约车平台的劳动力组织与控制研究 [J]. 社会学研究，2021，36（5）：70-90.

展的关键。

五、技术依赖与级联风险

数字技术在迭代中不断向社会治理贡献新场景和新方案的过程，也是数字技术深度嵌入社会系统的过程。在这一过程中，社会需求不断推动数字技术的研发与应用，数字技术本身也在改变社会运转和社会互动的方式。数字技术对社会治理的赋能越大，化解传统社会矛盾能力越强，社会系统对数字技术的依赖程度也会越大，这种依赖并非没有代价，数字技术本身的不确定性可能会引发新的社会风险和矛盾。我们如今已经实实在在地生活在一个现实空间与数字空间交叠的世界中，小到包括就餐、出行等个体消费决策，中到组织中的业务系统，以及个体与个体、个体与组织、组织与组织发生交互关系的各类平台，大到维持一个乃至数个城市系统运转的控制系统。社会经济发展对效率的高度追求使我们必须与数字技术这部"战车"高度绑定，技术依赖已经在事实上存在且程度不断加深，不会以任何个体的意志为转移。新冠疫情防控的"通信大数据行程卡"服务刚刚下线，受到商界和学界热捧的"元宇宙"概念方兴未艾，以 ChatGPT 等为代表的自然语言处理工具（Natural Language Processing，NLP）已落地应用，一个更加智能化的数字系统会将自身触角与更多社会子系统深度绑定，而数字技术由于自身的设计缺陷、安全漏洞、外部攻击等原因出现运转失常，极有可能转化为威胁社会安全的系统性风险，从而构成级联灾害。

不同于传统灾害，级联灾害肇始于某一突发事件，致灾因子与社会脆弱性出现高强度耦合，使灾害影响不断升级扩大。区别于致灾因子叠加而成的复合型灾害，级联灾害具有三个关键特质：一是级联灾害发生于"自然—社会"系统中，单纯的自然灾害难以形成级联效应；二是级联灾害在不同阶段经过放大后会形成等级差别；三是级联灾害体现了不同风险因素之间的互相连接与联系。[①] 级联灾害如同多米诺骨牌倒下后产生的连锁反应，级联灾害经过致灾因子的链式增强，与社会脆弱性加以耦合，产生具有强烈影响的次生灾害。数字依赖的程度越深，数字技术与社会系统的耦合程度就越高。由于级联灾害演化的非线性特点，威胁难以被察觉、预测和快速控制，关键的数字系统一旦出现故障，极有可能连锁触发其他次生灾害。该系统被其他灾害波及，例如，电子系统故障使支撑数字系统的关键设备停止运作，则级联灾害可能会呈网状扩散，

---

①　李智超. 从突发事件到系统风险：城市级联灾害的形成与治理 [J]. 行政论坛，2022，29（6）：94-101.

导致一众城市公共服务功能停摆，进而使灾害像滚雪球一样被指数级放大。要防范数字依赖及其风险，我们必须充分认识与社会运转高度耦合的数字系统可能触发的级联灾害，在充分评估和综合谈判的基础上，进一步提升各子系统关键节点的韧性，降低灾害隐患之间联动放大的风险。

本章小结

数字技术的崛起与演进，无疑已深刻地重塑了我们的社会生活。自计算机的发明，到互联网技术的普及，再至万物互联的大数据时代，数字技术不断地颠覆既有的社会交互模式，促成重大的社会转型。此种变革不仅改变了我们的生活形态，还影响了当代的社会矛盾与治理模式。数字技术确实对社会的发展起到了推动作用，作为治理工具也为政府提供了数字化治理的基础设施，还催生了平台型企业的飞速发展，使之成为社会治理中不可或缺的一部分。此外，网络平台成为社会舆论与公共信息生产与传播的主要阵地，社会信息的生产与再生产、承载与传播已经彻底重塑。数字技术通过其社会作用的广度与深度，已全面介入人类社会的生活中，由此数字技术不再是一种工具或手段，而是深度嵌入当今社会的核心子系统之一。

从人类中心的视角来看，人是万物的尺度，即人类是目的，而技术只是达到目的的工具或手段。数字技术的复杂影响却超越了工具或手段本身，从而引发了很多难以控制的非预期效应。我们必须清醒地认识到数字技术的这种"双刃剑"特征，在享受其带来的便利的同时，更应有效预防和应对它可能引发的负面后果。在这个由人类社会与数字技术交替演化所推动的新时代，人们应重新审视和调整社会组织结构、治理模式以及日常生活，以便更全面和深入地理解并应对时代的挑战与机遇。毫无疑问，我们需要进一步打破产学研的界限与壁垒，通过各界通力合作深化研究和实践，让技术服务于人类社会的进步，确保社会在数字时代健康、和谐与可持续性的发展。

第十一章

多元社会矛盾化解的策略

社会矛盾是十分重大的现实问题，矛盾的化解直接影响社会的运行状态和发展态势。① 多元社会矛盾在发展过程中呈现出新的特征，矛盾发生于经济模式、民生政策、制度结构、文化观念等多个领域，并呈现跨领域、跨行业、跨区域的特征。矛盾发生主体呈多元态势，发生在"公民与法人、非法人团体和组织及其相互之间，甚至是党员、干部与群众之间"②。矛盾主体表达方式多元，包括制度内和制度外的方式。

相应的矛盾化解策略也应顺势变化，呈现多元和整合供给态势。在智能革命背景下，智能技术的加持能够为矛盾多元化解提供全新的化解策略与供给模式。通过整体性与精细化设计，有效整合矛盾化解力量，建设矛盾化解平台，实现对矛盾的前瞻性识别与智慧化解，使矛盾化解在基层，化解在微末。

第一节　多元矛盾化解策略的价值归依

每一法律、制度、活动背后都有价值基础，这种价值是实践者对相关系统的态度表达、践行与反思。价值的追求既是治理活动的目标，也是治理活动的内在规范。在社会矛盾治理中，基于不同的治理价值会产生和选择不同的治理行动。政党性质、国体形式等都要求我国在矛盾化解中遵循以人民为中心的价值，达成依法治理的价值共识，践行维护社会公平正义的价值。这些价值并非孤立作用于治理活动中，而是存在内在统一的逻辑关系。

---

① 吴忠民. 社会矛盾倒逼改革发展的机制分析 [J]. 中国社会科学，2015（5）：4-20.
② 马怀德. 预防化解社会矛盾的治本之策：规范公权力 [J]. 中国法学，2012（2）：45-53.

一、以人民为中心的体现

马克思主义政党与资本主义政党代表的阶级利益有本质区别。中国共产党始终坚持人民主体地位，始终以全心全意为人民服务为根本宗旨，将人民对美好生活的向往作为奋斗目标。① 这就决定了在我国社会矛盾治理中，治理的初心和使命是为了人民，人民是最终的评价者和尺度标准。

"'以人民为中心的发展思想'，是十八大以来以习近平同志为核心的党中央关于发展问题的重要创新性理论成果"②，是在新时代条件下对既有马克思主义理论的发展和面对新需要提出的治理密码，也是中国共产党责任担当的体现。

中国共产党与群众的紧密结合形成了"人民"这一政治实体，形成了整体性力量，获得了革命胜利，③ 我国作为一个社会主义国家，"是全体人民掌握国家权力的共和国"④，人民是决定党和国家前途命运的根本力量。以人民为中心就是强调这一主体的核心地位和作用。中国共产党的根基在人民、力量在人民，只有牢牢把握住"以人民为中心"这个总核心，就一定能够赢得人民胜利，不断把为人民造福的事业向前推进。以人民为中心既是中国共产党的必然也是政党发展的必要。因而，社会矛盾治理必然是以人民为中心的治理，治理的出发点和落脚点是为了人民。

同时，以人民为中心的发展思想继承了民本主义中的重民思想。"人民对美好生活的向往，就是我们的奋斗目标"⑤，以人民为中心的发展思想摒弃了民本主义中的人治，走向法治；对人本主义中的个人利益也进行了超越，强调对人民利益的维护。以人民为中心的发展思想不仅克服了西方发展理念的人的异化和制度短板，而且解决了发展中大国如何实现发展的发展理念问题，给出了中国答案。⑥ 这也就决定了对社会矛盾的治理，本质上是对人民利益的维护，对

---

① 宋月红. 以人民为中心的发展思想贯穿于我国社会主要矛盾转化的重大政治判断中 [J]. 当代中国史研究，2017，24（6）：11-15.

② 姜淑萍. "以人民为中心的发展思想"的深刻内涵和重大意义 [J]. 党的文献，2016（6）：20-26.

③ 汪仕凯，陈沿潮. 由群众到人民：中国共产党领导的历史基础和实践路径 [J]. 江苏社会科学，2021（2）：1-9.

④ 林尚立. 以人民为本位的社会主义国家建设理论：政治学对科学社会主义的发现 [J]. 政治学研究，2014（4）：3-17.

⑤ 习近平. 始终与人民心相印共甘苦：中共中央总书记习近平在十八届中央政治局常委与中外记者见面时讲话 [J]. 人民论坛，2012（33）：6-7.

⑥ 韩喜平. 坚持以人民为中心的发展思想 [J]. 思想理论教育导刊，2016（9）：25-27.

人民需求的不断满足。政府对多元社会矛盾的认识、把握和处理要坚持以人民为中心的价值取向与价值判断。

政府对社会矛盾的研判必须坚持以人民为中心的价值取向。社会矛盾具有普遍性和特殊性，在不同的历史时期有不同的表现形式，社会主要矛盾也存在区别。政府对矛盾的认识既需要准确区分人民内部矛盾，避免矛盾的泛化，也需要认识到矛盾治理的重要性，认识到矛盾背后的人民需要。不同层级政府和治理主体在对矛盾进行研判的过程中，要坚持以人民为中心的价值取向，对什么是社会矛盾做出合理判断。对当前多元社会矛盾进行的研判同样是以人民为中心的判断，不同类型、不同层级的矛盾绝大部分属于人民内部矛盾，矛盾的根源和演化与人民群众生产生活需要密切相关。对社会矛盾做出准确的研判才能制定出准确、适宜的战略规划，满足人民在不同历史时期的需要。对社会矛盾的认识需要以人民为中心，关心人民群众的利益和需要，将人民置于最高地位，在社会主义社会发展的全过程中贯彻人民至上的发展理念。

社会矛盾的治理必须坚持以人民为中心的价值判断。以人民为中心的治理是一种积极治理，在治理工具和手段选择上以人民利益为依照，而非追求或维持一种消极的"不出事"治理，采取控制、压制、妥协、退让、隐瞒与拖延等行动方式。在以人民为中心的价值导向下，治理活动的核心是人民，一方面这意味着治理活动并非完全不允许任何矛盾的存在，而是将矛盾治理视为常态社会治理的一部分；另一方面，矛盾治理中民众不再只是被治理的"对象"，还是参与者和评价者。这可以避免在治理实践中，某一主体为达成绝对稳定状态，动用过多资源对社会矛盾进行压制与掩盖，使矛盾化解为一种积极性的治理。

总而言之，以人民为中心的价值判断，为各级党政机关治理提供了思路指导，使现实中的复杂多元问题处置有了核心依据，在治理创新上不发生偏移。国家在宏观的政治民主发展上、经济高质量发展上、社会民生发展上、文化繁荣上、生态文明建设上能够统筹发展，满足人民对美好生活的需求。

二、依法治理的共识达成

法治，即法律主治，与人治相区别，不是将法作为单一的工具，而是将法的工具理性与价值理性相统一。法治既是矛盾化解的重要策略，也是其他治理行动要遵循的价值之一。在多元矛盾化解的过程中，依法治理要成为治理主体和客体共同遵循的准则。

首先是法治立场的确定，在矛盾化解中树立法治精神，彰显法的价值理性，与"人治"相区别。"人治"是权力的行使没有法律约束，是掌权者个人恣意妄为的专制手段和腐败工具。① 以"人治"为尺度的矛盾治理充满不确定性，必然导致治理失败。"人治"之下，矛盾治理缺乏以法为判断依据的精神，公平与正义成为少部分人的特权话语，极易损害公民的合法权利。"人治"之下，也容易导向"不出事"逻辑的治理极端，即在"人治"环境中，对矛盾化解采取消极不作为、② 行为不当（采取强力压制、金钱维稳、隐瞒与拖延等行动）等方式。③ 这些都将迫使相关方采取更加激烈的体制外手段来谋求公平与正义。

法治立场的确定即要与单纯的"人治"割席，在矛盾化解中树立法治精神，形成"要法治不要人治"的共识。④ 这种法治精神既包括法治的内在核心价值，例如，对人民性的体现、对社会公平正义的维护，也包括人们对法治的正确认知、理性的评价、理性的意识，这种认识不应是公共部门单一性的认识，而应是对社会矛盾有客观认识和民众参与互动所产生的，能够深刻反映社会矛盾特征和民众诉求特征的认识。法治精神的具体内涵是丰富发展的，包括规则治理与良法善治、惩恶扬善与以人为本、公平正义与效率效益等，⑤ 也包括对公民参与的尊重，对公民知情权的积极回应等，满足不同社会背景下民众对矛盾治理所期许的法的正义。

其次是形成依法治理共识的基础，不断完善矛盾治理的规制文本。缺乏完善的文本支撑，法治精神就缺乏落实的依据，法的工具理性也不能得到有效实践。与多元矛盾治理相关的规制众多，包括相关法律法规、预案、管理条例等。国家层面有《中华人民共和国突发事件应对法》《中华人民共和国信访条例》等，省级层面有社会治安综合治理条例等规制，市级层面也有相关矛盾调解办法、矛盾事件处置预案等，以及区、乡镇层面关于多元矛盾化解中心、调解中心等的管理办法等。对这些规制文本的完善，一方面，要根据法治之精神进行制定和修正，及时满足多元矛盾依法治理的需要，对治理活动做到精准赋权，做到有法可依。例如，对一些新业态、新领域发生的劳资冲突等制定相应的规制，对发生于互联网领域的冲突制定相应的管理规定并及时跟进。另一方面，要对非正式制度文本进行引导和规范。非正式制度文本主要是在"大传统"的

---

① 乔伟. 人治与法治的比较研究：论以法治国的重要意义：上 [J]. 山东社会科学，1992 (5)：14-19.

② 贺雪峰，刘岳. 基层治理中的"不出事逻辑" [J]. 学术研究，2010 (6)：32-37.

③ 钟伟军. 地方政府在社会管理中的"不出事"逻辑：一个分析框架 [J]. 浙江社会科学，2011 (9)：36-41.

④ 史焕章. 要法治不要人治 [J]. 法学，1989 (5)：7.

⑤ 江必新. 法治精神的属性、内涵与弘扬 [J]. 法学家，2013 (4)：1-10.

国家法律制度之外，维系中国乡民社会生活的规则制度系统。① "它的构成性规则赋予共同体的每个成员以遵从既存习俗的义务，同时授予每个人相应地使习俗得以遵从的权利。"② 中国公众的社会稳定感知实际上并不取决于传统理论中社会比较维度产生的剥夺感，而更多地取决于时间比较维度上产生的"纵向获得感"。③ 因而矛盾的化解不仅需要注意实质内容的处置，还需要兼顾矛盾事件的历史成因等，充分尊重地方习惯，通过文化教育逐步转变民众观念，使民众遵从矛盾的法治化。对这类文本的完善即将两者整合进同一个框架，使民间规范能够在辅助正式规范治理矛盾的同时，又能处于法治框架下，两者相互平衡与支撑，而非同化。

最后是扩展依法治理共识的范围，形成广泛的法治认同。多元社会矛盾的依法治理并非形成一种以政府为主体的单方面法治行动，而是主体与客体的良性互动和共识。缺乏这种互动和共识，容易陷入法不适用、合法不合情等困境中。一方面，在以政府为核心的治理主体间达成法治共识。各治理主体能够遵循法治之精神制定相关政策，驱动相应的化解机制，并根据法治精神对相关治理技术进行设计。中央、地方、基层各层级就矛盾治理相关法治文本能够达成共识与贯彻，而非陷入"依法抗争"④"以法抗争"⑤ 的窘境，使基层、地方的政府公信力不断折损。另一方面，要在政府与社会等多元主体间达成法治共识。民众也能尊重法治，各方对社会矛盾化解都认同法治的价值。在制度内寻求矛盾的化解之道，对矛盾的化解给予法治认同。共识的达成需要在治理过程中形成稳定的发展文化。自上而下的法制推荐虽然能够在短期达成一种规范，但难以形成长期稳定的秩序，还是要依赖文化的力量。法治文化的培育除需要对相关法律进行宣传教育外，还需要培育规则文化，形成法律至上的精神，使各方都能从法治中获益，自觉维护法治的权威。

三、社会公平正义的维护

人们对社会矛盾治理效果的价值判断是多样的，例如，"利益""效率"

---

① 谢晖. 当代中国的乡民社会、乡规民约及其遭遇 [J]. 东岳论丛，2004 (4)：49-56.

② 米尔恩. 人的权利与人的多样性：人权哲学 [M]. 夏勇，张志铭，译. 北京：中国大百科全书出版社，1995：151.

③ 王浦劬，季程远. 我国经济发展不平衡与社会稳定之间矛盾的化解机制分析：基于人民纵向获得感的诠释 [J]. 政治学研究，2019 (1)：63-76.

④ LI L J, O'BRIEN K J. Villagers and Popular Resistance in Contemporary China [J]. Modern China, 1996, 22 (1)：28-61.

⑤ 于建嵘. 当前农民维权活动的一个解释框架 [J]. 社会学研究，2004 (2)：49-55.

"自由""秩序""公平正义"等。随着治理水平的提升，人们对首要标准的选择已经较为清晰，但"秩序"依旧具有迷惑性。无秩序便无社会公共安全可言，但秩序成为最高价值又容易陷入令人窒息的稳定中。事实上，在任何治理阶段，公平正义都是治理效能评价的核心价值。

社会矛盾与公平正义有非常密切的关系。从源头进行解释，社会矛盾可以说是"受一定社会物质生活条件制约的社会关系、利益关系的矛盾"，而公平正义则是在这种物质生活条件下基本适合生产力发展要求的、达到一定平衡的从而能为大多数人认同为公平、正义的利益关系。① 从治理环境进行分析，公平正义是人类社会发展的重要目标，更是社会主义的本质要求。② 在中国治理语境下，无论是推动社会治理现代化，还是落实以人民为中心的治理理念，这都要求在矛盾治理中要时时刻刻体现社会公平正义，维护社会公平正义。从作用关系上看，我国当今的诸多矛盾实际上是因违背公平正义而引起甚至激化的。拆迁冲突、劳资冲突、新业态就业冲突等都与社会公平正义相关，只是在不同时期表现形式和发生领域不同。在当前治理背景下，经济模式的转变、文化观念的变迁等都使原有的社会结构、社会关系、社会财富分配发生变化，不公平、不正义的秩序安排或事件的发生直接引发了多元矛盾，并通过数字媒体放大这种不公平、不正义，从而进一步激化矛盾，因而矛盾的治理必然要求实现或维护社会公平正义，从源头上满足治理需求，实现更高水平的治理。

社会公平正义的维护要融入矛盾治理的全过程。公平与正义可以拆分理解，也可以视为一体，柏拉图和亚里士多德等先贤都将公平等同正义，"正义即是某种事物的'平等'观念"③。正义是人类社会发展至今最为普遍和最为崇高的价值。④ 罗尔斯（John Bordley Rawls）在《正义论》中对正义的两个原则进行了解释，第一原则（自由原则）规定了每个人最基本的自由是相互平等的，第二原则（差别原则与机会公平原则）允许了社会和经济的不平等存在，但需吻合每个人的利益，社会基本结构要能够提供平等公正的机会。⑤ 参考罗尔斯的正义原则，社会公正正义的价值理念要融入矛盾治理的全过程。

---

① 孙国华，方林. 公平正义是化解社会矛盾的根本原则 [J]. 法学杂志，2012，33（3）：51-58.
② 何建华. 公平正义：社会主义的核心价值观 [J]. 中央社会主义学院学报，2007（3）：64-68.
③ 亚里士多德. 政治学 [M]. 吴寿彭，译. 北京：商务印书馆，1965：148.
④ 王韶婧. 正义价值再思考 [J]. 东岳论丛，2009，30（7）：152-155.
⑤ 罗尔斯. 正义论 [M]. 何包钢，何怀宏，廖申白，译. 北京：中国社会科学出版社，1988：47.

在矛盾治理中，无论是制度设计还是工具使用都应具有一般性和普遍性。一般性强调的是治理活动能被所有民众理解，无论是诉讼、上访、救济等都应是低门槛的，不应在矛盾化解流程或技术上设置门槛，即使存在知识或技术上的门槛也应通过救济帮助弱势群体平等获取。普遍性指的是矛盾治理不能排斥特定群体，不能使矛盾治理活动服务于个人或单个部门，谋求私利，而应秉承公平正义，以人民为对象，提供普遍性的矛盾化解服务。

矛盾治理的发展方向应该符合平等正义价值，在设计上不能倾向恶，例如，单纯对制度外的抗争行为进行严厉打击、滥用"寻衅滋事罪"等。特别是在智能技术高速发展与技术治理背景下，引入矛盾治理领域的技术应有更加严苛的平等正义要求。

第二节　多元矛盾化解策略的力量基础

多元矛盾化解的对立面是矛盾在社会秩序中失控，矛盾被激化扩散，产生群体间的冲突行为，例如，"纠纷金字塔""纠纷宝塔""纠纷漏斗模型"等模型解释中的矛盾成为可能的暴力事件。[①] 多元矛盾的化解要避免形成个体或群体间冲突，需要对治理力量进行整合，发挥相互协调的作用，[②] 形成有效的治理基础。

一、政府力量的协调与整合

多元矛盾化解的核心力量源于政府公共部门的推动，政府力量的碎片化不仅使政府内部未能形成统一，无法形成和驱动化解策略，出现互相推诿、治理效率低下的问题，还会在治理过程中产生新的矛盾或放大矛盾。政府力量的协调与整合包括纵向和横向两个层面。

（一）纵向政府间的协调与整合

纵向政府间协调整合与国家结构形式和国家政治与法律制度相关。我国作为一个中央集权国家，在社会矛盾治理中，中央政府与地方政府拥有共同的治理目标——维护社会稳定，但各自注意力侧重不同，对待不同社会矛盾的态度

---

① 郭星华，曲麒翰. 纠纷金字塔的漏斗化：暴力犯罪问题的一个法社会学分析框架［J］. 广西民族大学学报（哲学社会科学版），2011，33（4）：67-72.

② 朱力. 中国社会矛盾70年演变与化解［J］. 学海，2019（6）：22-29.

也不相同，在相应条件下就需要中央和地方协调达成一致，避免纵向府际间矛盾。纵向上，我国在社会矛盾治理实践中大致拥有命令控制、互动博弈、政治动员①三种不同的协调方式。命令控制式，即自上而下，政府按照法律、规章制度、标准直接驱动下级完成矛盾的化解。例如，"丰县生育八孩女子"事件的处理从县到市再到省。这类协调具有强制性，甚至是"一票否决"。② 互动博弈式，即层级政府之间达成一个相对均衡的默契，既保证社会整体稳定，又不损害地方经济发展。这种协调能够保护地方政府经济发展的积极性，但又对社会矛盾治理形成一定的压力。这种协调虽然在一定程度上弥补了命令控制的缺点，使层级之间协调更加灵活，但过度的放权与对经济的追求使地方保护主义盛行，大量社会矛盾被累积。政治动员式，即通过意识形态来驱动治理，是我国特有的一种协调方式，通过自上而下的驱动，使各层级都能聚焦于治理任务。政治动员式的协调政治性较强，能够聚合整个科层组织，形成广泛的合力，能够快速有效解决顽疾，应对非常态下的治理任务，成本较高。

层级整合是在上下级之间构建完善的治理框架，使治理在纵向上保持一致。包括上级部门内部的整合与下级之间进行有效的整合，形成的治理结构能够确保矛盾与相关治理活动畅通无缝隙。具体而言，通过整体性治理确定合理的权责机制，使矛盾在上下级之间不盲目上交，也不过度下推，层级之间建立整合关系；利用信息系统构建无缝隙的结构网络，特别是通过信息技术整合上级对下级的任务与治理需求，使下级部门能够从多头管理中抽离出来，与上级形成良好的整合关系。

（二）横向部门间的协调与整合

在多元矛盾治理中，横向上的协调主要是层级政府各部门间的协调，以及横向地方政府间的协调。多元矛盾的化解是单一部门全责治理难以实现的，需要多部门的协调与整合式治理。同一层级的政府部门协调同样具有三种不同的方式。第一种是垂直式部门间协调。垂直式协调是指将政府组成人员以及政府部门分成地位、权能高低互不相同的各种类型，即将政府部门等级化，从体制上保证政府机构之间的从属关系，从而使其在行政行为中形成以等级化为纽带

---

① 余敏江. 生态治理中的中央与地方府际间协调：一个分析框架 [J]. 经济社会体制比较，2011（2）：148-156.

② 尚虎平，李逸舒. 我国地方政府 "一票否决" 式绩效评价的泛滥与治理：基于356个案例的后实证主义无干涉研究 [J]. 四川大学学报（哲学社会科学版），2011（4）：113-123.

的良好的协作关系。① 这种协调遵循科层制安排和严格的规制与约定,灵活性较低,但部门间协调效率较高。第二种是水平式部门间协调。水平协调下各部门边界清晰,但相互之间制定协议,成立如专门委员会、联席会议等组织机构,指定某个机构主责协调,并根据需要制定相应原则和程序,使相关主体都能平等对话。② 这种协调下的各部门地位平等,围绕矛盾治理展开协调。第三种是"垂直—水平"式部门间协调。在上级部门驱动下,各部门形成平等的协商式关系,在协调过程中既保证效率又具有相当灵活性。

部门间整合实现横向的整体性治理结构,确保矛盾及其治理不出现漏洞或空白。甲乙两个主体分开意味着两个单位存在政治距离,甲对乙的影响控制就需要事件、技巧和技术,相反两个单位的整合即意味着这些界限和门槛的消失。③ 在矛盾治理中,这种部门间的整合能够在一定程度上消除部门利益阻隔和部门利益矛盾,使矛盾治理责任不被互相推托,降低运行成本,提升组织效率与组织能力,发挥整合力量。在矛盾治理中,部门间整合并非一定要将职能部门整合为同一部门,而在于部门相互之间达成理念共识,能够进行无缝隙的共同行动,发挥公共部门整合优势。在信息技术的支持下,部门间的整合同样达到一个新的高度。

二、自治组织的完善与强化

自治,在国外可以追溯至古希腊和古罗马的城邦自治,④ 中世纪的城市自治,⑤ 日本的乡町自治⑥。我国古代同样有悠久的基层自治传统,郡县制设立以来,皇权只到县,县以下就是"乡绅自治"⑦。本书提及的自治,特指新中国成立后,以村民自治制度为核心的自治,并非广义上的自治或西方语境中的自治。

我国基层自治制度产生的目的之一是维护基层社会稳定,对社会矛盾化解、

---

① 李积万. 我国政府部门间协调机制的探讨 [J]. 汕头大学学报（人文社会科学版）, 2008, 24（6）: 62-66.

② 张紧跟. 当代中国地方政府间横向关系协调研究 [M]. 北京: 中国社会科学出版社, 2006: 9.

③ 陈明明. 在革命与现代化之间: 关于党治国家的一个观察与讨论 [M]. 复旦大学出版社, 2015: 57.

④ 摩尔根. 古代社会: 上册 [M]. 杨志莼, 马雍, 马巨, 译. 北京: 商务印书馆, 1977: 316.

⑤ 基佐. 法国文明史（第四卷）: 自罗马帝国败落起 [M]. 沅芷, 伊信, 译. 北京: 商务印书馆, 1998: 296.

⑥ 托克维尔. 论美国的民主: 上册 [M]. 董果良, 译. 北京: 商务印书馆, 1998: 74-76.

⑦ 温铁军. 中国农村基本经济制度研究 [M]. 北京: 中国经济出版社, 2000: 41.

基层民主政治建设等发挥着重要作用。在发展过程中，自治组织的不善或虚弱导致其不仅难以承接矛盾化解的任务，还制造或激化了社会矛盾，矛盾化解在基层、最末端难以达成。

矛盾化解中自治组织的问题主要突出表现在三方面。一是高度行政化下虚弱的自治组织，缺乏自治属性的矛盾化解组织。治理中政府处于强势地位，承担矛盾治理的无限责任，自治组织的自治属性淡化，沦为基层政府的附属。① 自治组织在矛盾化解中难以凸显自治属性，更多是被民众视为政府的代表，难以发挥熟人社会调解等特殊作用。二是脱离民众异化的自治组织，"自治"长时间被少数人把持，自治中的选举、协商等内容流于形式，② 出现"寡头治理"与"精英俘获"现象，③ 由此直接衍生出诸多社会矛盾，更难以实现化解任务。三是自组织力量虚弱下的空虚自治，缺乏矛盾化解力量。基层缺乏基本的人力物力维持，国家力量与社会力量在基层都呈现真空，基层的社会矛盾无法得到及时有效化解。最为显著的是部分农村地区开始出现"空心化"。④

自治组织的完善与强化，首先是强化基层党组织建设，发挥组织优势，牵引自治组织发展。上下级党组织之间紧密联系，直接指导和影响村居基层党组织，从而推动基层村居委员会组织结构的完善。党组织和党员高度强调"党性"，⑤ 是一种内生性的原则与约束，也是一种自觉的表现，通过党的教育提升基层自治组织人员的政治素质，从源头上减少自治组织与民众之间的矛盾冲突，并推动基层自治组织积极参与矛盾化解。这种思想与行动的自觉是中国治理语境下最大的优势，也是快速提升矛盾化解自治力量的重要路径。

其次是从制度与结构上发展自治组织，明确组织矛盾化解的权责。一方面，需要完善自治组织相关规制，制定和完善自治力量参与矛盾化解的各类正式制度与非正式制度，促使两类规范能够达成法治共识，使自治态势与矛盾化解的

---

① 荣敬本，高新军，杨雪冬，等. 从压力型体制向民主合作体制的转变：县乡两级政治体制改革 [M]. 北京：中央编译出版社，1998：28.

② LI L J. Distrust in Government Leaders, Demand for Leadership Change and Preference for Popular Election in Rural China [J]. Political Behavior, 2011, 33 (2)：291-311.

③ 朱冬亮，洪利华. "寡头"还是"乡贤"：返乡精英村治参与反思 [J]. 厦门大学学报（哲学社会科学版），2020 (3)：49-57.

④ 徐勇. 挣脱土地束缚之后的乡村困境及应对：农村人口流动与乡村治理的一项相关性性分析 [J]. 华中师范大学学报（人文社会科学版），2000 (2)：5-11.

⑤ 陈力丹. 党性和人民性的提出、争论和归结：习近平重新并提"党性"和"人民性"的思想溯源与现实意义 [J]. 安徽大学学报（哲学社会科学版），2016, 40 (6)：71-88.

专业性力量得以凸显。另一方面，需要理顺自治组织与其他治理主体间的关系，特别是与政府间的关系，充分发挥政府助长和能促作用，① 对自治组织进行有效的指导与培育，形成自组织能力，避免自治组织成为基层政府的附庸，通过正式与非正式途径确定自治组织对矛盾化解的权责，使矛盾不上交成为一种典范，避免政府陷入矛盾治理的无限责任中。同时，国家需要充分发挥国家力量对基层社会进行有效控制，避免矛盾滋生、酝酿于基层社会。

最后是通过多种手段提升和强化自治组织人员矛盾化解的能力。在村居两委选举中，人们要侧重选举具有一定矛盾化解工作能力的成员，充分吸纳优秀成员，② 使自治组织拥有矛盾化解的核心骨干，在关键时刻能够"说得上话"。同时，国家定期对自治组织人员进行培训，使其掌握相关的政策法规，了解矛盾演化的基本机理、基层矛盾的基本特点，以及相应的矛盾调解方法等内容。政府加强对其他社会力量的引入，通过其他力量的带动提升自治主体矛盾化解的能力。

三、社会组织的培育和发展

社会组织作为一种实现民众意愿、保护民众权益、由民众自发组成的非营利性团体，可以有效弥补"政府失灵"的不足，在社会矛盾化解的过程中，有各级政府不可替代的积极作用。③ 截至 2021 年年初，全国民政部门共登记注册社会组织超过 90 万个。④ 司法部相关负责人指出，截至 2023 年，全国共有人民调解员 317.6 万人，其中专职调解员 41.2 万人；各地建立个人调解工作室 1.7 万个。⑤ 在多元矛盾化解中，社会组织可以发挥良好的缓冲作用，并从第三方的角度为矛盾主体提供专业性意见，提升矛盾治理效率。更为重要的是，社会组织参与的过程也是对协商文化的促进，从根源上促进社会的和谐进步。

在多元矛盾化解中发挥作用的社会组织可以定义为平安类社会组织。浙江等地将参与基层社会治理的社会组织分为四类：自治类、平安类、服务类、文体类。平安类社会组织的主要作用是积极预防化解物业纠纷、农村土地承包经

---

① 郁建兴，任杰. 中国基层社会治理中的自治、法治与德治 [J]. 学术月刊，2018，50 (12)：64-74.

② 孙雪. 新时代新乡贤化解农村矛盾和风险的机理、经验与提升：以重庆市永川区新乡贤为例 [J]. 重庆行政，2019，20 (3)：42-43.

③ 范铁中. 社会组织参与社会矛盾化解的作用探析 [J]. 青海社会科学，2013 (1)：28-31.

④ 中国现已登记社会组织超过 90 万个 [EB/OL]. 新华网，2021-02-09.

⑤ 我国基本形成覆盖城乡和重点领域的调解组织网络 [EB/OL]. 新华网，2023-10-07.

营纠纷、家庭纠纷、邻里纠纷等矛盾纠纷，参与群防群治、社区矫正、社区戒毒、刑满释放人员帮扶、防灾减灾、精神障碍社区康复等工作，助力平安社区建设。与自治力量相比，平安类社会组织的专业性更强，且不受村居区划限制，一个组织能够辐射较大区域。

社会组织在多元矛盾化解中发挥重要作用，但需要清楚认识的是，在我国治理环境中，社会组织并非普遍存在，组织自身发展和治理环境都影响这一力量的参与质量。首先，从制度分析社会矛盾，特别是对一些较为敏感的劳资冲突、拆迁冲突等，社会组织介入的边界和功能发挥备受关注，不同地区的规制不尽相同，对可能挑战现有基层治理秩序的社会组织会设置隐形的"进入壁垒"。① 那些被境外反华势力控制的社会组织，在矛盾化解中不仅不能发挥应有的作用，反而助推了矛盾冲突激化，例如，"番禺打工族文书处理服务部"。可以说，社会组织参与矛盾化解有一定门槛，要发挥其有效作用需要与科层力量等相互配合。国家想要实现多元矛盾的风险阶段化解，更是需要社会组织与基层科层力量相互协调。其次，从社会组织生存发展的环境分析，社会组织的生产发展需要相应的文化，② 包括公益文化、政治文化，以及相应的组织文化，即能够将这种意愿组织起来。这些文化与大文化相关，也与社会经济发展相关，且这种文化并非一蹴而就。最后，从社会资源分析，社会组织的存续需要稳定的资源支撑，这与文化和相关政策有关。社会组织单纯依赖社会自生自发难度较大，或是需要较长时间。多元矛盾化解所需的各类专业社会组织并非普遍存在，社会组织生存所需的资源与文化也非一蹴而就。

在多元矛盾化解中，社会组织有不可替代的作用，面对这一现实需要，无论是从规范平安类社会组织发展角度出发，还是从发展平安类社会组织角度出发，这都需要公共部门更加积极地参与组织培育与发展。

一是主动发掘与引入，直接吸纳相关社会组织参与。有关部门对当地现有且已经积累一定社会口碑的平安类社会组织、小微组织、善于调解的个人等进行发掘，将其纳入多元矛盾化解治理体系中，成为治理力量之一，甚至是引入在社会层面具有广泛影响力的组织或个人，通过工作站等形式建立合作。一方面，这可以使当地快速拥有一支专业性的矛盾化解力量；另一方面，这种吸纳和引进也是对社会组织的发育和鼓励。组织能够进一步扩大规模与影响力，有

---

① 黄晓春. 当代中国社会组织的制度环境与发展 [J]. 中国社会科学, 2015 (9): 146-164.

② 石国亮. 中国社会组织成长困境分析及启示：基于文化、资源与制度的视角 [J]. 社会科学研究, 2011 (5): 64-69.

利于组织自我价值的实现。

这种主动引入体现出公共部门将社会组织视为公共服务的辅助手段，甚至可以说是一种"制度筛选"，避免了相关壁垒和准入的困境。同时，这个引入过程本身也是政社关系的互动和促进，在多元矛盾化解中能够便于力量的协调和整合。

二是地方基层公共部门对多元矛盾治理中急需的社会组织（如心理咨询、法律咨询方面），进行直接孵化培育。不同地区社会组织发展程度不同，并非每一地区都拥有治理多元矛盾所需的各类社会组织，在供需不平衡中还是需要公共部门积极作为，通过制度、政策等多重手段直接孵化培育相关社会组织。借鉴安徽、浙江等地的经验，这种扶持应分两个阶段。第一阶段是由公共部门全面介入，由公安、应急等部门点对点扶持，部门领导人兼任社会组织党支部书记等职务，给予制度、资金、活动资源等全方位的支援；第二阶段是通过多种手段鼓励引导社会力量参与，使组织拥有稳定的活动场所、活动内容、活动经费等，对点单位逐渐淡出，凸显组织的社会属性，但依旧保持良好关系和密切联系。

在调研中可以较为直观地发现，这些社会力量与科层组织在人员、活动之间有紧密联系，但这类联系更多被视为一种"帮扶"而非"依附"。与社会组织联系众多的科层部门也在一定程度上避免了对某一部门的过度依赖。

三是采取更为完善的保障激励措施，保障社会力量稳定参与。在中国语境中，社会组织参与矛盾化解并非要与政府等公共部门形成"二元对立"，这既不符合中国制度环境，也不符合治理环境，而是要形成多元主体的协调与互动。社会组织参与矛盾的化解需要相应的政策支持，使组织在社会声誉和经费来源上都有所保障，例如，成立社会组织平安基金会，由政府、企业等共同出资，并制定相应的规章制度与考核激励政策，对社会组织参与矛盾化解给予多方位的支持。S 地针对矛盾调解制定了详细的奖励办法：简易矛盾纠纷调解奖励 80元，一般纠纷 150 元，疑难纠纷 300 元，重大纠纷 1500 元，一般疑难信访积案调处成功每件奖励 5000 元，特别疑难信访积案调处成功奖励 8000 元等。

四是以地方文化为依托，强化社会组织力量。国家根据不同地区民众的文化习俗构建不同的调解方式，例如，以"茶""书法"等具有传承性与标志性的产品为载体，鼓励和引导民众在社区（村）组建大量微小团队协助社会矛盾治理。这种建设不仅成本低，还能建立与民众直接联系的社会组织，充分发挥文化的力量，从根源上构建和谐文化。

四、市场力量的引入与规范

在多元矛盾化解中，市场力量的引入主要是指由公共部门购买相关服务，由市场力量对相关矛盾进行专业性化解，或是为公共部门提供专业性的意见建议等。国家在矛盾化解中引入市场力量可以进一步充实治理主体的力量，增加专业性力量，以相对较低的成本实现矛盾有效化解，提升矛盾化解服务的质量，在政社之间构建缓冲地带。

市场力量的引入最直接的方式是政府购买。政府通过公开招标、定向委托、邀标等形式将原本由自身承担的公共服务转交给社会组织、企事业单位履行，来提高公共服务供给的质量和财政资金的使用效率，改善社会治理结构，满足公众的多元化、个性化需求。① 这里主要是指向企业等市场力量的购买。

在当前社会矛盾治理中，国家对市场力量的引入包括以下三方面。一是直接购买矛盾化解服务，将特定矛盾化解工作打包给相关企业，例如，各地政府采购中的"购买解决矛盾纠纷调解工作人员服务项目"。医患调解中的"南京模式"是一种典型的服务购买，由营利性中介机构负责调解。二是舆情监测服务，由专业公司7×24小时不间断全网监测，对涉及特定主体的舆情进行分析，并提供相应的舆情应对服务。随着技术的进步，舆情监测内容越来越丰富，不仅包括文字、声音、图像等，还提供智能一体化舆情管控方案。三是咨询服务，以律师事务所、智库等专业机构为相关主体提供法律等方面的咨询服务。这种服务直接受益对象可能是公共部门，也可能是治理共同体中的社会组织、自治组织等。

关于市场力量，一方面需要持更加开放的态度，充分利用市场力量，使该项服务能够以较为合理的成本持续存在，避免陷入高昂维稳的困境中。另一方面，需要对市场力量进行规范，重视该项服务的特殊性，避免因市场力量的不当作为导致矛盾的激化。

关于市场力量的引入与规范，一是要完善购买与管理制度，激发市场活力，不断优化政府与市场在矛盾化解领域的合作网络。明确市场引入的场域，对矛盾进行分类分级，较为敏感和涉及经济利益较大数额的矛盾纠纷则不应交由市场力量单独化解，明确市场力量进入的领域和共同行动的界限，避免矛盾化解的主体错位。进一步细化管理制度，确保矛盾化解机制的合法合理，例如，简

---

① 徐家良，赵挺. 政府购买公共服务的现实困境与路径创新：上海的实践 [J]. 中国行政管理，2013（8）：26-30.

单将调解率与绩效挂钩，盲目调解，通过多种手段迫使当事人暂时同意调解，但事后调解履行率低，造成矛盾累积，或是人为创造"矛盾"业绩，各方串通，使矛盾调解成为牟利的工具。二是创新够买形式，根据矛盾特征和地区特点与相关单位进行合作，推出"定制购买"等精准化的服务。①

第三节　多元矛盾化解的智能平台建设

随着智能技术的发展与数字政府、智慧城市建设的推进，通过技术实现多元矛盾的智慧治理已经成为一种新趋势。例如，合肥包河区的"大共治"模式、绍兴柯桥的"四平台"模式都是通过技术的整合和应用，为矛盾治理提供智能平台，极大助力了社会治理与社会矛盾化解。多元矛盾化解策略智能平台是通过技术构建一个治理平台，推进数据、系统、终端、技术融合，协调整合各方力量，使多元矛盾的风险感知、化解处置等实现跨层级、跨时空的智慧治理。

一、智能平台基本样态

当前，多元矛盾化解策略智能平台的实践与研究大多与社会治理相结合，将其作为一个模块进行开发与应用，但其核心功能是实现移动化办公、透明化调解处置、智能化辅助研判、可视化监测预警等。概括而言，其主要包括三个模块：基础层、运算层、服务层。

（一）基础层

平台基础层指的是通过硬件与软件建设完成对信息的收集，为其他治理活动搭建基本的渠道、提供数字化的治理工具等，其主要包含三方面的内容。

一是基础设备，包括用于支持整个系统运行和运算的计算机，用于存储数据的存储设备，保障系统的安全设备，各类视频音频、人流量等传感设备，各类网络接入设备等。

二是数据库，包括与多元矛盾直接相关的专项数据库，以及职能部门的基础数据库。完备的基础层建设能够实现跨部门、跨层次的数据对接，为运算层提供基础。一方面，可以通过将辖区内地理信息（辖区面积、镇街、村居、网格、小区、楼栋、房屋）、物信息（市容环境设施、园林绿化设施、公用设施、

---

①　张佰瑞. 定制式购买社会服务 多元化化解信访矛盾：以北京市"三师一员"助访新模式为例 [J]. 上海城市管理，2016，25（6）：76-81.

交通设施等)、人口信息（居民信息、重点服务人员信息、特殊人员信息）、企业信息（物业）等信息集成起来，形成基本数据库。另一方面，通过主动发现和被动发现两种方式实现对各类问题信息的搜集，形成事件数据库。被动层面将市长热线、数字城管、公安流转等信息整合进共治平台，接入辖区内各问题数据，实现"一口受理"。主动层面通过网格力量实现对矛盾的搜集与上报。

三是显示设备，包括指挥大屏、移动终端和 PC 客户端。前者便于指挥中心处理分化各类矛盾，后者便于各治理主体与民众访问治理平台，为获取矛盾化解服务和多元主体展开共同行动。

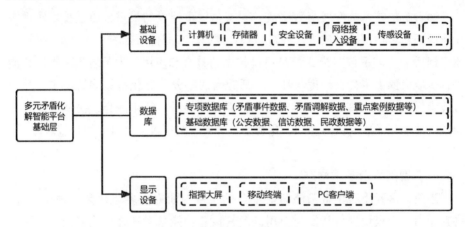

图 11-1　多元矛盾智慧化解的基础层结构

当前从建设的大环境而言，基础层还应包括基本的办公场所和人员配备。在治理实践中，各智能平台的建设有两种模式：一种是通过组织协调整合，聚集公安、城管、信访等各部门进驻平台中心，对场地有一定的要求；另一种是通过平台从技术层面链接各主体，对平台场地要求并不高。

智能平台基础端建设越完善，治理中矛盾监测预警、矛盾调解处置指挥等功能就越强大。结合调研研究，多元矛盾化解策略智能平台的建设，最理想的是能够与社会治理平台建设同步。这样既可以节省一大笔建设费用，减轻基层负担，又可以自上而下形成统一标准，使更高层级、更大区划的矛盾治理能够在数据上互相接入，为更大范围的矛盾数据汇聚和应用提供治理条件。在当前数字治理中，矛盾治理等治理活动都涉及层级间、地区间数据权利冲突问题，要实现平台统一建设还需要不断探索新路径和新模式。

（二）运算层

在传统社会矛盾治理中，各类矛盾相关信息只能进行简单的统计分析，并不能实现对数据的智能研判和开发，但智能技术的进入使与矛盾治理相关的信息能够通过整合形成大数据，并通过运算实现更多的功能。

运算层主要包括三方面内容。一是对矛盾治理的实时监测。利用固定信息渠道收集矛盾信息数据，利用软件在互联网抓取矛盾风险信息，及时获取舆情预警信息。汇聚整合并动态更新全区范围内"人、地、事、物、组织"等基础信息，并根据计算模型对信息进行关联，实时监测全区城市管理和社会治理的运行状态。设置各类数据监测指标体系，对业务流程中每个环节进行实时监管，通过综合评价系统、监督指挥系统，全面掌握全地区各部门履职情况与工作成效。

二是根据各类数据库形成矛盾化解的预案与政策备选方案。数据库的内容包括矛盾源信息、政策信息、治理过程信息、环境基本信息等，数据库的范围十分广泛，政治、经济、文化、社会、生态等不同领域的矛盾信息都能集中呈现，对这些信息的运算能够为矛盾化解提供各种预案和方案，并且通过运算为矛盾治理政策的制定提供备选方案。

三是对数据的加工处理，对数据进行分析和解释。海量数据并不能直接产生价值，相反容易产生噪声，数据的价值源于数据分析。① 通过大数据技术对海量多样的数据进行实时处理，② 并且根据社会矛盾治理的需要对数据结果进行解释，利用大数据存储和处理海量信息，为寻找社会矛盾产生的规律提供数据支持。

（三）服务层

服务层即业务应用，是对平台功能面向治理主体和民众的直接呈现，具体包括三方面内容。

一是为矛盾闭环处置提供平台。通过技术设计，在平台上形成矛盾发现、受理、派遣、处置、核查、结案、考核和评价的标准化工作流程，实时感知每个环节处置情况，并根据矛盾类型、矛盾等级、矛盾演化情况事实变化，提供化解操作的一体化平台。

二是为矛盾化解处置提供指挥协同平台。依托大共治数据信息库和相关系统，对重点事项以及突发性事件进行智能化研判分析，形成相应的应急预案，

---

① 孟小峰，慈祥. 大数据管理：概念、技术与挑战 [J]. 计算机研究与发展，2013，50（1）：146-169.

② 高奇琦，陈建林. 大数据公共治理：思维、构成与操作化 [J]. 人文杂志，2016（6）：103-111.

对预案的响应条件、响应流程、所需应急人员、所需应急物资进行匹配，并将指令迅速下达到相关责任部门和处置人员，为调查取证、现场处置、实时反馈提供技术支持，实现统一指挥调度，并全程监控事件的处理过程。

三是矛盾化解的精细化应用。推送相关市场主体在城市管理和社会治理领域的履责信息，理清区街执法管理边界等问题。对案件投诉高发类型事件、群众不满意案件、案件投诉高发地区、群众重复投诉案件等信息进行整合，为相关治理主体介入管理提供预警信息。

二、平台运作基本逻辑

平台运作的基本逻辑是平台运行的整体机制，也是平台在技术设计上的依照。多元矛盾化解按照一定的平台运作程序实现全过程治理，避免矛盾被忽视或持续得不到有效的化解。根据多元矛盾的演化机制，可设置矛盾表达与识别、矛盾研判与预警、矛盾分拨与处置、矛盾评估与终结的全过程运作逻辑。这套逻辑深嵌在智能平台运行机制中，规范和驱动矛盾化解的全过程行动。

图 11-2 多元矛盾智慧化解的基本逻辑

（一）多元矛盾的表达与识别

多元矛盾的表达与识别指的是通过平台收集域内相关信息，准确识别出矛盾，形成初始驱动信号。与传统治理方式不同，智能平台能够收集的矛盾信息更加准确全面，且具有智能化特征，使治理主体，特别是基层从繁杂的事件上报中摆脱出来。平台提供的矛盾表达渠道是多样且简单的，能够降低相关主体获取表达渠道的门槛，通过技术帮助治理主体与客体解决治理中的繁杂程序。

首先，按表达的信息内容划分，包括基础信息和矛盾信息两方面的内容。基础信息指的是域内与矛盾治理相关的基础信息，包括人口及其特征、地域信息、地方风俗、宗教信仰、各类组织情况等，建立人口、小区、房屋、法人、城市部件等主题库，并将各类基础数据定位上图，形成全量信息"一张图"。这些信息主要通过共享、采集等多种方式进行收集，形成基本数据库，为矛盾的精准识别和研判提供支撑。值得注意的是，这些信息的收集并不容易，涉及众多部门利益与公众隐私，更多的是依赖社会治理智慧化共同推进，且通过技术完善技术，通过制度规范技术，形成稳妥的信息库。

矛盾信息则是经济、民生、文化、制度、技术等领域的具体事件，包括政策制定中的矛盾风险，也包括具体实践中的利益冲突，以及各领域中具体表征的矛盾纠纷。这些信息可以是被直接观测的，由明确的时间、地点、人物组成的信息，也可能是较为宏观与中观的态势、话语等。通过技术的感知、收集、计算等，能够将这些信息内容具体呈现出来。

其次，按表达的方式方法划分，包括主动表达与被动表达两方面。主动表达指的是矛盾相关主体主动通过平台进行反馈的信息，是常态化的表达方式。这种表达一般较为缓和，矛盾处于制度化渠道内。智能平台的建设为各主体提供充分且便捷的表达渠道，使表达被允许和鼓励，治理主体与客体间达成良性互动。智能平台越完善，所汇聚和供给的渠道越多，多元矛盾能够以多样形式表达，整个系统也就能得到充足的信息数据。在当前治理实践中，平台整合12345政府服务、数字城管、综治信访维稳等平台以及各类热线电话等，同时将公安非警务、领导信箱等端口接入，实现对域内矛盾信息的"多个入口汇聚，一窗口受理"。将域内和域外相关的矛盾信息统一纳入平台中，无论主体采用何种方式表达，矛盾都能被及时感知识别，相应的主体也能通过多元渠道进行表达，避免了矛盾在表达阶段的梗阻与压制，不至于被迫采用"忍一忍"等消极的方式对待矛盾。[①]

被动表达指的是平台通过智能工具或汇聚信息搜寻矛盾信息，识别矛盾，例如，通过整合网络巡查、视频监控巡查、网格员采集信息、领导交办信息、人大代表与相关专家等关切的信息等，发掘与识别域内存在的各类矛盾。这些信息可能是社会结构性矛盾、累积的矛盾、被各方忽视和隐藏的矛盾、相关主体可能采取制度外抗争行为的矛盾、复杂且长期存在的矛盾，甚至是已经演化的矛盾冲突。这些矛盾往往朝向两个极端，与常态社会问题一样，并不会对社会秩序产生扰动，也不会导致极端的暴力性抗争行为。智能平台对被动式的矛盾表达与识别具有优势，能够通过平台的整合与数据的运算精准识别出矛盾。这类纷繁复杂且高消耗资源的工作如果仅依赖人力，成本无疑是高昂的。智能平台的建设，对被动表达矛盾的识别能够使整个治理工作前移，为矛盾的早发现、早化解提供条件。

主动与被动表达的矛盾信息都需要及时输入平台，在平台实现流转，使相

---

① 储卉娟. 暴力的弱者：对传统纠纷解决研究的补充——基于东北某市监狱的实证研究 [J]. 学术研究，2010（2）：60-69.

关信息能够实时共享，实现平台化处置。当前，平台建设的重点工作在于实现数据的大集成，解决相关信息来源不够的问题，解决信息陈旧、只进不出的问题，解决传统依靠人力进行数据清洗的低效率识别问题。

(二) 多元矛盾的研判与预警

对多元矛盾的研判可以是多维度的，例如，经验研判、专家研判（风险评估）、智慧研判，也包括理论研判、历史研判、现实研判等，① 智能平台对多元矛盾的研判是以智能平台为载体的综合研判，综合了理论逻辑、案例数据，矛盾识别阶段的基础信息，综合了经验研判、专家研判、智慧研判等手段。研判得出的结果决定是否发出预警或提供预警经验，这种建议以平台进行发送，突破时间、距离和行政层级的限制，能够达成一种整体预警的效果。

多元矛盾的研判与预警是根据智能平台收集的信息进行运算的，得出当前区域内整体矛盾态势和特征，精准识别主要矛盾、次要矛盾、焦点矛盾、舆论态势等，并通过平台对矛盾及其相关主体进行画像，对矛盾的时空、属性、规模、烈度等进行预测，形成直观的图像、声音等，为相关主体提供直观的感知。

多元矛盾的研判与预警，一是通过智能平台实现全域矛盾风险研判与预警。通过硬件与软件的建设，广泛收集各类矛盾信息，对域内矛盾风险进行智能研判与预警。矛盾信息数据的收集是技术研判的基础，对海量数据的收集和研判与传统依赖人的经验研判存在极大的区别。在传统矛盾治理中，由于矛盾及其形态复杂，人（领导、专家）的研判效果有限。在技术的加持下，其可以对域内各类矛盾风险进行采集和汇聚，形成基本数据库，并对域内风险进行数据画像。数据画像是根据相关数据信息抽象出主体、演变、行为等全貌特征的一种技术，可以实现对主体的价值、偏好及潜在行为的精准判断。数据画像技术已经被广泛应用于平台经济发展、城市治理②、社会治理中③。在公共安全中，数据画像同样可以发挥巨大作用，④ 借助技术对矛盾事件及其情境进行画像，将整个事件状态以数字化形式呈现出来，并通过人工智能与大数据运算得出相应

---

① 田天亮，田克勤. 从三重维度研判新时代社会主要矛盾的转化 [J]. 思想政治教育研究，2019，35 (3)：9-13.

② 马亚雪，李纲，谢辉，等. 数字空间视角下的城市数据画像理论思考 [J]. 情报学报，2019，38 (1)：58-67.

③ 林燕霞，谢湘生. 基于社会认同理论的微博群体用户画像 [J]. 情报理论与实践，2018，41 (3)：142-148.

④ 刘静，安璐. 突发公共卫生事件中社交媒体用户应急信息搜寻行为画像研究 [J]. 情报理论与实践，2020，43 (11)：8-15.

的趋势性特征，辅助对事件进行研判。数据画像对风险进行研判预警能为治理主体，特别是决策者提供直观的研判结果和预警信息。

二是发挥"技术大脑"的智能优势，实现智能研判与预警。计算机技术的发展将对突发事件的研判带入了智能时代，利用计算机的仿真技术等能够实现对突发事件的初始研判。将初始矛盾事件输入平台系统，通过计算（智能研判、专家研判等综合）得出事件未来演化趋向和可能的结果，这种研判得出的结果具有多种可能性，能够使治理主体提前预测可能的结果，做好各种准备和"最坏的打算"。

随着智能技术的发展与需求的变化，这种仿真技术开始趋向综合，来更好地应对多样性、复杂性、连锁性突发事件的挑战，在多元矛盾化解中极具实践价值。通过深度学习与强大的算法，人工智能能够在有限时间内对危机事件进行分析，综合各方面信息得出判断结果，得出事件可能的演化趋势，即通过一个系统实现对事件、管理、需求等多方面的仿真，进行动态的智能研判。

（三）多元矛盾的分拨与处置

多元矛盾的分拨与处置是指根据矛盾现状与研判结果，将事件流转至特定部门或启动相应的处置机制，对事件进行处置，有效化解矛盾。智能平台对已经识别和做出研判的矛盾进行智能化处置，通过平台系统将具体的矛盾事件推送至相关治理主体（可能是单一主体或多个主体）面前，并根据矛盾变化随时增加或转交相关矛盾，使矛盾得到精准的治理。相关治理主体在接收平台信息后，需立即采取适合的化解手段处置矛盾，并将矛盾化解情况和结果反馈至平台。

这一环节的设置使矛盾的化解处置拥有了完整可追溯的流程，谁负责、谁处置，处置结果清晰明了。不同治理层级间就矛盾事件的化解也能达成一致，越级上访等行为可能会逐渐减少，因为通过平台就能清楚了解基层矛盾化解状况，不作为、作为不当、作为无效等状况可以通过平台加以反映，基层化解矛盾的痛点、难点也可以通过平台进行反馈。矛盾被发现、已暴露但迟迟得不到解决的现象在一定程度上减少。值得注意的是，所有的治理技术服务终究是人的管理行为，特别是这类自上而下的技术变革，如果没有良好的权责设计和机制支撑，平台获取的信息和事件处置的真实性就得不到保障，多元矛盾化解的智能平台也就失去意义了。①

---

① 易龙飞，陶建钟. 政府治理的技术依赖倾向及其风险管控［J］. 江海学刊，2020（3）：236-240.

多元矛盾的平台分拨是分级、分层、分类的分拨。平台采取统一受理、统一指挥、统一分流的方式进行。一是分级，分级指的是按照受理矛盾事件的轻重缓急进行分级处置，具体可参照当地各类预案进行设置，不同事件等级对应不同的治理资源，当事件等级发生变化时，事件的处置指挥权也相应发生变化。二是分层，分层指的是在市、县、区、镇具体层级建立平台联动机制，各层级间平台能够打通，使矛盾信息直达与共享，矛盾的分拨能够做到即时识别与即时分拨。各主体间也能打通与整合，矛盾治理的相关政府职能部门、行业单位、企事业单位、社会团体等拥有专门对接的人员，使矛盾处置能够及时对接。例如，面对110平台的非警务矛盾纠纷，智能平台可直接推送特定主体加以处置，综治平台接到涉及警务类警情和紧急求助时，智能平台也可直接分流推送至110平台，由110平台按规定进行处置。三是分类，按照矛盾事件所属类型推送至相关职能部门，当事件涉及多个部门且难以直接判定责任划分时，由智能平台负责牵头，处置矛盾事件。

在智能平台的运作下，汇总分析各渠道发现的矛盾信息，并通过平台"网络派单"等多种形式实现矛盾事件的统一受理、分流办理、处置反馈、考核督办。在分拨与处置过程中，各主体信息可以实时共享与比对，同时实现流程的可追溯。

（四）多元矛盾的评估与终结

这里的评估指的是对矛盾化解行动及其效果的评估，确定矛盾化解状态并决定事件再次进入处置程序或终结。

智能平台对多元矛盾化解的评估更加充分完备，能够实现全过程、全流程的评估，评估矛盾化解率、化解时间、化解成本等。通过评估，有关部门决定矛盾事件的升级处理、跟踪处理、善后处理以及事件终止。

多元矛盾的评估是多方面的，包括系统智能评估、平台中心评估、矛盾主体评估等。系统智能评估是指设计相应的评估指标，例如，矛盾介入阶段、矛盾处置时间、矛盾化解率、矛盾化解成本等设计科学的计算公式，由系统自动对每一矛盾事件进行评估，得出相应结果。平台中心评估是指由平台主体对入驻平台的其他主体或建立联动机制的主体进行评估，包括相关人员和单位反应的评估。矛盾主体的评估即"客户"评价，矛盾化解后对相关方进行回访，获取相关评价和建议。矛盾主体的评估直接反映了民众的满意度，在其中应占据重要比重。

当前，我国社会矛盾化解尚且缺乏一种终结机制。在矛盾演化过程中，矛盾相关方以各种理由推翻既有裁决，使一个已经有所定论的矛盾又重新开始循环，例如，一个从司法渠道来讲已经解决了的矛盾，又从信访渠道重新开启了解决的途径，从头再来。① 随着《信访工作条例》的出台，这一问题已得到有效解决，但在治理实践中，不同矛盾化解机制间尚缺乏一种终结机制。矛盾在不同治理层级间震荡，得不到平息，不仅消耗了大量治理资源，还使基层面临相关政治压力。我们通过建立相对应的终结机制实现对矛盾终结的确定并非易事，单纯强调法的力量，对不予认可的主体直接进行惩戒不仅难以平息矛盾，还可能加重事态发展。

智能平台的建立、矛盾信息的共享与协同机制的建立事实上从技术层面划定了相关权责，能够为矛盾终结提供支撑。权责的划定与共享使矛盾治理不再只是基层单一层级的事项。基层难以化解的矛盾会通过平台进行升级，由更高层级和更多资源加以处置，这就使矛盾化解的具体情况被众多主体熟知，矛盾事实上的终结也被各治理主体知晓，从制度与情感上能够得到更多的谅解和允许。智能平台对已经进行化解的事件可综合情、理、法等角度对矛盾进行甄别判断，对矛盾的治理过程和结果进行判断。对应该进行终结的矛盾从情、理、法的立场上予以确定终结，不再进入治理程序；对已经终结的矛盾不再进入治理程序，不应再成为考核基层治理人员的指标之一。

平台所提供的矛盾终结并不意味着对相关主体进行忽视和打压，对矛盾的终结需要回归到我国民众习惯与治理习惯，对一些已经确定可以终结的矛盾，不应随意对处置方进行问责，而应充分发挥社会力量与市场力量的作用，既体现法治之精神，又不脱离以人民为中心的内核。

三、化解策略的智慧化供给

传统对矛盾化解策略的供给多以矛盾事件演化逻辑为依据，例如，对矛盾纠纷的调解、矛盾冲突的驱散等，但在多元矛盾治理实践中，化解策略的需要往往是多元的，在不同阶段可能都需要强调调解，甚至是在冲突阶段进行政策的调整。

多元矛盾化解策略的智慧化供给则是依托智能平台构建化解策略工具包，并在发展中不断创新完善工具包，并根据治理需要智慧式向治理主体提供相应的化解策略，使多元矛盾能够被精准化解、智慧化解。

---

① 朱力. 如何构建社会矛盾多元化协同化解机制 [J]. 人民论坛·学术前沿, 2016 (12): 63-75.

（一）多元矛盾化解策略的工具包

多元矛盾化解策略特指治理主体为有效化解矛盾、控制矛盾冲突采取的各种方式或手段。多元矛盾化解策略的工具包即所有能够发挥作用策略的集合。根据当前治理实践进行梳理，我们可进行如下分类。

第一类，缓释类策略。策略发挥作用的时间相对较长，但往往能够持续发挥作用。

1. 矛盾问题解决渠道的供给：能够通过体制内渠道反映矛盾问题的渠道，例如，信访①、政务热线等。信访作为我国特有的一项救济制度，或者说"替代性纠纷解决机制"，符合我国现实国情与贯彻落实群众路线的理念，该项制度虽然饱受争议和批判，② 特别是衍生出的"信访潮""信访不信法"等问题，但不可否认该项制度在矛盾化解中的积极作用。2023 年，根据国务院关于提请审议国务院机构改革方案的议案，国家信访局被调整为国务院直属机构，将进一步加强和改进人民信访工作，更好地维护人民根本利益。

2. 特定政策的制定或变更：在经济、民生、文化等领域制定相应的政策舒缓相应的矛盾，多发挥着根源性化解或调控作用。多元矛盾涉及的领域往往是多向度的，相应的政策也往往需要综合制定。

3. 文化宣传与教育：文化宣传与教育是指要在整个社会或域内强调一种和谐文化，倡导与引导社会矛盾的化解朝向制度内化解，调整社会心态。社会心态可以概括为社会不同群体对各种社会现象的社会认知、社会情感、社会价值、社会行为的总和。③ "社会心态稳定是社会稳定的内在因素，社会稳定是社会心理稳定的外在表现。"④ 国家通过文化宣传与教育调整社会心态，减少社会不良心态的滋生和失控，例如，正能量事迹的传播、"枫桥经验"的宣传等。

4. 专项行动：专项行动多属于运动式治理，治理主体在一段时间内集合大量资源对特定客体加以治理。这种方法目标明确，成果和效率也相对较高，⑤例如，"扫黑除恶""净网行动""农民工欠薪根治"等。

---

① 张宗林，王凯. 国家治理视野下信访制度特性和功能的再审视 [J]. 行政论坛, 2019, 26 (4)：28-35.

② 于建嵘. 中国信访制度批判 [J]. 中国改革, 2005 (2)：26-28.

③ 朱力，朱志玲. 现阶段社会心态的主要特征及疏导对策 [J]. 人民论坛, 2014 (8)：8-10.

④ 张允熠. 论社会心态与社会稳定 [J]. 社会科学研究, 1992 (4)：66-72.

⑤ 冯志峰. 中国运动式治理的定义及其特征 [J]. 中共银川市委党校学报, 2007 (2)：29-32.

5. 特定人群的心理干预与重点人员管控。

6. 其他缓释类策略。

第二类，控释类策略。策略发挥作用的时机相对而言可以控制，具有程序性与可复制的特征。

1. 说服：这里的说服强调的是利用人情关系和宗族、宗教等力量化解矛盾，与制度化的调解存在区别。在乡村宗族较强、熟人社会稳固的地区，我们利用人情关系说服矛盾主体，获取认同，解决矛盾，① 以及通过民间信仰等形成文化共识，化解矛盾。

2. 调解（人民调解、行政调解）：调解双方或多方就特定矛盾纠纷进行协调与化解，在我国语境中主要包括人民调解、行政调解、司法调解，人民调解与行政调解是典型的非诉讼纠纷调解（Alternative Dispute Resolution，ADR）。调解具有灵活解决纠纷、合理分配司法资源、降低纠纷解决成本等功能。② 随着"大调解"的推进与实践，调解的形式和内容也在发生变化。③ 这种调解的结果并不具备强制性，更多是矛盾双方的共识达成。

3. 协商：协商民主是实现党的领导的重要方式，是中国社会主义民主政治的独特优势。④ 协商在矛盾化解中有利益协调、平等协商、协同化解和自我消融等功能。⑤

4. 诉讼与司法调解：权力的使用与管理活动的开展需要法律进行规制，现实矛盾与冲突的发生也需要法律进行"定分止争"。"法律作为社会关系的调节器，在适时地回应与解决社会矛盾中理应发挥关键作用。"⑥ 从法律角度思考对矛盾的治理是法律学与社会学的研究重点。宏观层面包括在情理法动态平衡中优化释法说理机制，依法律功能二元论构建社会风险评估法律体系，以公权力特质为基点创构区隔与融贯互动的调解制度，在程序理念创新下构建协作型法律实施关系模式，依人本化互动式执法新思维重构民意表达释放系统，在具体

---

① 易前良. 人情、说服与认同：转型期农村宣传动员的话语分析 [J]. 南京社会科学，2018 (8)：121-127.

② 杜闻. 论 ADR 对重塑我国非诉讼纠纷解决体系的意义 [J]. 政法论坛，2003 (3)：151-156.

③ 章武生. 论我国大调解机制的构建：兼析大调解与 ADR 的关系 [J]. 法商研究，2007 (6)：111-115.

④ 彭莹莹. 协商治理与社会矛盾化解 [J]. 社会主义研究，2021 (1)：115-121.

⑤ 卢芳霞. 协商民主化解基层社会矛盾的功能与实现路径：基于浙江基层协商民主经验的研究 [J]. 中共浙江省委党校学报，2017，33 (4)：46-52.

⑥ 汪习根. 化解社会矛盾的法律机制创新 [J]. 法学评论，2011，29 (2)：15-22.

层面完善司法公开制度等。①

5. 其他控释类策略。

第三类，释类策略。策略立即发挥作用，效果具有即时性。

1. 疏导、驱散、武力处置：针对规模性冲突或极端的抗争行为所采取的具有强制性的处置措施。这类措施具有特殊性，措施的使用在相关法律法规和应对预案中有明确规定，强调"慎用武力"。

2. 行政处罚与刑事处罚：对相关违法行为依法依规进行惩戒。

3. 互联网行动：删帖、封号、断网等。

4. 其他释类策略。

（二）多元矛盾化解策略的供给方式

多元社会矛盾有自身的复杂性，单一策略效果有限，严格按照矛盾演化规律进行划分的策略又容易滞后于矛盾发展，需要充分发挥智能平台优势，有效整合各类策略，精准研判、精准供给，使矛盾化解智慧化、前置化。

首先是通过平台将这些治理策略进行有效整合，使方法之间能够互相衔接，发挥更大的合力，例如，对矛盾的说理教育与调解、仲裁等相衔接，减少中间主体切换、策略切换所需的时间，减少不同主体间的信息误差和矛盾误判，防止矛盾的激化与误解。多元社会矛盾的演化从风险到冲突事件的规律越来越复杂，不存在绝对适用的方法，法律方式、民间调解和情感作用都可能失效，需要根据具体矛盾主体和矛盾问题进行针对性调整。各治理主体在有效的协调和结构整合下，对既有的方法进行有效整合，并提供丰富的治理手段供治理主体选择。方法的有效整合能够有效提升治理效率，减少矛盾在时间上的累积，并且这种整合能够有效避免方法上的冲突，当各主体间就共同的问题采取截然相反的手段时，民间调解与司法调解或诉讼的整合，可以降低调解成本。

其次是充分发挥平台的智能优势，对矛盾事件及其演化进行精准研判，根据形式变化从策略工具包中选取相应的策略进行针对性化解，并对化解结果进行研判，及时跟进后续策略，确保策略与策略之间不出现冲突。充分发挥平台的智能优势，有利于控制矛盾化解的整体态势，使具体矛盾事件的精细化处置可知，矛盾化解的走向与难点可分析。

---

① 唐宏强，孙建. 关于完善我国司法公开制度的思考：从利于预防和化解社会矛盾纠纷的视角论之 [J]. 学术交流，2012（9）：65-69.

本章小结

多元矛盾的特征变化注定引起相应化解策略的形式多元化、供给方式的多元化。智能技术在社会治理中的变革极具想象，技术的设计与应用有利于从底层逻辑与机制运作上重塑治理形式，但这并不意味着要将技术的工具理性无限放大，而是要将工具理性与价值理性进行有机统一。

中国语境下的社会矛盾治理既追求对人民内部矛盾的事实化解，也追求治理过程中价值的表达，这种价值追求贯穿始终。智能技术本身并不具备价值判断，但通过设计可以体现相应的治理价值，体现对人民性的遵从、法治的遵从以及对社会公平正义的维护。

国家要实现多元矛盾化解策略的多元化整体性供给，首先要整合既有治理力量与资源，形成有效的治理基础。一是充分整合政府力量，使矛盾化解既不被层层下压至最基层，也不被悬置或震荡于各层级，迟迟得不到解决；二是不断完善与强化自治制度，增加基层自治力量，使矛盾化解在基层有所抓手；三是在基层培育和发展相应的社会组织与小微组织，填补力量空缺，形成多元化的治理力量；四是规范与引入市场力量，在政社之间构建缓冲地带，提升矛盾化解的服务质量。

多元社会矛盾智慧化解的前提是构建相应的数字平台，使多元主体整合有所依托，矛盾化解策略能够形成数字化工具包并进行智慧化供给。这包括基础层、运算层、服务层，理顺平台运作的基本逻辑，实现对矛盾识别到研判处置以及最终评估终结的全过程、全流程处置。

参考文献

一、中文文献

（一）专著

［1］中共中央马克思恩格斯列宁斯大林著作编译局．马克思恩格斯选集：第 1 卷［M］．北京：人民出版社，2012.

［2］中共中央马克思恩格斯列宁斯大林著作编译局．马克思恩格斯选集：第 2 卷［M］．北京：人民出版社，2012.

［3］毛泽东选集：第一卷［M］．北京：人民出版社，2009.

［4］毛泽东选集：第二卷［M］．北京：人民出版社，2009.

［5］毛泽东选集：第三卷［M］．北京：人民出版社，2009.

［6］毛泽东选集：第四卷［M］．北京：人民出版社，2009.

［7］邓小平．邓小平文选：第一卷［M］．北京：人民出版社，1994.

［8］邓小平．邓小平文选：第二卷［M］．北京：人民出版社，1994.

［9］邓小平．邓小平文选：第三卷［M］．北京：人民出版社，1994.

［10］江泽民．江泽民文选：第一卷［M］．北京：人民出版社，2006.

［11］江泽民．江泽民文选：第二卷［M］．北京：人民出版社，2006.

［12］江泽民．江泽民文选：第三卷［M］．北京：人民出版社，2006.

［13］胡锦涛．胡锦涛文选：第一卷［M］．北京：人民出版社，2016.

［14］习近平．习近平谈治国理政：第一卷［M］．北京：外文出版社，2014.

［15］习近平．习近平谈治国理政：第二卷［M］．北京：外文出版社，2017.

［16］中共中央文献研究室．十五大以来重要文献选编（上）［M］．北京：人民出版社，2000.

［17］中共中央文献研究室．十六大以来重要文献选编（上）［M］．北京：

中央文献出版社，2011.

　　[18] 中共中央文献研究室. 十七大以来重要文献选编（上）［M］. 北京：中央文献出版社，2009.

　　[19] 中共中央文献研究室. 十九大以来重要文献选编（上）［M］. 北京：中央文献出版社，2019.

　　[20] 中共中央文献研究室. 建国以来重要文献选编：第九册［M］. 北京：中央文献出版社，1994.

　　[21] 中共中央文献研究室. 建国以来重要文献选编：第十册［M］. 北京：中央文献出版社，1994.

　　[22] 中国共产党第十九次全国代表大会文件汇编［M］. 北京：人民出版社，2017.

　　[23] 十一届三中全会以来历次党代会、中央全会 报告 公报 决议 决定（上）［M］. 北京：中国方正出版社，2008.

　　[24] 北京市信访矛盾分析研究中心. 信访与社会矛盾问题研究：2019年第6辑［M］. 北京：中国民主法制出版社，2019.

　　[25] 鲍捷，吴殿廷. 空间、尺度与系统：中国海陆统筹发展战略的地理学研究［M］. 南京：东南大学出版社，2016.

　　[26] 卜松山. 发现中国：传统与现代［M］. 张伟，译. 北京：社会科学文献出版社，2016.

　　[27] 常健. 公共冲突管理评论（2016）［M］. 天津：南开大学出版社，2018.

　　[28] 陈明明. 在革命与现代化之间：关于党治国家的一个观察与讨论［M］. 上海：复旦大学出版社，2015.

　　[29]《辞海》编辑委员会. 辞海［M］. 上海：上海辞书出版社，1989.

　　[30] 崔莹，张爱军. 微博舆论导向研究［M］. 天津：天津人民出版社，2019.

　　[31] 冯冰. 布迪厄"实践理论"的中国案例［M］. 杭州：浙江大学出版社，2020.

　　[32] 冯仕政. 西方社会运动理论研究［M］. 北京：中国人民大学出版社，2013.

　　[33] 龚维斌. 社会建设与社会体制改革［M］. 北京：国家行政学院出版社，2010.

　　[34] 何勤. 群体性劳资冲突事件的演化及应对［M］. 北京：社会科学文

献出版社, 2014.

[35] 何绍辉. 陌生人社区: 整合与治理 [M]. 北京: 社会科学文献出版社, 2017.

[36] 侯钧生. 西方社会学理论教程 [M]. 天津: 南开大学出版社, 2010.

[37] 金观涛. 探索现代社会的起源 [M]. 北京: 社会科学文献出版社, 2010.

[38] 李强. 城市化进程中的重大社会问题及其对策研究 [M]. 北京: 经济科学出版社, 2009.

[39] 李秀林, 王于, 李淮春. 辩证唯物主义和历史唯物主义原理 (自学高考版) [M]. 北京: 中国人民大学出版社, 1991.

[40] 李忠尚. 软科学大辞典 [M]. 沈阳: 辽宁人民出版社, 1989.

[41] 梁平, 陈焘. 基层社会矛盾化解与法治化治理研究 [M]. 北京: 法律出版社, 2017.

[42] 刘二伟. 社会矛盾指数研究: 创新信访工作的新路径 [M]. 北京: 中国民主法制出版社, 2013.

[43] 刘少杰. 国外社会学理论 [M]. 北京: 高等教育出版社, 2006.

[44] 刘涛雄. 社会冲突与经济增长: 一个理论框架 [M]. 北京: 清华大学出版社, 2008.

[45] 科塞. 社会冲突的功能 [M]. 孙立平, 等译. 北京: 华夏出版社, 1989.

[46] 陆学艺, 景天魁. 转型中的中国社会 [M]. 哈尔滨: 黑龙江人民出版社, 1994.

[47] 陆学艺. 当代中国社会流动 [M]. 北京: 社会科学文献出版社, 2004.

[48] 荣敬本, 高新军, 杨雪冬, 等. 从压力型体制向民主合作体制的转变: 县乡两级政治体制改革 [M]. 北京: 中央编译出版社, 1998.

[49] 司马云杰. 文化社会学 [M]. 山东: 山东人民出版社, 1987.

[50] 孙立平. 断裂: 20世纪90年代以来的中国社会 [M]. 北京: 社会科学文献出版社, 2003.

[51] 谭爽. 核电工程社会稳定风险预警机制研究: 基于安全焦虑心里的视角 [M]. 北京: 新华出版社, 2013.

[52] 唐亚林, 李瑞昌, 朱春, 等. 社会多元、社会矛盾与公共治理 [M]. 上海: 上海人民出版社, 2015.

[53] 童星. 中国社会治理 [M]. 北京：中国人民大学出版社，2018.

[54] 王华. 防范化解意识形态领域重大风险 [M]. 北京：国家行政学院出版社，2020.

[55] 王浦劬. 政治学基础 [M]. 北京：北京大学出版社，2006.

[56] 王文章. 中国先进文化论 [M]. 北京：文化艺术出版社，2004.

[57] 王小波. 沉默的大多数 [M]. 北京：中国青年出版社，1997.

[58] 温铁军. 中国农村基本经济制度研究 [M]. 北京：中国经济出版社，2000.

[59] 温志强，郝雅立. 快速城镇化背景下的群体性突发事件预警与阻断机制研究 [M]. 天津：天津人民出版社，2016.

[60] 吴忠民. 社会矛盾新论 [M]. 济南：山东人民出版社，2015.

[61] 吴忠民. 治道之要：社会矛盾十二讲 [M]. 济南：山东人民出版社，2017.

[62] 夏周青. 治道变革与基层社会矛盾化解 [M]. 北京：国家行政学院出版社，2014.

[63] 谢新观. 远距离开放教育辞典 [M]. 北京：中央广播电视大学出版社，1999.

[64] 熊易寒. 平衡木上的中国 [M]. 北京：中信出版社，2016.

[65] 熊易寒. 移民政治：当代中国的城市化道路与群体命运 [M]. 上海：复旦大学出版社，2019.

[66] 许尧. 中国公共冲突的起因、升级与治理：当代群体性事件发展过程研究 [M]. 天津：南开大学出版社，2013.

[67] 阎云翔. 私人生活的变革：一个中国村庄的爱情、家庭与亲密关系（1949—1999）[M]. 龚小夏，译. 上海：上海人民出版社，2017.

[68] 尹浩. 碎片整合：社区整体性治理之道 [M]. 北京：社会科学文献出版社，2019.

[69] 张紧跟. 当代中国地方政府间横向关系协调研究 [M]. 北京：中国社会科学出版社，2006.

[70] 张静. 社会治理：组织、观念与方法 [M]. 北京：商务印书馆，2019.

[71] 张振华. 社会冲突与制度回应：转型期中国政治整合机制的调适研究 [M]. 天津：天津人民出版社，2016.

[72] 郑晓华. 中国公共治理实践案例：政府、社会与市场 [M]. 上海：

上海交通大学出版社，2018.

（二）译著

[1] 奥尔森. 集体行动的逻辑 [M]. 陈郁，郭宇峰，李崇新，译. 上海：格致出版社，2011.

[2] 贝克. 风险社会 [M]. 何博闻，译. 南京：译林出版社，2004.

[3] 波洛玛. 当代社会学理论 [M]. 孙立平，译. 北京：华夏出版社，1989.

[4] 福山. 大分裂：人类本性与社会秩序的重建 [M]. 刘榜离，王胜利，译. 北京：中国社会科学出版社，2002.

[5] 黑格尔. 逻辑学：下卷 [M]. 杨一之，译. 北京：商务印书馆，1976.

[6] 亨廷顿. 变化社会中的政治秩序 [M]. 王冠华，刘为，等译. 上海：上海世纪出版集团，2008.

[7] 亨廷顿. 文明的冲突与世界秩序的重建 [M]. 周琪，等译. 北京：新华出版社，2002.

[8] 基佐. 法国文明史（第四卷）：自罗马帝国败落起 [M]. 沅芷，伊信，译. 北京：商务印书馆，1998.

[9] 卡西尔. 人论 [M]. 甘阳，译. 上海：上海译文出版社，1985.

[10] 朗格林，麦克马金. 风险沟通：环境、安全和健康风险沟通指南 [M]. 黄河，蒲信竹，刘琳琳，译. 北京：中国传媒大学出版社，2016.

[11] 勒庞. 乌合之众：大众心理研究 [M]. 戴光年，译. 北京：新世界出版社，2010.

[12] 罗尔斯. 正义论 [M]. 何包钢，何怀宏，廖申白，译. 北京：中国社会科学出版社，1988.

[13] 曼海姆. 重建时代的人与社会：现代社会结构的研究 [M]. 张旅平，译. 北京：北京联合出版公司，2013.

[14] 米尔恩. 人的权利与人的多样性：人权哲学 [M]. 夏勇，张志铭，译. 北京：中国大百科全书出版社，1995.

[15] 米勒. 复杂之美：人类必然的命运和结局 [M]. 潘丽君，译. 广州：广东人民出版社，2017.

[16] 摩尔根. 古代社会：上册 [M]. 杨志莼，马雍，马巨，译. 北京：商务印书馆，1977.

[17] 尼葛洛庞帝. 数字化生存 [M]. 胡泳，范海燕，译. 海口：海南出版社，1996.

［18］西美尔．社会学：关于社会化形式的研究［M］．林荣远，译．北京：华夏出版社，2002.

［19］斯科特．制度与组织：思想观念与物质利益［M］．姚伟，王黎芳，译．北京：中国人民大学出版社，2010.

［20］特纳．社会学理论的结构［M］．邱泽奇，等译．北京：华夏出版社，2001.

［21］托克维尔．旧制度与大革命［M］．冯棠，译．北京：商务印书馆，1992.

［22］托克维尔．论美国民主：上册［M］．董果良，译．北京：商务印书馆，1989.

［23］韦伯．韦伯作品集Ⅶ：社会学的基本概念［M］．顾忠华，译．桂林：广西师范大学出版社，2005.

［24］谢茨施耐德．半主权的人民：一个现实主义者眼中的美国民主［M］．任军锋，译．天津：天津人民出版社，2000.

［25］亚里士多德．政治学［M］．吴寿彭，译．北京：商务印书馆，2011.

［26］伊格尔顿．文化的观念［M］．方杰，译．南京：南京大学出版社，2006.

［27］约阿斯，克诺伯．社会理论二十讲［M］．郑作彧，译．上海：上海人民出版社，2021.

（三）期刊

［1］艾理生．当前我国劳动关系及其相关社会政策分析［J］．吉首大学学报（社会科学版），2007，28（6）.

［2］安连超，王宏，张海龙．重大公共卫生事件下信息质量对大学生恐慌情绪的影响：风险感知的中介作用［J］．心理月刊，2022，17（21）.

［3］白维军．高质量发展视角下的社会保障制度整合优化［J］．中国高校社会科学，2023（2）.

［4］毕天云．社会冲突的双重功能［J］．思想战线，2001（2）.

［5］卜长莉．“差序格局”的理论诠释及现代内涵［J］．社会学研究，2003（1）.

［6］卜长莉．马克思的社会冲突理论及其影响［J］．长春理工大学学报（社会科学版），2005（2）.

［7］曹伟．创新社会管理要转变观念和机制［J］．哈尔滨市委党校学报，2012（3）.

[8] 曾益，凌云，张心洁. 从"单独二孩"走向"全面二孩"：城乡居民基本养老保险基金可持续性能提高吗？[J]. 财政研究，2016（11）.

[9] 陈丹，单爽爽. 公共卫生领域风险预防理念的适用 [J]. 南京医科大学学报（社会科学版），2022，22（4）.

[10] 陈建斌，侯丹丹. 县级政府社会矛盾化解能力的影响要素与提升路径：基于30个案例的定性比较分析 [J]. 安徽师范大学学报（人文社会科学版），2022，50（4）.

[11] 陈镜宇，罗业涛，梁小华，等. 重大突发公共卫生事件中政策对控制效果的影响：以重庆市新型冠状病毒肺炎疫情防控为例 [J]. 儿科药学杂志，2020，26（4）.

[12] 陈力丹. 党性和人民性的提出、争论和归结：习近平重新并提"党性"和"人民性"的思想溯源与现实意义 [J]. 安徽大学学报（哲学社会科学版），2016，40（6）.

[13] 陈龙. "数字控制"下的劳动秩序：外卖骑手的劳动控制研究 [J]. 社会学研究，2020，35（6）.

[14] 陈涛，杨悦. 环境抗争中底层群体的社会心理：基于蓬莱19-3溢油事件的案例阐释与拓展分析 [J]，中国地质大学学报（社会科学版），2016，16（1）.

[15] 陈兴良. 限权与分权：刑事法治视野中的警察权 [J]. 法律科学（西北政法学院学报），2002（1）.

[16] 陈垚. 法治政府建设的现实困境与对策思考 [J]. 党政干部论坛，2022（10）.

[17] 陈友华，方长春. 社会分层与教育分流：一项对义务教育阶段"划区就近入学"等制度安排公平性的实证研究 [J]. 江苏社会科学，2007（1）.

[18] 陈跃，余练. 社会主要矛盾转化与基层社会治理创新探析 [J]. 理论探索，2020（4）.

[19] 程昆. 论基层社会矛盾预防化解机制的完善与创新 [J]. 科学社会主义，2015（6）.

[20] 程昆. 转型时期中国基层社会矛盾正反功能探析 [J]. 江西社会科学，2017，37（11）.

[21] 程念，宋大平，崔雅茹. 国家基本公共卫生服务项目实施现状及问题分析 [J]. 中国卫生经济，2022，41（11）.

[22] 程同顺，邢西敬. "中心工作"机制：乡镇运行模式的一种解读——

基于 L 市辖区乡镇的分析 [J]. 江苏行政学院学报, 2018 (2).

[23] 仇立平. 回到马克思: 对中国社会分层研究的反思 [J]. 社会, 2006 (4).

[24] 储卉娟. 暴力的弱者: 对传统纠纷解决研究的补充——基于东北某市监狱的实证研究 [J]. 学术研究, 2010 (2).

[25] 党国英. 非正式制度与社会冲突 [J]. 中国农村观察, 2001 (2).

[26] 邓少君. 论转型期社会矛盾形态与归因 [J]. 暨南学报 (哲学社会科学版), 2015, 37 (4).

[27] 丁建定, 柯卉兵. 发达国家积极就业政策及其启示 [J]. 华中科技大学学报 (社会科学版), 2004 (2).

[28] 董泽芳, 赵玉莲. 从布尔迪厄文化再生产理论看社会分层与高等教育公平 [J]. 现代大学教育, 2015 (6).

[29] 杜连峰. 新就业形态下和谐劳动关系治理: 挑战、框架与变革 [J]. 河南社会科学, 2022, 30 (2).

[30] 杜闻. 论 ADR 对重塑我国非诉讼纠纷解决体系的意义 [J]. 政法论坛, 2003 (3).

[31] 樊浩. 当前中国伦理道德状况及其精神哲学分析 [J]. 中国社会科学, 2009 (4).

[32] 范铁中. 社会组织参与社会矛盾化解的作用探析 [J]. 青海社会科学, 2013 (1).

[33] 方旭. 促进湖北省现代服务业发展的税收政策调适 [J]. 改革与战略, 2013, 29 (7).

[34] 冯建军. 公民品格与公共生活 [J]. 道德与文明, 2020 (4).

[35] 冯胜利. 国外治理失业的政策措施及其借鉴意义 [J]. 理论探讨, 2003 (3).

[36] 冯仕政. 社会冲突、国家治理与"群体性事件"概念的演生 [J]. 社会学研究, 2015, 30 (5).

[37] 冯希莹. 社会福利政策范式新走向: 实施以资产为本的社会福利政策——对谢若登的《资产与穷人: 一项新的美国福利政策》的解读 [J]. 社会学研究, 2009, 24 (2).

[38] 冯志峰. 中国运动式治理的定义及其特征 [J]. 中共银川市委党校学报, 2007 (2).

[39] 社会资本、公民社会与发展 [J]. 马克思主义与现实, 2003 (2).

[40] 付建军. 从发展型国家治理到平衡型国家治理：韩国国家治理转型的道路选择 [J]. 社会主义研究, 2015 (5).

[41] 付丽媛, 常健. 风险决策中主张分歧的原因及其管理路径 [J]. 南开学报 (哲学社会科学版), 2022 (3).

[42] 傅广宛, 郭建文. 基层社会矛盾的化解：差序政府信任格局的解构与重塑：以 GZ 省 JP 县为个案 [J]. 江苏行政学院学报, 2020 (6).

[43] 江树革, 比约恩·古斯塔夫森. 国外社会救助的经验和中国社会救助的未来发展 [J]. 经济社会体制比较, 2007 (4).

[44] 江树革. 中国低保制度的变迁发展和模式塑造：21 世纪以来中国城乡低保制度的社会变迁 [J]. 社会保障研究, 2013 (6).

[45] 高斌, 张家健, 赵冰. 基于国际经验谈中国应对收入不平等的社会政策调适 [J]. 商业经济研究, 2015 (25).

[46] 高奇琦, 陈建林. 大数据公共治理：思维、构成与操作化 [J]. 人文杂志, 2016 (6).

[47] 高秦伟. 法治政府建设中的利益表达机制及其完善 [J]. 治理研究, 2020, 36 (4).

[48] 高小平, 刘一弘. 论行政管理制度创新 [J]. 江苏行政学院学报, 2021 (2).

[49] 高小平. 新时代的中国行政管理制度创新研究 [J]. 国家现代化建设研究, 2022, 1 (4).

[50] 葛奇. 货币政策对收入和财富不平等的影响 [J]. 国际金融, 2022 (9)

[51] 龚维斌. 我国现阶段劳资矛盾产生的原因及对策研究 [J]. 当代世界与社会主义, 2005 (3).

[52] 龚秀全. 城乡基本养老保险待遇衔接政策优化研究：以天津市城乡居民基本养老保险为例 [J]. 人口与经济, 2011 (6).

[53] 谷景华. 论社会主义初级阶段的特殊性质、基本特征和主要矛盾 [J]. 内蒙古大学学报 (哲学社会科学版), 1988 (3).

[54] 谷满意, 刘欣. 完善农村公共卫生重大风险防控机制的思考 [J]. 人民论坛·学术前沿, 2022 (6).

[55] 顾辉. 社会流动视角下的阶层固化研究：改革开放以来我国社会阶层流动变迁分析 [J]. 广东社会科学, 2015 (5).

[56] 关博, 王哲. 新就业青年权益保障：困局、调适与破题 [J]. 中国青

年研究, 2021 (4).

[57] 关博. 加快完善适应新就业形态的用工和社保制度 [J]. 宏观经济管理, 2019 (4).

[58] 关信平. 当前我国加强兜底性民生建设的意义与要求 [J]. 南开学报 (哲学社会科学版), 2021 (5).

[59] 关信平. 当前我国社会政策的目标及总体福利水平分析 [J]. 中国社会科学, 2017 (6).

[60] 郭飞. 中国失业: 特征与对策 [J]. 江苏行政学院学报, 2005 (6).

[61] 郭林, 张巍. 积极救助述评: 20 世纪以来社会救助的理论内核与政策实践 [J]. 学术研究, 2014 (4).

[62] 郭星华, 曲麒翰. 纠纷金字塔的漏斗化: 暴力犯罪问题的一个法社会学分析框架 [J]. 广西民族大学学报 (哲学社会科学版), 2011, 33 (4).

[63] 郭星华. 城市居民相对剥夺感的实证研究 [J]. 中国人民大学学报, 2001 (3).

[64] 海龙. 城乡居民基本养老保险财政补贴政策的缘起、发展与走向 [J]. 中州学刊, 2021 (4).

[65] 韩东屏. 道德准则、道德范畴、道德原则: 论道德规范系统的层级结构 [J]. 河南师范大学学报 (哲学社会科学版), 2011, 38 (3).

[66] 韩磊, 杨振. 缩小城乡收入差距的制度困境、地方实践及政策启示 [J]. 中国发展观察, 2021 (21).

[67] 韩伟. 科学技术发展与社会基本矛盾 [J]. 华东理工大学学报 (文科版), 1994 (4).

[68] 韩喜平. 坚持以人民为中心的发展思想 [J]. 思想理论教育导刊, 2016 (9).

[69] 韩志明. 从 "粗糙的摆平" 到 "精致的治理": 群体性事件的衰变及其治理转型 [J]. 政治学研究, 2020 (5).

[70] 何建华. 公平正义: 社会主义的核心价值观 [J]. 中央社会主义学院学报, 2007 (3).

[71] 贺雪峰, 刘岳. 基层治理中的 "不出事逻辑" [J]. 学术研究, 2010 (6).

[72] 贺雪峰. 村庄精英与社区记忆: 理解村庄性质的二维框架 [J]. 社会科学辑刊, 2000 (4).

[73] 洪岩璧, 钱民辉. 中国社会分层与教育公平: 一个文献综述 [J]. 中

国农业大学学报（社会科学版），2008，25（4）.

[74] 洪一晨，张成福. 数字时代的公共危机协同治理：以2020年我国抗击新冠肺炎疫情为例［J］. 求是学刊，2020，47（6）.

[75] 胡安宁，余家庆. 当代中国社会环境下的传统文化变迁：一项社会学的考察［J］. 复旦学报（社会科学版），2022，64（5）.

[76] 胡帮达. 生态保护和公共卫生安全二元目标下野生动物立法的逻辑［J］. 华中科技大学学报（社会科学版），2022，36（4）.

[77] 胡宏伟，侯云潇，陈一林. 中国低收入家庭支持政策体系：历史嬗变、制度现状与改革取向［J］. 社会保障研究，2022（6）.

[78] 胡联合，胡鞍钢，徐绍刚. 贫富差距对违法犯罪活动影响的实证分析［J］. 管理世界，2005（6）.

[79] 黄彩霞，陈兴明. 高校毕业生就业政策执行中的委托代理问题及其治理［J］. 中国大学就业，2021（11）.

[80] 黄文正，何亦名，李宏. 经济新常态下的社会保障体系建设问题研究［J］. 经济问题，2015（11）.

[81] 黄晓春. 当代中国社会组织的制度环境与发展［J］. 中国社会科学，2015（9）.

[82] 黄毅峰. 群体性事件中非直接利益主体之特征考察与影响分析［J］. 上海行政学院学报，2014，15（5）.

[83] 黄宗智. 中国被忽视的非正规经济：现实与理论［J］. 开放时代，2009，33（2）.

[84] 季程远. 再分配改革与获得感：以免征农业税改革为例［J］. 经济社会体制比较，2021（5）.

[85] 李晓杰. 少数民族城市化进程中民族文化调适原则［J］. 福建省社会主义学院学报，2008（3）.

[86] 江必新. 法治精神的属性、内涵与弘扬［J］. 法学家，2013（4）

[87] 江小涓. 数字时代的技术与文化［J］. 中国社会科学，2021（8）.

[88] 姜胜洪，毕宏音. 转型期社会心态方面存在的问题、特点及对策研究［J］. 兰州学刊，2011（10）.

[89] 姜淑萍."以人民为中心的发展思想"的深刻内涵和重大意义［J］. 党的文献，2016（6）.

[90] 姜向群. 改革开放以来中国老年社会保障制度的发展变革及政策思考［J］. 人口研究，2009，33（2）.

[91] 焦娅敏. 社会冲突理论对正确处理我国社会矛盾的启示 [J]. 湖南大学学报 (社会科学版), 2012, 26 (1).

[92] 揭萍, 熊美保. 网络群体性事件及其防范 [J]. 江西社会科学, 2007 (9).

[93] 解永照. 我国基层社会矛盾的展现与演进 [J]. 齐鲁学刊, 2015 (3).

[94] 兰久富. 社会转型与价值冲突 [J]. 北京师范大学学报 (社会科学版), 1999 (3).

[95] 黎德化. 论文化的冲突与协调 [J]. 首都师范大学学报 (社会科学版), 1998 (3).

[96] 李宝荣. 对努力实现全社会相对充分就业问题的思考 [J]. 中国行政管理, 2009 (7).

[97] 李朝成. 党的 "八大" 关于社会主要矛盾的分析 [J]. 四川师院学报 (社会科学版), 1980 (2).

[98] 李宏宇, 李元书. 当代中国社会矛盾凸现的原因及其化解之道 [J]. 哈尔滨工业大学学报 (社会科学版), 2022, 24 (2).

[99] 李华胤. 社会公平感、愤怒情绪与群体性事件的关系探讨 [J]. 广西师范大学学报 (哲学社会科学版), 2016, 52 (4).

[100] 李积万. 我国政府部门间协调机制的探讨 [J]. 汕头大学学报 (人文社会科学版), 2008, 24 (6).

[101] 李静. 福利多元主义视角下社会企业介入养老服务: 理论、优势与路径 [J]. 苏州大学学报 (哲学社会科学版), 2016, 37 (5).

[102] 李路路. 改革开放 40 年中国社会阶层结构的变迁 [J]. 武汉大学学报 (哲学社会科学版), 2019, 72 (1).

[103] 李猛. 中国区域非均衡发展的政治学分析 [J]. 政治学研究, 2011 (3).

[104] 李明. 从两德统一后的就业政策看我国的就业问题 [J]. 经济纵横, 2007 (14).

[105] 李培林, 王思斌, 梁祖彬, 等. 构建中国发展型的社会政策: "科学发展观与社会政策" 笔谈 [J]. 中国社会科学, 2004 (6).

[106] 李强. "丁字型" 社会结构与 "结构紧张" [J]. 社会学研究, 2005 (2).

[107] 李强. 21 世纪以来中国社会分层结构变迁的特征与趋势 [J]. 河北

学刊, 2021, 41 (5).

　　[108] 李强. 当前我国社会分层结构变化的新趋势 [J]. 江苏社会科学, 2004 (6).

　　[109] 李强. 当前中国社会的四个利益群体 [J]. 学术界, 2000 (3).

　　[110] 李强. 改革开放 30 年来中国社会分层结构的变迁 [J]. 北京社会科学, 2008 (5).

　　[111] 李琼英, 朱力. 历史遗留矛盾的类型及其生成机制 [J]. 江淮论坛, 2016 (1).

　　[112] 李琼英, 朱力. 我国历史遗留的社会矛盾及其走向 [J]. 学术界, 2015 (10).

　　[113] 李琼英, 朱力. 现阶段我国劳资矛盾的类型、趋势及对策 [J]. 中州学刊, 2015 (12).

　　[114] 李文姣. 社会冲突视域下网络突发事件的风险化解路径研究: 以河南省为例 [J]. 学习论坛, 2016, 32 (10).

　　[115] 李晓峰, 薛二勇. 我国大学生就业政策协同问题研究 [J]. 教育发展研究, 2014, 34 (5).

　　[116] 李晓曼. 影响民族地区政治稳定的主要因素探析 [J]. 中国市场, 2009 (48).

　　[117] 李亚. 中国的公共冲突及其解决: 现状、问题与方向 [J]. 中国行政管理, 2012 (2).

　　[118] 李迎生, 李泉然, 袁小平. 福利治理、政策执行与社会政策目标定位: 基于 N 村低保的考察 [J]. 社会学研究, 2017, 32 (6).

　　[119] 李智超. 从突发事件到系统风险: 城市级联灾害的形成与治理 [J]. 行政论坛, 2022, 29 (6).

　　[120] 李智超. 网络交易中的 "算法利维坦" 及其治理之策 [J]. 国家治理, 2022 (10).

　　[121] 丽泉. 法国劳动就业政策面面观 [J]. 法国研究, 2005 (2).

　　[122] 廉如鉴. "差序格局" 概念中三个有待澄清的疑问 [J]. 开放时代, 2010 (7).

　　[123] 廉永辉, 张琳. 货币政策对经济不平等的影响评述 [J]. 经济评论, 2013 (5).

　　[124] 廖慧卿, 罗观翠. 基于残障概念模式的残疾人就业政策目标评价 [J]. 华中科技大学学报 (社会科学版), 2012, 26 (2).

［125］林闽钢．中国社会政策体系的结构转型与实现路径［J］．南京大学学报（哲学·人文科学·社会科学），2021，58（5）．

［126］林尚立．以人民为本位的社会主义国家建设理论：政治学对科学社会主义的发现［J］．政治学研究，2014（4）．

［127］林燕霞，谢湘生．基于社会认同理论的微博群体用户画像［J］．情报理论与实践，2018，41（3）．

［128］刘昌平，殷宝明．基本养老保险关系城乡转续方案研究及政策选择［J］．中国人口科学，2010（6）．

［129］刘继同，严俊，孔灵芝．中国医疗救助政策框架分析与医务社会工作实务战略重点［J］．社会保障研究，2009（1）．

［130］刘继同．当代中国的儿童福利政策框架与儿童福利服务体系（上）［J］．青少年犯罪问题，2008（5）．

［131］刘继同．儿童福利的四种典范与中国儿童福利政策模式的选择［J］．青年研究，2002（6）．

［132］刘建明．当前我国社会矛盾的基本特征和发展势态［J］．理论探讨，2019（6）．

［133］刘景琦．党建引领社会治理的实践机制研究：以红色物业为例［J］．中共福建省委党校（福建行政学院）学报，2023（5）．

［134］刘静，安璐．突发公共卫生事件中社交媒体用户应急信息搜寻行为画像研究［J］．情报理论与实践，2020，43（11）．

［135］刘军强．增长、就业与社会支出：关于社会政策的"常识"与反"常识"［J］．社会学研究，2012，27（2）．

［136］刘莉．跨文化交际能力培养：实践理念下的大学英语文化教学［J］．南宁师范大学学报（哲学社会科学版），2020，41（2）．

［137］刘明慧．医疗卫生保障公共财政投入：有效性与政策路径［J］．财经问题研究，2010（1）．

［138］刘能．怨恨解释、动员结构和理性选择：有关中国都市地区集体行动发生可能性的分析［J］．开放时代，2004（4）．

［139］刘少杰．社会矛盾冲突的制度分析［J］．人民论坛，2009（16）．

［140］刘世廷．资源有限性与人类需要无限性的矛盾：人类社会基本矛盾的现代透视［J］．科学社会主义，2006（6）．

［141］刘姝．全球公共卫生领域风险社会概观、表征与出路探寻［J］．思想战线，2022，48（2）．

[142] 刘太恒. 论中国传统道德的当代价值 [J]. 道德与文明, 2000 (1).

[143] 刘彦华. 2022 中国现代居住发展指数 71.1 物业服务满意度最低 [J]. 小康, 2022 (13).

[144] 刘毅. 居民收入差距扩大是引发社会矛盾的核心问题: 广东居民收入差距的格局及政策调适 [J]. 新经济杂志, 2006 (11).

[145] 刘宇. 上不起的幼儿园: 以青岛市"全面二孩"政策背景下幼儿园入园难的现状调查为例 [J]. 教育理论与实践, 2018, 38 (17).

[146] 刘志彪. 产业政策的转型与收入分配的再均衡 [J]. 探索与争鸣, 2021 (11).

[147] 刘志民, 高耀. 家庭资本、社会分层与高等教育获得: 基于江苏省的经验研究 [J]. 高等教育研究, 2011, 32 (12).

[148] 刘中起, 风笑天. 走向多元治理化解: 新形势下社会矛盾化解机制的新探索 [J]. 福建论坛, 2010 (1).

[149] 刘祖云. 社会分层的若干理论问题新探 [J]. 江汉论坛, 2002 (9).

[150] 卢芳霞. 协商民主化解基层社会矛盾的功能与实现路径: 基于浙江基层协商民主经验的研究 [J]. 中共浙江省委党校学报, 2017, 33 (4).

[151] 鲁全. 生产方式、就业形态与社会保险制度创新 [J]. 社会科学, 2021, 21 (6).

[152] 陆益龙. 户口还起作用吗: 户籍制度与社会分层和流动 [J]. 中国社会科学, 2008 (1).

[153] 罗德希, 王浩然. 新时代我国社会主要矛盾转变下社会治理的新要求与新挑战 [J]. 产业与科技论坛, 2021, 21 (8).

[154] 罗家德. 关系与圈子: 中国人工作场域中的圈子现象 [J]. 管理学报, 2012, 9 (2).

[155] 罗微, 刘宁. 城市低保失业人员就业促进政策: 特点、问题及优化 [J]. 决策与信息, 2021 (10).

[156] 马传松, 朱挢. 阶层固化、社会流动与社会稳定 [J]. 重庆社会科学, 2012 (1).

[157] 马怀德. 预防化解社会矛盾的治本之策: 规范公权力 [J]. 中国法学, 2012 (2).

[158] 马庆钰. 中国传统政治文化的发展逻辑 [J]. 政治学研究, 1998 (2).

[159] 马天南, 张强. "快闪"行动: 影响我国政治稳定的潜在挑战 [J].

成都理工大学学报（社会科学版），2018，26（2）.

[160] 马亚雪，李纲，谢辉，等. 数字空间视角下的城市数据画像理论思考 [J]. 情报学报，2019，38（1）.

[161] 毛艾琳. 新就业形态劳动者权益保障问题研究：基于平台责任的理论思考 [J]. 长白学刊，2022（1）.

[162] 茆京来. 超大城市公共卫生治理体系中存在的风险隐患和对策建议 [J]. 中国卫生资源，2022，25（3）.

[163] 孟天广. 政府数字化转型的要素、机制与路径：兼论"技术赋能"与"技术赋权"的双向驱动 [J]. 治理研究，2021，31（1）.

[164] 孟小峰，慈祥. 大数据管理：概念、技术与挑战 [J]. 计算机研究与发展，2013，50（1）.

[165] 宁光杰，宫杰婧. 政府转移支付政策的营养效果：兼论乡村振兴背景下农村低收入困难家庭营养帮扶的路径 [J]. 经济社会体制比较，2022（3）.

[166] 牛文元. 社会物理学与中国社会稳定预警系统 [J]. 中国科学院院刊，2001（1）.

[167] 欧阳艳敏，王长峰，刘柳，等. 基于改进自适应最优分割法的风险预警区间模型研究：针对重大突发公共卫生事件 [J]. 中国管理科学，2022，30（11）.

[168] 逄锦聚. 经济发展新常态中的主要矛盾和供给侧结构性改革 [J]. 政治经济学评论，2016，7（2）.

[169] 彭华民. 福利三角：一个社会政策分析的范式 [J]. 社会学研究，2006（4）.

[170] 彭莹莹. 协商治理与社会矛盾化解 [J]. 社会主义研究，2021（1）.

[171] 浦雪，耿书培，曹志辉，等. 国家基本公共卫生服务项目实施效果研究 [J]. 卫生经济研究，2018（3）.

[172] 齐昱泽，李建. 技术治理视域下构建社会治安防控体系探究 [J]. 领导科学论坛，2023（1）.

[173] 钱民辉. 教育真的有助于向上社会流动吗：关于教育与社会分层的关系分析 [J]. 社会科学战线，2004（4）.

[174] 钱再见. 中国社会弱势群体及其社会支持政策 [J]. 江海学刊，2002（3）.

[175] 乔伟. 人治与法治的比较研究：论以法治国的重要意义（上）[J]. 山东社会科学，1992（5）.

[176] 秋石. 正视道德问题、加强道德建设：三论正确认识我国社会现阶段道德状况 [J]. 求是, 2012 (7).

[177] 求实. 转型期我国国有企业的产业定位和布局调整 [J]. 财经研究, 1996 (12).

[178] 尚虎平, 李逸舒. 我国地方政府"一票否决"式绩效评价的泛滥与治理：基于356个案例的后实证主义无干涉研究 [J]. 四川大学学报（哲学社会科学版）, 2011 (4).

[179] 邵安, 祝哲. 共同体视域下我国公共卫生应急风险沟通的政策演进与运行体系研究 [J]. 浙江警察学院学报, 2022 (3).

[180] 沈江平. 改革开放与中国社会主要矛盾的演变 [J]. 广东社会科学, 2019 (4).

[181] 石国亮. 中国社会组织成长困境分析及启示：基于文化、资源与制度的视角 [J]. 社会科学研究, 2011 (5).

[182] 史焕章. 要法治不要人治 [J]. 法学, 1989 (5).

[183] 史献芝. 网络治理：防范与化解社会矛盾的一种新视角 [J]. 理论探讨, 2017 (6).

[184] 史献芝. 预防社会矛盾：理论框架与实现机制 [J]. 理论探讨, 2019 (4).

[185] 史耀疆, 崔瑜. 公民公平观及其对社会公平评价和生活满意度影响分析 [J]. 管理世界, 2006 (10).

[186] 宋月红. 以人民为中心的发展思想贯穿于我国社会主要矛盾转化的重大政治判断中 [J]. 当代中国史研究, 2017, 24 (6).

[187] 隋鑫, 王念祖. 大陆台湾青年创业就业政策的特点、问题与应对策略研究：以京津冀与东部沿海地区为例 [J]. 台湾研究, 2020 (1).

[188] 孙国华, 方林. 公平正义是化解社会矛盾的根本原则 [J]. 法学杂志, 2012, 33 (3).

[189] 孙久文, 石林. 我国区域经济发展不平衡的表现、原因及治理对策 [J]. 治理现代化研究, 2018 (5).

[190] 孙萍, 刘梦. 基于文本逻辑的我国城镇弱势群体就业政策主体协同问题研究 [J]. 当代经济管理, 2018, 40 (12).

[191] 孙萍, 刘梦. 我国城镇弱势群体就业政策工具选择：基于政策文本的分析 [J]. 东北大学学报（社会科学版）, 2017, 19 (6).

[192] 孙素娟. 当前中国社会矛盾的成因分析与政策创新 [J]. 河南师范

大学学报（哲学社会科学版），2011，38（5）.

［193］孙雪. 新时代新乡贤化解农村矛盾和风险的机理、经验与提升：以重庆市永川区新乡贤为例［J］. 重庆行政，2019，20（3）.

［194］孙洋，张继. 促进收入公平分配的税收制度及政策完善［J］. 税务研究，2022（10）.

［195］孙志燕，侯永志. 对我国区域不平衡发展的多视角观察和政策应对［J］. 管理世界，2019，35（8）.

［196］唐宏强，孙建. 关于完善我国司法公开制度的思考：从利于预防和化解社会矛盾纠纷的视角论之［J］. 学术交流，2012（9）.

［197］唐亚林. 社会矛盾遭遇体制性迟钝的制度性原因［J］. 探索与争鸣，2009（3）.

［198］唐要家. 数字经济赋能高质量增长的机理与政府政策重点［J］. 社会科学战线，2020（10）.

［199］田天亮，田克勤. 从三重维度研判新时代社会主要矛盾的转化［J］. 思想政治教育研究，2019，35（3）.

［200］田毅鹏，吕方. 社会原子化：理论谱系及其问题表达［J］. 天津社会科学，2010（5）.

［201］童星，瞿华. 差序格局的结构及其制度关联性［J］. 南京社会科学，2010（3）.

［202］万俊人. "和谐社会"及其道德基础［J］. 马克思主义与现实，2005（1）.

［203］万俊人. 现代社会道德合理性基础论证：兼及中国现代化运作中的道德问题［J］. 北京大学学报（哲学社会科学版），1996（2）.

［204］万俊人. 信仰危机的"现代性"根源及其文化解释［J］. 清华大学学报（哲学社会科学版），2001（1）.

［205］汪仕凯，陈沿潮. 由群众到人民：中国共产党领导的历史基础和实践路径［J］. 江苏社会科学，2021（2）.

［206］汪彤，鞠娜，李春青. 我国增值税收入分享：政策演进、制度困境与路径优化［J］. 税务研究，2022（6）.

［207］汪伟全. 风险放大、集体行动和政策博弈：环境类群体事件暴力抗争的演化路径研究［J］. 公共管理学报，2015，12（1）.

［208］汪习根. 化解社会矛盾的法律机制创新［J］. 法学评论，2011，29（2）.

［209］汪雁，张丽华．关于我国共享经济新就业形态的研究［J］．中国劳动关系学院学报，2019，33（2）．

（四）报纸及学位论文

［1］习近平．高举中国特色社会主义伟大旗帜 为全面建设社会主义现代化国家而团结奋斗：在中国共产党第二十次全国代表大会上的报告［N］．人民日报，2022-10-26（1）．

［2］刘少奇．中国共产党中央委员会向第八次全国代表大会的政治报告［N］．人民日报，1956-09-17（1）．

［3］中华人民共和国国务院新闻办公室．中国的全面小康［N］．人民日报，2021-09-29（10）．

［4］李览青．Chat GPT 爆火出圈　AI 写研报、做投顾的时代来了？［N］．21 世纪经济报道，2023-02-07（3）．

［5］李心萍，韩鑫，常钦，等．就业优先筑牢民生之本［N］．人民日报，2021-03-05（11）．

［6］师生关系频频爆出不和谐"音符"冲突如何根除？［N］．光明日报，2015-05-04（6）．

［7］张昊．用心用情做好群众工作做优矛盾纠纷排查化解［N］．法治日报，2023-03-07（3）．

［8］张少娜．"政治文化"概念之争［N］．中国社会科学报，2022-06-08（10）．

［9］周强．最高人民法院工作报告［N］．人民日报，2021-03-16（3）．

［10］张文汇．现阶段我国社会基层矛盾化解机制研究［D］．北京：中共中央党校（国家行政学院），2019．

（五）电子资源

［1］2022 年我国基本公共卫生服务经费人均财政补助标准为 84 元［EB/OL］．中华人民共和国中央人民政府，2022-07-07．

［2］老旧社区服务治理更完善！成都武侯创新信托物业模式［EB/OL］．央广网，2021-03-12．

［3］魏爱云．如何有效的协调国企改革与多元社会群体的利益［EB/OL］．人民网，2005-08-19．

［4］中国现已登记社会组织超过 90 万个［EB/OL］．新华网，2021-02-09．

［5］《中国的全面小康》白皮书新闻发布会答记者问［EB/OL］．国家统计局，2021-09-28．

[6] 中华人民共和国国民经济和社会发展第十四个五年规划和2035年远景目标纲要 [EB/OL]. 新华社, 2021-03-12.

[7] 单光鼐. 保障合法, 反对非法, 制裁暴力: 对近两年群体事件新变化的认识 [EB/OL]. 南方周末, 2013-05-02.

[8] 孟建柱: 坚决防止因用警不当处置不妥而激化矛盾 [EB/OL]. 中国新闻网, 2008-11-03.

[9] 马怀德: 官民冲突的主要原因是公权力行使不规范 [EB/OL]. 财新网, 2012-05-13.

[10] 第51次《中国互联网络发展状况统计报告》[EB/OL]. 中国互联网络信息中心, 2023-03-02.

[11] 我国基本形成覆盖城乡和重点领域的调解建设网络 [EB/OL]. 新华网, 2023-10-07.

二、英文文献

(一) 专著

[1] BANFIELD E C. The Moral Basis of a Backward Society [M]. New York: Free Press, 1967.

[2] COOK K S, LEVI M, HARDIN R. Whom Can We Trust? How Groups, Networks, and Institutions Make Trust Possible [M]. New York: Russell Sage Foundation, 2009.

[3] DAMASIO A. The Feeling of What Happens: Body and Emotion in the Making of Consciousness [M]. New York: Harcourt Brace, 1999.

[4] EASTON D. The Political System: An Inquiry into the State of Political Science [M]. New York: Knopf, 1953.

[5] LOCKWOOD D. Solidarity and Schism: 'The Problem of Disorder' in Durkheimian and Marxist Sociology [M]. Oxford: Clarendon Press, 1992.

[6] REX J. Key Problems of Sociological Theory [M]. London: Routledge Ltd, 2006.

[7] RHEINGOLD H. Smart Mobs: The Next Social Revolution [M]. Cambridge: Perseus Publishing, 2002.

[8] COSER L A. Continuities in the Study of Social Conflict [M]. New York: Free Press, 1967.

（二）期刊

［1］BENDIX R. Social Stratification and Political Power ［J］. The American Political Science Review, 1952, 46 (2).

［3］COLLINS R. Functional and Conflict Theories of Educational Stratification ［J］. American Sociological Review, 1971, 36 (6).

［3］FREY C B, OSBORNE M A. The Future of Employment: How Susceptible are Jobs to Computerisation? ［J］. Technological Forecasting and Social Change, 2017, 114.

［4］HØJHOLT C, KOUSHOLT D. Contradictions and Conflicts: Researching Schools Conflictual Social Practice ［J］. Theory & Psychology, 2020, 30 (1).

［5］KYUNG-SUP C. Compressed Modernity and Its Discontents: South Korean Society in Transition ［J］. Economy and Society, 1999, 28 (1).

［6］LI L J. Distrust in Government Leaders, Demand for Leadership Change and Preference for Popular Election in Rural China ［J］. Political Behavior, 2011, 33 (2).

［7］LI L J, O'BRIEN K J. Villagers and Popular Resistance in Contemporary China ［J］. Modern China, 1996, 22 (1).

［8］LIU J, YU C, LI C, et al. Cooperation or Conflict in Doctor-Patient Relationship? An Analysis from the Perspective of Evolutionary Game ［J］. IEEE Access, 2020 (8).

［9］MARSTON G, COWLING S, BIELEFELD S. Tensions and Contradictions in Australian Social Policy Reform: Compulsory Income Management and the National Disability Insurance Scheme ［J］. Australian Journal of Social Issues, 2016, 51 (4).

［10］PARK S D. Policy Discourse Among the Chinese Public on Initiatives For Cultural and Creative Industries: Text Mining Analysis ［J］. Sage Open, 2022, 12 (1).

［11］SULER J. The Online Disinhibition Effect ［J］. Gyberpsychology & Behavior, 2004, 7 (3).

［12］WEI Y D, LI H, YUE W. Urban Land Expansion and Regional Inequality in Transitional China ［J］. Landscape and Urban Planning, 2017 (163).

［13］YAO L L, MANEEJUK P, YAMAKA W, et al. Quantifying the Competitiveness of Cultural Industry and Its Impacts on Chinese Economic Growth ［J］. Sustainability, 2023, 15 (1).

后　记

任何一个时代均有需要重点关注和解决的核心问题。人类社会进入以信息化为基础的数字治理时代后，势必引起三个领域的重大变革：一是生产力和生产方式的变化；二是国家制度和治理模式的变迁；三是社会生活方式的变革。三大领域的流变对应了中国式现代化的三个主要内容：物质经济的现代化、社会的现代化、国家制度的现代化。就中国式现代化建设的进程而言，物质经济的现代化基本实现并持续向高度迈进，加快建设现代社会来支撑现代国家制度和现代治理体系的有效运转成为中国式现代化顺利实现的关键问题。因此，廓清中国基层社会的矛盾类型，探究基层社会矛盾的成因，在数字赋能下优化基层社会矛盾的化解机制，建构稳定、有序、和谐的基层社会格局为中国式现代化奠定坚实的社会基础，成为理论界和学术界高度关注的议题。本书立足数字治理环境下中国基层社会矛盾化解机制的转型和完善，从理论上探讨了数字治理时代中国基层社会矛盾的类型、成因和化解机制，力图探寻在新的环境条件下建设现代社会的路径。

书稿是集体智慧的结晶，主要参写人员和写作分工如下。写作提纲拟定：张明军；第一章：张明军；第二章：李峰；第三章：刘乐明；第四章：刘晓亮、赵珂；第五章：周光俊；第六章：付建军；第七章：吕培进；第八章：郑长旭；第九章：汪伟全、郭庆浪；第十章：李智超；第十一章：陶东。全书由张明军、付建军统改定稿。

本书是国家重点研发专项中多元矛盾纠纷成因及疏导技术研究与应用示范项目课题一：多元矛盾纠纷成因溯源及演进规律研究的重要成果。在实证调研、数据收集分析、议题研讨和出版过程中，本书得到了研发专项资金的资助，在此向项目组和课题组表示诚挚的感谢。公安部研究室原副主任、上海交通大学国家安全研究院咨询专家孔祥涛对书稿提出了宝贵的修改意见，在此向他致以深深的谢意。本书仅是研究数字治理背景下社会矛盾的起步，书中错误和遗漏问题在所难免，敬请各位读者批评指正。